Jüdische Wurzeln des Christentums

Religionspädagogik in der Blauen Eule

Band 2

Dirk Stegmann

Jüdische Wurzeln des Christentums

Grundstrukturen des alttestamentlichen
und nachalttestamentlichen Glaubens
bis zur Zeit Jesu

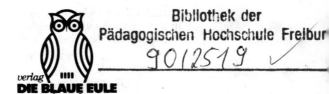

verlag
DIE BLAUE EULE
essen

CIP-Titelaufnahme der Deutschen Bibliothek

Stegmann, Dirk:

Jüdische Wurzeln des Christentums : Grundstrukturen
des alttestamentlichen und nachalttestamentlichen
Glaubens bis zur Zeit Jesu / Dirk Stegmann. –
Essen : Verl. Die Blaue Eule, 1990

(Religionspädagogik in der Blauen Eule ; Bd. 2)

ISBN 3-89206-328-1

NE: GT

ISBN 3-89206-328-1
© Copyright Verlag Die Blaue Eule, Essen 1990
Printed in Germany

Herstellung:
Umschlag/Titelei: Merz Fotosatz, Essen
Druck: Difo-Druck, Bamberg

INHALTSVERZEICHNIS

VORWORT

"Wenn [...] Bücher, die ein großes Gebiet umfassen, geschrieben werden sollen, läßt es sich, da unser Leben begrenzt ist, nicht vermeiden, daß die Autoren solcher Bücher
jedem einzelnen Abschnitt weniger Zeit widmen können als
jemand, der sich auf einen einzigen Schriftsteller oder eine
kurze Epoche beschränkt. Gewisse Leute werden in unerbittli-
cher wissenschaftlicher Strenge daraus den Schluß ziehen,
daß daher Bücher mit weitgezogenem Rahmen überhaupt nicht
geschrieben werden oder anderenfalls aus wissenschaftlichen
Einzelbeiträgen vieler Autoren bestehen sollten. Der Zusammenarbeit vieler Autoren haftet jedoch ein Mangel an. Geht
man von irgendeiner einheitlichen Entwicklung, einem inneren
Zusammenhang zwischen dem Vorangegangenen und dem Nachfol-
genden aus, so läßt sich das unbedingt nur darstellen, wenn
sich die Synthese der früheren und späteren Perioden in einem einzigen Kopf vollzieht."

B. Russell, 'Philosophie des Abendlandes'

Dieses Buch bringt einen Überblick über die vielfältigen Glaubenslinien des Alten Testaments in ihrer historischen Entwicklung von den Anfängen bis zur Zeit Jesu. Der Leser gewinnt
hierbei ein Hintergrundwissen, das ihm für ein intellektuell
redliches Verständnis alttestamentlicher Texte sehr hilfreich
sein wird. Darüber hinaus wird deutlich, wie stark das Neue
Testament und damit das Christentum von seinen jüdischen Wurzeln abhängig ist.

Das Buch wendet sich an den Theologen sowie den interessierten Nichtfachmann. Es werden von mir keine neuen theologischen
Thesen vorgetragen. Alles hier Dargestellte findet sich verstreut in der umfangreichen Fachliteratur. Mir kam es darauf
an, gerade die Grundstrukturen des alttestamentlichen Glaubens
in seiner Vielgestaltigkeit herauszuarbeiten und bis direkt in
die Zeit und Umwelt der historischen Person des Jesus von Nazareth zu verfolgen. Unter anderem läßt sich auf diese Weise das
Urchristentum als eine jüdische Glaubensströmung des ersten
Jahrhunderts nach der Zeitrechnung verstehen.

Wenn es diesem Buch gelingt, das Interesse an den alttestamentlichen und jüdischen Wurzeln zu wecken, ohne deren Kenntnis
ein wirkliches Verständnis des Christentums unmöglich ist, wäre
sein Zweck erfüllt.

Ich danke dem Verlag für die gute Zusammenarbeit und meinen
Freunden für die zahllosen anregenden Gespräche und Diskussionen.

Hannover, im Januar 1990   D. Stegmann

ABKÜRZUNGEN

A l t e s   T e s t a m e n t

Die Bücher des AT sind in der Reihenfolge des hebräischen Kanons aufgelistet.

Gen	Das Buch Genesis (1.Mose)
Ex	Das Buch Exodus (2.Mose)
Lev	Das Buch Leviticus (3.Mose)
Num	Das Buch Numeri (4.Mose)
Dtn	Das Buch Deuteronomium (5.Mose)
Jos	Das Buch Josua
Ri	Das Buch Richter
1.Sam	Das erste Buch Samuel
2.Sam	Das zweite Buch Samuel
1.Kön	Das erste Buch der Könige
2.Kön	Das zweite Buch der Könige
Jes	Das Buch Jesaja
Jer	Das Buch Jeremia
Ez	Das Buch Ezechiel (Hesekiel)
Hos	Das Buch Hosea
Joel	Das Buch Joel
Am	Das Buch Amos
Ob	Das Buch Obadja
Jon	Das Buch Jona
Mi	Das Buch Micha
Nah	Das Buch Nahum
Hab	Das Buch Habakuk
Zeph	Das Buch Zephania
Hag	Das Buch Haggai
Sach	Das Buch Sacharja
Mal	Das Buch Maleachi
Ps	Die Psalmen
Hi	Das Buch Hiob (Ijob)
Spr	Das Buch der Sprüche (Proverbia)
Ru	Das Buch Ruth
Hoh	Das Hohelied
Pred	Das Buch Prediger (Kohelet)
Klgl	Das Buch der Klagelieder
Est	Das Buch Esther
Dan	Das Buch Daniel
Esr	Das Buch Esra
Neh	Das Buch Nehemia
1.Chron	Das erste Buch der Chronik
2.Chron	Das zweite Buch der Chronik

Neues Testament

Matth	Das Evangelium nach Matthäus
Mark	Das Evangelium nach Markus
Luk	Das Evangelium nach Lukas
Joh	Das Evangelium nach Johannes
Apg	Die Apostelgeschichte
Röm	Der Brief an die Römer
1.Kor	Der erste Brief an die Korinther
2.Kor	Der zweite Brief an die Korinther
Gal	Der Brief an die Galater
Eph	Der Brief an die Epheser
Phil	Der Brief an die Philipper
Kol	Der Brief an die Kolosser
1.Thess	Der erste Brief an die Thessalonicher
2.Thess	Der zweite Brief an die Thessalonicher
1.Tim	Der erste Brief an Timotheus
2.Tim	Der zweite Brief an Timotheus
Tit	Der Brief an Titus
Philem	Der Brief an Philemon
Heb	Der Brief an die Hebräer
Jak	Der Brief des Jakobus
1.Petr	Der erste Brief des Petrus
2.Petr	Der zweite Brief des Petrus
1.Joh	Der erste Brief des Johannes
2.Joh	Der zweite Brief des Johannes
3.Joh	Der dritte Brief des Johannes
Jud	Der Brief des Judas
Apk	Die Apokalypse (Offenbarung) des Johannes

Apokryphe Schriften zum AT

Jdt	Das Buch Judith
Weish	Das Buch der Weisheit
Tob	Das Buch Tobit (Tobias)
Sir	Das Buch Jesus Sirach
Bar	Das Buch Baruch
1.Makk	Das erste Buch der Makkabäer
2.Makk	Das zweite Buch der Makkabäer
3.Esr	Das dritte Buch Esra

Pseudepigraphen

3.Makk	Das dritte Buch der Makkabäer
4.Makk	Das vierte Buch der Makkabäer
Ps Sal	Die Psalmen Salomos
4.Esr	Das vierte Buch Esra
Jubil	Das Jubiläenbuch
äth Hen	Das äthiopische Henochbuch
Test	Die Testamente der Zwölf Patriarchen (I,II,...XII)

Qumranschriften

1QS	Der Sektenkanon (Gemeinderegel)
CD	Die Damaskusschrift
1QH	Die Hymnenrolle (Loblieder)
1QM	Die Kriegsrolle
1QpHab	Der Habakuk-Kommentar
1QGen Ap	Das Genesisapokryphon
1Q 14	Michakommentar
1Q 22	Worte des Mose
1Q 27	Buch der Geheimnisse
1QSa	Regelbuch (Gemeinschaftsregel)
(1Q 28b)	(= Ein Entwurf für das Israel der Endzeit)
4QpNah	Nahum-Kommentar
4QpPs 37	Kommentar zu Ps 37
4Q patr	Patriarchensegen
4Q test	Testimonia
4Q flor	Florilegium (Sammlung eschatologischer Midraschim)

Sonstige Abkürzungen

a.a.O.	am angegebenen Ort
ANET	Ancient Near Eastern Texts Relating to the Old Testament ed. J.B.Pritchard, 1955²
Ant	Flavius Josephus: Antiquitates Judaicae ('Jüdische Altertümer')
aram.	aramäisch
AT	Altes Testament
atl.	alttestamentlich
b	babylonischer Talmud (Talmud Babli)
Bell	Flavius Josephus: Bellum Judaicum ('Der Jüdische Krieg')
bez.	bezüglich
f	folgende Seite
ff	folgende Seiten
griech.	griechisch
hebr.	hebräisch
Hrg.	Herausgeber
i.w.	im wesentlichen
j	palästinischer Talmud (Talmud Jeruschalmi)
Jh.	Jahrhundert
Kap.	Kapitel
n.Chr.	nach Christus
NT	Neues Testament
ntl.	neutestamentlich
par.	Parallelstellen
s.o.	siehe oben
sog.	sogenannt
s.u.	siehe unten
u.a.	unter anderem
u.ö.	und öfter
V.	Vers
v.Chr.	vor Christus
vgl.	vergleiche
z.T.	zum Teil

Abkürzungen der zitierten Kapitel und Verse von Bibelstellen:

Es bedeuten beispielsweise:

1	=	Kapitel 1
V.2	=	Vers 2
3,4	=	Kapitel 3, Vers 4
5,1-7,3	=	Kapitel 5, Vers 1 <u>bis Kapitel</u> 7, Vers 3
2,3.8	=	Kapitel 2, die Verse 3 <u>und</u> 8
4,5-7	=	Kapitel 4, Vers 5 <u>bis Vers</u> 7
7,5; 9,2	=	Kapitel 7, Vers 5 <u>und Kapitel</u> 9, Vers 2
2f	=	Kapitel 2 und das folgende Kapitel 3
7,3f	=	Kapitel 7, Vers 3 und der folgende Vers 4
...ff	=	Die folgenden Kapitel bzw. Verse
[...]	=	Auslassung durch den Autor
...	=	Der überlieferte Text ist an dieser Stelle verderbt
[xyz]	=	Einfügung von 'xyz' durch den Autor

EINLEITUNG

"Wenn aber einige von den Zweigen ausgebrochen wurden und du vom wilden Ölbaum unter sie aufgepfropft worden bist und so an der Wurzel und an dem Saft des Ölbaums Anteil bekommen hast, so brüste dich nicht wider die Zweige. Wenn du dich dennoch brüstest, so bedenke: Nicht du trägst die Wurzel, sondern die Wurzel trägt dich." ''

Röm 11,17f

Der Apostel Paulus spricht hier vom Judentum als der Wurzel des Christentums und warnt vor Überheblichkeit des Christen ihr gegenüber. Was Paulus noch nicht sehen konnte, ist die kirchengeschichtlich unbestreitbare Tatsache, daß der 'Ölbaum' der Kirche nicht aus einer, sondern aus zwei Wurzeln herausgewachsen ist: aus einer jüdischen und einer griechisch-hellenistischen. Wenn man also an einem vertieften Verständnis der Grundlagen des Christentums interessiert ist, wird man nicht umhinkönnen, die Aufmerksamkeit gerade auf diese Wurzeln zu lenken. Anders gesagt: Ich meine, daß im Grunde genommen ein rechtes Verhältnis zu dem, was von der Kirche mit 'Christsein' bezeichnet wird, ohne ein Mindestmaß an Kenntnissen über diese beiden Wurzeln gar nicht möglich ist.

In diesem Buch haben wir uns die jüdische Wurzel zum Thema gemacht. Ohne Zweifel wird man sie als die primäre oder ursprüngliche ansehen, allein schon wegen des Umstands, daß Juden und Christen die Hebräische Bibel, das sogenannte Alte Testament, gemeinsam als Grundlage ihres Glaubens besitzen. Wenn auch die christliche Meinung der deutlichen Priorität des Neuen Testaments (NT) gegenüber dem Alten Testament (AT) vorzuherrschen scheint, wird man doch gut daran tun, sich bewußt zu machen, daß das NT nur auf dem Fundament der Hebräischen Bibel richtig verstanden werden kann.

Weiter sollte man sich stets klar die - vom Christentum allzu leicht übersehene - Tatsache vor Augen halten, daß Jesus nun einmal ein gläubiger Jude gewesen ist, der vom später entstan-

denen Christentum noch nichts gewußt hat; oder mit den Worten
des jüdischen Theologen Pinchas Lapide (in: 'Seht, welch ein
Mensch!' Gütersloh 1987, S.60f):

> "Das historische Tatsachengerüst der Evangelien bestätigt
> einen klaren Sachverhalt: Derjenige, der für Christen der
> Eckstein ihres Glaubens ist, hieß zu Hause nicht Jesus,
> sondern JESCHUA. Er ging nicht sonntags in die Kirche,
> sondern am Sabbath in die Synagoge. Niemand sprach ihn mit
> 'Pater' oder 'Hochwürden' an, sondern [man] nannte ihn
> 'Rabbi' oder 'Rabboni'. Er kannte weder das 'Alte Testa-
> ment' noch das 'Neue Testament', sondern nur die Hebrä-
> ische Bibel, die für ihn die heilige Schrift war. Kurzum:
> er war kein Christ, sondern ein frommer Jude; mehr noch:
> 'ein Hebräer von Hebräern', wie auch Paulus später
> (Phil 3,5) von sich mit Stolz behauptet."

Der jüdische Religionswissenschaftler Schalom Ben-Chorin
schreibt in seiner Theologia Judaica (Tübingen 1982, S.61) über
unser Thema sehr bezeichnend:

> "Die griechische Wurzel wurde gleichsam begossen, die jü-
> dische sollte verdorren. Aus diesem Mißverhältnis im Wur-
> zelgrund des Christentums sind Fehlbildungen entstanden,
> an deren Berichtigung man erst heute zu arbeiten beginnt.
> Es hat lange gedauert, bis sich die Christenheit ihrer
> jüdischen Wurzel bewußt wurde, und nun ist die Wurzel so
> tief verborgen und überlagert, daß nur durch sorgfältige
> Freilegung von Überkrustungen die Wurzel wieder erkennbar
> wird."

Zu dieser 'Freilegung' möchte das vorliegende Buch ein wenig
beitragen.

Wir werden hier als Textquelle selbstverständlich im wesentlichen das AT heranziehen und werden uns daher auch bemühen -
quasi als Beleg, aber auch, um die 'Entdeckerfreude' beim Lesen
in der Bibel anzuspornen - möglichst genau entsprechende Textstellen anzugeben. Wenn wir bestimmte Bibelstellen zitieren,
benutzen wir fast ausnahmslos die Übersetzung der 'Jerusalemer
Bibel' in der Ausgabe 'Freiburg 1968[10]', deren Kommentare wir
sehr wertvoll finden.

Allerdings reicht die Kenntnis des AT für ein adäquates Verständnis des Juden Jesus nicht aus. Wir müssen auch das nach-

biblische Judentum mit seinen vielfältigen Strömungen, insbesondere die pharisäisch-rabbinische Tradition sowie die Apokalyptik einschließlich der Essener und Qumran-Mönche gebührend
berücksichtigen, denn sie hatten auf Jesus und seine Bewegung ª' entscheidenden Einfluß, auch wenn er zum Teil in Opposition zu ihr gestanden haben mag. Es sollen also auch die alttestamentlichen Apokryphen und Pseudepigraphen sowie die Qum-
ran-Texte herangezogen werden.

Es erscheint naheliegend, daß wir die hier gestellte Aufgabe
nur bewältigen können, wenn wir uns zunächst wenigstens mit den
Grundlinien der Geschichte Israels vertraut machen sowie mit
der parallellaufenden Entwicklung des Jahwe-Glaubens, über die
das AT vornehmlich berichtet.

Hier begegnet allerdings gleich zu Beginn eine nicht unerhebliche Schwierigkeit, da wir, gerade was die historischen
Anfänge betrifft, fast ausschließlich auf das AT als Quelle
angewiesen sind. Die wenigen archäologischen und außerbiblischen Nebenquellen besitzen zwar für sich genommen durchaus
einen historischen Wert, bringen aber über das AT hinaus keine
grundsätzlich neuen Erkenntnisse; es handelt sich hier meist
nur um die Bestätigung von Einzelheiten, über die die Bibel
auch berichtet. Zu den das Judentum betreffenden Fragen, die
von den biblischen Berichten offengelassen werden, ist von dieser Seite kaum Erhellendes zu erwarten.

Für den Versuch einer historischen Rekonstruktion kann es
daher keinen anderen Weg geben, als auf die Ergebnisse der sogenannten historisch-kritischen Exegese der entsprechenden AT-
Texte zurückzugreifen, die ja im wesentlichen Glaubenszeugnisse
sind, und sie - sofern möglich - in eine gewisse Verträglich-
keit zu den parallelen Berichten über die politischen und religiösen Verhältnisse bei Israels Nachbarvölkern zu bringen.

Man sollte hierbei stets im Auge behalten, daß derartige
geschichtliche Rekonstruktionen, dies gilt wegen der bruch-
stückhaften Quellenlage besonders für die Frühgeschichte Israels, immer - gemessen am modernen Verständnis von Geschichte
- hypothetisch bleiben müssen. Über das alttestamentliche Ge-

schichts- und Glaubensbild wird man letzten Endes nicht hinaus-
kommen können, so daß es also vornehmlich darum gehen muß, dieses durch genaue Exegese wichtiger Textstellen möglichst präzi-
se zu erfassen. Vielleicht gelingt es dabei hin und wieder,
zwischen den von der Bibel benutzten historischen Fakten und
ihrer Deutung derselben im Lichte ihrer Glaubensvorstellungen,
die sich innerhalb des AT im Verlauf seiner Entstehungsge-
schichte durchaus stark geändert haben, zu unterscheiden.

Wir werden hierfür die einschlägige theologische Fachliteratur zu Rate ziehen. Es versteht sich von selbst, daß wir uns im
wesentlichen nur an der jeweils 'vorherrschenden theologischen
Meinung' orientieren werden und in diesem Buch nicht auch noch
die gesamte historische Entwicklung der sogenannten Einleitungswissenschaft [3] berücksichtigen können.

Da es uns hier um ein vertieftes Verständnis des Judentums
als der Mutter des Christentums gehen soll und der jüdische
Glaube wie wohl kein anderer mit dem Gang der Geschichte seines
Volkes aufs Innigste verwoben ist, führt - trotz der angesprochenen schwierigen Quellenlage - kein Weg daran vorbei,
Israels Historie wenigstens in ihren Grundzügen zur Kenntnis zu
nehmen.

Auf Israels Vor- und Frühgeschichte bis zur Königszeit wollen wir wegen der kaum gesicherten Erkenntnisse nur ganz summarisch eingehen. Einen etwas breiteren Raum soll hingegen die
gut tausendjährige Geschichte von David bis Bar Kochba einnehmen (auch die quellenmäßige Situation stellt sich für diese
Epoche günstiger dar).

Der historische Teil bildet also gewissermaßen das Gerüst
für die mehr theologisch orientierten Kapitel und ist für das
Verständnis der verschiedenen religiösen Glaubensvorstellungen
im Judentum unverzichtbar.

I. JAHWE, DER GOTT ISRAELS

Da sich nach der alttestamentlichen Tradition Israels Geschichte als Heilsgeschichte Jahwes mit seinem Bundesvolk darstellt,
bietet das jeweilige 'Jahwebild', das die Bibel in den verschiedenen Epochen - durchaus unterschiedlich - zeichnet, eine
Art 'religiösen Spiegel' der politischen Verhältnisse zur entsprechenden Zeit. Gerade für Israels Frühgeschichte ergibt sich
hierdurch eine gewisse Orientierungsmöglichkeit, weil sich nach
der Überlieferung des AT parallel zur historischen Entwicklung
Israels - quasi mit ihr im Gleichschritt - auch sein Jahwebild
entwickelt. Wir dürfen bei dieser Betrachtung jedoch niemals in
den Fehler verfallen, unkritisch vorzugehen und die biblischen
Zeugnisse etwa 'wörtlich' nehmen zu wollen, sondern wir haben
stets das in der Einleitung Gesagte im Auge zu behalten.

Bei unserer relativ übersichtsartigen Zusammenfassung der
historischen Grundlinien, die zum Jahwe-Bild der vordavidischen
Zeit geführt haben, folgen wir im wesentlichen den Thesen von
Martin Noth, die er ausführlich in seinem Standardwerk 'Geschichte Israels' (Göttingen 1969[7], insbesondere S. 1-165) darlegt.

Der aufmerksame Leser des AT muß rasch den Eindruck gewinnen, Jahwe sei schon von jeher der Gott Israels gewesen. Beide,
Jahwe und israelitisches Volk, scheinen nach alttestamentlichem
Zeugnis schon immer eindeutig aufeinander bezogen gewesen zu
sein. Dies ist jedoch historisch nicht haltbar.
Nach den biblischen Berichten hat es den Anschein, daß die
Israeliten bis zu ihrer Wanderung nach Ägypten eine große Familie gebildet hätten, die sich dort dann im Lauf der Zeit derart
stark vermehrt hätte, daß sie bei ihrem späteren Auszug (Exodus) schon ein großes Volk darstellte, das sich dann in zwölf
Stämme aufgliederte. Diese wären gemeinsam siegreich in das

Land Kanaan eingefallen und hätten seine Bewohner teilweise
ausgerottet, um dann gelenkt von nationalen 'Richtern' als ein
Volk bis zur Einführung des Königtums unter Saul zu leben.
Die Geschichtsforschung hat jedoch ein ziemlich anderes
Bild vom Werden des israelitischen Volkes zutage gefördert.
So bestand vor der Errichtung des Königtums keine staatliche
Einheit zwischen den Stämmen, die die Bibel mit dem Namen 'Is-
rael' bezeichnet. Nachdem später diese Einheit hergestellt war,
umfaßte sie auch Nichtisraeliten. Die Invasion in kanaanäisches
Gebiet vollzog sich in mehreren getrennten Gruppen, wobei jede
für sich ihren Landbesitz erkämpfte. Auch die Tradition von den
zwölf Stämmen, die sich auf die Söhne Jakobs zurückführen, ist
historisch nicht stichhaltig, was allein schon an den unterschiedlichen Angaben der Stammeslisten deutlich wird (vgl.
Gen 29ff; 49; Num 1; 26; Dtn 33; Jos 13-19) [1].
Die Patriarchengeschichte erweist sich für die historische
Wissenschaft ebenfalls als unhaltbar, so daß man diesen Teil
der Genesis nicht als ein Geschichtsbuch lesen darf. Er besteht
vorwiegend aus einer Sammlung von einzelnen Erzählungen in Form
von Sagen und Legenden, die man zu einer späteren Zeit bei der
Redaktion des Pentateuchs (5 Bücher Mose) miteinander verknüpft
hat. Es ist wahrscheinlich , daß die hier geschilderten Ereignisse sich auf die Frühzeit verschiedener israelitischer Gruppen beziehen. [2]
Von einer Art 'Volk Israel' - allerdings noch in recht rudimentärer Form - können wir frühestens nach der sogenannten
Landnahme (1400 - 1200 v.Chr.) sprechen. Die Bezeichnung 'Jahwe, der Gott Israels' ist demnach auch erst von dieser Landnahme an möglich. Die Bibel berichtet in Jos 24 von dem wichtigen
Ereignis der Übernahme und Anerkennung einer bisher nur von
einer Minderheit verehrten Gottheit durch ganz Israel (der sog.
Landtag zu Sichem).

Biblisch gesehen ist das erste Wort des Dekalogs (10 Gebote) [3] für die Selbstoffenbarung des Jahwenamens am gewichtig-
sten:

"Ich bin Jahwe, dein Gott, der dich aus dem Ägypterlande,
dem Sklavenhause, herausgeführt hat." (Ex 20,2; Dtn 5,6)

Hier tut sich Gott mit dem vollen Gewicht seines Namens kund,
da das 'Ich' in der verstärkten hebräischen Form 'Anochi' an
Stelle der gewöhnlichen Form 'Ani' gebraucht wird.

Im Alten Orient besaß jeder Name eine Bedeutung. Fragt man
nun nach dieser Bedeutung des Gottesnamens 'Jahwe', so erhält
man von der alttestamentlichen Wissenschaft keine eindeutige
Antwort. Man behilft sich wohl am besten mit der Übersetzung:
'Jahwe = Er ist wirksam da', wobei die Betonung auf 'wirksam'
liegt.

Das AT gibt selber in Ex 3,14 eine Antwort auf Moses Frage
nach dem Gottesnamen:

"Da sprach Gott zu Mose: "Ich bin der 'Ich-bin'!" Und er
fuhr fort: "So sollst du zu den Israeliten sprechen: Der
'Ich-bin' hat mich zu euch gesandt."

Hier wird der Jahwename vom hebräischen Verb hajah bzw. hawah
erklärt, was ungefähr unserem 'sein' entspricht, so daß die
Septuaginta, die älteste griechische Übersetzung der Hebräischen Bibel, diese Stelle denn auch ganz im Sinne der Aristo-
telischen Ontologie mit 'Ich bin der Seiende' übersetzt, was
die spätere lateinische Vulgata übernimmt, so daß diese ontolo-
gische Deutung dann schließlich Eingang in die Kirchengeschichte gefunden hat. Der statische griechische Seinsbegriff ist dem
alttestamentlichen Denken jedoch völlig ungemäß. Man kommt ihm
wesentlich näher, wenn man das 'hajah' als 'mit jemandem wirksam sein' deutet.

Zum rechten Verständnis der angeführten Textstellen hat man
zu beachten, daß für die Menschen des Antiken Vorderen Orients
der Name nicht etwa eine auswechselbare Etikette bedeutete wie
für uns moderne Menschen. Nach alter semitischer Vorstellung
verleiht die Kenntnis des Namens Macht über das benannte Wesen,
so daß insbesondere die Kenntnis des Namens einer Gottheit den
Menschen ermächtigte, diese anzurufen mit der Gewißheit, von
ihr auch erhört zu werden. Bedenkt man diesen Sachverhalt, so

läßt sich unsere Stelle auch dahin deuten, daß Jahwe als wahrer
und souveräner Gott sich eben nicht so einfach den Menschen
ausliefert und ihnen beliebig zu Willen ist durch Nennung seines Namens. Die Redefigur 'Ich bin, der ich bin' würde dann
bedeuten, daß Jahwes Freiheit gerade darin besteht, sich auch
da, wo er seinen Namen enthüllt, nicht einfach greifen und von
Menschen vereinnahmen zu lassen. Er selber bleibt der Bestim-
mende ganz im Sinne des Verses Ex 33,19:

> "Ich werde gnädig sein, wem ich gnädig sein will, und werde
> mich erbarmen, wessen ich mich erbarmen will."

Der Jahwename wird schon im Pentateuch auf eine ganz unterschiedliche Weise verwendet. Hierzu muß man wissen, daß die
Theologie im wesentlichen vier sogenannte Quellenschichten
(auch: Quellenschriften) für die 5 Bücher Mose unterscheidet,
die durch jeweils einen Buchstaben abgekürzt werden:
J für die 'jahwistische Quellenschicht', deren Verfasser (oft
als 'Jahwist' bezeichnet) wahrscheinlich eine Art Hofhistorio-
graph aus der Schreiberschule des salomonischen Königshofes in
Jerusalem gewesen ist. *' J nennt den Jahwenamen schon von seiner Schilderung der Urgeschichte an, daher auch die Bezeichnung
für diese Quellenschicht.
    Für die elohistische Quellenschicht E wird als Entstehungs-
ort das Nordreich Israel angenommen. Man datiert sie in die
Zeit des Königs Jerobeam II. vor der Mitte des 8. Jh. v. Chr. Der
Elohist vermeidet zunächst den Jahwe-Namen und spricht lediglich von 'Elohim' (Gott). Erst ab Ex 3,14ff verwendet E auch
den Namen 'Jahwe', nachdem er dem Mose erstmalig offenbart wurde. Der Gebrauch des Jahwenamens ist bei E also schon weit weniger unbefangen als bei J, der von einer erstmaligen Offenbarung nichts zu berichten weiß.
    Für die dritte Quellenschicht P, die Priesterschrift, ist
die Offenbarung des Gottesnamens noch komplexer. P ist die
jüngste in den Pentateuch eingearbeitete Schrift. Der Name
rührt her von ihrem Interesse an kultischen Dingen und priesterlichen Ordnungen. Entstanden ist die Schrift sehr wahr-

scheinlich im 5. Jh. v. Chr. in der babylonischen Diaspora. P
stellt den Offenbarungsvorgang dreistufig dar. Wie bei E kennen
die Menschen der Urzeit Gott nur unter der allgemeinen Bezeichnung 'Elohim'. Er enthüllt sich für P nach Gen 17, 1 dem Abraham
unter dem Namen 'El Schaddai' ('der Allmächtige') [5], und in
Ex 6, 2ff tritt er dann Mose gegenüber, um ihm unter ausdrücklicher Rückbeziehung auf Gen 17 seinen Namen 'Jahwe' kundzutun.
Bei P begegnet also eine steigende Rangfolge der Gottesnamen.

Der Vollständigkeit halber sei noch die vierte Quellenschicht D erwähnt, die deuteronomische, deren Hauptteil im Deuteronomium vorliegt und für deren Entstehung man einen längeren
Zeitraum annimmt, von der ersten Hälfte des 8. Jh. v. Chr., zur
Zeit des politischen Aufschwunges im Nordreich unter Jerobeam II. (sog. Urdeuteronomium), über die Zeit des judäischen
Königs Josia und seiner Kultusreformen (626-622 v. Chr.) bis in
die Zeit des babylonischen Exils, in der das äußere Rahmenwerk
geschaffen wurde.

Wir werden an späterer Stelle noch auf die Quellenschichten
des Pentateuchs zurückkommen.

Schaut man das übrige AT nach dem Gebrauch des Jahwe-Namens
durch, so stellt man in einigen Teilen eine deutliche Scheu vor
seiner Erwähnung fest, wie in Ps 42-83 (elohistischer Psalter),
im Buch Esther oder in Hi 3-37, wo er durch das allgemeinere
'eloah' (Gott) oder 'schaddai' (der Allmächtige) ersetzt ist,
weil hier Nichtisraeliten das Wort haben. Auch beim Prediger
Salomo ist die Meidung des Jahwenamens auffällig, was aber angesichts seiner pessimistischen Distanziertheit Gott gegenüber
nicht sehr verwundert.
Diese Tendenz hat sich im späteren Judentum dann zur völligen
Meidung der Aussprache des Namens 'Jahwe' gesteigert.

Stellt man nun die Frage nach der geographischen Herkunft
Jahwes, so spricht einiges dafür, mit Martin Noth [6] anzuneh-
men, daß Jahwe ursprünglich ein Vulkangott gewesen ist. Die
Bezeichnung für diesen vulkanischen Gottesberg ist in der Bibel

nicht einheitlich. J und P reden vom 'Sinai', während E und D
den Namen 'Horeb' verwenden. In beiden Fällen wird jedoch der-
selbe Berg gemeint sein. Seinen geographischen Ort lokalisiert
man nicht etwa auf der Sinaihalbinsel - wie dies die jüdisch-
christliche Tradition tut -, sondern ungefähr 200 km südöstlich
von Akaba in Nordwestarabien. Es handelt sich um das alte Land
Midian. Dieses Gebiet ist nachweislich vulkanisch im Gegensatz
zum südlichen Gebirge der Sinaihalbinsel. Gestützt wird diese
These im wesentlichen durch die Schilderung der Gotteserschei-
nung (Theophanie) in Ex 19,16-19.

Ferner ist anzunehmen, daß schon die Midianiter vorisrae-
litische Verehrer des Vulkangottes Jahwe waren. [7]

Nach biblischer Tradition ist die Gestalt des Mose als Empfänger der Bundestafeln aufs engste verknüpft mit den Anfängen
des Jahweglaubens.
Über diese biblische Führerfigur aus Ägypten läßt sich historisch etwa folgendes Bild mit einer gewissen Wahrscheinlichkeit
rekonstruieren: [8]
Die uralte israelitische Erinnerung an eine Einwanderung
nach Ägypten und an die schmachvolle Knechtschaft in diesem
Lande besitzt sicherlich einen historischen Kern, da es kaum
denkbar ist, daß die Volkssage solch wenig Rühmliches als entscheidenden Ausgangspunkt der eigenen Geschichte lediglich er-
dichtet hätte. Es wird sich wohl nur um eine Gruppe von israelitischen Nomaden gehandelt haben, die möglicherweise schon im
14. Jh. nach Ägypten gezogen ist und hier in das wadi et-
tumelat mit der Hauptstadt Pitom gewiesen wurde, wo es fruchtbares Weideland gab und sie als Hirten für den Pharao tätig
wurden. Später, wieder in Palästina, dürfte sie überwiegend im
Stamm Joseph aufgegangen sein, so daß ihre ägyptischen Erlebnisse auf diesen völlig übertragen wurden und zur Entstehung
der Josepherzählungen führten.
Ausgrabungen von Pitom und Tanis scheinen zu bestätigen, daß
die Ägypter die Hirten zum Frondienst bei größeren Bauten herangezogen haben. Ramses II. (1301-1234 v.Chr.) ließ beide Städte erbauen und hat nach alten ägyptischen Nachrichten die soge-

nannten Chapiru ⁹', zu denen auch die israelitischen Hirten zu
rechnen sind, zum Steinetragen für den Bau einer Tempelfestung
verdingt, so daß dieser Herrscher wahrscheinlich der Pharao der
Bedrückung gewesen ist. Eine derartige Sklavenarbeit mußte den
von je her freiheitsliebenden Nomaden, die jeder erzwungenen
Arbeit eine tiefe Abneigung entgegenbrachten, als schlimme Unterdrückung erscheinen. So ist es nicht verwunderlich, wenn
sich in ihren Reihen Widerstand regte. Mose dürfte die herausragende Führergestalt gewesen sein, der es - wie auch immer -
gelungen ist, einen siegreichen Fronarbeiteraufstand zu organisieren. Dieser Mose war ein in Ägypten geborener Israelit. Sein
Name ist ägyptischen Ursprungs und rührt vom ägyptischen Na-
menselement 'ms(w)' her, das soviel wie 'ist geboren' oder
'Sohn des' bedeutet. Nach dem 12. Jh. wurde es wie 'Mose' ausgesprochen. Man vergleiche die Königsnamen Tut-mose oder Ra-mses.
Der vordere Teil des Namens, der immer eine Gottheit bezeichnete, auf die sich die jeweilige Sippe zurückführte, ist von der
Tradition wohl sehr bald unterdrückt und schnell vergessen worden, was nicht verwundern darf, da sie die Person des Mose ja
in engste Beziehung mit Israels Bundesgott Jahwe bringt, was
mit einer ägyptischen Gottesbezeichnung im Namen nicht verträglich gewesen wäre.

    Ex 2, 11ff berichtet von Moses Heirat mit einer stammesfrem-
den Frau, einer Tochter des midianitischen Priesters Jetro oder
Reguël. Diese Mitteilung besitzt historischen Wert, da ihre
spätere Einfügung durch die Tradition nicht verständlich wäre.
Wir können also davon ausgehen, daß Mose Kontakt zu den Midianitern hatte, deren Land östlich des Golfes von Akaba in Nordwestarabien lag. Er wird dort ein oder mehrere Male auf den
Karawanenwegen hingezogen sein - vielleicht in Flucht vor den
ägyptischen Beamten des Pharao. Jedenfalls hat er hier bei den
Midianitern die Verehrung des Gottes Jahwe kennengelernt, zumal
sein Schwiegervater ja ein Priester gewesen sein soll. Der spätere Gott Israels war also ursprünglich wohl eine midianitische
Vulkangottheit gewesen (vgl. auch Ex 3, 1ff).

    Von diesem neuen Gott verkündete Mose dann später seinen
unterdrückten Stammesgenossen in Ägypten, er habe ihnen ein

Land verheißen, das von Milch und Honig fließe (Ex 3,8), so daß
sie hierdurch schließlich zur Flucht ermutigt wurden. Nachdem
die Befreiung aus der ägyptischen Bedrückung denn auch glück-
lich verlaufen war, hatte sich der für die israelitischen Nomaden neue Gott Jahwe bestens 'bewährt'. Das wichtige Rettungserlebnis am Schilfmeer (Ex 14), das wohl im 13.Jh.v.Chr.
einer relativ kleinen Gruppe von Nomaden um die Person des Mose
widerfahren ist, bildete den Beginn der israelitischen Jahwe-
Verehrung.

Zusammenfassend läßt sich also feststellen, daß ein von Mose
geschürter Fronarbeiteraufstand mit dem Ziel, die Sklaverei
Ägyptens zu verlassen und ein eigenes Land zu suchen, in dem
man frei leben könne, am Anfang des Jahwe-Glaubens stand.

Voraussetzung für die spätere Anerkennung Jahwes von allen
Stämmen Israels nach der Landnahme war seine Ablösung vom Gottesberg, denn auf kanaanäischem Gebiet hätte sich der Kultus
einer weit entfernten lokalen Berggottheit aus dem Lande Midian
nicht durchsetzen lassen. Daß dies nicht ohne gewisse Schwierigkeiten abging, lassen manche Stellen der Sinaiüberlieferung
des Exodus-Buches erahnen (vgl.z.B. Ex 32, die bekannte Erzählung vom 'Goldenen Kalb' [10]).
So wurde Jahwe also ein 'Zeltgott', der mit den Nomadenstämmen
der Mosezeit in der Wüste herumgetragen wurde. Für den frühen
Jahwekultus war das heilige Zelt in erster Linie eine Stätte
der Offenbarung, an der das Losorakel befragt wurde oder man
den göttlichen Rat in wichtigen Entscheidungsfragen einholte.

Nach biblischer Tradition wird die Gaubensformel 'Jahwe, der
Gott Israels' durch den Bundesschluß am Sinai konstituiert
(Ex 19,1 - 40,38). Von einem Bundesschluß lesen wir dreimal im
AT: In Gen 9,9 schließt Jahwe seinen Bund mit Noah. Dieser
noachitische Bund betrifft die gesamte Menschheit. In Gen 17,2
wird dagegen der Bund mit nur einem Menschen geschlossen, mit
Abraham, obwohl es eigentlich um seine Nachkommenschaft geht.

Dieser Bund enthält auch nur eine einzige Vorschrift, die Beschneidung. Der mosaische Bund am Sinai verpflichtet schließlich das ganze israelitische Volk durch ein Gesetz, den Dekalog (Ex 20, 1-17) und das Bundesbuch [1] (Ex 20, 22 - 23, 33). Mit seinen späteren Entfaltungen wird dieses Gesetz zum 'Grundgesetz' des Judentums.

In dem Zusammenhang sollte man auch die Stelle Ex 24, 3-11 beachten, in der von einem Blutopfer berichtet wird, das die rituelle Verbindung Jahwes mit seinem Volk erst herstellt. Die Bedeutung des Blutes als Siegel des Bundes wird ganz deutlich festgestellt in dem Satz 24, 8b:

"Siehe, das ist das Blut des Bundes, den Jahwe mit euch auf alle diese Worte geschlossen hat."

Die neutestamentliche Deutung des Sühnetods Jesu als eines neuen Bundesschlusses Jahwes, der nun allen Völkern gilt, knüpft hier an. Auch die christliche Abendmahlsliturgie bezieht sich auf 24, 8b, allerdings in der Uminterpretation auf den Neuen Bund.

Unter dem historischen Begriff 'Israel' darf man sich vor und zu Beginn der Landnahme nicht etwa ein Volk im modernen Sinn vorstellen, da von einer Einheit der Stämme entgegen der biblischen Überlieferung historisch keine Rede sein kann. Man hat eher an einen recht losen Stämmeverbund zu denken.
Wie kam die Tradition nun gerade zu der Zwölfzahl der Stämme?

Martin Noth [2] vermutet, die Zahl hänge mit einer kultischen Pflicht zusammen: Jeder der 12 Stämme soll nach seiner Auffassung für einen Monat des Jahres die Unterhaltspflicht für das zentrale Jahwe-Heiligtum - es lag angeblich in der Nähe von Sichem - besessen haben.
Andere Alttestamentler deuten die Zwölfzahl etwas anders. Nach ihnen liegen ihr nicht einfach historische Verhältnisse zugrunde; die Zahl Zwölf bringt nach alter Zahlenmystik die vollkommene Gesamtheit zum Ausdruck, so daß die schon erwähnten

drei Systeme der Stämme Israels Angleichungen der tatsächlichen
Verhältnisse an die Idee der Zwölfzahl darstellen dürften.
Hierbei hat man bereits aufgelöste oder untergegangene Stämme
mitgerechnet oder andere bestehende Stämme unterschlagen. [3]

Wir wollen die wichtigsten Charakteristika des frühen Jahwebildes der Mosezeit an dieser Stelle zusammenfassen. [4]

Ein entscheidender Unterschied zu den meisten anderen altorientalischen Gottheiten ist die Tatsache, daß Jahwe von vorn
herein ein Einzelgott ist, der niemals einem Götter-Pantheon
angehörte und keinen anderen Gott in der Gruppe seiner Verehrer
duldet. Auch ist er - nach seiner Ablösung vom Gottesberg -
nicht an einen festen Ort gebunden. Er ist kein Lokal- oder
Landesgott, sondern ein Gott, der die Menschengruppe, die ihm
gewissermaßen anvertraut ist, begleitet; ein Sachverhalt, der
durch die biblische Redewendung, daß Jahwe 'mit' jemanden sein
will, deutlich zum Ausdruck kommt.

Im strengen Sinn kann man den ursprünglichen Jahweglauben
noch nicht als einen Monotheismus bezeichnen, da er für die
anderen Völker die Existenz anderer Götter nicht bestritten
hat. Für Israel sind diese fremden Götter jedoch macht- und
bedeutungslos.

Im Unterschied zur altorientalischen Götterwelt ist Jahwes
Wirken nicht an den jahreszeitlichen Vegetationsrhythmus gebunden. Er handelt vielmehr unmittelbar im Leben der Menschen und
im Geschick der Völker. Er ist ein Gott ethischer Forderungen
mit einem Anspruch auf Gehorsam und Vertrauen. So wird die Beziehung zwischen Jahwe und dem Menschen auch als eine Art Ver-
wandtschaftsverhältnis vorgestellt: Israel als Familie Jahwes
bzw. die Israeliten als seine Söhne, deren Zusammenleben er als
ein Gott des Rechts und der Gerechtigkeit - im ethischen wie
juristischen Sinne - regelt.

Jahwes Macht erstreckt sich aber von Anfang an auch auf die
anderen Völker, was schon die biblische Exoduserzählung, nach

der Jahwe die ägyptischen Verfolger siegreich zurückschlagen
konnte, zum Ausdruck bringen möchte (vgl. Ex 14,15-31).
Auch das Irrationale und Dämonische gehört zu diesem frühen
Jahwebild. Oft erscheint der Jahwe der Mosezeit als leiden-
schaftlich und zornerfüllt, und sein Eingreifen in das Men-
schengeschick ist häufig von einer gewissen Gewaltsamkeit geprägt.
Noch zu erwähnen ist der völlig bildlose Charakter des frühen Jahweglaubens, der für alle spätere Zeit maßgeblich blieb.

Zum Abschluß dieses Kapitels möchten wir noch die Frage nach
der vorjahwistischen Religion in frühisraelitischer Zeit auf-
werfen. Was weiß man über Religion und Kultus aus der vormosaischen Zeit?

Die sogenannten Vätererzählungen (Gen 12-37,1) lassen hier
noch einiges erahnen. So wird man die Nomaden-Religion der Patriarchen [15] und Frühisraeliten als eine Art Sippenreligion
zu betrachten haben, in der jede Sippe und jeder Stamm seinen
eigenen Gott verehrte, der dann im wesentlichen als ein Wege-
und Schutzgott auf der Wanderschaft gedient haben dürfte. Diese
Sippengottheiten trugen i.a. keinen eigenen Namen, sondern waren nach dem Ahnherrn der Sippe benannt gemäß dem Schema 'El
(Gott) des X', wie z.B. folgende Bibelstellen noch erkennen
lassen: Gen 28,13:

    "...der Gott deines Vaters Abraham und der Gott Isaaks.",

oder Gen 31,5.29 und Gen 43,23 u.ö.
In der späteren Tradition wurden diese Väter- bzw. Sippengötter
natürlich mit Jahwe identifiziert, wie man beispielsweise an
Gen 28,13 erkennen kann.

Auch in den Namen 'Ismael' (Gen 16,11) oder 'Israel' erscheint die Gottesbezeichnung 'El', so daß ihr etymologischer
Ursprung in der Zeit dieser Väterreligion liegen dürfte.

Sehr archaisch klingen die Bezeichnungen 'Schrecken Isaaks'
in Gen 31,42 und 'Starker Jakobs' in Gen 49,24, sowie 'Stein
Israels' (im Sinne von Fels) an der gleichen Stelle. Auch von
'Schild Abrahams' kann man in Gen 15,1 lesen. Es handelt sich
wohl auch hier ursprünglich um Namen von Sippengöttern.
Der Familiengott wird zuweilen auch als Verwandter, als Vater
oder Bruder bezeichnet und tritt auf diese Weise in semitischen
Eigennamen auf wie in 'Abiram', was soviel bedeutet wie 'mein
göttlicher Vater ist erhaben' ('Abraham' dürfte die gleiche
Bedeutung besitzen).

Die jeweilige Gottheit hat den Ahnherren und mit ihm bereits
seine ganze Nachkommenschaft erwählt. Wenn im AT der Erwäh-
lungsgedanke des einen Volkes eine so große Rolle spielt, so
liegen hier seine Wurzeln. Auch der monotheistische Zug des
Judentums hängt hiermit zusammen: Jene Israelitenschar um Mose,
denen das Rettungserlebnis am 'Schilfmeer' widerfahren war,
welches sie als entscheidende Heilstat dem neuen von Mose verkündeten Gott Jahwe zuschrieben, hat wohl bald diese neue
Gottheit identifiziert mit ihrer bisherigen Vatergottheit. Ähnlich wird dieser Vorgang später bei den verschiedenen Sippen
und Stämmen verlaufen sein, die sich nach und nach zu Jahwe
bekannten, bis es schließlich zu jenem - schon erwähnten -
Ereignis am Ende der Landnahme kommen konnte, zum Landtag von
Sichem. Von nun an war allein Jahwe der Gott Israels, und Exodus und Schilfmeerwunder sowie die Gesetzgebung am Sinai blieben fortan in der theologischen Tradition fest mit diesem Gott
verbunden.

Wenn wir die Väterreligion der vormosaischen Zeit betrachten, haben wir auch noch einen Blick auf das in dieser Religion
vorhandene reichhaltige und urtümliche magische Brauchtum zu
werfen, das teilweise in den späteren Jahwe-Kultus mit einbezogen wurde und von dem die Bibel denn auch berichtet. Es ist
wichtig zu wissen, daß derartige Bräuche mit dem Jahweglauben
ursprünglich nicht zusammenhängen.

Es sei zunächst der eigentümliche Ritus der Beschneidung

genannt, die operative Entfernung der männlichen Vorhaut (vgl.
auch die geheimnisvolle Stelle Ex 4,24-26 (J)), die in späterer
Zeit in den Jahwekultus als 'Zeichen des Bundes' übernommen
wurde (Gen 17,9-14 (P)). Ferner gehört das 'Fleischtabu', d.h.
das Verbot, bestimmte unreine Tiere zu essen, in diese Kategorie. Des weiteren war es untersagt, Tiere, die nicht von Menschen getötet worden waren, sowie Blut und Fett zu verzehren.
Der Bereich des Sexuellen war von zahlreichen Tabus umgeben,
und auch das Trauerbrauchtum trägt magische Züge, so der Klei-
derwechsel der Trauernden als Mittel der Täuschung, um die 'To-
tengeister' abzuwehren usw. Schließlich seien noch die Segens-
und Fluchworte eines Sterbenden erwähnt, die man für magisch
wirkmächtig hielt, oder die magische Verwendung eines Stabes
('Zauberstab', vgl. Gen 30,37; 32,11; Ex 4,2ff; 7,10ff; Num
20,7ff usw.) sowie den Glauben an den bösen Blick oder die magische Macht der Hand (2.Kön 5,11).

Zaubersprüche und Verfluchungsformeln waren wichtige magische Hilfsmittel bei der Kriegsführung der Nomaden. Ein Beispiel ist die Geschichte des Sehers Bileam [16] (Num 22-24), den
der moabitische König Balak aus Ärger über die israelitischen
Nomaden rufen läßt, damit er Israel verfluche:

> "Da ist ein Volk aus Ägypten ausgezogen, das hat das Land
> weit und breit überschwemmt und hält nun gerade die Gegend
> vor mir besetzt. So komme nun und verfluche mir dieses Volk;
> denn es ist mir zu mächtig." (Num 22,5f).

Ganz in diesem Sinne der Feindesverfluchung bzw. -beschwörung
ist auch die Stelle im berühmten Deboralied zu verstehen
(Ri 5,12):

> "Auf denn, auf denn, Debora; auf denn, auf denn, singe ein
> Lied!"

Dieses 'Zauberlied' sollte mit seiner beschwörenden Kraft dem
Feind die Niederlage bereiten. Es war keinesfalls ungewöhnlich,
daß einer Frau die Aufgabe, das Kampfeslied zu singen, zukam.
Auch bei arabischen Stämmen gab es die Tradition, ein Mädchen -

meist die Tochter des Stammesführers - mit in den Kampf zu nehmen und in anfeuernder Weise das Schlachtlied singen zu lassen. [17]

Im Zusammenhang mit dem Deboralied sei auch auf den ältesten
im AT überlieferten Hymnus hingewiesen, auf das nicht weniger
berühmte Mirjamlied, ein Siegestanzlied (Ex 15,21):

"Singet Jahwe, denn er ist hocherhaben, Roß und Reiter warf
er ins Meer!"

Es wird an dieser Stelle des AT vom Jahwisten Mirjam, der
Schwester von Aaron und Mose, in den Mund gelegt und auf die
wunderbare Errettung der Moseschar am Schilfmeer [18] bezogen.
Das Lied reicht sehr weit in die Zeit des Nomadentums vor der
Landnahme zurück, und es ist nicht unwahrscheinlich, daß es
tatsächlich noch ein authentisches Zeugnis dieses Schilfmeer-
ereignisses ist. Auf jeden Fall bezeugt diese älteste uns bekannte mündliche Überlieferung, die im AT festgehalten ist, daß
in ganz früher Zeit der Jahweverehrung Jahwe als ein Kriegs-
und Siegesgott gepriesen wurde. [19]

Zum Abschluß unserer Aufzählung magischen Brauchtums der
Nomadenzeit sei noch hingewiesen auf die Pflicht zur Blutrache,
die für jede einzelne nomadische Sippe unter bestimmten Umständen bestand. Sie allein vermochte beispielsweise von einem bösen Fluch zu erlösen (1.Kön 2,1-12) und hat sich bis in die
frühe Königszeit erhalten, wie die angegebene Stelle über Davids Testament beweist (vgl. auch Gen 4,15; 4,23f; Ri 8,13-21;
2.Sam 1,15; 4,10f).

Vergleicht man das über den frühen Jahweglauben Gesagte mit
der nomadischen Väterreligion und ihrem magischen Brauchtum,
wird man sich leicht vorstellen können, daß der neue Jahweglaube sich nicht ohne Schwierigkeiten und Auseinandersetzungen
durchgesetzt haben wird. So kann es dem freiheitsliebenden und
stolz auf die eigene Kraft vertrauenden nomadischen Israeliten
gewiß nicht leicht gefallen sein, eine ehrfürchtige und demüti-

ge Haltung seinem göttlichen Herrscher gegenüber einzunehen,
die geprägt ist vom Gehorsam gegen den göttlichen Willen.

Der Jahweglaube hat sich in einem sicherlich langwierigen
Prozeß über die alten Traditionsschichten des Nomadentums gelagert, wobei er die Überlieferung über die Offenbarungsempfänger
und Kultstifter übernahm und sie in Form der Vätererzählungen
in seine eigenen Glaubensvorstellungen einbaute.

II. DER JAHWEGLAUBE UND SEIN VERHÄLTNIS
ZUR KANAANÄISCHEN RELIGION

Das kanaanäische Kulturland, in dem sich die nomadischen Israeliten zwischen 1400 und 1200 v. Chr. ansiedelten, war natürlich schon lange Zeit bewohnt gewesen, besonders dicht in den fruchtbaren Ebenen, spärlicher hingegen im kargen Gebirgsland, wo sich die Neuansiedler denn auch vorzugsweise niederließen. Die Kanaanäer hatten als seßhafte Kulturlandbewohner intensiven Anteil am politischen, wirtschaftlichen, geistigen und religiösen Leben des antiken Vorderen Orients, war doch Palästina seit jeher Durchgangsgebiet zwischen den beiden großen Kulturzentren Ägypten und Mesopotamien. Die kanaanäische Religion zeigt daher stark synkretistische Züge.

Man hat es - wie auch sonst im Vorderen Orient - mit einem ausgesprochenen Fruchtbarkeitskult zu tun, in dessen Mittelpunkt die sogenannte Heilige Hochzeit steht zwischen der Fruchtbarkeitsgöttin als Mutter des Lebens und einem jungen Gott, der den jährlichen Wandel im Aufblühen und Dahinwelken der Vegetation repräsentiert.

In Ägypten heißt dieses Götterpaar: Isis und Osiris; in Babylon: Ischtar und Marduk; und im kanaanäischen Palästina: Anat und Baal. In jedem Jahr werden die Taten dieses Götterpaares immer wieder von neuem wirkungsmächtig und in der Natur lebendig dadurch, daß alljährlich Menschen die Heilige Hochzeit in einer kultischen Feier, die ausgesprochen sexuell bestimmt ist, nachvollziehen. Für die kanaanäische Religion ist dieser ausgeprägt sexuelle Zug charakteristisch: So gab es die Tempelprostituierten, die Kedeschen oder Hierodulen, deren Aufgabe gerade darin bestand, während der Fruchtbarkeitsfeste in den Tempeln oder an den Kultstätten, die häufig durch sogenannte Ascheren '' gekennzeichnet waren, den 'heiligen Geschlechtsverkehr' zu vollziehen.

Biblische Beispiele, in denen sich dieses kanaanäische Kultmilieu erhalten hat, sind u.a.: Gen 38; Num 25; Dtn 16,21; Ri 6,25 oder 2.Kön 23,7.

In den alten kanaanäischen Fruchtbarkeitskulten spielte somit das 'weibliche Element' eine wesentliche Rolle, während dagegen im Judentum die weibliche Komponente schon vom frühen Jahweglauben an sehr stark unterdrückt wurde. Das Jahwebild trug stets in dominierender Weise männliche Züge, obwohl es im AT auch einige wenige Stellen gibt, in denen Jahwe weibliche Attribute besitzt, so beispielsweise Jes 40,11; 66,13.

Als eine Art Ersatz wird in der biblischen Tradition das Bild von der Ehe zwischen Jahwe und Israel immer stärker betont (man vergleiche beispielsweise Hos 1-2; Jer 2,2.23-25.32-37; 3,1-20 oder Ez 16,1-63).

Im katholischen Christentum hat man in späterer Zeit diesen mangelnden weiblichen Anteil im Gottesbild ein wenig zu korrigieren versucht durch den 'theologischen Ausbau' der Gestalt der Maria zur Himmelskönigin und 'Mutter Gottes'.

Wie verhielt sich nun bei der Landnahme der Israeliten deren Jahwe-Religion in Kombination mit der alten, überlieferten Väterreligion zur Fruchtbarkeitsreligion der kanaanäischen Kulturlandbewohner?

Da der Übergang vom Nomadentum zum Ackerbau ohne eine gewisse Orientierung am Vorbild der bereits ansässigen kanaanäischen Bevölkerungsgruppe nicht denkbar ist, kann man von einer teilweisen Anpassung an ihre Kultur und Religion sowie Vermischung mit ihrem Brauchtum mit Sicherheit ausgehen. Man spricht vom Kanaanisierungsprozeß, in dessen Folge sich die neue Form eines palästinischen Jahweglaubens entwickelte, der sich vom mosaischen deutlich unterscheidet. Diesen Prozeß sollte man sich jedoch nicht als problemlose Assimilation vorstellen; vielmehr dürfte es sich um eine langwierige Auseinandersetzung gehandelt haben mit einem steten Schwanken zwischen Ablehnung und bereitwilliger Aufnahme neuen Gedankenguts.

Man begann also auch für Jahwe - wie dies für die kanaanä-

ischen Gottheiten allgemein üblich war - heilige Stätten einzu-
richten. Hierfür wurden die alten Heiligtümer benutzt, die den
Hochgöttern El und Baal gewidmet waren, um an ihnen nun Jahwe
zu verehren. Für die Anbetungszeiten übernahm man im wesentlichen die kanaanäischen Feste, wobei beispielsweise das Mazzotfest (Ackerbaufest) mit dem uralten Hirtenfest Pesach (=Pas-
sa) kombiniert wurde, welches im Frühjahr stattfand.

Auch und vor allem das Opferwesen des Jahwekultus ist erst
unter kanaanäischem Einfluß entstanden.

Insbesondere kam eine gewisse Verschmelzung beider Religionen dadurch zustande, daß man schließlich den höchsten Gott des
kanaanäischen Pantheons, El, mit Jahwe gleichsetzte und sowohl
dessen charakteristische Züge der Besonnenheit und Weisheit,
der Mäßigung und Geduld, der Nachsicht und Barmherzigkeit als
auch seine Funktion als Schöpfer und König auf den alten Wü-
stengott Jahwe übertrug und so dessen unheimliche und dämo-
nisch-leidenschaftliche Züge abmilderte.

Der Gott Baal wurde demgegenüber stets als Rivale Jahwes
aufgefaßt und sein Kultus nach der biblischen Tradition immer
bekämpft. Dieser muß übrigens sehr reichhaltig ausgebildet gewesen sein: Die Kultstätten waren Höhenheiligtümer (vom AT
'Höhen' genannt) und Tempel, in denen der Hochgott durch sakrale Festmahle gefeiert wurde. An solchen Orten gab es - wie auch
die Bibel mannigfach entrüstet zu berichten weiß - Opferaltäre,
Gottesbilder und Symbole für Gottheiten, meist in Tiergestalt,
sowie die Mazzeben (Steinsäulen) und Ascheren (Holzpfähle) als
Kultembleme.

El und Baal sind die führenden Göttergestalten des kanaanäischen Pantheons. El hat als eine Art Königsgott an der Spitze
aller Gottheiten gestanden. 'El' bedeutet gemeinsemitisch
'Gott', so daß viele Lokal- und Sippengötter 'El' als Namensbe-
standteil enthielten, ohne daß man sie als Abwandlungen dieses
höchsten Gottes El betrachten darf.

Er wurde als Vater der Götter und der Menschen und als
Schöpfer des gesamten Kosmos sowie als König und Richter verehrt. Er ist so erhaben, daß er am mythischen Ort des Welten-

berges wohnt beziehungsweise an den beiden Urströmen und Urmee-
ren. Für den praktischen Kult tritt seine Bedeutung hinter der
der 'jüngeren Göttergeneration' zurück. [2]
     Der wichtigste dieser jungen, aktiven Götter ist Baal. Sein
Name bedeutet ursprünglich 'Herr' oder auch 'Eheherr', 'Besit-
zer'. Er ist zwar nicht der Schöpfer wie El, dafür aber der
Erhalter der Schöpfung und Erzeuger des Aufblühens und Welkens
der Vegetation im jährlichen Rhythmus sowie der Spender aller
Fruchtbarkeit. Er ist vermählt mit seiner Schwester Anat, der
Göttin der Sexualität und Liebe. Im Laufe des natürlichen Jah-
reszyklus unterliegt Baal für eine gewisse Zeit seinem Gegner
Mot, dem Gott der Dürre und des Todes, bis er ihn im Frühling
besiegt und in neuer Kraft wieder aufersteht. [3]

     Auch die Fruchtbarkeitsgöttin Astarte hat in Palästina eine
bedeutende Rolle gespielt. Auf sie und ihren Ascheren-Kultus
beziehen sich vermutlich viele Erzählungen im AT.

     Es seien noch einige Bibelstellen angegeben, die die Schwie-
rigkeiten zeigen, die der Jahwe-Glaube teilweise mit dem kanaanäischen Kultus hatte:
2.Kön 23,4-20; Jer 7,17-19; 44,15-18; Ez 8,14-18.

III. ÜBERBLICK ÜBER DIE FRÜHE KÖNIGSZEIT

Im Zuge der allmählichen Staatsbildung kam schließlich auch die
Institution des Königtums auf, wobei die politische Organisa-
tion der Nachbarvölker für Israel beispielhaft gewesen ist.
Dieser Staat wurde nach Salomos Tod 931 v. Chr. geteilt in das
Nordreich Israel und das Südreich Juda.
Der Bundesschluß Jahwes mit seinem Volk wurde nun durch die
Salbung Davids zum König erneuert (vgl. 1. Sam 16, 1-13 und auch
2. Sam 7). Der König wurde hiermit - so die biblische Tradition
- als Sohn Gottes von Jahwe durch einen Adoptionsakt angenommen.
Wegen der außerordentlichen Bedeutung, die die beiden Könige David und Salomo für die gesamte Geschichte Israels besitzen, werden wir sie etwas ausführlicher behandeln.

Das israelitische Königtum beginnt allerdings nicht mit
David, sondern mit seinem Vorgänger Saul '', auf den wir hier
aber nur recht knapp und summarisch eingehen wollen, da es
nicht Aufgabe dieses Buches sein kann, historische Vollständigkeit anzustreben. Allein aus Gründen der besseren Einordnung
des wichtigen Königs David in den geschichtlichen Kontext seien
einige Charakteristika des ersten Königs Israels im folgenden
zusammengestellt.
Die vorausgegangene Zeit der sogenannten Richter (vgl. Ri-
Buch), deren letzter Samuel gewesen ist, werden wir übergehen,
da eine deutliche Veränderung des Jahwebildes erst mit der Königszeit einsetzt. Erwähnt sei hier nur, daß man zwei Typen von
Richtern unterscheidet, die Stammeshelden bzw. -führer und die
Herrscher. Das Richterbuch enthält eine Reihe von Erzählungen
über die siegreichen Taten der Stammeshelden ('große Richter')
sowie eine Liste der sogenannten 'kleinen Richter' und erzählt
insgesamt sowohl von Helden einzelner Stämme als auch von Herrschern einzelner Städte oder Bezirke. Es ist möglich, daß das

Amt der 'kleinen Richter' tatsächlich das der Rechtsprechung
und der Bewahrung alter Rechtsbräuche sowie ihrer weiteren
Ausbildung (Bundesrecht) gewesen sein mag. [8]

SAUL (ca. 1030-1010 v. Chr.) gehörte dem Stamm Benjamin an und
war der Sohn eines Bauern. Er hat sich - nach der biblischen
Überlieferung - zunächst wie ein Stammesheld der Richterzeit
hervorgetan. Eine entscheidende Rolle beim Aufstieg Sauls zum
König dürfte der historisch schwer zu fassenden Gestalt des
'Richters' Samuel zukommen. Wie dies jedoch im einzelnen geschah, ist unklar, da die Erzählung 1. Sam 8-10 einen stark le-
gendarischen Charakter trägt.

Man kann das Königtum Sauls als eine Art Fortsetzung des
frühen Stammesführertums betrachten, das auf mehrere Stämme
ausgedehnt wurde, so daß Saul in diesem Sinne der Stammesführer
einer Reihe von Stämmen war.

Sein Königtum sollte erblich und dynastisch sein, wie dies
auch bei den kanaanäischen Völkern der Fall war: Nach biblischer Überlieferung muß Saul wie selbstverständlich die Absicht gehabt haben, seinen Sohn Jonathan als seinen Nachfolger
einzusetzen. Ferner wurde nach Sauls Tod sein Sohn Ischbaal
König der Nordstämme, ohne daß jemand hiergegen opponiert hätte. Hingegen beurteilten einige Gruppen die Machtübernahme Davids als ein Verrat am Hause Sauls (2. Sam 16,8). Erst als nur
noch der gelähmte und daher für das Amt des Königs untaugliche
Saul'sche Großsohn Meribbaal als letzter männlicher Nachfahre
übriggeblieben war (2. Sam 9), hatte David sein Königtum befestigt.

Da Saul ständig damit beschäftigt war, feindliche Angriffe
der Nachbarstaaten abzuwehren, war es ihm nicht vergönnt, den
neuen Staat in allen Bereichen durchzuorganisieren. Dies blieb
David und Salomo vorbehalten.

Saul konnte bei seinen zahlreichen Kämpfen eine Reihe mili-
tärischer Erfolge für sich verbuchen, doch der Übermacht der
Philister war er schließlich nicht mehr gewachsen. In der
Schlacht bei Gilboa ist er gefallen (1. Sam 31).

Die Gestalt des König DAVID (ca. 1010-970) ist für das spätere Judentum stets von großer Bedeutung gewesen. Besonders in
Zeiten außenpolitischer Unterdrückung und Bedrängnis erinnerte
man sich wehmütig an jene glanzvolle Friedenszeit im vereinten
Königreich unter David, die allerdings in Wirklichkeit nur
knappe vierzig Jahre gedauert hat. Von ihr heißt es aber in
1. Kön 5,5 ³ ' :

> "...sie alle Frieden hatten mit all ihren Nachbarn ringsum,
> so daß Juda und Israel sicher wohnten, jeder unter seinem
> Weinstock und seinem Feigenbaum von Dan bis hinab nach Beer-
> scheba..."

Diese kurze Friedensepoche wurde später immer wieder gewissermaßen zum historischen Prototyp erhoben, deren einstige Wiederherstellung man umso sehnsüchtiger erhoffte, je schlimmer Aus-
beutung und Unterdrückung durch die Nachbarvölker bzw. erstarkenden mesopotamischen Großreiche wurden. So entstand auch später gleichzeitig mit der Hoffnung auf die Erneuerung des 'davidischen Friedensreiches' die Hoffnung auf die Rückkehr Davids
oder eines Sohnes Davids, der ein Sproß aus seinem Königshause
sein sollte.

Genährt wurde diese messianische Hoffnung u.a. durch folgende Bibelstellen: 2. Sam 7,15-16:

> "Meine Huld aber werde ich ihm nicht entziehen, wie ich sie
> dem Saul entzogen habe, den ich vor dir beseitigte. Nein,
> dein Haus und dein Königtum sollen immerdar vor mir Bestand
> haben. Dein Thron soll für immer fest gegründet sein."

Ps 89,36-38:

> "So wahr ich heilig bin, ich habe es einmal geschworen,
> wahrlich, ich werde dem David nicht lügen: Sein Stamm soll
> währen in Ewigkeit, sein Thron soll vor mir sein wie die
> Sonne. Und wie der Mond, der währet auf immer, der treue
> Zeuge in den Wolken."

Hier liegt auch der Grund dafür, daß später die Evangelisten
Matthäus und Lukas Stammbäume für Jesus angeben, die auf den
König David zurückführen, um auch hieran Jesu Messianität zu
erweisen. (Daß sich dabei ein gewisser Widerspruch zur Virgini-
tät Mariens ergibt, scheint die Verfasser beider Evangelien
nicht zu stören - interessanterweise wird die Jungfräulichkeit
der Maria denn auch nur in diesen beiden Evangelien zum Ausdruck gebracht!).

Als weiterer wichtiger Beleg dafür, daß in Jesus der erwartete Messias erschienen ist, dient den Evangelien die Erzählung
über den Geburtsort Bethlehem.

Matthäus zitiert, allerdings unkorrekt, zur Begründung die
Weissagung des Propheten Micha in Matth 2,6:

> "Und du, Bethlehem, Land Judas, bist keineswegs [!] die ge-
> ringste unter den Fürstenstädten Judas, denn aus dir wird
> der Herrscher hervorgehen, der mein Volk Israel weiden
> wird." (vgl. dagegen Mi 5,1).

Gemäß 1.Sam 16,1 und 1.Sam 17,12 stammt das Geschlecht Davids
aus einem Bethlehem in Judäa; allerdings ist nicht geklärt,
welches Bethlehem von zwei möglichen gemeint ist, ein Ort süd-
westlich Jerusalems, dem die Überlieferung die Geburt Davids
zuschreibt, oder ein Ort nordwestlich Jerusalems in der Gegend
von Rama, wo die Tradition das Grab der Stamm-Mutter Rahel annimmt.

Als historisch sicher [4] ist davon auszugehen, daß David von
Hause aus Soldat gewesen ist und sich durch militärische Taten
auszeichnete. Hierdurch dürfte Saul auf ihn aufmerksam geworden
sein und ihn für seine stehende Truppe verpflichtet haben (vgl.
1.Sam 14,52). Gemäß den Kapiteln 1.Sam 18-20 wird es jedoch
alsbald zu einem Zerwürfnis zwischen beiden gekommen sein, da
David sich auf Grund seiner militärischen Erfolge überall beliebt machte, was schließlich den Neid Sauls erregte, so daß er
danach trachtete, ihn umzubringen. David entkam jedoch den
Nachstellungen Sauls dank seiner Freundschaft mit Jonathan
(vgl. 1.Sam 19; 21; 22) [5] und zog sich schließlich - gemäß

biblischer Überlieferung - ins Gebirge bzw. in die Wüste zurück, wo er eine Gruppe von Freischärlern um sich sammeln konnte. Sie bestand aus seinen eigenen Familienangehörigen und allerlei politischen Abenteurern: 1.Sam 22,2:

"...lauter Männer, die unter Druck standen, und allerlei
andere, denen ein Gläubiger Schwierigkeiten machte, und lau-
ter Verbitterte."

Man geht allgemein davon aus, daß David nicht erst nach seinem Zerwürfnis mit Saul, sondern schon vorher ein Freischärler
war, der über eine sehr schlagkräftige Söldnertruppe verfügte,
was für Saul auch der Anlaß war, ihn in seine eigenen militärischen Dienste zu nehmen.

So ist Davids Karriere als Folge seiner konsequenten Macht-
politik zu sehen. Die ganze weitere Geschichte seiner Regierungszeit als israelitischer König bestätigt dies.

Auch die Erzählung über Davids Heirat mit Abigail (1.Sam
25), die ihren Ehemann Nabal im Stich läßt und mit dessen großem Vermögen die Frau Davids wird, wirft ein bezeichnendes
Licht auf den zielstrebigen Charakter dieses Soldaten, der Israels großer König werden sollte.

Über die unterschiedlichen politischen Auffassungen Sauls
und Davids schreibt der Alttestamentler Gunneweg (a.a.O.,S.73):

"...Wichtiger aber war eine grundlegende sachliche Differenz. Saul ist trotz aller Neuerungen ein Vertreter der alten Ordnung, der sich den amphiktyonischen Traditionen *'
verpflichtet wußte; er ist der charismatische Anführer
freier und 'ehrbarer' Männer im Jahwekrieg, wenn er auch mit
einem Bein schon in der Neuzeit stand. Zwischen einem solchen Mann und dem Anführer einer Söldnertruppe von Despera-
dos ist bestenfalls ein Zweckbündnis, aber kaum ein herz-
liches Einverständnis denkbar. Leute, wie sie 1.Sam 22,2
beschrieben werden, haben zu allen Zeiten nur ein Ziel:
kämpfen, rauben, Beute machen. Saul wäre nicht Saul gewesen,
wenn sein Bündnis mit David Bestand gehabt hätte; es war mit
den amphiktyonischen Traditionen, der Tradition des Heerban-
nes und mit dem Bundesrecht unvereinbar. Es war unvereinbar
insbesondere mit den Observanzen des heiligen Krieges, den
Jahwe selbst führt und durch den Gottesschrecken beendet.
Sauls Macht beruhte auf seinem Charisma. Darum währte sein
Ansehen auch nur solange, wie sein Charisma anhielt, obwohl
sein Königtum fortbestand. Davids Macht war handfesterer

Natur. Sie beruhte auf der ihm persönlich gehorchenden Truppe von Leuten, die nichts zu verlieren, aber alles zu gewinnen hatten und sich je nach Befehl so oder so einsetzen ließen. "

Als David nach seinen Philisterkämpfen die alte Jebusiterstadt Jerusalem erobert und zu seiner Hauptstadt (Davids-
stadt) ⁷⁾ mit neu erbauter Stadtmauer gemacht hatte (vgl. 2. Sam
5, 6-10), trug er sich - wie 2. Sam 7, 2 nahelegt - mit dem Gedanken eines Tempelbaus für die Bundeslade, die er zuvor nach Jerusalem hatte holen lassen. Allerdings kam es schließlich nur
zur Errichtung eines Altars auf der Tenne eines Jebusiters ⁸⁾,
die David diesem vorher abgekauft hatte.

Mit der Altarerrichtung hatte es nach der biblischen Erzählung folgende Bewandtnis:

Nach 2. Sam 24 'erdreistete' sich David zu einer Volkszählung, um herauszufinden, wieviele zum Kriegsdienst taugliche
Männer sein Reich enthielt. (Daß Davids Helfershelfer diesen
totalen Zensus angeblich innerhalb von 9 Monaten und 20 Tagen
mitsamt der Auswertung durchführen konnten, erscheint sogar uns
Menschen des Computerzeitalters als erstaunliche Leistung!).

Ein solches Tun mißfiel Jahwe allerdings, was wohl auch David bald geahnt haben mag; jedenfalls bekam er kurz nach seiner
Volkszählung 'Herzrasen' aus schlechtem Gewissen, worauf Jahwe
ihm zur Sühne durch den Mund seines 'Sehers' Gad drei Strafen
zur Auswahl anbot: Drei Jahre Hungersnot für das ganze Land,
dreimonatige Flucht vor dem Feind oder drei Tage Pest.

Da der kluge David lieber in die Hände Jahwes als in die der
Menschen fallen wollte, wählte er die Pest. Nachdem diese drei
Tage lang verheerend im Lande gewütet hatte und gerade im Be-
griff war, auch Jerusalem zu verseuchen, errichtete David sei-
nen Altar auf dem Berg und brachte dort sein Brandopfer dar.
Hierauf wandte - so die Überlieferung - Jahwe seine 'Huld' dem
Lande wieder zu, und die Seuche wurde abgewehrt.

Gegen Davids Plan, einen Tempel zu errichten, erhob Jahwe -
folgt man der biblischen Tradition - jedoch Protest durch den
Mund des Propheten Natan (2. Sam 7, 6ff). Es half jedoch nichts,

Jahwe wurde 'eingesperrt' in einen Tempel, der später von Davids Nachfolger Salomo nach syrischem Vorbild prachtvoll ausgebaut wurde ⁹' (vgl. 1.Kön 6f), und zwar gerade an der Stelle,
an der David seinen Räucheraltar errichtet hatte (vgl. auch
2.Chron 2-6). Unmittelbar an die Südseite des Tempels schloß
sich der wesentlich größere Königspalast an, so daß die Könige
seither - bis zur ersten Tempelzerstörung 587 v.Chr. durch die
Babylonier - "Wand an Wand mit Jahwe wohnten". Später 'be-
schwerte' sich Jahwe denn auch hierüber durch den Mund des
Exil-Propheten Ezechiel (= Hesekiel) in Ez 43,8:

> "... indem sie ihre Schwelle neben meine Schwelle und ihre
> Pfosten neben meinen Pfosten setzten, so daß nur eine Wand
> zwischen mir und ihnen war, und sie verunreinigten meinen
> heiligen Namen durch ihre Greuel, die sie verübten; ich aber
> vernichtete sie in meinem Grimm."

Der Palast wurde durch Mauern mit der alten Stadt verbunden,
so daß die Zufahrt zum Palastviertel auf der Anhöhe nördlich
der Stadt gesichert war.

Zum Wohnteil des Palastes gehörte eine repräsentative Thron-
vorhalle, in der sich der König seinem Volk zu bestimmten An-
lässen zeigte. Ferner gab es in dem Komplex - wie im orientalischen Königtum üblich - auch einen Trakt für den Harem; für
seine Favoritin, eine ägyptische Pharaonentochter, ließ Salomo
eigens einen Palast errichten (1.Kön 7,8b oder 1.Kön 9,24).

Als Wartehalle, Wachraum und wohl auch privaten Tresor für
seine 'Goldbarren' (= 'Schilde') diente eine große Halle mit
Säulen aus edelstem Zedernholz im sogenannten Libanonwald-
haus. ¹⁰' Wer sich für die akribische Beschreibung dieses gro-
ßartigen Prunks und Reichtums interessiert, lese nach bei 1.Kön
7; 9,26-28; 10.

Im Gegensatz zur kriegerischen Expansionspolitik seiner Vorgänger Saul und David steht die diplomatische Politik Salomos.

SALOMO (ca.970-931) war als typischer Exponent der zweiten

Generation einer expandierenden Großmacht sehr am Ausbau der
diplomatischen Beziehungen zu Israels Nachbarn interessiert. In
diesem Sinne sind seine Verschwägerungen mit Ägypten
(1.Kön 3,1; 9,16) und den palästinischen Nachbarvölkern
(1.Kön 11,1ff) zu verstehen sowie seine enge Verbindung mit dem
König von Tyrus (1.Kön 5,15ff; 9,11f; 9,27). Ferner ist in dem
Zusammenhang sein Handelsverkehr mit Südarabien ('Königin von
Saba': 1.Kön 10,1ff) zu nennen und die Nachricht, er habe bis
an den Euphrat geherrscht (1.Kön 5,4; 10,29). So entstand ein
Austausch hochwertiger Güter zwischen den verschiedenen orientalischen Königshöfen (vgl. 1.Kön 5,20ff; 9,11.28; 10,10f; und
1.Kön 5,25; 10,28f).

Salomo führte auch fremdes technisches 'Know-how' ein: Die
Metallbearbeitung (1.Kön 7,13ff.45ff) und den Quaderbau
(1.Kön 5,31 u.ö.) sowie die Schiffahrt auf dem Roten Meer
(1.Kön 9,26ff). [11]

Man nimmt ferner als historisch gesichert an, daß Salomo
nach ägyptischem Muster die Weisheitsschule begründete, die
ihre Erkenntnisse in der Form der Spruchdichtung zum Ausdruck
brachte (vgl. 1.Kön 5,9ff; 10,1ff). Einiges hiervon wird sich
wohl noch bewahrt haben innerhalb Spr 10-22; 25-29 und einiger
Psalmen.

Von nun an gab es auch eine weitere Veränderung in der Gottesvorstellung: Jahwe wurde zum Herrn Zebaoth, zum Gottkönig,
zum Herrn der Heerscharen, der auf dem Zion, Jerusalems heiligem Berg, hoch über seiner Stadt residierte und herrschte wie
ein gewaltiger orientalischer Potentat (vgl. 1.Kön 8,22-29;
9,1-9).

Von der Königszeit an war Jahwe auf dem Zion nicht mehr nur der
Herr des kultischen Bereichs, sondern er war auch der Herr der
Geschichte seines Volkes: In der Zeit Salomos begann die syste-
matische Geschichtsschreibung (2.Sam 9-20 + 1.Kön 1-2) [12].
Diese Thronfolge-Story liest sich spannend wie ein Kriminalro-
man. [13]

Wie schon erwähnt, wurde in dieser Zeit auch der Grund gelegt für das sogenannte 'jahwistische Geschichtswerk' (J).

Vielleicht sollten hierdurch die einzelnen Überlieferungen der alten Stammesverbände, die sich seit der Staatsgründung ja mehr und mehr auflösten, vor dem Vergessen bewahrt werden. Während der gesamten Königszeit Israels verstummte indessen nie der Protest gegen derartige Tendenzen politischer und religiös-sakraler Machtentfaltung, wie sie mit dem Königtum einherging. Es waren vornehmlich die Propheten, die - teilweise von Anfang an - Widerspruch gegen die Institution der Monarchie und auch gegen den Tempelbau erhoben (Jahwe ist alleiniger König, Beschützer und Führer im heiligen Krieg; er ist überall und jederzeit 'mit seinem Volk', so daß er keinen festen Ort der Verehrung benötigt).

Kritisch war auch das Verhältnis zu den Nordstämmen. Spannungen hatte es schon zu Davids Zeiten gegeben, denn David war ja zunächst nur durch Juda zum König ernannt worden (2.Sam 2,1-4), während Saul allein durch die Nordstämme (='Israel') zum König gewählt worden war. Obwohl später auch die Nordstämme Davids Königsherrschaft anerkannten (2.Sam 5,1-4), ging dies nicht ohne Schwierigkeiten ab, insbesondere solange die Söhne Sauls noch lebten und ihm die Herrschaft streitig machten. Davids Thron geriet zweifellos häufiger ins Wanken, und die alten biblischen Erzählungen bieten uns mancherlei Hinweise, daß es in der Bevölkerung sowohl zu Davids als auch später zu Salomos Zeiten gewisse Kreise gab, die mit der neuen Königsherrschaft der Davididen unzufrieden waren. Um das bedeutsame Faktum der politischen Reichstrennung unmittelbar nach Salomos Tod besser verstehen zu können, müssen wir wenigstens ein kurzes Schlaglicht werfen auf die vorhandenen politischen, lokalpatriotischen, sozialen und auch religiösen Spannungen innerhalb des Volkes im neuen 'Staat Israel'.

Absalom war von seinem Vater David nach dem Tod des ältesten Davidssohnes Amnon zum Thronerben bestimmt worden. [14] Das Warten auf die Krone dauerte ihm jedoch zu lange, so daß er schließlich eine Palastrevolution plante und hierfür aus den Nordstämmen allerlei Unzufriedene um sich scharen konnte (2.Sam

15,1ff). Nachdem er sich auf diese Weise nach vier Jahren eine
beträchtliche Anhängerschaft aufgebaut hatte, [15] ließ er sich
in Davids alter Königsstadt Hebron zum König ausrufen, woraufhin David endlich aktiv wurde und mit seiner Leibgarde und den
'Krethi und Plethi' [16] Jerusalem verließ. Durch glückliche
Umstände und dadurch, daß Absalom angeblich auf den falschen
Ratgeber hörte (17,1-15), gelang es David, der auf transjorda-
nisches Gebiet geflohen war, seine Streitmacht zu reorganisieren, so daß Davids Feldhauptmann Joab - ein Vetter Salomos -
schließlich Absaloms Heer eine entscheidende Niederlage bereiten konnte.

Das Schicksal Absaloms war es - so die Überlieferung -, daß
seine Haare zu lang gewachsen waren und er bei seiner Flucht
mit ihnen in den Zweigen eines Baumes hängen blieb. Für Joab
war es dann natürlich ein leichtes, dem 'baumelnden' Kronprin-
zen - gegen Davids ausdrücklichen Befehl! - gleich drei Lanzen
in die Brust zu stoßen. So war wieder ein Thronanwärter ausge-
schaltet.

Der zweite innere Aufstand gegen David, in dem der alte Gegensatz zwischen Nord und Süd wieder aufbrach (2.Sam 19,44),
geschah unter einem gewissen Seba aus dem Saul'schen Stamm der
Benjaminiten. Seine Kampfeslosung beschreibt 2.Sam 20,1 mit den
Worten:

> "Der stieß in die Posaune und rief: "Wir haben keinen Teil
> an David. Mit dem Sohne Isais haben wir nichts zu eigen. Ein
> jeder zu seinen Zelten, Israel!"

Dieser bürgerkriegsähnlicher Aufstand konnte jedoch schließlich
von Joab und seiner 'Krethi-und-Plethi-Söldnertruppe' durch
Belagerung von Abel-Bet-Maacha, der befestigten Nachbarstadt
von Dan im Norden des Landes, in der Seba sich eingenistet hatte, niedergeschlagen werden. Zuvor hatte besagter Kriegsgeneral
Joab - gewissermaßen ganz en passant - seinen Vetter Amasa völlig ohne jeden Skrupel durch einen Schwertstoß ins Jenseits
befördert, womit die Zahl der Konkurrenten um die begehrte
Thronnachfolge noch weiter dezimiert war. Obwohl durch die Nie-

derwerfung dieser Aufstände die Einheit des davidischen Reiches
noch gewahrt werden konnte, ist es doch offenkundig, daß der
Zusammenhalt allein durch die Macht des königlichen Militärs
aufrechterhalten wurde. Die alten Probleme und Spannungen zwischen beiden Teilen des Reiches waren hiermit jedoch keineswegs
beseitigt, sie 'gärten' unter der Oberfläche weiter, bis es
später zur Zeit Salomos erneut zu einem Revolutionsversuch
durch Jerobeam kam (1.Kön 11,26-28.40).

So kann es eigentlich nicht sehr verwundern, daß die Spaltung zwischen Israel und Juda schon bald nach Salomos Tod 931
v.Chr. auch tatsächlich Realität wurde.

Über die Hintergründe dieses für Israels [17] weitere Ge-
schichte außerordentlich wichtigen Faktums sei der Historiker
A.Caquot (in: 'Histoire des religions, Encyclopédie de la
Pléiade, Bd.I; Gallimard 1970, S.429) [18] zitiert:

"Der Glanz des Königtums Salomos, welcher sich in der offiziellen Literatur des königlichen Jerusalems niederschlägt,
rührt von einem auf Handel beruhenden wirtschaftlichen Wohlstand her, wobei die Kontrolle der Handelswege sich auf den
Profit günstig auswirkt. Der damit erworbene Reichtum kam
jedoch nicht dem ganzen Volk zugute. Im Gegenteil verschärf-
te er noch die Klassengegensätze der israelitischen Gesellschaft, indem er die Leute mit großem Besitz begünstigte, da
diese ihr Geld in Handelsunternehmungen investieren konnten.
Das Verwaltungssystem, welches David einzuführen begann,
führte zur Entstehung einer elitären Schicht von Würdenträ-
gern und königlichen Beamten, welche zu den Privilegierten
zu zählen war. Hier liegt im Prinzip der Ursprung für die
langen sozialen Krisen, welche die Geschichte des 9. und
8.Jahrhunderts kennzeichnen. Die erste Krise hatte jedoch
politischen Charakter. Um die für den Bau des Tempels, die
Hofhaltung und die königlichen Armeen notwendigen Mengen von
Menschen und Geld zu beschaffen, begann Salomo folgerichtig
die Gebiete des Nordens auszubeuten, weil diese reicher und
dichter bevölkert waren als Juda, welches zudem als Stamm
des Königs gewisse Privilegien genießen durfte. Das Ziel der
Einsetzung von Vögten (vgl. 1.Kön 4,7-19) lag darin, der
Autorität des Königs in diesen Gebieten ohne Beachtung der
herkömmlichen Stammesgrenzen Geltung zu verschaffen zum
Zwecke einer leichten Eintreibung der Abgaben und der Aushe-
bung von Fronarbeitern. Unter diesen Umständen ist es nicht
erstaunlich, daß die salomonische Herrschaft als Despotismus
aufgefaßt wurde und die durch David geschaffene Personalunion zwischen Israel und Juda nach dem Tode seines Sohnes
wieder zerbrach. Gegen 931 betreibt ein Ephraimit mit Namen
Jerobeam I, der sich schon einmal gegen Salomo erhoben hat,
eine Abspaltung der Nordstämme und gründet das Königreich

Israel, welches vom Königreich Juda, wo Rehabeam, ein Sohn
Salomos regiert, unabhängig ist. "

Kurz nach Salomos Tod versammelte sich das aufständische
Nordreich in Sichem und man vernahm erneut den alten Ruf:

"Was haben wir für einen Anteil an David? Wir haben kein
Erbe beim Sohn Isais. Auf, Israel, zu deinen Zelten!"
(1.Kön 12,16; vgl. 2.Sam 20,1).

JEROBEAM I.(930-910) hatte auf die Kunde von Salomos Ableben
'Morgenluft gewittert' und war aus Ägypten zurückgekehrt, wohin
er nach seinem mißglückten ersten Aufstand (1.Kön 11,26-40)
fliehen mußte. Zuhause in Israel wurde er denn auch begeistert
umjubelt als der Befreier aus Judas Knechtschaft und zum König
über Israel ausgerufen. Er machte zunächst Sichem zu seiner
Metropole. Salomos Kronprinz REHABEAM (930-914) mußte sich mit
Juda und dem Stamm Benjamin begnügen (der zu späterer Zeit vermutlich in Juda integriert wurde). Rehabeams Aufseher über die
dem Nordreich verhaßten Frondienste war bei Sichem von aufge-
brachten Israeliten gesteinigt worden (1.Kön 12,18), und von
einem militärischen Feldzug ließ Rehabeam sich - so die biblische Überlieferung in 1.Kön 12,21ff - durch einen 'Gottes-
mann' abbringen.

Abgesehen vom Einfall des ägyptischen Pharao Sisak [19]
(1.Kön 14, 25-27), der den Goldschatz des Libanonwaldhauses
plünderte, scheint Rehabeam außenpolitisch Ruhe gehabt zu haben.

Über Jerobeam vermerkt die biblische Berichterstattung mit
Abscheu, daß er Stierplastiken aus Gold anfertigen ließ und sie
in den Heiligtümern von Dan und Bethel aufstellte. Der Grund
für diese Aktion dürfte sein Bestreben gewesen sein, die Wall-
fahrten nach Jerusalem einzudämmen. Möglicherweise sollten die
Stierplastiken Symbolisierungen für Jahwe sein: Wie der Gott
Israels im Jerusalemer Tempel unsichtbar auf den Cherubim
thronte, so thronte er in Dan und Bethel unsichtbar über den
goldenen Stierplastiken. [20] Wie 1.Kön 14 vermuten läßt, gab

die religiöse Spaltung zwischen Nord und Süd Anlaß zu Konflik-
ten zwischen Jerobeam und der Prophetengruppe, die ihn einst
bei seiner Thronbesteigung unterstützt hatte.

Der Prophet Jesaja, der sich dem Hause Davids verbunden
fühlte, wird dann etwa zwei Jahrhunderte später die durch Jerobeam vollzogene Reichstrennung als das schlimmste Unheil bezeichnen, das über das Volk Jahwes gekommen ist, indem er verkündet (Jes 7,17):

"über dich und über dein Volk und über das Haus deines Vaters läßt Jahwe Tage kommen, wie sie so nicht gewesen sind,
seitdem sich Ephraim von Juda trennte."

Jesaja denkt hier an die Eroberung des Zehnstämmereiches Israel
durch die Assyrer als Strafe Jahwes für den einstigen Abfall
vom Hause Davids unter Jerobeam. Die 'Sünde Jerobeams' wurde
später tatsächlich sprichwörtlich.

IV. GRUNDLINIEN DER WEITEREN GESCHICHTE NACH DER REICHSTRENNUNG

In diesem Kapitel soll die historische Chronologie der israelitischen Geschichte von der Reichstrennung bis zur babylonischen
Gefangenschaft in ihren wesentlichen Grundzügen dargestellt
werden, allerdings nur in recht summarischer Weise, damit wir
uns nicht allzusehr im 'Dickicht des Details' verirren. Wie
schon in der Einleitung betont, geht es uns in erster Linie um
die Möglichkeit einer groben Orientierung über die vielfältigen
Glaubenslinien innerhalb des AT, die allesamt Reaktionen auf
entsprechende politische Verhältnisse sind.

Wir werden zunächst die historische Entwicklung im Nordreich
Israel behandeln und anschließend zum Südreich Juda übergehen.
Ein gelegentlicher Blick auf die Zeittabellen im Anhang sowie
auf die geographischen Karten einer jeden guten Bibelausgabe
mag als Gedächtnisstütze bei der Lektüre hilfreich sein.

Ein gewisses Problem stellt die Frage der Datierung dar, die
bis heute nicht zufriedenstellend gelöst ist. Das Hauptproblem
liegt darin, daß sowohl die Gesamtsummen der Regierungszeiten
in den Königsbüchern [1] differieren als auch vielfach die
Synchronismen zwischen beiden Reichen nicht in Einklang stehen.
Hinzu kommen auch noch Widersprüche mit den Synchronismen
zwischen israelitischen und assyrischen Zeitangaben. Bei den
jeweiligen Differenzen handelt es sich teilweise immerhin um
mehrere Jahre.
Wir folgen der Datierung von Fohrer (Geschichte Israels, S. 80),
bei der berücksichtigt wird, daß man sich im Südreich nach dem
assyrischen Brauch richtete, das erste Regierungsjahr eines
Herrschers nicht mitzurechnen, wenn es kein volles war.

1.   D a s   N o r d r e i c h   I s r a e l

Das Nordreich Israel hatte nur gut 200 Jahre Bestand, von 930
bis 722/21 v.Chr.

Jerobeams Sohn NADAB (910-909) konnte sich nicht lange auf dem
Thron halten. Er wurde von einem Mann namens BAESA (909-886)
aus dem Hause Issachar vertrieben, der, nachdem er sich auf den
Thron gesetzt hatte, das ganze Geschlecht Jerobeams nach 'fei-
ner' orientalischer Usurpator-Sitte ausrottete. Aber auch diesem Baesa gelang es nicht, im Nordreich Israel eine dauerhafte
Dynastie zu gründen. Sein Sohn ELA (886-885) hielt sich nur
zwei Jahre auf dem Thron. Ein Obrist namens SIMRI (885) ermordete ihn, als er trunken bei Tische lag, und ließ sich zum König ausrufen. Kurz darauf rottete besagter König Simri nun seinerseits das gesamte Haus Baesa aus. Diesem blutrünstigen König
waren jedoch nur bescheidene sieben Tage Regierungszeit vergönnt, da seine Bluttat dem Heer mißfiel, das aus Protest seinen Anführer OMRI (885-874) zum König erhob. Er zog nach Thirza
und besetzte die Stadt, woraufhin Simri keinen anderen Ausweg
mehr sah, als sich selbst samt seinem Palast den Flammen zu
überlassen. Der Vers 2.Kön 9,31 zeigt, in welch schauriger
Erinnerung noch in späteren Zeiten der Name Simri geblieben
sein muß.

Unter Omri konnte die Macht Israels nach innen deutlich befestigt werden. Samaria wurde zur politischen und sakralen
Hauptstadt ausgebaut, obwohl interessanterweise in Jesreel offenbar noch eine zweite Residenz bestand. Das abtrünnig gewordene Moab konnte wieder unterworfen und das Ostjordanland gesichert werden.
Omri wird von der Bibel sehr schlecht beurteilt (vgl. 1.Kön
16,23ff), weil er und sein Geschlecht, die sogenannten Omriden,
nicht ausschließlich dem Jahwe-Kult huldigten. Daher treten

denn auch die Prophetengestalten Elia und Elisa gegen sie auf.
Die beiden großen Abschnitte 1. Kön 17-2. Kön 1 und 2. Kön 2-13,
die Elia- und Elisazyklen, beschreiben die Geschichte der Omriden denn auch ganz aus der Perspektive dieser beiden Propheten
und der hinter ihnen stehenden Gruppe von Gesinnungsgenossen.
Politisch scheint die Dynastie aber sowohl nach innen wie
nach außen sehr erfolgreich gewesen zu sein: Omri gelang es, im
wesentlichen die Grenzen von Davids Großreich wiederherzustellen. Auch begegnet der Name Omris noch verhältnismäßig lange in
den Annalen der assyrischen Könige, wobei stets Respekt und
Furcht vor seiner militärischen Stärke mitschwingt.

Das große Verdienst der Omriden war ihre politisch weitsich-
tige und richtige Einschätzung, daß die Assyrer die große Gefahr für Israels Zukunft bedeuten würden.

Eine negative Einschätzung eines Herrschers seitens der Bibel bedeutet also in gar keiner Weise, daß wir ihn auch histo-
risch-politisch negativ einzuschätzen hätten und umgekehrt.

Auf Omri folgte sein Sohn AHAB (874-853). Er war verheiratet
mit der tyrischen Prinzessin Isebel und wird von den Königsbüchern sehr ungünstig beurteilt, weil er - wohl unter dem Einfluß Isebels und ihres Vaters, der ursprünglich ein Astarte-
priester war - den kanaanäischen Baals- und Ascherenkult wieder
einführte. Seine Tochter ATALJA verheiratete er mit dem König
JORAM von Juda, so daß beide Staaten wieder enger zusammenka-
men. Man kann sogar von einer Art Personalunion aufgrund ver-
wandtschaftlicher Verbindung zwischen Israel und Juda sprechen,
was sicherlich auf eine gewisse politische Klugheit und Weit-
sicht des Ahab hinweist - ganz im Gegensatz zur biblischen
Verurteilung dieses Herrschers. Auch Ahab wird von den assyrischen Königsannalen erwähnt. Man erfährt hier beispielsweise
- was die Bibel merkwürdigerweise verschweigt -, daß Ahab zusammen mit zehn verbündeten Herrschern in der Schlacht bei Kar-
kar (854) gegen Salmanassar III. kämpfen mußte, wobei ihm mehr
als 2000 Kampfwagen (eine Art Vorläufer unserer heutigen Pan-

zer) und 10 000 Soldaten zur Verfügung gestanden haben sollen.
Interessant ist diese Mitteilung deshalb, weil sie zeigt, daß
gerade Ahab es war, der durch eine kluge Außenpolitik die Gefahr der assyrischen Eroberung noch eine Zeitlang abwenden
konnte.

Man wird Ahab als einen der fähigsten Herrscher seiner Epoche zu bezeichnen haben, der neben einer geschickten Außenpolitik im Innern eine rege Reform- und Bautätigkeit entfaltete, so
daß seine Herrschaft in manchem an die Verhältnisse der salomonischen Blütezeit erinnerte. [8] Für eine gerechte Beurteilung
dieses Königs muß man bedenken, daß seinerzeit im Alten Orient
gutnachbarliche Beziehungen zu den anderen Völkern ohne eine
gewisse Toleranz in religiös-kultischen Fragen nicht vorstellbar sind. Zudem war die Bevölkerung in den Städten überwiegend
kanaanäischer Abstammung und somit einem synkretistischen Kult
nicht abgeneigt. Gegen diese Religionspolitik leisteten gewisse
jahwetreue Kreise in fanatischer Weise heftigen Widerstand.
Hiervon berichten die Elia-Elisa-Geschichten, die jedoch stark
legendäre und polemische Züge enthalten. Offenbar war es die
Absicht dieser Jahwefrommen, - in der wechselvollen Geschichte
des Nordreiches nicht zum ersten Mal - einen gewaltsamen Macht-
wechsel zu erzwingen.

Innenpolitisch gelang es den 'Jahwefanatikern' nicht, Ahab
zu stürzen. Er fiel in einem Kampf gegen die Aramäer (1.Kön 22;
ein Kapitel, das auch interessant ist wegen seiner Aussagen
über die seinerzeitige Prophetie).

Auf Ahab folgte sein Sohn AHASJA (853-852), über den die
Bibel auch nicht viel zu berichten weiß, außer der häufig verwendeten Formel, daß auch er

"tat, was böse ist in den Augen Jahwes" (1.Kön 22,52-54).

Ahasja starb an den Folgen eines Sturzes in seinem Palast in
Samaria. Sein Bruder JORAM (852-841) trat seine Nachfolge an.

Zu seiner Zeit wirkte der Prophet Elisa, der Schüler und
Nachfolger Elias. Elisa lebte offenbar in einer 'hippieartigen'
Gemeinschaft von prophetischen Brüdern (man vgl. in diesem Zusammenhang auch die amüsante Geschichte vom 'Tod im Topf' 2.Kön
4,38-41). Diese religiösen Fanatiker sahen in Ahab und Isebel
und deren Verwandtschaft ihre erklärten Todfeinde. Sie zettel-
ten einen Aufstand gegen Joram an und beauftragten einen bis
dahin unbekannten Obristen namens JEHU (841-814), die Macht zu
ergreifen und den jahwistischen Kult wiederherzustellen. Man
vergleiche 2.Kön 9-10; insbesondere ist es nicht uninteressant
zu erfahren, wie man seinerzeit teilweise über die Propheten
dachte, wenn wir lesen (9,11):

"Als Jehu zu den Dienern seines Herrn hinauskam, fragten sie
ihn: 'Steht es gut? Warum ist dieser Verrückte [Propheten-
jünger Elisas] zu dir gekommen?' Er erwiderte: 'Ihr kennt
doch den Mann und sein Geschwätz!'"

JEHU ermordete Joram und den auf Besuch weilenden judäischen
König AHASJA (841) gleich mit. Dann mußte die schöne Isebel
daran glauben: Alles Schminken nützte ihr nichts mehr (9,30ff),
ihre Eunuchen stürzten sie aus dem Fenster in den Tod, und Jehu
konnte ihren Palast einnehmen. Ferner rottete er die gesamte
Omridensippe samt ihrer judäischen Verwandtschaft gründlichst
aus (10,12ff), allein ATALJA, die Tochter Ahabs, die Frau des
judäischen Königs Joram und Mutter von Ahasja (s.o.), kann ihr
Leben bewahren.

Man muß sich das schwere persönliche Leid dieser Frau vorstellen, deren Bruder, Sohn und Mutter durch die Jahwe-
Fanatiker buchstäblich hingeschlachtet worden sind und die selber ständig in höchster Lebensgefahr schwebte - wohl wissend,
daß auch in Jerusalem diesen blutrünstigen Meuchelmördern in
Jahwes Namen ein nicht geringer Teil der einflußreichen Kreise
wohlwollend und unterstützend nahestand. So mag es psychologische Erklärungen dafür geben, daß es dieser Frau im folgenden
gelang, die Macht in Juda an sich zu reißen und für sechs Jahre
auch zu behaupten: 841-836 v.Chr. Während ihrer Herrschaft ließ
sie die gesamte Königsfamilie ausrotten, allein der kleine JOAS

konnte ihrem Blutbad entkommen, indem er von einer Schwester
Ahasjas, die mit dem Jerusalemer Oberpriester Jojada verheiratet war, im Tempel während der sechs Regierungsjahre versteckt
gehalten wurde. Als der Knabe sieben Jahre alt wurde, entfachte
besagter Jojada - gemäß der Überlieferung - eine Palastrevolution (836), in deren Verlauf man Atalja tötete, und Joas, der
Sitte gemäß vor dem Tempel stehend (11,14), zum König von Juda
gesalbt wurde.

Erst durch den Tod der Atalja war die Herrschaft der Omriden
mit ihrer - nach einhelligem Historiker-Urteil - klugen Inte-
grationspolitik und weitsichtigen Einschätzung der assyrischen
Gefahr zu Ende gegangen.

Kurz zurück zu JEHU und seiner Dynastie, die bis zur Verschwörung des SALLUM 752 v.Chr. die Herrschaft innehatte. Es
ist wieder einmal auffällig, daß die Bibel diesen zweifelhaften
Jehu recht positiv beurteilt, wenn sie schreibt (2.Kön 10,30):

> "Jahwe aber sprach zu Jehu: 'Weil du eifrig durchgeführt
> hast, was recht ist in meinen Augen, und ganz wie es meinem
> Sinne entspricht, am Hause Ahab gehandelt hast, sollen deine
> Nachkommen bis ins vierte Glied auf dem Throne Israels sit-
> zen.'"

Im AT kann es also durchaus begegnen, daß ein grausamer Mas-
senmord ganz im Sinne Jahwes ist. Man sollte dies beachten auch
im Hinblick auf die vielen heiligen Kriege, die später im Christentum von der Kirche sanktioniert wurden, den Kreuzzügen im
Mittelalter und den in Gottes und Christi Namen seitens der
Kirche verübten Greueltaten der Inquisition mit ihren Ketzer-
verbrennungen und Hexenverfolgungen.

Jehus Revolte hatte gerade auch außenpolitisch erschreckende
Folgen. Das seit Ahabs Vermählung mit Isebel bestehende wichtige Schutzbündnis mit Tyrus zerbrach, das Verhältnis zu Juda war
sehr angespannt, und die Aramäer annektierten weite Teile des
Landes, so daß Jehu gezwungen war, durch hohe Tributzahlungen
ausgerechnet bei der assyrischen Großmacht Schutz zu suchen,

die von den Omriden zu Recht immer als die große außenpolitische Gefahr für Israel erkannt worden war.
Auf dem berühmten schwarzen Obelisken des Assyrerkönigs Salmanassar III. (858-824) sieht man den König Jehu abgebildet, wie
er, in den Staub gebeugt, dem 'Großkönig' seinen Tribut dar-
bringt. Die Inschrift hat folgenden Wortlaut (ANET, S. 222):

"Der Tribut des Jehu vom Hause Hu-um-ri-i [hier: Omri = Is-
rael]. Ich empfing von ihm Silber, Gold, eine goldene Scha-
le, ein goldenes Gefäß, goldene Becher und Eimer, Zinn sowie
einen Kögsstab und Puruchtuholz."

Jehu hinterließ nach seinem Tode seinem Sohn JOAHAS (814-
798) einen Staat, der dem Zusammenbruch nahe war. Da jedoch die
Assyrer ihren Druck auf das Aramäerreich verstärken konnten,
wurde dessen Einfluß auf Israel allmählich wieder zurückgedrängt. JOAS (798-782), der dritte Herrscher der Jehu-Dynastie,
führte einen Bruderkrieg gegen Juda, in dem er den judäischen
König AMAZJA (796-768) besiegen konnte.

Unter JEROBEAM II. (782-753) erreichte die Dynastie ihren
politischen und wirtschaftlich-kulturellen Höhepunkt. Ihm gelang es, durch Unterwerfung von Aram und Hamath im Norden die
davidisch-salomonischen Grenzen wiederherzustellen und die innere Verwaltung des Reiches auszubauen. (Dies geht aus beschriebenen Tonscherben hervor, die man bei Ausgrabungen in
Samaria gefunden hat). [31]
Der wirtschaftliche und kulturelle Aufschwung kam jedoch in
erster Linie den städtischen Siedlungen zugute, während das
Volk auf dem Lande weitgehend 'leer ausging', was schließlich
auch zu massiver Kritik an den ungerechten sozialen Zuständen
durch die Propheten Amos und zum Teil auch noch Hosea führte.

Es wurde schon erwähnt, daß man ferner die Entstehung der
Quellenschicht E in diese relative Blütezeit unter Jerobeam II.
datiert.

Der Sohn Jerobeams, SACHARJA (752) konnte sich nur ein hal-
bes Jahr auf dem Thron halten, da er von einem gewissen SALLUM
(752) ermordet wurde, welcher selber wiederum einen Monat später dem blutigen Anschlag eines MENACHEM (751-742) zum Opfer
fiel. In diesem raschen Thronwechsel scheint sich schon das
drohende assyrische Unheil anzukündigen, wie es auch aus den
Worten des Propheten Hosea herausklingt, wenn er schreibt
(Hos 8,4):

"Sie haben Könige eingesetzt ohne mein Zutun, sie haben Fürsten aufgestellt, ohne daß ich es wußte."

Oder (Hos 13,11):

"Ich gab dir einen König in meinem Zorn und nehme ihn in
meinem Grimm."

2.Kön 15,19f ist zu entnehmen, daß Menachem der wachsenden
Drohung einer assyrischen Vereinnahmung nur durch enorm hohe
Tributzahlungen begegnen konnte: Durch 1000 Talente Silber er-
kaufte er sich den Beistand des Königs Pul (= Pulu = Tiglatpileser III. (745-727) von Assyrien). Sie wurden aufgebracht
durch eine Pro-Kopf-Besteuerung der dienstpflichtigen Grundbe-
sitzer in einer Höhe von 50 Schekel. [*)]

Menachems Sohn PEKACHJA (741-740) wurde nach nur zweijähri-
ger Regierungszeit durch den Oberbefehlshaber seines Heeres,
PEKACH (740-732), umgebracht. Dieser letztgenannte König war
ein entschiedener Verfechter der anti-assyrischen Linie in der
Politik und verfolgte das Ziel einer starken Koalition von palästinischen Fürsten gegen die Expansionstendenzen Assurs. Es
kam zum Bündnis mit dem König von Aram, und beide bemühten
sich, auch Juda in dieses Defensivbündnis einzubeziehen. AHAS
(736-716), der judäische König, verweigerte jedoch seine Unterstützung, worauf es zu einem 'Bruderkrieg', dem sog. 'Syro-

Ephraimitischen Krieg' zwischen Israel/Aram auf der einen und
Juda auf der anderen Seite kam. Zwei Propheten haben diesen
Krieg in den verschiedenen Lagern kommentiert.

In Israel äußerte sich der Prophet Hosea in sehr zornigen
Worten über beide Reiche (vgl. Hos 5,8-6,6):

"Ich [Jahwe] bin wie die Motte für Ephraim, wie Knochenfraß
für das Haus Juda. Ephraim sah seine Krankheit und Juda sein
Geschwür, da ging Ephraim nach Assur und Juda zum Großkönig ⁵'. Aber der kann euch nicht heilen und das Geschwür
euch nicht vertreiben. Denn ich bin wie ein Löwe für Ephraim, wie ein junger Leu für das Haus Juda. Ja, ich zerreiße
und gehe davon, ich schleppe fort, und niemand rettet."
(5,12-14)

In Juda war es der Prophet Jesaja, ein einflußreicher Ratgeber am Hof des Königs Ahas, der seine Stimme erhob (vgl.
Jes 7,2ff). Im Gegensatz zu den wütenden Zornesausbrüchen des
Hosea wirken die Worte Jesajas, die er an Ahas richtete, eher
beruhigend und ermutigend, wenn er die beiden Könige von Israel
und Aram mit zwei Brennholzstummeln vergleicht:

"Als dem Hause Davids gemeldet wurde: 'Aram hat sich in Ephraim gelagert', da erbebte sein Herz und das Herz seines
Volkes, wie die Bäume des Waldes vor dem Sturm erbeben. Da
sprach Jahwe zu Jesaja: 'Geh hinaus zu Ahas [...] und sprich
zu ihm: Hüte dich, bewahre die Ruhe und sei ohne Furcht!
Dein Herz verzage nicht wegen dieser beiden Brennholzstummel
[!]"

Nebenbei erwähnt: In diesem Kapitel steht auch die berühmte
Immanuel-Verheißung (7,14):

"Darum wird euch der Herr selbst ein Zeichen geben: Seht,
das junge Mädchen ⁶' wird empfangen und einen Sohn gebären
und seinen Namen Immanuel nennen."

Viele Theologen deuten diese Stelle als Hinweis auf die bevorstehende Geburt des späteren judäischen Königs HISKIA (715-
687) als Sohn des Ahas und nicht etwa auf den Messias Jesus
Christus (diese Interpretation gibt ja bekanntlich der Verfasser des Matthäus-Evangeliums in Matth 1,23).

Dieser judäische 'Immanuel-König' Hiskia (Immanuel = 'Gott
mit uns') ist denn auch einer der wenigen Herrscher, die von
der Bibel als recht positiv bewertet werden, da er dem Kultus
der Kanaanäer entschieden entgegentrat.

Zurück zu König Ahas von Juda, der sich nicht zu einem anti-
assyrischen Bündnis mit kanaanäischen Völkern zwingen lassen
wollte. Er verfolgte eine andere Politik, indem er Assyriens
König Tiglatpileser um militärische Unterstützung gegen Israel
und Aram ersuchte. Der 'Großköng' kam dieser Bitte denn auch
nach, allerdings erst, als er einen nicht unerheblichen Teil
des Jerusalemer Tempelschatzes als großzügiges Geschenk erhalten hatte (2. Kön 16, 8). Er zog gegen Damaskus (die Hauptstadt
Arams), das dann im Jahre 732 v. Chr. auch erobert werden konnte. Damit war das historische Ende des aramäischen Königreiches
besiegelt. Des weiteren wurden große Teile Israels einer assyrischen Provinz einverleibt. Die noch erhaltenen assyrischen
Königsannalen (vgl. auch 2. Kön 15, 29) berichten auch davon, daß
ganz Galiläa für Israel verlorenging und umfangreiche Deportationen durchgeführt wurden von Bürgern aus den besetzten Gebieten sowie umgekehrt Zwangseinweisungen ausländischer Kolonisten
in die durch die Aussiedlungen menschenleer gewordenen Gebiete.

Es ist verständlich, daß sich unter diesen für Israel trau-
rigen Umständen Pekach nicht länger an der Macht halten konnte.
Er wurde von einem gewissen HOSEA ben Ela (731-722) ermordet.
Nach den assyrischen Geschichtsquellen genoß Hosea das Vertrauen der Assyrer; sie behaupten sogar (vgl. ANET, S. 283f),
daß Tiglatpileser selbst Hosea im Stadtstaat Samaria eingesetzt
habe, der neben dem ephraimitischen Gebirge einzig noch unter
israelitischer Herrschaft stand.

Über Hoseas letzte Regierungsjahre, die gleichzeitig die
letzten Jahre des noch übriggebliebenen Restreiches Israel waren, schreibt Gunneweg (a. a. O., S. 113f):

"Man wird es nur als Verzweiflungstat des anfangs ja assur-
hörigen Hosea bewerten müssen, daß er einige Jahre später,

nachdem Tiglatpileser III. (745-727) gestorben war und an
seiner statt Salmanassar V. (726-722) als Großkönig regierte, Verbindung mit anderen Kleinstaaten aufnahm und, wohl
auch in der Erwartung ägyptischer Hilfe, seine Vasallenver-
pflichtungen aufkündigte. Es gelang den Assyrern jedoch, den
Hosea zu verhaften. Als Salmanassar sich mit einem Heer der
Stadt näherte, war Samaria nicht willens, sich kampflos den
Assyrern zu ergeben. Israels letzter König Hosea war vielleicht doch nur ein Strohmann Assyriens gewesen und sein
Widerstand gegen die Fremdherrschaft nur scheinbar und vorübergehend. Die Festung Samaria, einst Hauptstadt der Omriden, hat sich drei Jahre gegen die Übermacht der Assyrer
verteidigt. Im Jahre 722 fiel die Stadt. Sargon II. rühmt
sich, Samaria am Anfang seiner Regierung erobert zu haben;
der eher neutralen und darum vielleicht zuverlässigeren
Nachricht der Babylonischen Chronik zufolge konnte bereits
Salmanassar kurz vor seinem Tode die lange umkämpfte Festung
einnehmen. [7]
Damit hatte der Staat Israel nach rund zwei Jahrhunderten
sein Ende gefunden. Ephraim mit dem Zentrum Samaria wurde
zur assyrischen Provinz Samaria. Die Oberschicht der Bevölkerung wurde nach Mesopotamien und Medien deportiert. Die
Deportation, wie auch die Deportierungen anderer Völker-
schichten, beabsichtigte die vollständige Unterwerfung und
Eingliederung in das assyrische Großreich und sein Provinzialsystem. Die Wegführung der autochthonen und die Ansied-
lung einer fremden Oberschicht brach die Widerstandskräfte
der unterworfenen Völker und förderte ihre Vermischung zu
einer gleichgeschalteten Untertanenschaft. Dieses assyrische
System hatte im Falle Israels Erfolg. Die 733 [unter Tiglat-
pileser] und 722/21 Deportierten starben den Völkermi-
schungstod und verschwanden als eigenständige Größe von der
weltgeschichtichen Bühne. Die im ehemals nordisraelitischen
Bereich von den Assyrern angesiedelte Oberschicht stammte
aus Babylon, aus Hamath und aus anderen nicht identifizier-
ten Gegenden (2. Kön 17, 24). Im Laufe der Zeit haben sie sich
mit der im Lande verbliebenen einheimischen Bevölkerung vermischt. "

Was läßt sich zusammenfassend über das Vermächtnis des
Nordreiches an das spätere Judentum festhalten?

Zunächst ist festzustellen, daß die Jerusalemer Geschichtsschreibung in den Königsbüchern und den Büchern der Chronik
fast jede positive Nachwirkung des Nordreiches auf das spätere
jüdische Bewußtsein unterbunden hat, da die Empörung über 'die
Sünde Jerobeams', über das 'schlimme' Wirken Ahabs und Isebels
und über die fremden kanaanäischen Kulte vorherrschte. So über-

geht   dann   um   300   v.Chr.   der Verfasser der Chronikbücher das
Nordreich völlig und beschränkt sich in seiner Darstellung   allein   auf   Juda als dem eigentlichen auserwählten Rest des einstigen Bundesvolkes, dem das Heil Jahwes gilt.
   In   Wahrheit sind die Nachwirkungen des Nordens auf das spätere Judentum jedoch keineswegs unerheblich.   Seit der   Richterzeit   gab   es in Israel stets Anhänger einer militanten antika-
naanäischen Jahwefrömmigkeit, die verbunden war mit der radikalen Ablehnung der politisch-kulturellen Integrationsbemühungen,
welche   die   Reichspolitik   der davidisch-salomonischen Ära und
später der Omridenzeit so erfolgreich gemacht hatten. Die Gruppe   der   Rechabiter vertrat in Juda noch lange die Tugenden und
Sitten der alten Nomadenzeit: Kein Wohnen   in   festen   Häusern,
kein Acker- und Weinanbau und Enthaltsamkeit in Bezug auf Weingenuß. Diese Rechabiter führten sich auf einen gewissen Jonadab
ben Rechab zurück, das Haupt einer Art Orden strenger   Jahwean-
hänger,   die   nach   2.Kön 10,15ff den israelitischen Usurpator
Jehu tatkräftig bei seinen Bluttaten unterstützt hatten. Ferner
ist eine enge Verbindung zum Elia/Elisa-Prophetenkreis anzunehmen.   Auch   das   Prophetentum ist teilweise von den Rechabitern
und ihrem Wüstenideal beeinflußt worden, so sicherlich Amos und
Hosea und später auch noch Jeremia und Deuterojesaja (=Jes   40-
55). Diese Traditionslinie, das Ideal in der alten Religion und
im   Leben   der   Wüstenzeit zu sehen, läßt sich bis zu den Esse-
ner-Mönchen von Qumran, und damit bis in die   neutestamentliche
Zeit   verfolgen   (vgl.   z.B. Am 5,25; Hos 2,16f; 11,1-4 und Jer
35,6ff sowie Jes 40,3).
   Spuren eines derartigen religiös-kultischen Purismus verbunden   mit   einer   militanten Religionspolitik, an die sich über-
steigerte und idealisierte Zukunftserwartungen knüpften, finden
sich   in   der   elohistisch-deuteronomischen überlieferung   des
Nordreiches (E+D). *'

2.   D a s   S ü d r e i c h   J u d a

Das Südreich Juda existierte nach der Reichstrennung von 930 bis zum Beginn der babylonischen Gefangenschaft 587 v. Chr. Sein Verhältnis zum Nordreich war unter den ersten Herrschern sehr gespannt. Im ganzen betrachtet verliefen die politischen Verhältnisse im Süden aber ruhiger als im Norden.

Noch zu Lebzeiten des ersten israelitischen Königs Jerobeam bestieg in Juda nach dem Tod REHABEAMS sein Sohn ABIA (913-911) den Thron. Ihm folgte sein Bruder ASA (910-870) [9]. Beide waren sie Söhne einer Tochter Absaloms (wir erinnern uns: Absalom war der 2. Sohn Davids, der eine Palastrevolution gegen seine Vater anzettelte) mit dem Namen Maacha. Der Königsmutter kam am judäischen Königshof eine bedeutsame Stellung zu, so daß ihre namentliche Erwähnung im AT nicht verwundern darf, zumal der deuteronomistische Chronist der Königsbücher an dieser Stelle bestrebt war, die entschiedene Förderung des reinen Jahwekults durch den König Asa positiv herauszustreichen. So erfahren wir in 1. Kön 15,12-14, daß er sich mit seiner Mutter entzweite, da

"sie der Aschera ein Schandbild errichtet hatte. [10] Asa hieb ihr Schandbild um und verbrannte es im Kidrontal."

Über diesen König, der sich recht lange an der Macht halten konnte und der von der Bibel wegen seines 'Jahwe-Purismus' sehr gelobt wird (1. Kön 15,11.14), hört man jedoch aus 2. Chron 16,7ff auch Kritik. Hier wird berichtet, wie der Seher (Prophet) Hanani Asas Politik der Verbrüderung mit dem Königreich Aram gegen das Nordreich mißbilligte [11], woraufhin der erzürnte König besagten Seher ins Gefängnis werfen ließ. Auch weiß das Chronik-Buch geheimnisvoll anzudeuten, er habe einige aus dem Volk mißhandelt (16,10). Verübelt wird ihm ferner, daß er im Alter wegen seiner Fußkrankheit die Ärzte kommen ließ. [12] Ansonsten bleibt es aber bei der im ganzen positiven Bewertung dieses Herrschers durch die Bibel.

Die Beurteilung durch die Historiker fällt dagegen ziemlich negativ aus [3], da während seiner Regierungszeit sich die alte Fehde zwischen Nord- und Südreich zuspitzte (vgl. 1. Kön 15, 16-22) und Asa sich - wie schon erwähnt - an die Aramäer von Damaskus um Unterstützung gegen Israel wandte. Obwohl hierdurch die Streitigkeiten einen für Juda erfolgreichen Ausgang nahmen, mußte dieser 'Erfolg' damit bezahlt werden, daß die Aramäer Galiläa besetzt hielten. Noch öfter sollten sich ausländische Feinde - nach diesem Muster - die innere Uneinigkeit Israels zunutze machen.

Asa erlebte noch den Beginn der Omridenherrschaft in Israel, und zum Ende seiner Regierungszeit war durch Omris zielstrebige Politik der Friede zwischen Nord und Süd wieder hergestellt. Asa hatte jedoch stets der synkretistischen Kultpolitik Omris widerstanden und an seiner Kultreform zugunsten der Jahweverehrung festgehalten, so daß man von einer religionspolitischen Distanzierung gegenüber den Omriden im Norden bei gleichzeitiger Kooperation zu Asas später Regierungszeit sprechen kann.

Genau diese Politik hat anfänglich auch Asas Sohn JOSAPHAT (869-849) fortgeführt. So wird auch er recht positiv von den biblischen Geschichtsschreibern beurteilt. Lediglich die Beibehaltung der Räucheraltäre auf den Höhen wird - gewissermaßen als Schönheitsfleck auf der ansonsten reinen 'Jahwekult-Weste' - moniert (1. Kön 22, 44 und 2. Chron 20, 33). Einmal mußte dieser König Kritik 'einstecken' durch den Jahwe-Propheten Jehu (2. Chron 19, 2):

"Der Seher Jehu, der Sohn Hananis, ging ihm entgegen und sprach zu König Josaphat: 'Mußtest du einem Frevler helfen [gemeint ist der König Ahab von Israel]? Willst du jenen Liebe bezeigen, die Jahwe hassen? Deshalb kommt der Zorn Jahwes über dich." [4]

Interessant ist die legendarische Mitteilung in 2. Chron 20, nach der Josaphat in einem Feldzug gegen die Moabiter und Ammo-

niter diese nicht mit Waffengewalt geschlagen haben soll, sondern sie allein durch Psalmengesänge seines in festliche Gewän-
der gehüllten Heeres völlig in Verwirrung gestürzt habe.

Josaphat beteiligte sich auch an einem Feldzug gegen die
Aramäer, zu dem ihn König Ahab aus Israel überreden konnte.
Beide zogen zusamen bei Gilead in die Schlacht, wo sich die
Truppe des Aramäerköigs Ramot aufhielt, denn durch Asas Politik
der Kooperation mit Aram hatte man sie ja ins Land gebracht.
Trotz feiger Verkleidung fiel Ahab in dieser Schlacht durch
unglückliche Umstände (2.Chron 18,28ff). Diese gemeinsame
Schlacht [15] zeigt schon eine deutliche Annäherung Judas an die
omridische Poltik unter Josaphat. Diese Annäherungstendenz wurde schließlich noch verstärkt durch die Ehe seines Sohnes JORAM
mit Atalja, der Tochter Ahabs.

Dennoch hielt Josaphat offensichtlich eisern fest am exklu-
siven Jahwekult und führte gemäß 2.Chron 17,7ff sogar eine pro-
levitische [16] Kult- und Rechtsreform durch. Wahrscheinlich
gehörten auch die Bestimmungen des sogenannten Bundesbuches
(Ex 20,22-23,9) zu dieser Reform. [17]

Der Sohn und Nachfolger JORAM (849-842) wechselte - nicht
zuletzt wohl wegen seiner israelitischen Frau ATALJA - vollends
auf die omridische Richtung über. Um sich aller seiner Konkurrenten ein für allemal zu entledigen, ließ er seine sechs Brüder sowie noch einige Verwandte aus dem Königshaus in Israel
kurzerhand umbringen.

Sein Sohn AHASJA (841) wurde nach nur einem Regierungsjahr -
wie wir schon wissen - zusammen mit seinem Vetter Joram aus
Israel vor den Toren Jesreels von Jehu ermordet.

Weiter oben haben wir schon berichtet, daß es der Königsmutter ATALJA (841-836) daraufhin gelang, die Macht an sich zu
reißen und die Davididen fast völlig auszurotten.

Mit der Erhebung des siebenjährigen JOAS (836-797) auf den
Thron, ausgelöst durch den Staatsstreich des Jerusalemer Ober-

priesters Jojada (s.o.), wurden die Tempelpriester erstmals in
Judas Geschichte ein bedeutender politischer Machtfaktor. Während der Zeit der priesterlichen Vormundschaft für den Knaben
wurde die kultische Abgabenordnung entscheidend zugunsten der
Jerusalemer Priesterschaft verändert (bez. der Tempelsteuer
vgl. Ex 25,1-9 (P); 38,24-31 (P)).

Dies ist nur zwischen den Zeilen der etwas verharmlosenden
biblischen Berichte (2.Kön 12 und 2.Chron 24) zu lesen, die den
dort nur angedeuteten Konflikt, der offenbar mit zunehmender
Mündigkeit des jungen Königs angewachsen ist, zu einer Frage
der Tempelreparatur herunterspielen. In Wirklichkeit wird es
sich hier um gewichtige Kompetenzstreitigkeiten gehandelt haben
zwischen Jerusalemer Priesterschaft (Zadokiden = Aaroniden) auf
der einen und dem König sowie der einflußreichen Oberschicht
Judas im Bündnis mit der levitischen Provinzpriesterschaft auf
der anderen Seite. Es ist verständlich, daß die Partei der levitischen Landpriester der wachsenden Bedeutung des Jerusalemer
Heiligtums samt seiner Stadtpriesterschaft mit nicht geringem
Mißtrauen begegnet ist. [8]

Schließlich gelang es dem König und seinen Gesinnungsgenossen, die Jerusalemer Priesterpartei in die 'Knie zu zwingen';
hierbei fand Jojadas Sohn Secharja den Tod (vgl. 2.Chron
24,20-22).

Auch das Aramäerproblem wurde für Joas aktuell. Es kam zu
einer Belagerung Jerusalems durch das aramäische Heer unter
König Hasaël, der erst durch eine erhebliche Tributleistung aus
dem Tempelschatz zum Abzug seiner Truppen zu bewegen war (2.Kön
12,18-19).

Sehr wahrscheinlich wird durch diese Demütigung seitens der
Aramäer Joas in Juda ganz erheblich an Ansehen eingebüßt haben,
so daß es wohl in diesem Zusammenhang zu der - nach dem biblischen Bericht etwas mysteriösen - Ermordung des Königs durch
zwei seiner Diener gekommen ist (2.Kön 12,21-22; 2.Chron
24,25-27). Der Vers 2.Chron 24,25a läßt vermuten, daß der Kö-
nigsmord von der Jerusalemer Priesterpartei angestiftet wurde.
Für diese These eines Komplotts durch die Priesterschaft
spricht ferner, daß sein Sohn AMAZJA erst wagte, gegen die Mör-

der vorzugehen, nachdem sich seine eigene Macht gefestigt hatte
(2. Chron 25, 3).

AMAZJA (796-768) kämpfte gegen die Edomiter erfolgreich.
Durch diesen Sieg übermütig geworden, begann er einen Bruderkrieg, der angesichts der ständig drohenden aramäischen Gefahr
- Amazja hatte gegenüber Damaskus (Hauptstadt Arams) eine hohe
Tributpflicht - völlig unverständlich erscheint. Es kam zur
Schlacht bei Bet-Schemesch in Juda, in der der israelitische
König Joas (798-782) den Sieg davontrug. Er nahm Amazja sogar
gefangen und plünderte den Jerusalemer Tempelschatz; ferner
ließ er einen Teil der Befestigungsmauern Jerusalems niederrei-
ßen und kehrte schließlich mit judäischen Geiseln nach Samaria
zurück. Wie sein Vater wurde auch Amazja schließlich Opfer einer Verschwörung, der er trotz seiner Flucht nach Lachisch
nicht entgehen konnte (2. Kön 14, 18-22 bzw. 2. Chron 25, 26-28).
    Im Unterschied zu den vielen Verschwörungen im Nordreich
führten die Königsmorde in Juda niemals zur völligen Ausrottung
der Dynastie der Davididen.

Mit 16 Jahren wurde USIA (auch Asarja genannt) (767-740) von
der Oberschicht Judas zum König eingesetzt. Er war wie schon
sein Vater und die nahezu gleichzeitigen Könige des Nordreiches
(Joas und Jerobeam II.) bemüht, gegen die Aramäer und Edomiter
die alten Staatsgrenzen wiederherzustellen und zu sichern. Er
war dabei recht erfolgreich. So brachte er den alten Karawanenweg Salomos zum Golf von Akaba wieder unter judäische Kontrolle
und ließ Ezon-Geber unter dem Namen Elat befestigen (2. Kön
14, 22). Gemäß 2. Chron 26, 6 soll er auch eine Reihe von Phili-
sterbefestigungen wie Gad, Jabne und Aschdod geschliffen haben.
Der Chronist hebt besonders seine starke Heeresmacht und auch
deren 'Aufrüstung' mit neuen technischen Waffen hervor. In
2. Chron 26, 16-21 wird allerdings auch von einem religionspolitischen Konflikt berichtet, der deutlich zeigt, wie stark die
Opposition der Jerusalemer Priesterschaft seit Jojadas Staats-

streich geworden war. Das nach-exilische chronistische Geschichtswerk führt Usias Erkrankung an Aussatz auf seine
Opferanmaßung zurück (vgl. hierzu 1.Chron 23,13, wonach das
Recht auf Tempelopfer ausschließlich der Priesterschaft zugesprochen wurde). Es ist durchaus möglich, daß es auch eher dieser Konflikt mit der Priesterpartei und weniger die Krankheit
war, die zur Einsetzung seines Sohnes JOTAM (739-736) als Mit-
regent geführt hat. Dieser verzichtete nämlich laut 2.Chron
27,2 auf das Betreten des Tempels; darüber hinaus war seine
Mutter die Tochter eines Zadok, stammte also wahrscheinlich aus
der Oberpriesterfamilie (27,1).

Eine aus nach-exilischer Zeit stammende aramäische Tafel vom
ölberg Jerusalems bestätigt, daß Usia seines Aussatzes wegen
nicht im Familiengrab beigesetzt wurde. Sie hat die Inschrift:

"Hierher wurden die Gebeine Usias, des Königs von Juda, gebracht, öffne nicht!"

Unter den beiden Herrschern Usia in Jerusalem und Jerobeam
II. in Samaria wurde die Gefahr der aramäischen Eroberung Palästinas gebannt, und die außenpolitische Macht Israels und Judas
konnte bedeutend gesteigert werden. Vor der assyrischen Bedrohung, die unter Tiglatpileser III. zur Regierungszeit von Jotam
ihren Anfang nahm, erlebten die beiden Bruderstaaten also noch
einmal eine gewisse Zeit der Blüte und des Friedens, die - wie
es scheint - nur ein wenig gestört wurde durch die bedrohlichen
Sprüche des Propheten Amos aus Tekoa, der sich selber im übrigen zunächst nicht als Prophet bezeichnen mochte (Am 7,14). Man
versteht nur allzu gut, daß die Pilger in der Nähe von Bethel
seine düsteren Prophezeiungen in äußerlich ruhiger und fried-
licher Zeit nicht hören wollten und wohl auch nicht ertragen
konnten (vgl. Am 7,10b).

Es ist übrigens sicherlich nicht zufällig, daß gerade im
Todesjahr des Königs Usia (740) Jesaja zum Propheten berufen
wurde unter ausdrücklicher Nennung dieses Ereignisses

(Jes 6,1). Es ist anzunehmen, daß durch diese Erwähnung eine
erneute Wende im Politischen, Sozialen und Religiösen - diese
drei Bereiche wurden im Judentum nie getrennt gesehen - angekündigt werden sollte, also eine Wende zum 'Anfang vom Ende'.

JOTAM (739-736) setzte die Politik seines Vaters in der Zeit
seiner vierjährigen Alleinherrschaft folgerichtig fort durch
die Befestigung weiterer Orte im judäischen Gebirge und durch
die Unterwerfung der Ammoniter (2.Chron 27,3-6). Die Bibel lobt
ihn ausdrücklich.

Mit seinem Sohn AHAS (736-716) begann dann - laut biblischer
Geschichtsschreibung - der Abstieg, der von den Propheten Jesaja und Hosea kommentiert wurde (s.o.).

Wir haben bei der Behandlung des israelitischen Königs Pekach schon erwähnt, daß Ahas seine Beteiligung an einem Defensivbündnis palästinischer Staaten verweigert hatte und er daraufhin von Pekach und seinem aramäischen Bündnispartner Rezin
in den sog. 'syro-ephraimitischen Krieg' verwickelt wurde, in
dem dann sogar Jerusalem eine Zeitlang belagert wurde (2.Kön
16,5f). Der 'Hofprophet' Jesaja riet Ahas zwar zum mutigen Aus-
harren und zum Vertrauen auf Jahwes Schutz (Jes 7,1-8,18); als
aber gleichzeitig im Süden die Edomiter und im Westen die Philister in Juda eindrangen (2.Chron 28,17f) und Pekach und Rezin
versuchten, den König abzusetzen (vgl. Jes 7,6), kam es - wie
schon berichtet - zur freiwilligen Unterwerfung des Ahas unter
den assyrischen 'Großkönig' Tiglatpileser III., worauf dieser
dann - wir wissen es schon - Aram besetzte und damit die antiassyrische Koalition zerschlug.

Ahas' Unterwerfung hatte zur Folge, daß Juda seine geistig-
religiöse Unabhängigkeit aufgeben mußte. Deutliches Zeichen
hierfür war sein Befehl, den alten salomonischen Bronzealtar
durch einen neuen nach assyrischem Vorbild zu ersetzen (2.Kön
16,10ff). Gemäß 16,18 wurden "um des Königs von Assyrien wil-

len" noch andere Dinge am Tempel geändert. Man wird davon ausgehen können, daß Ahas sich durch die politischen Verhältnisse
zu dieser Anerkennung des assyrischen Obergottes - neben Jahwe!
- mehr oder weniger gezwungen sah. Seine Glaubensüberzeugung
dürfte hierbei wohl weniger eine Rolle gespielt haben.
Diese Politik, der völligen äußeren Unterwerfung Judas unter
Assur zu entgehen um den Preis der inneren kultisch-religiösen
Abhängigkeit, stieß selbstverständlich auch auf harte Kritik,
als deren bedeutendster Exponent Jesaja anzusehen ist.
Mit Ahas begann also eine Zeit assyrischer Beeinflussung,
die dann über hundert Jahre andauern sollte.

Sein Sohn und Nachfolger HISKIA (715-687) setzte augen-
scheinlich zunächst die pro-assyrische, diplomatische Linie
seines Vaters fort, denn die assyrischen Quellen berichten über
eine neue Aufstandsbewegung wenige Jahre nach der assyrischen
Eroberung Samarias, der sich neben Damaskus und Samaria auch
die Philisterstadt Gaza mit ägyptischer Unterstützung angeschlossen hatte. Juda wird jedoch in diesem Zusammenhang in den
Annalen nicht erwähnt (vgl. ANET, S. 285), woraus man auf ein
neutrales Verhalten Judas der Großmacht gegenüber schließt.
    Bald scheint Hiskia jedoch einen anderen politischen Kurs
eingeschlagen zu haben, indem er eine entschiedene Kultreform
durchführte (2. Chron 31). Der deuteronomistische Geschichtsschreiber spricht ihm denn auch großes Lob hierfür in den Königsbüchern aus (vgl. 2. Kön 18, 4-7). Vers 4 berichtet, daß er
neben der Eliminierung des kanaanäischen Kultes sogar die eher-
ne Schlange Nehuschtan aus dem Tempel entfernen ließ, die mit
der ehernen Schlange des Mose in Verbindung gebracht wurde gemäß Num 21, 4-9.
    Hiskias Kultreform stand offensichtlich unter dem Einfluß
nordisraelitischer Glaubenstraditionen, wie 2. Chron 29ff nahelegt, und kam der Jahwefrömmigkeit der levitischen Provinzhei-
ligtümer sehr entgegen. Wir haben schon erwähnt, daß dieser
nordisraelitische Zug eines recht puristischen Jahweglaubens,
dessen großes Ideal in der nomadischen Wüstentradition lag, in

der elohistisch-deuteronomischen Überlieferung einen gewissen
Niederschlag gefunden hat. Es sei hier auch noch einmal darauf
hingewiesen, daß auch schon Josaphat in seiner Reform derartige
Elemente aufgenommen hatte (s. o. und vgl. 2. Chron 19, 4-11).

Die Kultreform des Hiskia hatte - wie alle religiösen Reformen in der Geschichte Israels - politische Hintergründe: Das
Nordreich Israel war untergegangen, so daß sich die Drohungen
von seiten einiger Jahwepropheten tatsächlich bestätigt hatten.
Somit schien Juda tatsächlich der erwählte 'heilige Rest' zu
sein, und alle Hoffnung der Jahwefrommen richtete sich von nun
an auf das Reich der Davididen, von dem sie absolutes und al-
leiniges Vertrauen auf Jahwes Hilfe forderten und strikt jede
Unterwerfungspolitik - wie die des Ahas - verurteilten. Genau
wie Jesaja sahen sie im Assyrerreich nur ein - wenn auch
selbstherrliches - Werkzeug in der Hand Jahwes, um Juda zur
Umkehr und 'wahren Jahwefrömmigkeit' zu bewegen.

Seit jener Zeit des Hiskia begann auch der Prophet Jesaja
für Juda den Namen 'Israel' zu verwenden (Jes 12, 6), um hiermit
anzudeuten, daß nun Juda die Erbschaft des einstigen Bundes
übertragen sei.

Die Kultreform ist also als Reaktion des Hiskia auf die Forderungen jener recht einflußreichen Kreise zu verstehen, die
einer - ins Utopische zielenden - radikalen Jahwefrömmigkeit
anhingen. Man vergleiche in diesem Zusammenhang auch die scharfen Worte des Propheten Micha, der zur Zeit Hiskias (Jer 26, 18)
die sozialen Ungerechtigkeiten im Land und die Mißstände in der
Hauptstadt Jerusalem anprangerte (Mi 3).

Der König war bei seiner Reform jedoch auch auf die Unterstützung der Jerusalemer Priesterschaft und der Oberschicht des
Landes angewiesen, so daß sie schließlich nicht allzu radikal
ausfallen konnte.

Von einer zunehmend anti-assyrischen Politik Hiskias kann
man spätestens zur Zeit einer zweiten Erhebung palästinischer
Staaten gegen Assur in den Jahren 713-11 sprechen. Dieses Mal
ist nämlich Juda 'mit von der Partie', wie man in den assyrischen Nachrichten ausdrücklich nachlesen kann (vgl. ANET,

S. 286f). Die Erhebung ging von der Philisterstadt Asdod aus.
Neben Juda, Edom und Moab traten verschiedene Philisterstaaten
dem Bündnis gegen Assyrien bei. Wieder erhoffte man - wie schon
das erstemal - die Unterstützung Ägyptens, das zu dieser Zeit
unter der Herrschaft einer äthiopischen Pharaonen-Dynastie
stand.

Man bekommt einen kleinen Eindruck von der politischen Unruhe
bei diesen Ereignissen zu jener Zeit durch Jesajas 'Spruch gegen Kusch' [9] (Jes 18) und seiner Symbolhandlung, bei der er
nach Jes 20 nackt und barfuß durch Jerusalem gegangen ist, um
zu verdeutlichen, wie es den verbündeten Ägyptern nach ihrer
Gefangenschaft durch Sargon II. ergehen werde. Jesaja behielt
tatsächlich recht, die Ägypter mußten dem assyrischen Druck
nachgeben und schließlich sogar den zu ihnen geflohenen König
von Asdod ausliefern, worauf Asdod samt Umgebung zur assyrischen Provinz gemacht wurde. Die anderen Verbündeten hatten
sich schon bald nach Beginn des Aufstandes wieder unterworfen
aus berechtigter Furcht vor einer blutigen Niederlage.

Im Jahre 705 v. Chr. kam es im groß-assyrischen Reich unter
inneren Wirren zum Thronwechsel. Während der Konsolidierungs-
phase der Regierung des neuen 'Großkönigs' Sanherib (704-681)
scheint die palästinische Hoffnung auf Befreiung vom assyrischen Joch wieder ein wenig gewachsen zu sein. Es kam zum
dritten Mal zu einer Aufstandsbewegung, die auch im 2. Buch der
Könige ihren Niederschlag findet (2. Kön 18, 13-16). [20] Allerdings berichten die assyrischen Annalen hierüber wieder ausführlicher als die biblischen Schriften. Der assyrischen Chronik ist zu entnehmen, daß diesmal Hiskia einer der Hauptorgani-
satoren der Opposition gegen die Großmacht gewesen sein muß
(ANET, S. 287ff).

Außer zu den Philisterkleinstaaten Askalon und Ekron nahm
Hiskia vor allem Kontakt zu Ägypten auf, wogegen Jesaja wieder
einmal energisch protestierte, wie in Jes 30, 1-5 + 31, 1-3 nach-
zulesen ist. Zu dieser anti-assyrischen Koalition dürfte auch
Babylon unter Merodach-Baladan (= Mardukapaliddina) gehört haben, von dem 2. Kön 12-19 und Jes 39 berichten. Ihm scheint es
zeitweilig gelungen zu sein, Babylon von der assyrischen Ober-

herrschaft zu befreien.

Eine gewisse Vorstellung vom Scheitern dieses dritten, sicherlich gut vorbereiteten Aufstandes vermittelt der dramatische Bericht in 2. Kön 18,13-20,19 (= Jes 36-39), der von Sanheribs Feldzug (701) und seiner Belagerung Jerusalems erzählt. [21] Sanherib unterwarf hierbei alle Staaten, die sich gegen ihn erhoben [22] hatten, wobei er große Verwüstungen angerichtet haben muß, was Jesaja denn auch in seiner Scheltrede gegen Juda sehr plastisch zum Ausdruck bringt, wenn er verkündet (Jes 1,4-9):

"Wehe sündiges Volk, schuldbeladene Nation, nichtswürdige Brut, verkommene Söhne! Sie haben Jahwe verlassen, verschmäht den Heiligen Israels, ihm den Rücken gekehrt. Wo soll man euch noch schlagen, da ihr den Abfall mehrt? Alles Haupt ist krank, alles Herz ist siech. Von der Fußsohle bis zum Scheitel ist kein heiler Fleck, nur Beulen, Striemen und frische Wunden - nicht ausgedrückt, nicht verbunden, nicht gelindert mit Öl. [23] Euer Land ist verwüstet, eure Städte sind in Flammen aufgegangen, euren Acker verzehren Fremde vor euren Augen, und eine Verwüstung ist wie nach der Zerstörung von Sodom. Nur die Tochter Zion ist übriggeblieben wie eine Hütte im Weinberg, wie ein Wächterhaus im Gurkenfeld, wie eine belagerte Stadt. Wenn Jahwe Zebaoth uns nicht einen Rest übriggelassen hätte, wie Sodom wären wir, Gomorra wären wir gleich."

Über die Besetzung Judas und die Belagerung Jerusalems während dieses verheerenden assyrischen Feldzuges 701 berichtet der assyrische Hofchronist - sicherlich in etwas prahlerisch-übertriebener Manier (vgl. ANET, S. 287f):

"Von Hiskia von Juda, der sich nicht unter mein Joch gebeugt hat, ist dies zu sagen: 46 von seinen ummauerten Städten und Festungen und zahllose kleine Ortschaften habe ich belagert und erobert durch Errichten von Wällen und durch Herbeischaffung von Belagerungsmaschinen, durch den Angriff von Sturmtruppen, durch Breschenschlagen, Minenlegen und durch Sturmböcke. 200 mal 150 Menschen, junge und alte, Männer und Frauen, Pferde, Maultiere, Esel, Kamele, Rinder und Kleinvieh ohne Zahl habe ich als Beute aus ihrer Mitte geführt. Hiskia selber habe ich wie einen Vogel im Käfig in seiner Residenz Jerusalem festgesetzt. Ich schloß ihn mittels Schanzen ein, um den Übermut jedweder Person, die aus dem Stadttor trat, zu vergelten. Hiskias Städte gab ich, nachdem

ich sie geplündert hatte, Mitinti, dem König von Asdod,   Pa-
di,   dem König von Ekron, und Sillibel, dem König von Gaza,
und machte so Hiskias Land kleiner.   Dem bisherigen, jährlich
aufzubringenden Tribut habe ich weitere Verpflichtungen hin-
zugefügt.   Hiskia war so sehr vom Glanze meines Königtums
beeindruckt, daß er mir die Araber und seine besten Soldaten,   die   er   wegen ihrer Tüchtigkeit in die Stadt gebracht
hatte, nach Ninive , der Stadt meiner Herrschaft [24], sandte.   Zugleich schickte er mir dorthin 30 Talente Gold, 300
Talente Silber [2.Kön 18,14c], Edelsteine,   Schminke,   große
Stücke roten Steins, Betten aus Elfenbein, Prunksessel, Ele-
fantenhäute, Elefantenzähne, Holz vom Ahorn und   vom   Taxus-
baum sowie seine Töchter, Hofdamen, Sänger und Sängerinnen.
Zur Zahlung des Tributes und zur Bezeugung der   Unterwerfung
schickte er seinen Gesandten zu mir."

Obwohl überall sonst siegreich, gelang es Sanherib seltsa-
merweise   nicht, Jerusalem - trotz längerer Belagerung - einzu-
nehmen. Hierfür bietet die Bibel zwei verschiedene   Erklärungen
an.   Nach   der   einen (2.Kön 19,35-37 = Jes 37,36-38) hatte der
'Engel Jahwes' 185 000 Soldaten des assyrischen Heeres erschlagen, so daß Sanherib abziehen mußte (möglicherweise war im Heer
die   Pest   ausgebrochen)   [25],   nach   der   anderen (2.Kön 19,9 =
Jes 37,9) mußten die Assyrer   abziehen,   weil   ein   ägyptisches
Heer   auf dem Vormarsch war. Man hat versucht, diese Schwierigkeit durch eine Art Harmonisierung beider   Berichte   zu   lösen,
indem   man   einfach   zwei   verschiedene assyrische Belagerungen
Jerusalems angenommen hat [26]. Hiervon ist in   den   assyrischen
Annalen jedoch nirgends die Rede, so daß diese These eine bloße
Spekulation bleibt.

Sanherib   gelang   es   jedenfalls,   die seit David bestehende
Personalunion zwischen dem Stadtstaat Jerusalem und   dem   Staat
Juda aufzulösen, indem er letzteren - wie oben in den Königsannalen zitiert - an die Philisterstaaten aufteilte. Obwohl   Hiskia hierdurch nur noch ein Stadtkönig von Jerusalem war, gelang
es   ihm aber nach einer gewissen Zeit offenbar doch, sich gegen
die philistäischen Vasallen Assurs durchsetzen und einen großen
Teil des judäischen Gebietes   wieder   zurückzugewinnen   (2.Kön
18,8).

Hiskia dürfte wohl bis zum Ende   seines   Lebens   die   Gefahr
einer   militärischen Invasion in Jerusalem gefürchtet haben, da

Sanherib auch nach 701 noch kriegerische Feldzüge unternahm; so
wurde beispielsweise 689 v. Chr. Babylon von ihm völlig zerstört
und für zehn Jahre den Steppennomaden anheimgegeben.

Es bleibt festzuhalten, daß die 'wundersame Rettung' Jerusalems 701 v. Chr. für bestimmte Jerusalemer Kreise noch bis zur
babylonischen Gefangenschaft 587 v. Chr. der eindeutige Beweis
für die Unzerstörbarkeit Jerusalems war. Sie lebten in der trü-
gerischen Meinung, der Zion sei uneinnehmbar und Jahwes Heils-
zusage an sein Restvolk sei unverbrüchlich. Gegen ein derartiges Denken haben sich die großen vorexilischen Einzelpropheten
bis Jeremia und Ezechiel stets energisch zur Wehr gesetzt (vgl.
Kap. VI).

Hiskias Nachfolger MANASSE (686-642) paßte sich den Assyrern
auch in kultischer Hinsicht stark an, indem er die religiösen
Reformen seines Vaters wieder rückgängig machte (2. Kön 21, 3ff).
Der deuteronomistische Geschichtsschreiber beurteilt diesen
König denn auch sehr negativ. [87] In Vers 16 weiß er noch -
etwas geheimnisvoll - zu berichten, Manasse habe unschuldiges
Blut in Strömen vergossen. Nach jüdischer Überlieferung handelte es sich hier um eine Verfolgung der Partei der strengen Jah-
weverehrer, bei welcher auch Jesaja ums Leben gekommen sein
soll.
    Während Manasses langer Regierungszeit erreichte die assy-
rische Weltmacht unter Assar-Haddon (680-669) ihre größte Ausdehnung. Sogar Ägypten wurde assyrische Provinz (ANET, S. 290-
294). Der schöngeistige Assurbanipal (668-626), der offenbar
mehr die Bücher als die Kriegskunst liebte und eine große Bibliothek in Ninive bauen ließ, konnte die assyrische Machtstel-
lung seines Großreiches nicht so erfolgreich behaupten wie sein
Vorgänger Assar-Haddon. Innere Unruhen und ein babylonischer
Aufstand stellten eine starke Bedrohung seines Reiches dar, so
daß gegen Ende von Manasses Regierungs- und Lebenszeit Assurs
Glanz und Größe schon zu verblassen begann.

Manasses Sohn AMON (641-640) setzte die Politik seines Vaters unverändert fort, dies allerdings nur für zwei Jahre, da
er dann von seinen 'Dienern' [88] ermordet wurde (2.Kön 21,19-
25).
Wir erfahren über diesen Umsturz in 2.Kön 21,23f:

> "Da zettelten die Diener Amons eine Verschwörung gegen ihn
> an und ermordeten den König in seinem Palaste. Das Volk des
> Landes [= am ha-arez] aber erschlug alle, die sich gegen den
> König Amon verschworen hatten; und das Volk des Landes mach-
> te seinen Sohn Josia zum König an seiner Statt."

Die freien und vollberechtigten judäischen Landbewohner, der
'am ha-arez', dachten sehr national und waren der davidischen
Dynastie treu ergeben. Daher wollten sie anscheinend verhindern, daß nach der Ermordung Amons Juda vollends zu einem assyrischen Vasallenstaat degradiert würde durch die Einsetzung
eines nicht-davidischen Königs, womöglich sogar eines Auslän-
ders (vgl. die Bestimmung Dtn 17,14ff im deuteronomischen Gesetz, die wohl unter Josia zur Verhinderung derartiger Bestrebungen aufgenommen wurde) [89].

Der König JOSIA (639-609) erhält von der biblischen Geschichtsschreibung uneingeschränktes Lob (vgl. 2.Kön 22-23 und
2.Chron 34-35); er ist für den deuteronomistischen Geschichtsschreiber noch 'untadliger' als Hiskia. Man nimmt deshalb an,
daß der Hauptteil der Königsbücher zu Lebzeiten dieses Königs,
an dem alle früheren Könige gemessen wurden, entstanden ist.
Während des babylonischen Exils kam dann lediglich die Ergänzung 2.Kön 23,25b-25,30 von anderer Hand hinzu.
    Josias politisches Ziel scheint die Lösung Judas aus dem
assyrischen Vasallenverhältnis gewesen zu sein sowie die Wiederherstellung des palästinischen Großreiches, wie es zur Zeit
Davids und Salomos existiert hatte, allerdings in einer moder-
nisierten Form. Ermöglicht wurde ihm solch eine Restau-
rationspolitik durch den beschleunigten Niedergang des assy-

rischen Reiches unter Assurbanipal, der sich im wesentlichen
während Josias Minderjährigkeit ereignete (wir erinnern uns:
Josia wurde schon als Achtjähriger auf den Thron gesetzt). In
jenen Jahren gelang es den Chaldäern, in das Gebiet des alten
Babylonien einzudringen, sich hier festzusetzen und ihre Macht
auszubauen. Es kam zur Gründung des sogenannten neubabylonischen Reiches unter seinem ersten König Nabopolassar (625-
605), der sein neues Reich von der assyrischen Vorherrschaft zu
befreien vermochte.

Ferner wurde Assur von den erstarkenden Medern bedroht, die
von Osten, d.h. vom 'iranischen Bergland' her, in assyrisches
Grenzland eingefallen waren. Auch die 'südrussischen' Reiter-
horden der Skythen schwächten mit ihren Raubzügen die assyrische Großmacht deutlich.

Innere soziale Unruhen im großen Lande bewirkten ein übri-
ges, um Assurs Stern binnen kurzer Zeit sinken zu lassen.

So entstand vorübergehend im palästinischen Raum ein gewisses Machtvakuum, das Josia für seine Restauration zu nutzen
wußte.

Diese kurze Epoche erinnert ein wenig an die Zeit Jerobeams des
II. von Israel. Auch ihm gelang es ja in der ersten Hälfte des
8. Jh. v. Chr., noch einmal einen Aufschwung und eine gewisse
kulturelle Blüte für sein Volk zu erreichen.

Wie aber die Zeit der nationalen Selbständigkeit unter Jerobeam II. letzten Endes zum Scheitern verurteilt war und keinen
Bestand hatte - konnte sich doch die assyrische Macht aufs Neue
konsolidieren -, so mußte schließlich auch Josias Reformpolitik
scheitern, denn es dauerte nicht allzu lange, bis das palästinische Machtvakuum wieder ausgefüllt war, kurzzeitig durch die
Oberherrschaft der Ägypter, dann durch die wesentlich stabilere
Herrschaft des neubabylonischen Reiches. Die Babylonier erober-
ten und zerstörten alle assyrischen Städte (Assur: 614; Ninive:
612; Charran: 608) und verwüsteten das Land teilweise völlig.

Während dieser Phase des 'Aufatmens' für Juda, also etwa um
630 v. Chr., trat der Prophet Zephania [30] auf in der Erwartung
der Befreiung Judas.

Man kann Zeph 1,8 entnehmen, daß sich während Josias Minderjährigkeit die führenden Leute am Königshof wohl aus der assur-
hörigen Ministerschicht rekrutierten. Vielleicht waren es sogar
die gleichen Kreise, die die Verschwörung gegen Josias Vater
Amon betrieben hatten.

Zephania erhob jedenfalls seine Stimme gegen den fremden
Götterkult, der seit Manasse im Lande verbreitet war; wir hören
vom alten kanaanäischen Baalskult, vom assyrischen Gestirnskult
und auch vom Kult der Nachbargötter wie dem des Milkom, des
Nationalgottes der Ammoniter (Zeph 1,4-7).

In Zeph 2,13-15 sagt der Prophet den Untergang der Herrschaft Assyriens voraus mit den bilderstarken Worten:

"Und ausstrecken wird er seine Hand nach Norden und Assur
vernichten und Ninive zur Einöde machen, zum dürren Wüsten-
land. Es werden Herden darin lagern, alle Tiere des Tales,
Pelikan und Rohrdommel nächtigen auf seinen Bildwerken, im
Fenster singt die Eule, der Rabe auf der Schwelle... Ist das
die übermütige Stadt, die so sicher thronte, die da bei sich
sprach: 'Ich und niemand sonst'? Wie ist sie zur Einöde geworden, ein Ruheplatz für das Wild! Ein jeder, der vorüber-
geht, zischt und schwingt die Hand."

Zephania beschließt seine Verkündigung mit der Mahnung, zu
Jahwes Geboten zurückzukehren, damit auf dem Zion ein "demüti-
ger kleiner Rest" Israels zurückbleiben werde, der die Stürme
der Zeit in Jahwes Schutz überdauern könne (vgl. Zeph 3,11ff).

Auch das öffentliche Auftreten des Propheten Jeremia begann
zu jener Zeit, die gewissermaßen den 'Vorabend' bildete zur
endgültigen Vernichtung des Südreiches, der babylonischen Gefangenschaft. Er sagte - gemäß Jer 6 - nach Assyriens Untergang
das Aufkommen einer neuen Macht "vom Norden her" (das neubabylonische Reich der Chaldäer) voraus, die Juda "Unheil droht und
gewaltigen Zusammenbruch" (V.1).

Jeremia sah in diesem drohenden Unheil das Strafgericht Jahwes für die Abtrünnigkeit seines Rest-Volkes. Rettung gab es
für ihn nur durch die sofortige radikale Umkehr. Offenbar kam
der vereinsamte Prophet jedoch zu der Erkenntnis, daß niemand
auf ihn hören wollte (Jer 6,10-11.27-29). Resigniert zog er

sich daraufhin für eine gewisse Zeit aus dem öffentlichen Leben
Jerusalems zurück.

Noch zwei andere Propheten hatten während dieser Zeit ihren
Auftritt. Es ist überhaupt auffällig, daß gerade in äußeren
Krisenzeiten die Propheten in beiden Reichen sich stets gehäuft
zu Wort gemeldet haben.

Es handelt sich um Nahum und Habakuk. Beide waren möglicherweise am Jerusalemer Tempel als sogenannte Heilspropheten tätig
und gehören zur Prophetengruppe, die von Jeremia heftig bekämpft wurde (Jer 23,9ff), da für sie das Heil Judas ein für
allemal feststand, und es keiner Umkehr bedurfte.

Interessant ist, daß Habakuk die Frage nach der Gerechtigkeit Gottes im Weltgeschehen aufgeworfen hat (Hab 1,2-4.12-17).
Er scheint wirklich unter dem Unrecht der sozialen Mißstände
während der chaldäischen Bedrückung gelitten zu haben.

Die entscheidende Bedeutung des Königs Josia für die gesamte
spätere jüdische Heilsgeschichte liegt in seiner berühmten Kultusreform, die er 622 v. Chr. durchführte. Hierüber berichten
die biblischen Geschichtsschreiber ausführlich in 2. Kön 22,1-
23,30 (bzw. 2. Chron 34,1-35,27).

Diesen Darstellungen zufolge fand der Hohepriester Hilkia im
Tempel ein altes Gesetzbuch, das dem König vorgelegt wurde und
ihm dann als Grundlage für seine Reform diente.

Man hat diese Gesetzessammlung, die wahrscheinlich in Nordisrael als eine Art königliches Rechtsbuch vor dem Untergang
722 zur Modernisierung des älteren Bundesbuches (Ex 20,22-
23,19) entstanden ist, und später vermutlich von levitischen
Landpriestern und prophetischen Kreisen bearbeitet wurde, als
'Urdeuteronomium' bezeichnet.

Es wird vielfach angenommen, daß es in bearbeiteter Form in
dem uns bekannten biblischen Buch Deuteronomium (= '2. Gesetz' =
'5. Mose') enthalten ist.

Die Reform ist nicht nur aus religiöser Perspektive zu betrachten, sie hat auch eine unverkennbare politische Komponente. So wurde im Kultus alles beseitigt, was sich mit dem Jahweglauben nicht vereinbaren ließ, insbesondere eliminierte man

alle Kultstätten außerhalb Jerusalems. Einzig den Jerusalemer
Tempel deklarierte Josia zum legitimen kultischen Zentrum (sog.
'Kultuszentralisation': Dtn 12,13-28).

Die Reform, die mit Sicherheit stufenweise und über mehrere
Jahre durchgeführt wurde, hatte ihren Höhepunkt im Jahre 622
v. Chr., als das aufgefundene alte Gesetz nach Einberufung einer
Volksversammlung zum Staatsgesetz erklärt wurde (2. Kön 23,1ff),
nachdem eine Befragung der Prophetin Hulda sowie eine Beratung
im Kronrat der Ältesten vorausgegangen war.

Vorrangig getragen wurde die Reform von einer Art nationaler
Freiheitspartei, die sich zusammensetzte aus der levitischen
Landpriesterschaft, aus prophetischen Kreisen und Teilen des am
ha-arez. Diese national-religiösen Gruppen werden den erwachsenen König dann für ihre antiassyrische Linie gewonnen haben.
Man sollte nicht so naiv sein, zu glauben, daß die gesamte Reform alleinige Entscheidung des Königs gewesen wäre - wie uns
der biblische Bericht gern suggerieren möchte (2. Kön 22,3.11ff;
23,1ff) -, zumal Josia schon minderjährig auf den Thron gekommen war.

Wegen der Wichtigkeit des urdeuteronomischen Gesetzes wollen
wir kurz einen Blick auf interessante Details werfen.

Die Anordnungen über die Kultuszentralisation liegen i.w. in
Dtn 12 + 14-16 vor.

Die Bestimmungen über das 'bürgerliche Recht' finden wir in
Dtn 21-25. Teilweise muten uns diese Rechtssätze einigermaßen
seltsam - ja sogar brutal - an, wenn wir von der Steinigung
eines störrischen Sohnes bis zum Tode lesen (21,18ff) oder von
der eigenartigen Vorschrift, Ochs und Esel beim Pflügen nicht
zusammenzuspannen (22,10) sowie von der Weisung, stets an den
vier Zipfeln des Obergewandes Quasten anzunähen (22,12). Eigentümlich ist auch das Gesetz vom Mundraub (23,25-26): Die Trau-
ben eines anderen darf man im Weinberg essen, soviel man mag,
in einem Gefäß sammeln darf man sie jedoch nicht. Ebenso ist es
verboten, die Ähren auf dem Kornfeld eines anderen mit der Hand
abzureißen. Das Abschneiden mit der Sichel hingegen ist erlaubt. (Man beachte in diesem Zusammenhang das Ährenausraufen
Jesu und seiner Jünger am Sabbat gemäß Matth 12,1-3). Interes-

sant ist auch die vergleichsweise milde Strafe für vorehelichen
Geschlechtsverkehr: Der Mann hat die Frau zu heiraten und ihrem
Vater lediglich den Brautpreis von 50 Silberschekel zu zahlen
(22, 28-29).

Die Greuel-Rechtssätze erklären, daß dieses oder jenes Jahwe
ein Greuel sei. Sie sind verstreut im zweiten Teil von 16, in
18 und an anderen Stellen, z. B. 22, 5, wonach es Jahwe ein
Greuel ist, wenn Frauen Hosen tragen!

Die sogenannten Humanitätsgesetze weisen einen sehr
menschlichen und für die damalige Zeit ausgesprochen fort-
schrittlichen Charakter auf, z. B.: 22, 1-4; 23, 16-17. 20-21 und
24, 6-25, 4.

Interessant und aufschlußreich innerhalb des Urdeuterono-
miums ist ferner das Gesetz über die Könige: Dtn 17, 14-20. Bedenkt man, daß es aus einer Zeit stammt, in der alle Nachbarvölker Israels von absolutistischen und meist auch despotischen
orientalischen Potentaten regiert wurden, so fällt auf, daß
dieses Königsgesetz bestrebt war, die absolutistische Monarchie
nach Art des Salomo in eine Art 'konstitutionelle Monarchie'
abzumildern. Hier ist der alte nomadische Geist der Freiheit in
das Gesetz hineingeflossen.

Das Königtum war nicht mehr ein 'Gottkönigtum' wie überall
sonst im Orient, vielmehr bildete die völlige Gleichheit aller
Menschen des Bundesvolkes vor Jahwe die Grundlage des Deutero-
nomiums, das denn auch bezeichnenderweise von 'Brüdern' bzw.
'Volksgenossen' redet (vgl. z. B. auch Dtn 15, 7ff; 18, 15 oder
22, 1ff). Sogar der Sklave war in diese 'Volksbruderschaft' mit
eingeschlossen (vgl. Dtn 15, 12-18). Solch eine soziale Einstellung gegenüber den Sklaven stellt meines Wissens für die damalige Zeit eine historische Einmaligkeit dar!
Auch der König gehörte also zu der Gemeinschaft der vor Jahwe
Gleichberechtigten wie der Bauer oder der Prophet; auch er war
einer von den "Brüdern", wenn auch der 'primus inter pares'.

Betrachtet man das Gesetz aus dieser Perspektive, so läßt
sich durchaus noch erahnen, welch ein fortschrittliches
Staatsethos doch aus ihm herausscheint, und zwar schon zu einer

Zeit und in einer geographischen Umwelt, in der ein an eine
Verfassung gebundenes Volkskönigtum noch etwas weithin Unbe-
kanntes war.

Allem Anschein nach begann nach der josianischen Reform für
Juda noch einmal auf kurze Zeit eine Periode des Glanzes und
der Blüte. Offenbar gelang es Josia, das kleine Juda um größere
Teile des früheren Nordreiches zu erweitern. Dies kann man mit
aller Vorsicht dem Bericht 2. Kön 23,15-20 entnehmen. Hier wird
erzählt, daß auch Orte wie Bethel und Samaria, die vor der Regierung des Josia eindeutig nicht zum judäischen Staatsgebiet
gehört hatten, von den Reformen betroffen wurden. Zusätzlich
liegen uns noch Ortslisten im Josuabuch vor, die die alttestamentliche Wissenschaft als authentische Dokumente aus der Jo-
siazeit [¹¹] ansieht, nämlich: Jos 13; 15; 18; 19.

Sogar Galiläa dürfte zum Großteil dem judäischen Staat einverleibt worden sein, wie man dem Bericht (2. Kön 23,29) über
Josias Tod bei Megiddo in Galiläa entnehmen kann. Megiddo war
laut 1. Kön 9,15 eine alte salomonische Festung, die sich offenbar als günstiger Stützpunkt für eine Schlacht gegen den ägyptischen König Nekao (609-595) (= bibl. 'Necho') anbot.

Legt man die Liste Jos 15 zugrunde, so scheint sich der jo-
sianische Staat bis in das Philistergebiet um Ekron und teilweise sogar bis ans Mittelmeer erstreckt zu haben.

Im großen und ganzen hat man wohl davon auszugehen, daß Josia im Westjordangebiet - abgesehen von kleinen Teilen wie der
Stadt Samaria und den meisten Philisterstädten - im wesentlichen das alte salomonische Reich wiederherstellen konnte, und
es ist anzunehmen, daß die völlige Wiederherstellung des davidischen Großreiches die politische Absicht Josias gewesen ist.

Hierzu kam es jedoch nicht mehr. 612 v. Chr. zerstörten die
Neubabylonier unter ihrem ersten Regenten Nabopolassar Assurs
Hauptstadt Ninive völlig, ein Ereignis, das den Untergang des
alten assyrischen Großreiches einleitete und die Herrschaft des
Neubabylonischen Reiches über den Vorderen Orient vorbereitete.
Der schwache assyrische König Assuruballit konnte jedoch ent-
kommen und sich für kurze Zeit in der Stadt Harran halten.

609 v. Chr. bat er den ägyptischen Pharao Necho II. (609-595)
um Hilfe gegen die Babylonier. Dieser kam dem Hilferuf auch
nach, sicherlich in der berechtigten Hoffnung, hierdurch die
alten ägyptischen Herrschaftsansprüche auf das syrisch-
palästinische Gebiet wieder geltend machen zu können. Nechos
Feldzug war also gegen die neu erstarkenden Großmächte der
Babylonier und Meder gerichtet, um das erheblich geschwächte
assyrische Restreich zu unterstützen. Dies ist wichtig festzustellen, da die Darstellung in 2. Kön 23, 29 unklar ist [38].

Es erscheint verständlich, daß Josia nicht gewillt war, die
soeben errungene Freiheit seines Staates ohne weiteres an eine
wieder mächtig gewordene ägyptische Großmacht preiszugeben.
Diese Drohung wird er vor Augen gehabt haben, als er den Ägyptern bei Megiddo militärisch entgegentrat. Josia fiel in der
Schlacht, und sein Heer konnte - wie es nach dem kurzen Bericht
2. Kön 23, 29 den Anschein hat - von den Ägyptern mühelos über-
rannt werden. Man vergleiche auch den späteren Parallelbericht
2. Chron 35, 19ff, in dem in V. 25 von einem Klagelied des Jeremia
auf den toten Josia die Rede ist. Der Chronist hat sich wahrscheinlich von Jer 22, 10. 15. 18 beeinflussen lassen und in
Klgl 2, 1ff Anspielungen auf Josia gesehen.

Mit dem Tod Josias ging eine für Israel glückliche Zeit
zuende, die allerdings nur von kurzer Dauer war (ca. 622-609).

Nach Josias Tod konnte der ägyptische König Necho tatsächlich bald in Syrien und Palästina die Herrschaft an sich reißen.

Wie schon seinerzeit bei den Königserhebungen des unmündigen
Joas (wir erinnern uns: er entkam der 'Ausrottungswut' der Königsmutter Atalja als Säugling) und des ebenfalls unmündigen
Josia war es auch diesmal der 'am ha-arez', der 'freie und
vollberechtigte Landadel', der dessen zwar nicht unmündigen,
aber auch nicht thronerbberechtigten Sohn JOAHAS (609) (alias
Schallum: Jer 22, 11) zum König einsetzte, sicherlich in der
Hoffnung, dieser jüngere Sohn werde die Politik seines Vaters
fortsetzen und bei dessen anti-ägyptischer Linie bleiben.

Jedoch wurden derartige Pläne nach kurzer Zeit von Necho
zerstört, der Joahas gefangennahm und stattdessen selbstherr-
lich den zuvor übergangenen älteren Bruder JOJAKIM (608-598)
(alias Eljakim: 2.Kön 23,34) auf den Thron setzte und dem Land
einen schweren Tribut aufbürdete (2.Kön 23,31-35).
Der Prophet Jeremia sah in diesen Ereignissen die Vorzeichen
nahenden Unglücks: Jer 22,10-12.

Jojakim ist als ägyptischer Vasallenkönig anzusehen, unter
welchem wieder fremde Kulte nach Jerusalem eindrangen und auch
das deuteronomische Gesetz keine Beachtung mehr fand, wie dem
Jeremia-Buch zu entnehmen ist. Jeremias Leidensgeschichte begann unter diesem König, über den er in Jer 22,13-19 sehr
schlecht urteilt:

> "Wehe dem, der sein Haus mit Ungerechtigkeit baut und seine
> Söller mit Unrecht, der seinen Volksgenossen umsonst arbei-
> ten läßt und ihm seinen Lohn vorenthält, der sagt: 'Ich will
> mir ein geräumiges Haus bauen und luftige Söller!' Fenster
> bricht er daran aus, täfelt es mit Zedernholz und bemalt es
> mit roter Farbe. Besteht darin dein Königtum, da du um die
> Wette Zedernholzbauten errichtest? [...] Darum spricht Jahwe
> über Jojakim, den Sohn des Josia, den König von Juda: [...]
> Ein Eselsbegräbnis wird ihm zuteil werden, er wird hinausge-
> schleift und weggeworfen, draußen vor den Toren Jerusalems."

Man erahnt bei diesem Abschnitt, welch ein Despot nach innen
der nach außen machtlose König gewesen sein muß.
    Über die Kultverstöße unter diesem König können wir nachle-
sen in Jer 7.
    Die Stelle Jer 11,1-14 belegt den Abfall vom deuterono-
mischen Gesetz und läßt eine seinerzeitige Mitwirkung Jeremias
an der josianischen Kultusreform vermuten.
    Jeremia stammte aus einer Priesterfamilie, die in Anatot,
nordöstlich von Jerusalem, ansässig war. Er war unverheiratet
(Jer 16,1f) und wurde im 13. Regierungsjahr des Josia (626) zum
Propheten berufen (Jer 1,2; 25,3). Mit einigen Unterbrechungen
wirkte er für mehr als vier Jahrzehnte bis über den Untergang
des Staates Juda hinaus. Jeremia hatte ein sehr schweres Leben

unter Jojakim, wie beispielsweise die Kapitel Jer 19-20 zeigen.
Man lese in diesem Zusammenhang auch die sogenanten Konfessionen oder Klagelieder [33] Jeremias (nicht zu verwechseln mit
dem 'Buch der Klagelieder', welches - entgegen der Überschrift
in der Lutherbibel - nicht von Jeremia stammt), z. B.
Jer 18,18-23. Der Anlaß dieses 'Klageliedes' war ein Mordanschlag, der gegen ihn verübt wurde. Eine weitere Konfession
Jeremias aus dieser Zeit ist Jer 12,1-3, wo der Prophet zum
ersten Mal im AT die Frage nach der Gerechtigkeit aufwirft:

"Du behältst recht, Jahwe, auch wenn ich mit dir streiten
wollte. Nur eine Frage möchte ich mit dir besprechen: Warum
haben die Gottlosen Glück in ihrem Leben? Warum genießen die
treulosen Betrüger sichere Ruhe?"

Sehr eindrücklich ist auch Jeremias Klage in Jer 20,7-13, wo es
heißt:

"[...] Ich bin zum Gelächter geworden tagaus tagein, jeder-
mann spottet mich aus. Denn sooft ich reden will, muß ich
aufschreien und rufen: 'Gewalt und Untergang!' Ist doch das
Wort Jahwes für mich zum Hohn und Spott geworden den ganzen
Tag. Sooft ich mir vornahm: Ich will nicht mehr daran denken
und nicht mehr in seinem Namen reden, da brannte es in meinem Innern wie ein verzehrendes Feuer, das eingeschlossen in
meinem Gebein. Ich wurde müde, es auszuhalten, ich konnte es
nicht ertragen. Ich hörte das Zischeln der Vielen: 'Grauen
ringsum! Zeigt ihn an, wir wollen ihn anzeigen!' Alle meine
Vertrauten warten auf einen Fehltritt von mir [...]."

Bei der Formulierung 'Grauen ringsum!' scheint es sich um eine
typische Redewendung Jeremias gehandelt zu haben, die seine
Gegner hier spöttisch aufgreifen. Für seine Mitmenschen muß
diese stereotype Wendung, die noch an den Stellen Jer 6,25;
20,3; 46,5; 49,29 begegnet, so etwas wie eine 'Visitenkarte'
Jeremias gewesen sein.

Der Prophet - so berichtet die Stelle Jer 19-20 - wurde wegen einer Symbolhandlung, in der er einen Tonkrug zerschmetter-
te, um den Untergang Jerusalems durch die Babylonier darzustel-
len, vom Jerusalemer Oberpriester Paschhur für eine gewisse

Zeit gefangengesetzt und sogar gefoltert (20,2). Des weiteren
verbot man ihm schließlich das Betreten des Tempelbezirks. Gemäß Jer 36 verbrannte der König etwas später, im Winter des
Jahres 604 v.Chr., eigenhändig eine Buchrolle des Propheten im
Feuer seines Kohlenbeckens (36,23) und erließ einen Haftbefehl
gegen ihn, der aber nicht vollstreckt werden konnte, da es Jeremia gelang 'unterzutauchen'. Das verbrannte Buch schrieb Jeremia noch einmal neu.

Es wäre natürlich interessant zu wissen, was in dieser ver-
brannten Rolle gestanden hat. Man nimmt an, daß sich der Hauptteil der neugeschriebenen Buchrolle in Jer 2-9; 11 findet und
in einigen Sprüchen, die später in andere Kapitel abgedrängt
wurden, wie Jer 13-14; 18; 25; 46. [34]

Zurück zu Jojakim. Als er nach dreijähriger Tributzahlung an
Babylon meinte, diese einstellen zu können (2.Kön 24,1), brach
Babylons Herrscher Nebukadnezar (604-562) (=babylonisch: Nabu-
kudurri-utsur), der schon 605 an Stelle seines erkrankten Vaters Nabopolassar die Oberherrschaft über Syrien und Palästina
errungen und den Pharao nach Ägypten zurückgedrängt hatte, zu
einem Feldzug gegen Jerusalem auf (598 v.Chr.). Jojakim starb
kurz bevor Nebukadnezar die Stadt erreichte, so daß er der drohenden Vergeltung auf diese Weise entging.

Sein ihm folgender 18-jähriger Sohn JOJACHIN (598) regierte
ganze drei Monate, während der er den sinnlosen Widerstand seines Vaters gegen die Babylonier fortsetzte. Diese belagerten
daraufhin die Stadt. Jojachin mußte sich ergeben und wurde 597
v.Chr. mit der Königsmutter samt seinem Hofstaat nach Babylon
deportiert, begleitet von Handwerkern und einem großen Teil der
Jerusalemer Oberschicht (2.Kön 24,10-17). Darunter befand sich
auch der Prophet Ezechiel (Ez 1,1-3).

Nebukadnezars Anliegen wird es gewesen sein, gerade die an-
tibabylonische Bevölkerungsschicht aus Juda herauszuholen.

Der bekannte jüdische Historiker Flavius Josephus (2.Hälfte
des 1.Jh.n.Chr.) weiß in seinem Buch 'Der Jüdische Krieg' zu

erzählen, daß Jojachin durch seine Kapitulation die Stadt vor
der völligen Zerstörung bewahrt habe. Er schreibt (Bell VI,
2,1) [35] :

"Damals, als die Babylonier mit ihrem gewaltigen Heer gegen
sie heranrückten, ging er aus freiem Entschluß aus der Stadt
heraus, um mit seinen Familienangehörigen freiwillig die
Kriegsgefangenschaft auf sich zu nehmen, damit er nicht diese altehrwürdige Stadt den Feinden übergeben und das Heiligtum den Flammen überlassen mußte. Deshalb preisen ihn auch
alle Juden in heiligem Gesang, und sein Andenken währt in
alle Ewigkeit und beibt unsterblich bis zu den fernsten
Nachkommen. Das ist ein großartiges Vorbild [...]".

Jojachin wurde bis zum Tod des Nebukadnezar im Jahre 562
v. Chr. in Babylon gefangengehalten. Erst sein Nachfolger Ewil-
Merodach (= Amel-Marduk) begnadigte ihn und gewährte ihm eine
Art Rente, über die noch babylonische Tontafeltexte erhalten
sind. Gemäß ANET (S. 308) handelt es sich hier um Lebensmittel-
listen eines babylonischen Magazins, aus dem monatlich Öl und
Getreide ausgegeben wurden und unter deren Empfängern auch der
Name Jojachin auftaucht. Da es nicht uninteressant ist zu sehen, wie solche gut zweieinhalbtausend Jahre alten Listen formuliert waren, seien hier zwei zitiert (mir ist allerdings
nicht bekannt, ob es heute jemanden gibt, der wirklich weiß,
welche exakte Bedeutung die babylonischen Maßeinheiten 'Sutu'
und 'Qa' haben):

"1 Sutu für <J>a'ukin. König von Ja<chudu>, 2 1/2 Qa für die
fünf <Söhn>e von Ja<chudu>, 4 Qa für 8 Judäer."

...

"1 Sutu für Jakukinu, den Sohn des Königs von Jakudu, 2 1/2
Qa für die fünf Söhne des Königs von Jakudu, zu Händen des
Qana'a<ma>." (Vgl. G. Fohrer: Geschichte Israels, S. 182).

Hat man noch die positive Bewertung Jojachins durch Josephus
im Ohr, so fällt der starke Kontrast auf, wenn man Jeremias
Kommentar zu diesem König in Jer 22,24-30 [36] liest. Der Prophet sah in der Deportation natürlich Jahwes hereinbrechendes
Gericht über Volk und Regierung.

Eine kurze Charakterisierung des berühmten babylonischen Herrschers Nebukadnezar durch M. A. Beek (a. a. O., S. 95f) sei dem Leser an dieser Stelle nicht vorenthalten. Der Alttestamentler schreibt:

"Nebukadnezar [...] wurde bald nach der Schlacht von Karkemisch König von Babylon. Er war der Nachfolger seines Vaters Nabopolassar (Nabu-apal-utsur), der 625-605 v. Chr. regiert hatte. Als Nebukadnezar II. hat er versucht, die Aramäer, zu denen er seiner Abstammung nach gehörte, in einem Großreich zu vereinigen. Dieses Streben wurde von vielen, die sich ihm verwandt fühlten, mit Sympathie begrüßt, selbst in Jerusalem. Nebukadnezars ideales Vorbild ist Hammurabi [37] gewesen; seit alter Zeit war Babylon als heilige Stadt eine berühmte Wallfahrtsstätte, hatte aber seine Stellung als Zentrum politischer Weltmacht verloren. Nebukadnezar hat Babylon wieder zu einem bedeutenden Machtfaktor gemacht. Was wir von diesem Herrscher wissen, geht nur in geringem Grade auf authentische Inschriften zurück, bediente man sich doch nach dem Vorbild der Aramäer für Aufzeichnungen mehr und mehr des Pergaments [sic! Meines Wissens wurde das Pergament erst im 2. Jh. v. Chr. in Pergamon entdeckt!], des Papyrus und anderen vergänglichen Materials. Dadurch besitzen wir aus jener Zeit so gut wie keine Archivalien. Was wir von Nebukadnezar durch Bauwerke und aus einigen Inschriften auf Monumenten wissen, stempelt ihn eher zu einem an Religion und Architektur interessierten Fürsten als zu einem Welteroberer. Im AT erscheint er freilich als Tyrann reinsten Wassers, der Jerusalem samt dem Tempel verwüstet und die Bevölkerung Judas mitleidlos deportiert habe. Dabei wird außer acht gelassen, daß eine Rückkehr immerhin möglich geworden ist. In der assyrischen Gefangenschaft war die Pflege der eigenen Sitten und Überlieferungen Israels und die Ausübung des Jahwe-Kultes gänzlich ausgeschlossen. Nebukadnezar konnte als Urbild eines Tyrannen in die Geschichte eingehen, weil seine Toleranz seine Opfer instand setzte, von seinen Taten zu erzählen [!]."

Ein derartiges 'Scheusal', als das die Bibel ihn hinstellt, wird also Nebukadnezar keineswegs gewesen sein. Wir haben es im Gegenteil hier offensichtlich mit einem recht toleranten und liberalen Herrscher zu tun, unter dem die deportierten Judäer, die er in geschlossenen Siedlungen unterbrachte, ihr eigenes Brauchtum und ihren religiösen Kultus weitgehend erhalten konnten.

Während der Gefangenschaft des Jojachin regierte in Jerusalem sein Onkel ZEDEKIA (597-587) (alias Matthanja: 2. Kön 24,17) zehn Jahre lang von Nebukadnezars Gnaden. Er ist der letzte König vor dem Untergang Judas aufgrund der Zerstörung Jerusalems durch die Babylonier im Jahre 587 v.Chr. Nach ihm gelangt kein Davidide mehr auf den Königsthron. Dem Jeremiabuch läßt sich entnehmen, daß er zwar kein Tyrann war wie Jojakim, dafür aber ein recht schwacher Herrscher gewesen sein muß, der offensichtlich nicht das notwendige politische Geschick besaß, sein Volk vor dem drohenden Unheil doch noch zu bewahren (vgl. Jer 34; 37-38).

Die Tätigkeit der von Jeremia so sehr verurteilten sog. Heilspropheten (vgl. Jer 23,13-15.16-17.21-22.25-32; 29,21-23) wirkte sich gerade unheilvoll auf die Politik des Regenten aus, denn sie verkündeten - zu Unrecht - Jahwes baldige Rache an Nebukadnezar sowie die triumphale Rückkehr aller Deportierten in kurzer Zeit (vgl. Jer 27,9-11; 28; 29,24-32).

Offenbar hatten sich zur Zeit Zedekias zwei politische Gruppen in Jerusalem herausgebildet: Die eine glaubte mit den 'Heilspropheten' daran, daß Jahwe selbst in kurzer Zeit Juda vom babylonischen Joch befreien würde; die andere meinte, dies wäre nur mit der Hilfe Ägyptens möglich (vgl. Jer 37,5ff).

Wie wir also dem Jeremia-Buch entnehmen können, gab es zur Regierungszeit Zedekias heftige Kontroversen um die richtige Politik für Juda in einer außenpolitisch äußerst gespannten Situation. Auf jeden Fall scheint sich Jeremia in diese Auseinandersetzungen heftig eingemischt zu haben. Aufs eindringlichste warnte er davor, gegen Babylon zu revoltieren, jedoch völlig vergebens, da - den biblischen Berichten gemäß - auf ihn offenbar keiner hat hören wollen. Nach seiner Auffassung - und die historische Entwicklung hat ihm hierin recht gegeben - sollte Juda auf jede nationale Eitelkeit verzichten und sich nach außen freiwillig der babylonischen Großmacht unterordnen, um sich hierdurch nach innen wenigstens noch die Möglichkeit zu bewahren, seine religiösen und nationalen Angelegenheiten - sicherlich im deuteronomischen Sinne - neu ordnen zu können.

Allein hierdurch hätte nach Jeremias Auffassung Juda seine
Chance gewahrt, wieder langsam an politischer Kraft zu gewinnen.

Viele Alttestamentler meinen heute, daß Jeremia mit seinen
politischen Vorschlägen richtig lag, und tadeln Zedekia für
seine 'aberwitzigen' Versuche, Judas Unabhängigkeit zu wahren
durch politische Bündnisse mit anderen tributären palästinischen Kleinstaaten. Es gibt aber durchaus auch andere Stimmen
der Wissenschaft, die Zedekias Bemühungen mehr Verständnis ent-
gegenbringen. [38]

Wie auch immer, Jeremia jedenfalls sparte nicht mit Kritik
an jenen, die meinten, der Jerusalemer Tempel sei unverletzlich
seit der 'wunderbaren' Rettung Jerusalems unter Hiskia (vgl.
S. 75ff), ein Ereignis, auf das sich seit den Tagen Hiskias die
national-religiöse Bewegung immer wieder mit Nachdruck berufen
hatte zum Beweis für Jerusalems Unbesiegbarkeit bis ans Ende
der Tage (vgl. Jer 7; 26; 28).

Immerhin scheint es Jeremia zeitweilig gelungen zu sein,
Zedekia für seine Pläne zu gewinnen. Nach Jer 34,8ff kam es
nämlich zur Ankündigung einer Sozialreform: Alle hebräischen
Sklaven und Sklavinnen sollten freigelassen werden. Diese Reform wurde dann jedoch nicht durchgeführt. Es heißt in V.11:

> "Aber nachher änderten sie ihren Sinn und holten die Sklaven
> und Sklavinnen, die sie [schon] auf freien Fuß gesetzt hat-
> ten, wieder zurück und machten sie wieder mit Gewalt zu
> Sklaven und Sklavinnen."

Jedenfalls wurde während des Exils und in späterer Zeit der
Untergang des Reiches ganz im Sinne des Propheten Jeremia als
verdiente Strafe für Israels Abfallen vom Gesetz interpretiert.
Unter dem Eindruck dieses für Israel sehr einschneidenden
Ereignisses hat der letzte deuteronomistische Redaktor während
des Exils die Geschichte seines Volkes gedeutet als die Geschichte eines permanenten sich noch steigernden Ungehorsams,
die daher notwendigerweise auf das Ereignis 587 v.Chr. hin-
steuern mußte. Die prophetischen Drohworte des 8. und 7. Jahrhunderts schienen ihre Erfüllung gefunden zu haben.

Kommen wir wieder zurück zu Zedekia. Jeremias Urteil über
diesen König scheint anfangs nicht ungünstig gewesen zu sein
(vgl. Jer 23,5-8) ³⁹', jedoch wurde der Prophet offensichtlich
bald schwer enttäuscht von ihm, wie Jer 24,8-9 zeigt, wo der
König mit einem Korb voller schlechter Feigen verglichen wird.
Wir kennen aus Ez 11,14ff das Problem, mit dem sich der Prophet
hier (Jer 24,1-10) auseinandersetzt:

Die in Jerusalem zurückgebliebene Bevölkerung war zunächst
der Gefangenschaft entgangen und sah in der Deportation der
anderen nach Babylonien - unter Berufung auf die früheren Drohworte Jeremias - die verdiente Strafe Gottes. Daß sie selber
bewahrt blieben und ungeschoren davongekommen waren, deuteten
sie als Beweis für die Gnade Jahwes, die angeblich ihnen allein
galt, so daß sie sich in völliger Sicherheit wähnten. Jeremia
kam nun durch seine Vision von den beiden Feigenkörben zu der
Erkenntnis, daß es sich nach Jahwes Willen in Wirklichkeit gerade andersherum verhielt: Jahwe hatte seine Gunst nicht den in
Jerusalem gebliebenen Judäern zugewandt, sondern gerade den
Exulanten in Babylonien, waren doch offensichtlich fromme Leute
unter ihnen - so die Minister Jojakims (Jer 36,25). Des weiteren schien die Arbeit des Exilpropheten Ezechiel in der Diaspora Früchte zu zeitigen, wie Jeremias Brief an die Exulanten
(Jer 29,1ff) erkennen läßt, so daß er dort Anzeichen für ein
neues Aufleben des Gottesvolkes meinte erkennen zu können, während er in Jerusalem zu jener Zeit nur sittlichen Verfall und
ein neues überhandnehmen der alten Götzenkulte wahrnahm (vgl.
Ez 8; 22; 23).

Nachdem also Zedekia einige Jahre an der Macht war, versuchten 594 v.Chr. die palästinischen Kleinstaaten Edom, Moab, Am-
mon, Sidon und Tyrus einen Aufstand gegen Babylon zu organisieren. Aus ihm wurde aber nichts, da es diesen Staaten nicht ge-
lingen wollte, den schwankenden Zedekia für eine Beteiligung zu
gewinnen. Möglicherweise war sein Zögern die Folge einer Zei-
chenhandlung Jeremias, der in Jerusalem eine Zeitlang mit einem
Joch um den Hals umherlief (Jer 27) und verkündete (27,12b):

"Steckt eure Hälse in das Joch des Königs von Babel und werdet ihm und seinem Volke untertan, damit ihr am Leben
bleibt!"

Als Babylon sich gerade anschickte, einem möglichen Aufstand
militärisch zuvorzukommen, entsandte Zedekia eine Gesandtschaft
zu Nebukadnezar, um seine Unterwürfigkeit zu demonstrieren.
Jeremia durfte ihr einen Brief an die schon 597 deportierten
Judäer mitgeben (Jer 29), in dem er schreibt (29,5ff):

"Baut Häuser und bewohnt sie, pflanzt Gärten an und eßt ihre
Frucht, nehmt Frauen und erzeugt Söhne und Töchter, und
nehmt euren Söhnen Frauen und gebt eure Töchter an Männer,
damit die Söhne und Töchter gebären, und ihr euch mehrt und
nicht vermindert. Bemüht euch um die Wohlfahrt des Landes,
in das ich [Jahwe] euch verbannt habe, und betet für es zu
Jahwe. Denn auf seiner Wohlfahrt beruht eure Wohlfahrt."

Jeremia forderte die Exulanten also auf, ihre offenbar noch
vorhandene Hoffnung auf baldige Rückkehr aufzugeben und sich
auf eine längere Zeit des Überlebens in der Diaspora einzurich-
ten.

Welch geistig-geistliches Chaos zu jener Zeit in Jerusalem
geherrscht haben muß - wir haben es vorhin schon erwähnt -,
läßt sich an den Visionen des Propheten Ezechiel [40] erahnen,
der, wie schon berichtet, zur Gruppe der ersten Verbannten von
597 gehörte und sich gemäß Ez 1,1 im kleinen Ort Tel Abib am
Kebar aufhielt, einem der vielen künstlichen Kanäle Babyloniens. Ez 8 beschreibt ausführlich eine derartige Vision, die
den Propheten nach Jerusalem 'entrückte', und zwar - exakt datiert (8,1) - im Jahre 592 v.Chr. Er erschaut, wie fremde Kulte
in Jerusalems Tempel Einzug gehalten haben. Er sieht 70 Männer,
die in einer Art Geheimbund Riten nach Art der Osiris-Mysterien
befolgen (8,11) und Frauen, die den Tammus beweinen. Hier handelt es sich um eine assyrisch-babylonische Gottheit volkstümlichen Ursprungs, die sich unter dem semitischen Namen Adonis
(= 'Mein Herr') in der Mythologie des Mittelmeerraumes besonders bei den Frauen großer Beliebtheit erfreute. Ferner nimmt

Ezechiel 25 Sonnenanbeter (8,16) und Menschen wahr, die sich
dem seltsamen Ritus des 'Zweige-Schnüffelns' (8,17) ergeben
haben.

An diesen Schilderungen der Jerusalemer Verhältnisse wird
viel Wahres sein. Vielleicht wurde ihm all dies schriftlich
oder mündlich aus Jerusalem zugetragen.

Auf jeden Fall wird man also in Jerusalem neben der Gruppe
der religiösen Nationalisten, für die im Verein mit den Heilspropheten die Unzerstörbarkeit der Stadt von vorn herein feststand, noch eine weitere nicht allzu kleine Gruppe anzunehmen
haben, die der Macht Jahwes seit Nebukadnezars erster Deportie-
rungswelle nicht mehr so recht vertrauen wollte und sich lieber
- in synkretistischer Manier - anderen Gottheiten zuwandte.

Um 590/89 v. Chr. kam es zu einem zweiten Koalitionsversuch
der palästinischen Kleinstaaten gegen die Babylonier, der diesmal von Ägypten aktiv unterstützt wurde und dem sich nun auch
Zedekia im Jahr 589 nicht mehr verweigerte. Nebukadnezar zöger-
te nicht lange und begann noch im gleichen Jahr einen Feldzug
gegen Ägypten und die abtrünnigen palästinischen Vasallenstaa-
ten. Das schutzlose Juda konnte er im 'Handstreich' einnehmen,
da ein ägyptisches Heer zur Unterstützung Judas noch nicht eingetroffen war. Daraufhin setzte die Belagerung Jerusalems ein,
die sich über zwei Jahre hinziehen sollte.

Wie sicher sich die Jerusalemer Einwohner am Anfang der Belagerung noch gefühlt haben müssen, kann man Ez 11,3 entnehmen:

"Sie ist der Kessel, und wir sind das Fleisch".

Wie das Fleisch im Kessel gegen das Feuer geschützt ist, so
fühlten sich also auch die Bürger Jerusalems hinter ihren
Mauern in Sicherheit.

Nach einem erhaltenen militärischen Brief aus diesen Tagen
(ANET, S.322) reiste irgendwann während der Belagerung ein ju-
däischer Kommandant nach Ägypten, wohl in der Absicht, die
Ägypter um Hilfe zu rufen. Tatsächlich rückte auch bald ein
ägyptisches Ersatzheer heran, so daß die Babylonier zeitweilig

gezwungen waren, ihre Belagerung zu unterbrechen. Genau in dieser Zeit versuchte Jeremia die Stadt wegen der Regelung einer
Erbschaftsangelegenheit im Lande Benjamin zu verlassen (Jer
37,11-16). Man verhaftete ihn jedoch am Stadttor wegen des Ver-
dachts auf Hochverrat.

Das ägyptsche Ersatzheer wurde von den Babyloniern geschlagen und daraufhin die Belagerung der Stadt wiederaufgenommen.

Nahezu anderthalb Jahre konnte sich Jerusalem noch halten.
Im Sommer (Juli/August) des Jahres 587 v.Chr. war es dann aber
soweit: Jerusalem mußte sich ergeben (vgl. 2.Kön 25,1-3.8; Jer
39,1-7; 52,4-12) [1]. Die Stadt wurde geplündert und weitgehend
zerstört, auch der Tempel wurde in Brand gesteckt und nahezu
völlig vernichtet. Den Rest der Tempelgeräte, den das Feuer
übriggelassen hatte, rissen die Babylonier als Kriegsbeute an
sich und schleppten ihn weg. Die in der Stadt und auf dem judäischen Land nach 597 verbliebene Oberschicht wurde dann in
einer zweiten Deportation ins Exil verschleppt. Nur einen Teil
der Unterschicht ließ man im Lande zurück, damit es nicht völlig veröde und verkomme.

Zedekia selbst gelang es - offensichtlich im allerletzten
Augenblick (2.Kön 25,4) -, die Stadt zu verlassen und zu fliehen. Er konnte jedoch kurze Zeit später in Jericho gefaßt werden. In Ribla wurde er dann grausam bestraft: Man schlachtete
alle seine Söhne vor seinen Augen ab und blendete ihn anschließend.

Der Prophet Jeremia wurde bei der Eroberung Jerusalems von
den Babyloniern aus seinem Gefängnis geholt, und Nebukadnezar
sicherte ihm volle Freiheit zu (Jer 39,11f), eine noble Geste,
die nach meiner Meinung doch ein positives Licht auf diesen
babylonischen Herrscher wirft.

Durch einen Verwaltungsirrtum teilte man Jeremia jedoch den
Deportationskolonnen zu. In Rama erkannte der babylonische Kommandant schließlich den Propheten in den Gefangenenreihen und
ließ ihn frei. Eine in Aussicht gestellte ehrenvolle Position
in Babylon schlug Jeremia aus. Stattdessen entschied er sich
für die Rückkehr zu seinen in Juda verbliebenen Landsleuten aus

der verarmten Unterschicht und begab sich nach Mizpa (Jer 40, 1-6).

Die Babylonier überließen den südlichen Teil Judäas den Edomitern und trennten vom Rest noch so viel ab, daß lediglich Jerusalem mit einem kleinen Teil seiner Umgebung als judäisches Gebiet übrigblieb. Es wurde allerdings keine eigene babylonische Provinz, sondern einem gewissen Gedalja - Statthalter der Provinz Samaria - aus einer hochgestellten judäischen Familie, die mit Jeremia befreundet war (Jer 26,24), unterstellt. Dieser Statthalter sollte von Mizpa aus das kleine Rest-Juda reorganisieren. Gedalja konnte sich jedoch nicht lange halten; er wurde auf Betreiben des Ammoniterkönigs von einem Ismael, der wohl einer davidischen Seitenlinie entstammte, beim Gastmahl ermordet (Jer 41). Daraufhin begann ein Teil der Rest-Judäer, die Rache des babylonischen Herrschers fürchtend, in panikartiger Stimmung auf dem alten Karawanenweg über Bethlehem nach Ägypten zu fliehen (Jer 42f). Jeremia konnte diese Flucht nicht mehr verhindern; er und sein Schreiber Baruch wurden gezwungen, sich dem Flüchtlingsstrom in Richtung Ägypten anzuschließen. Dort verlieren sich schließlich die Spuren dieses großen Einzelpropheten.

Der Alttestamentler Martin Noth zieht folgendes Resümee in Bezug auf das Königtum Israels, das mit der Zerstörung Jerusalems 587 v. Chr. sein Ende fand (a.a.O.,S.262):

"Die Institution des Königtums auf dem Boden Israels war nun zu Ende gegangen. Sie war auf das Ganze der Geschichte Israels gesehen nur eine Episode gewesen. Sie war erst aufgekommen, nachdem die israelitischen Stämme vereint in einem sakralen Bunde schon über zwei Jahrhunderte lang auf dem Boden des palästinischen Kulturlandes gelebt hatten; und sie hatte als unabhängige Einrichtung in den beiden Staaten Israel und Juda nicht länger als nur zweieinhalb Jahrhunderte bestanden; dann war nur noch das Vasallenkönigtum im Staate Juda für anderthalb Jahrhunderte übriggeblieben. Für mehr als vier Jahrhunderte blieb in der Folgezeit Israel ohne König und ohne staatliches Eigenleben. Nach dem schnellen und außerordentlichen Aufstieg der davidisch-salomonischen Zeit war das Königtum bald zu einem Faktor des Niedergangs geworden und hatte Israel in die Hände der syrisch-

palästinischen Kleinstaatenwelt verwickelt und in die meist
unglücklichen Auseinandersetzungen mit den eingreifenden
Großmächten hineingezogen. Sein Verschwinden bedeutete nicht
das Ende Israels, ebenso wie sein Aufkommen nicht erst den
Anfang der Geschichte Israels dargestellt hatte. Aber ein
Zurück zur vorstaatlichen Ordnung der Dinge in Israel war
jetzt doch nicht mehr möglich. "

Die 'Episode des Königtums', von der M. Noth hier spricht,
war allerdings eine ausgesprochen wichtige gewesen, von der das
ganze spätere Judentum in gewisser Weise beeinflußt blieb und
nach der es sich auch, besonders in Gestalt eines 'Davidischen
Friedensreiches', zurücksehnte.

Das Jahr 587 v.Chr. bedeutete einen außerordentlich tiefen
Einschnitt im Leben Israels. Für das spätere jüdische Ge-
schichtsbewußtsein bekommt dieses 'Unheil' einen ähnlichen
Stellenwert wie die 'ägyptische Knechtschaft' vor dem Exodus
unter Führung des Mose.
Alles, was auf diese Gefangenschaft für Israel folgen soll-
te, ist in einem anderen Sinne 'Geschichte Israels' als zuvor.
Von nun an beginnt die Geschichte eines Volkes, das bis zur
modernen Staatsgründung 1948 unter fremder Oberherrschaft sein
Leben zu führen hatte und seine Identität für rund zweieinhalb
Jahrtausende einzig und allein auf der Grundlage seines Jahwe-
Glaubens bewahren konnte. Es beginnt die Geschichte des Juden-
tums.

V. JAHWEBILD UND JAHWEGLAUBE IN DER KÖNIGSZEIT

In der Königszeit veränderte und erweiterte sich das Jahwebild
und hiermit zusammenhängend auch der Jahweglaube im Vergleich
zur vorstaatlichen Epoche (vgl. Kap. II.) noch einmal in erheblichem Maße. [1]

So kommt allmählich der Königstitel für Jahwe in Gebrauch
ferner die häufig verwendete Bezeichnung 'Jahwe Zebaoth', die
soviel bedeutet wie 'Gott (Herr) der Heerscharen'. Auch die
kanaanäischen Götter El und Baal waren 'Königsgötter'. Ihre
Herrschaft beschränkte sich jedoch auf die vielen anderen Götter des Pantheons, wohingegen Jahwes Königsherrschaft sich auf
sein Volk Israel richtete und später immer mehr auch die ganze
Welt umfaßte. Mit 'Jahwe Zebaoth' wird man zur Zeit des davidisch-salomonischen Großreiches wohl noch gemeint haben, daß
Jahwe der oberste Heeresführer und Kriegsherr sei; später nach
der Reichsteilung hat sich die Bedeutung verschoben. Jahwe ist
nun der Herr der himmlischen Heere und eines göttlichen Hofstaates.

Die Erhabenheit und Unnahbarkeit Jahwes kommt im Begriff
'der Heilige Israels' zum Ausdruck (vgl. Jes 1, 4; 5, 19. 24;
10, 17. 20; auch Jes 6, 3 usw.). Auch Personen oder Dinge werden
heilig genannt, weil hierdurch ihre Beziehung zu Jahwe ausgedrückt werden soll. In Lev 19, 2 wird der Mensch zur Heiligkeit
aufgefordert, was im sogenannten Heiligkeitsgesetz (Lev 17, 1-
26, 46) [2] ausführlich im Sinne kultischer Reinheit und der Befolgung ethischer Gebote ausgelegt wird.

Auch vom Zorn Jahwes ist des öfteren die Rede; er kann sogar
ohne Begründung den Menschen wie ein plötzlicher Schlag treffen
(vgl. z. B. 2. Sam 24, 1). In den meisten Fällen ist Gottes Zorn
in der biblischen Überlieferung aber durch religiös-ethische
Verfehlungen des Menschen begründet (vgl. z. B. Ex 32, 9ff; Num
11, 1ff usw.).

Jahwe ist jedoch auch ein gnädiger und barmherziger Gott

voller Güte und Treue (vgl. z.B. Ex 34,6; 1.Kön 3,6; 2.Sam 2,6).

Jahwe erscheint ferner als gerechter Gott, der den Gerechten belohnt und den Sünder bestraft und der seine Feinde schlägt und Israel sein Heil gewährt.

Auch vom 'eifernden Gott' ist zu lesen. Jahwe will seine Herrschaft mit niemandem teilen, sondern beansprucht sie einzig für sich allein (vgl. Ex 20,5; 34,14).

Jahwe ist ein Gott, der nicht an Raum und Zeit gebunden ist. Seine Wirksamkeit ist überall und ständig gegenwärtig. Er ist nicht abhängig vom Rhythmus der Vegetation wie der kanaanäische Fruchtbarkeitsgott Baal, sondern selber Herr und Schöpfer (Quelle) allen Lebens (Ps 36,10).

Jahwe ist nicht erschaffen worden wie andere Götter beispielsweise der griechischen Mythologie, er ist ein ewiger Gott, wohingegen die Welt nur endlich ist (Ps 90,2).

Bereits der mosaische Jahweglaube beinhaltete einen praktischen Monotheismus, der auch in der Königszeit beibehalten wurde. Dies will besagen, daß in Israel Jahwe ausschließliche Verehrung für sich beanspruchte und keine anderen Götter neben sich duldete; dies schloß aber nicht aus, daß man für die anderen Völker durchaus die Existenz anderer Götter anerkannte. So wurden in älterer Zeit die Moabiter als Volk des Gottes Kamosch bezeichnet (Num 21,29) und ihr Besitz als von Kamosch gegeben betrachtet (Ri 11,23f). Aus 2.Kön 3,27 läßt sich erschließen, daß man für jedes Land und jedes Volk dessen eigene Schutzgottheit anerkannte. In späterer Zeit ist Deuterojesaja (= Jes 40-55) [3] der erste biblische Autor, der einen theoretischen Monotheismus vertritt dergestalt, daß er für die gesamte Welt und alle Völker nur den einen und einzigen Gott Jahwe annimmt (vgl. Jes 41,21-24).

Dennoch wurde Jahwe stets als der größte und mächtigste Gott angesehen (Ps 89,6-9), der auch im Machtbereich anderer Götter wirksam handelt (Gen 20,1ff oder Gen 12,10ff; Ex 7,8ff).

Jahwe erscheint den Menschen vom Himmel aus auf dem Wege
über den Gottesberg oder an den verschiedenen Jahweheiligtümern
im Land. Die Gotteserscheinungen können sich im Traum ereignen
(z. B. Gen 46, 2) oder in anthropomorpher Form (in Gestalt von
Männern wie in Gen 18).

Die Gotteserscheinungen (Theophanien) sind oft begleitet von
tobenden und aufgewühlten Naturgewalten sowie einem furchtsamen
Erschrecken der Menschen, denen die Gottesoffenbarung zuteil
wird (vgl. z. B. Ex 19, 16ff; Ri 5, 4f; 2. Sam 22, 7ff).

Auch das 'Angesicht' Jahwes als seine Erscheinungsform ist
zu erwähnen. Dieser Ausdruck wird vor allem im Zusammenhang mit
der Führung Israels durch die Wüste verwendet (vgl. Ex 33, 14f;
Dtn 4, 37; Ps 21, 10; 80, 17).

Des weiteren hat die 'Herrlichkeit' Jahwes die Bedeutung
einer Erscheinungsform Jahwes als Abglanz des jenseitigen und
unsichtbaren Gottes erhalten (vgl. Ex 16, 10; 24, 16; Num
14, 21f).

Der 'Geist' gehört schließlich noch in diese Aufzählung der
Erscheinungsformen Jahwes. Insbesondere hat der Geist Jahwes
die Propheten inspiriert und sie zur Verkündigung gerufen (Num
24, 2; 2. Sam 23, 2; Mi 3, 8 *').

Da man sich Jahwe als Himmelsgott vorstellte, hat man ihm
auch bald 'göttliche Boten' unterstellt, die man sich als Teil
seines himmlischen Hofstaates und seiner himmlischen Heere
dachte. Diese Himmelswesen hatten die Aufgabe, bestimmte Aufträge Jahwes auszuführen. So konnte es beispielsweise geschehen, daß sie im Traum dem Menschen erschienen, wie sie auf einer Treppe, die Himmel und Erde miteinander verbindet, hinauf-
und hinuntersteigen (Gen 28, 12). Ihre Aufgabe war es, die Menschen zu beschützen und vor Unheil zu bewahren (Ps 34, 8;
91, 11f). Interessanterweise konnten sie jedoch auch als Un-
heils- und Würgeengel erscheinen (Ps 78, 49; Ex 12, 23; 2. Sam
24, 16), wie von Jahwe zuweilen auch ein böser Lügengeist ausging (Ri 9, 23f; 1. Sam 16, 14; 1. Kön 22, 21ff).

Im wesentlichen diente die Vorstellung solcher Himmelswesen
dazu, das Wirken Jahwes an vielen verschiedenen Orten zur glei-

chen Zeit erklärbar zu machen.

Bezüglich dieser Engelvorstellung vergleiche man auch noch die Stellen: Gen 16,7ff; Ex 3,2; 23,20ff Ri 6,11ff; 13,3ff; 1.Kön 19,7; 2.Kön 19,35; Jos 5,13; Ri 5,23; Ez 9,2ff.

Wenden wir uns nun kurz den wichtigsten Merkmalen des Jahweglaubens der Königszeit zu.

Es wurde in Kapitel I schon erwähnt, daß die nomadische Väterreligion, die dem mosaischen Jahwe-Glauben vorausging, ein reichhaltiges magisches Brauchtum gekannt hat. Diese Neigung zum magischen Denken hat sich noch während der gesamten Königszeit in Israel erhalten; es wurde sogar noch bereichert durch die magischen Praktiken der kanaanäischen Fruchtbarkeits- und Vegetationskulte der Nachbarvölker.

Obwohl der Jahweglaube derartige magische Praktiken stets abgelehnt hat, sah die alltägliche Wirklichkeit der Israeliten anders aus. Man witterte überall Dämonen und Geister. Es gab bestimmte herausragende Menschen, die die geheimnisvolle Macht besaßen, solche Geister zu beschwören und für mancherlei Zwecke dienstbar zu machen (vgl. z.B. 2.Sam 14,1ff; 20,14ff).

In der Bibel wird von einer ganzen Reihe solcher magischen Handlungen berichtet: In Gen 30,14 ist von sogenannten Liebesäpfeln die Rede, mit der eine Frau die sexuelle Abneigung ihres Mannes zu überwinden sucht. In Gen 30,37ff erfahren wir, wie man mit Hilfe von Zweigen der Storaxstaude und des Mandelbaumes versuchte, den Wurf der Schafe zu beeinflussen. Mit Salz meinte man gesundheitsschädliche Wasserquellen wieder genießbar machen zu können (2.Kön 2,19ff), und man glaubte, daß giftige Speisen durch Mehl ungiftig würden (2.Kön 4,38ff). Ferner wurden Träume gedeutet (Gen 40,5ff) und die Zukunft vorausgesagt durch die Bewegung oder den Klang des in einen Becher geschütteten Wassers (Gen 44,5) beziehungsweise durch Leberbeschau toter Tiere (Ez 21,26).

Es hat in Israel immer Kreise gegeben, die den Jahweglauben in der mosaischen Form bewahren wollten. In dem Zusammenhang

ist das Auftreten des Propheten Natan gegen den von David ge-
planten Tempelbau zu erwähnen (2. Sam 7, 1ff).

Diese Kreise, die dem Jahwe der Wüste treu bleiben wollten
und an einer jahwistischen Ackerbaureligion und deren Kultus
keinerlei Interesse hatten, setzten sich im wesentlichen aus
Viehzüchtern zusammen, die also weder in den Städten wohnten
noch ein bäuerliches Leben auf festem Grund und Boden führten.
Ihre Kritik an der Kulturlandform des 'neuen' Jahweglaubens
wurde in z. T. noch verschärfter Form von den Propheten aufgenommen. Bezeichnenderweise war denn auch der früheste dieser
biblischen Schriftpropheten, Amos, von Beruf ein nomadischer
Viehzüchter gewesen.

Zu den Anhängern einer solch konservativen Wüstentradition
der Jahweverehrung aus der mosaischen Zeit gehörten u. a. die
Nasiräer. Ursprünglich war ein Nasiräer jemand, der sein ganzes
Leben wie Simson (Ri 14ff) Jahwe geweiht hatte. Später wurde
das Gelübde zu einer asketischen Verpflichtung auf Zeit ab-
geändert (Num 6, 13). Anfangs hatte der Nasiräer in den heiligen
Jahwe-Kriegen heldenhafte Taten zu vollbringen. Jegliche kanaanäische Kultur wurde von ihm abgelehnt. So war ihm auch der
Weingenuß sowie das Haareschneiden nach seinem Gelübde streng-
stens untersagt (Num 6; Am 2, 11f).

Weiter gab es die Gruppe der Rechabiter. Sie werden erstmalig im Zusammenhang mit der Revolution des Jehu erwähnt (2. Kön
10, 15ff). Auch von Jeremia werden sie später, kurz bevor Jerusalem erobert wurde, als beispielhaftes Vorbild angeführt
(Jer 35, 1ff).

Die Rechabiter wollten zur alten nomadischen Lebensweise
zurückkehren und meinten, daß die nomadische Lebensführung ganz
entscheidend zum Jahweglaube gehöre. Sie sahen das Eifern für
Jahwe als ihre Hauptaufgabe an. Hierzu verzichteten sie auf den
Besitz von Äckern und Weingärten, trieben keinerlei Ackerbau
und enthielten sich des Weingenusses. Sie wohnten nicht in festen Häusern, sondern in Zelten.

Obwohl es sich um einen Anachronismus handelte, gab es also
im Kulturland der Königszeit immer noch Gruppen, die an der
Einfachheit des Nomadenlebens festhielten und der Ansicht wa-

ren, nur auf diese Weise einem 'richtigen Jahweglauben' leben
zu können.

Neben dem staatlichen Jahweglauben des Königshofes, der in
der Regel stark synkretistisch geprägt war, gab es natürlich
noch die kultische Richtung. Sie hat nur zum Teil kanaanäische
Züge übernommen. Zur Ausübung des Kultes versammelten sich die
kultfähigen Männer an den verschiedenen Heiligtümern des Landes, vor allem anläßlich der drei großen Ackerbaufeste des Jahres, um hier Jahwe ihr Opfer als Dank und Bitte für eine reiche
und fruchtbare Ernte darzubringen.

Zu den regelmäßig begangenen Festen des Mondjahres gehörten
neben dem Sabbat und dem Neumondtag (Num 28,9f.11ff) die soeben
erwähnten drei Ackerbaufeste, die ursprünglich aus dem Kanaanäischen übernommen worden waren.

Hier ist zunächst das Mazzotfest zu nennen. Es wurde dem
Jahweglauben eingegliedert, indem man es mit dem Auszug aus
Ägypten in Verbindung brachte (Ex 23,15; 34,18). Man feierte es
alljährlich zu Beginn der Gerstenernte. Es hatte die Dauer von
sieben Tagen und begann gemäß Lev 23,11.15 einen Tag nach dem
Sabbat, so daß es genau mit einer Woche des jüdischen Kalenders
zusammenfiel.

Es handelte sich - wie auch bei den anderen beiden Ackerbau-
festen - um ein Wallfahrtsfest, zu dem die Bauern hinwanderten,
um gemeinsam das frische Brot zu genießen, das allein aus
jungem Korn ohne Zutaten aus der alten Ernte, d.h. ohne Sauerteig, hergestellt wurde.

Weiter gab es das Fest der Getreideernte, das auch Wochen-
fest genannt wird. Man feierte es genau sieben Wochen nach dem
Beginn des Mazzotfestes. Anläßlich dieses Festes, das ursprünglich nur einen Tag, später jedoch eine Woche dauerte
(Num 28,24), brachte man die Erstlinge der Ernte dar (Ex 23,16;
34,22). In späterer Zeit kam noch ein Speiseopfer von zwei Bro-
ten hinzu, die aus neuem Mehl mit Sauerteig gebacken wurden
(Lev 23,16; Num 28,26). Es handelt sich hier um ein fröhliches
Fest, das allerdings - wie es den Anschein hat - in der Königszeit keine allzugroße Bedeutung erlangt haben dürfte. Erst spä-

ter hat man es in der Tradition mit der Erinnerung an die Si-
naiereignisse verbunden (Dtn 16,9-12).

Das dritte kanaanäische Fest, das von den Israeliten übernommen wurde, war das Fest der Lese. Es fiel mit einer jüdischen Kalenderwoche zusammen und fand am Ende des Jahres
statt (Ex 23,10) bzw. an der Wende des Jahres (Ex 34,22), wenn
man die letzten Früchte geerntet hatte. Es handelt sich um das
bedeutendste Fest des Jahres. Man nannte es seit der deuteronomischen Gesetzgebung unter Josia 'Laubhüttenfest' (Dtn
16,13ff), weil das siebentägige Wohnen in Laubhütten als sein
wichtigster Brauch angesehen wurde. Die Laubhütten leiten sich
ab von den Hütten, die man während der Obst- und Weinlese in
den Gärten zu errichten pflegte. In späterer deuteronomisch-
deuteronomistischer Zeit stellte man eine Verbindung der Laubhütten zur Wüstenzeit her, in der man allerdings nicht in Hütten, sondern in Zelten lebte.

An diesen Festen war die entscheidende Kulthandlung das Opfer. Hier ist zunächst das seit alters bekannte Schlachtopfer
zu nennen. Es handelte sich um ein Gemeinschaftsopfer, in welchem Jahwe die wertvollsten Teile des geschlachteten Tieres
erhielt, nämlich die Fettstücke, die man auf dem Altar verbrannte. Nachdem Jahwe auf diese Weise seinen Anteil an der
Speise erhalten hatte, begann das Mahl der Opfergemeinschaft.
Die Brust und die rechte Keule wurden dem levitischen Priester
überlassen; den Rest verspeisten die kultfähigen Männer mit
ihren Familien. Man sollte hierbei bedenken, daß man seinerzeit
im täglichen Leben so gut wie keinerlei Fleisch zu sich nahm,
denn jedes Schlachten von Vieh stellte ein großes Opfer dar,
das man sich nur verhältnismäßig selten leisten konnte. Eine
derartige festliche Mahlzeit an einem Jahwe-Heiligtum muß daher
für alle Beteiligten etwas ganz Besonderes bedeutet haben.
Auch ist der Gemeinschaft stiftende Charakter dieser Opferart nicht zu verkennen: Das gemeinsame Opfermahl vermittelte
die Gemeinschaft der Opfernden sowohl mit Jahwe als auch
untereinander. (Man vergleiche in diesem Zusammenhang den
Aspekt der Gemeinschaft beim christlichen Abendmahl, dessen

Tradition bis zu den kanaanäischen Opferfesten zurückreicht,
und die neutestamentliche 'Opferlammtheologie' zur Deutung des
Kreuzestodes Jesu).

Des weiteren ist das Brandopfer zu erwähnen, bei dem der
Opfernde sein Opfertier dem Priester zur Begutachtung vorzufüh-
ren hatte. Dieser legte dann seine Hand auf den Kopf des Tieres, um Sünde, Fluch usw. vom Opfernden auf das Tier zu übertragen. Daraufhin wurde das Tier geschlachtet, und der Priester
vergoß das Blut um den Altar und verbrannte das zerlegte Tier
auf der Altarplatte, so daß sein Rauch zu Jahwe aufstieg. Gegessen wurde beim Brandopfer nichts. Diese Opferart sollte den
Opfernden von aller Sünde reinigen und Jahwe huldigen (Ri
11,31; 1.Sam 6,14); die Brandopfer wurden bei den großen Jah-
resfesten im Tempelkultus dargebracht (vgl. 1.Kön 9,25).

Schließlich gab es noch die Dankopfer, Schuldopfer, Speiseopfer und Trankopfer. So übernahm Israel aus dem kanaanäischen Bereich die Weihe der Erstgeburt an die Gottheit: Wie
die Erstlinge der Feldfrüchte bei den Erntefesten, so sollte
auch alle männliche Erstgeburt des Viehs Jahwe dargebracht werden (Ex 34,19). Hierdurch sollte der Herrschaftsanspruch Jahwes
über alles Lebendige zum Ausdruck kommen. Auch die kultische
Abgabe des Zehnten an die Leviten hat eine ähnliche Bedeutung
(Num 18,21-32; Ex 14,22ff).

Für den Jerusalemer Tempel wird ein regelmäßiges Brandopfer
am Morgen und ein Speiseopfer am Abend erwähnt (2.Kön 16,15),
so daß man davon ausgehen kann, daß der Opferkultus im Israel
der Königszeit eine selbstverständliche Praxis war. Über die
Opferrituale vergleiche Lev 1-7.

Neben dem Opfer gab es noch eine Reihe weiterer Kulthandlungen, von denen vor allem das Gelübde zu erwähnen ist, das man
für den Fall der Erfüllung einer Bitte abzulegen pflegte (vgl.
Gen 28,20-22; Ri 11,30f; 1.Sam 1,11; 2.Sam 15,8).

Auch die Reinigungsriten seien in diesem Zusammenhang erwähnt, die erforderlich waren, wenn jemand mit dem Unreinen
oder Heiligen in Berührung geraten war (vgl. Lev 11,1-15,33).

Bei den Kulthandlungen wurden Gebete gesprochen und Lieder
gesungen, von denen uns noch einige in den wenigen aus der Kö-

nigszeit stammenden Psalmen erhalten geblieben sind (der größte
Teil des Psalters ist nachexilisch); so etwa: Ps 31,1-9.10-25;
56 (Klage- und Dankgebete); Ps 3; 27,7-14; 28; 42-43; 54; 57;
59; 61 (Klagegebete); Ps 30; 63 (Dankgebete).
Auch der Tanz (2.Sam 6,5) und die Prozession (Jes 30,29;
Ps 42,5) gehören in diesen Zusammenhang.

Es sei noch darauf hingewiesen, daß das berühmte Passa-Fest
(=Päsach), das ursprünglich ein altes Hirtenfest der wandernden
Nomaden war, während der Königszeit keine Bedeutung mehr hatte,
da es in der Ackerbaukultur seinen Sinn verloren hatte. Erst in
der Zeit der josianischen Reformen wurde es in neuer Weise wie-
derbelebt (vgl. 2.Kön 23,21f) und mit dem Mazzotfest verschmolzen. Es war hinfort ein Geschichts- und Gedächtnisfest zum Gedenken an die Befreiung aus Ägypten.

Da das Passa-Fest im NT eine große Rolle im Zusammenhang mit
dem Kreuzestod Jesu spielt, sei noch kurz auf den nomadischen
Blutritus des ursprünglichen Hirtenfestes eingegangen, stellt
er doch eine der frühen Wurzeln für die spätere christliche
Deutungstradition des Sterbens Jesu als ein blutiges Sühneopfer
zur Erlösung der Menschheit dar. (Diese Deutung findet sich
bekanntlich auch in der christlichen Abendmahlsliturgie wieder:
'Christi Blut für uns vergossen').

In jedem Frühjahr wanderten die Nomaden der vorstaatlichen
Zeit aus der Steppe in das Kulturland, da es hier fruchtbares
Weideland gab und man das Passa-Opfer darbringen wollte. Man
bestrich hierbei die Zeltstangen mit dem Blut der geschlachteten Tiere, um von den erstgeborenen Söhnen und damit von der
ganzen Sippe mögliches Unheil abzuwenden. Sodann kennzeichnete
man mit dem Opferblut denjenigen, der an dem Gemeinschaftsmahl
nach dem Opfer teilnehemen durfte, da man das Blut als Binde-
glied für die Gemeinschaft und als Zeichen der Zusammengehörig-
keit ansah (vgl. Ex 24,8). Der lange Abschnitt Ex 12,1-13,16
ist im wesentlichen der Quellenschrift P zuzuordnen mit einigen
eingestreuten Elementen aus J. Die nachexilische Priesterschrift P deutet das Passa-Fest ganz im Sinne der Heilstat, die
Jahwe seinem Volk durch dessen Errettung aus der Hand der Ägypter erwiesen hat (vgl. Ex 12,26f; 13,8).

Die Jerusalemer Bibel gibt zu unserer Bibelstelle über das
Passa folgenden Kommentar:

"[...] Damit bereitete das jüdische Pascha auf das christliche Ostern vor: Christus, das Lamm Gottes, wird im Rahmen
des jüdischen Paschafestes (der Karwoche) geopfert (am
Kreuz) und gegessen (beim letzten Abendmahl). So bringt er
der Welt Heil; die mystische Erneuerung dieser Erlösungstat
wird zum Mittelpunkt der christlichen Liturgie, die sich um
die heilige Messe, Opfer und Mahl, aufbaut."

Es sei dem Leser an dieser Stelle nicht vorenthalten, daß
mich persönlich diese 'Opferlamm-Deutung' des Kreuzestodes Jesu
schon immer abgestoßen hat und mir stets als doch eigentlich
recht grausam erschienen ist: Man fragt sich bei dieser 'Blut-
Opfer-Theologie' unwillkürlich, was das für ein Gott sein muß,
der ein Blutopfer von 'seinem geliebten Sohn' (Matth 3,17) verlangt, um die Menschheit mit sich auszusöhnen. Immerhin ergeben
sich aus dieser 'Opferlamm-Theologie' erhebliche Probleme mit
dem neutestamentlichen Bild eines gnädigen und liebenden Gottes. Wir kommen im letzten Kapitel des Buches auf diese Deutung
des Kreuzestodes Jesu als eines Sühneopfers zurück.

Zauberei und Magie waren der kultischen Frömmigkeit unter
Androhung der Todesstrafe strikt untersagt, da sie die alleinige Verehrung Jahwes in Frage gestellt hätten (vgl. z.B. Lev
18,21; 19,26ff; Dtn 18,10ff). Diese magische Richtung der kanaanäischen Frömmigkeit wurde vom Kultus also scharf abgelehnt.
Übernommen wurden hingegen die alten kanaanäischen Kultstätten, um an ihnen hinfort allein Jahwe zu verehren. In diese
kultische Verehrung Jahwes haben sich im Laufe der Zeit natürlich mehr und mehr kanaanäische Elemente gemischt. So trat das
starke ethische Moment des frühen Jahwebildes der Mosezeit allmählich ein wenig zurück zugunsten der Macht über die Natur und
ihre Vegetation. War dem mosaischen Jahweglauben in erster Linie die schreckliche Erhabenheit und Andersartigkeit Jahwes
wichtig gewesen, der vor allem in der Kriegsschlacht durch sein
Eingreifen in Sturm und Unwetter seine Macht erwies, so interessierte man sich im Kulturland mit seinem Ackerbau mehr für

die Fruchtbarkeit des Ackerbodens und das Gedeihen der Viehher-
den. So änderte sich das mosaische Jahwebild in der Königszeit
vor allem im Kultus vom hocherhabenen Kriegsgott zum Gott, der
fruchtbaren Segen für Mensch, Tier und Pflanzenwelt spendet.
Auch ist in unserem Zusammenhang zu erwähnen, daß der Schöp-
fungsglaube ursprünglich nicht zum Jahweglauben gehörte. In der
altorientalischen Umwelt Israels war es üblich, einen Hochgott
zu verehren, der die Welt erschaffen hatte. So erweiterte sich
das Jahwebild durch diesen Einfluß bald dahingehend, daß man
auch von Jahwe eine solche Schöpfertätigkeit annahm, allerdings
zunächst noch in recht rudimentärer Form, wie der älteste biblische Schöpfungsbericht Gen 2,4b-25 (J) des Jahwisten zeigt.
Er spricht noch nicht von der Erschaffung des Himmels und der
Erde, sondern setzt eine Wüstenlandschaft als schon geschaffen
voraus, in die Jahwe Wasser bringt, um die Entwicklung des Lebens hierdurch erst zu ermöglichen. Der Mensch wird dann aus
dem Staub des Ackerbodens geschaffen und in einen angepflanzten
Garten gesetzt, den er bebauen und pflegen soll. [5]

Für den Jahweglauben und das Jahwebild war von Anfang an
kennzeichnend, daß Jahwe im Leben der Völker und Menschen unmittelbar handelt und deren Geschicke lenkt und leitet. Hiermit
hängt zusammen, daß der alttestamentliche Jahweglaube ganz und
gar im Diesseitigen verbleibt. Jahwes Handeln richtet sich für
die Menschen des AT ausschließlich auf die jeweilige Gegenwart
des menschlichen Lebens. Für den alttestamentlichen Glauben
dient das Leben nicht als Vorbereitung auf ein Jenseits - wie
in bestimmten christlichen Traditionen -, sondern es erhält
seinen Wert einzig und allein durch das Erleben des gegenwärtigen 'erfüllten' Augenblicks. Jahwe ist im AT ein Gott der Lebenden, nicht der Toten. Gemäß Jes 38,17b-19 sind die Toten von
Jahwe getrennt, und nur die Lebenden sind mit ihm vereint (vgl.
auch Ps 88,11-13).
Im AT begegnet eine Todesvorstellung, nach welcher der
Mensch nach seinem Tode nicht völlig ausgelöscht wird, sondern
in gewisser Weise als eine Art Schattenbild in der Unterwelt
dahinvegetiert. Diese Schattenexistenz ist an die Leiche und

nach deren Verwesung an ihre Gebeine gebunden, die gewissermaßen ein reales Substrat für das Schattenbild darstellen. Daher
galt die Leichenverbrennung auch als Frevel (Am 2,1) und wurden die Gebeine in einer Sammelgrube in den Grabkammern aufbewahrt.

Die hebräische Vorstellung der Unterwelt ist nicht vergleichbar mit dem Hades der Griechen oder dem Fegefeuer des
christlichen Mittelalters. Wahrscheinlich hat der Ausdruck
'Scheol' die Bedeutung 'Nicht-Land' oder 'Un-Land', bezeichnet
also einen Existenzbereich, in dem es keine Dynamik, also
nichts Aktives und Wirkendes, gibt, welches für das israelitische Denken das Kennzeichen des Lebens ist. Die Scheol wurde
als ein in sich geschlossener Raum im Weltenmeer unterhalb der
Erdscheibe gedacht oder als sogar noch unterhalb dieses Wassers
gelegen vorgestellt (Hi 26,6). Sie ist ein Bereich der völligen
Kraftlosigkeit, der mit Tor und Riegel verschlossen ist (Jes
38,10; Ps 9,14; Hi 38,17). Hier spielt sich das gespensterhafte
Dahinvegetieren der Schattenwesen ab, die interessanterweise
den Rang und Stand, den die Toten in ihrem Leben besaßen, im
Tode beibehielten. So thronen die toten Könige mit dem Zeichen
ihrer Würde (Jes 14,9ff), und die toten Krieger tragen ihre
volle Rüstung (Ez 32,27), wie der tote Prophet seinen Mantel im
Totenreich weiterhin tragen darf (1.Sam 28,14).

Diejenigen, denen ein ehrenvolles Grab versagt geblieben
ist, müssen sich auf Maden ausstrecken und mit Würmern zudecken
(Jes 14,11b). Ferner wurden Unbeschnittene, Fehlgeburten, Ermordete und Hingerichtete auf einer von den Grabanlagen abgesonderten eigenen 'Schädelstätte' eingescharrt, so daß nach der
alttestamentlichen Vorstellung auch ihre Schattenbilder in der
Scheol einen besonders unrühmlichen Aufenthaltsort zugewiesen
bekamen.

Aufgrund ihrer Kraftlosigkeit können die Totenschatten nur
flüstern und murmeln (Jes 8,19; 29,4). Unter diesen Schat-
tenexistenzen gibt es auch keinerlei Gemeinschaft, und von den
Ereignissen der Welt erhalten sie keine Kunde mehr (Hi 14,21),
wie sie von Gott auch ganz und gar getrennt sind.

Die Glaubensvorstellung der Totenauferstehung wird erst im
jüngsten Buch des AT eingeführt, im Buch Daniel (Entstehungszeit: 167-164 v.Chr. in Jerusalem; es handelt sich nicht um ein
Prophetenbuch, sondern um eine Apokalypse). In Dan 12,1-3
spricht der Verfasser die Hoffnung aus, daß auch die Toten zu
Beginn der Endzeit mit in die neue Gottesherrschaft einbezogen
werden; allerdings wird es bei der Totenauferweckung - laut
Ansicht des Verfassers dieser Apokalypse - eine Auslese geben:

> "Viele von denen, die im Staub der Erde schlafen, werden
> aufwachen, die einen zu ewigem Leben, die anderen zur
> Schmach, zu ewiger Schande. Da werden die Einsichtigen
> leuchten wie der Glanz des Firmamentes, und die, welche vie-
> le zur Gerechtigkeit geführt, leuchten wie Sterne in alle
> Ewigkeit!" (12,2f)

Insgesamt läßt sich jedoch ohne Einschränkung sagen, daß den
Menschen der alttestamentlichen Zeit die Frage nach einem 'jenseitigen Leben' nach dem Tode fremd oder zumindest nebensäch-
lich war. Einzig entscheidend war dem frommen Menschen das volle Erleben der Gottesgemeinschaft im diesseitigen Leben, wie es
der Psalmist in Ps 73,25-28 zum Ausdruck bringt:

> "Wen hätte ich denn im Himmel? Und bin ich bei dir, so er-
> sehne ich nichts mehr auf Erden. Mein Fleisch und mein Herz,
> sie verzehren sich; Gott ist mein Fels, mein Anteil auf
> ewig. Siehe es gehen zurunde, die sich scheiden [wörtlich:
> 'weg-huren'] von dir; die dich treulos verlassen, du ver-
> nichtest sie alle. Gott zu nahen ist köstlich für mich. Mei-
> ne Zuflucht fand ich im Herrn, auf daß ich verkünde all dei-
> ne Werke." [6]

Erwähnen müssen wir im Zusammenhang mit den verschiedenen
Glaubensströmungen noch eine Frömmigkeitsrichtung der Königszeit, die zwar eng mit der kultischen Richtung zusammenhängt,
jedoch von ihr zu unterscheiden ist, die sogenannte national-
religiöse Daseinshaltung. Für sie ist eine enge Verbindung des
Religiösen mit dem Nationalen im Sinne der Volksbezogenheit
charakteristisch. Ihre Sichtweise läßt sich recht gut den beiden alten Quellenschichten J und E des Pentateuchs entnehmen.

Beide, Jahwist und Elohist, sind - im Süd- bzw. Nordreich ansässig - je auf ihre Weise typische Vertreter dieser national-
religiösen Partei.

Ihr grundlegendes Merkmal ist die Auffassung, daß Israel
unverbrüchlich unter allen Völkern von Jahwe zum Heil auserwählt ist. Der Elohist beginnt denn auch konsequenterweise seine Darstellung erst bei der Berufung des Abraham in Gen 15, da
für ihn an dieser Stelle die Erwählung des Volkes Israel seinen
Ausgangspunkt hat. Dagegen beginnt der Jahwist seine Erzählung
mit der Urgeschichte (Gen 1-11). Sie besitzt allerdings für ihn
keinen Eigenwert, sondern dient ihm gewissermaßen nur als eine
Art Vorbau und dunkle Hintergrundfolie vor der hellen Heilsgeschichte, die mit den Erzvätern einsetzt. Die Urgeschichte besitzt übrigens ein älteres mesopotamisches Vorbild [7], das der
Jahwist übernommen und für seine Zwecke umgeformt hat. Er will
mit ihr zeigen, daß von der Schöpfung an sich der Mensch - quasi in einer absteigenden Linie - immer weiter von Jahwe entfernt hat, da er 'sein wollte wie Gott' und da

"die Bosheit der Menschen auf Erden groß war und alles Ge-
dankengebilde ihres Herzens allezeit nur auf das Böse gerichtet war",

wie J die Sintfluterzählung mit eigenen Worten einleitet (Gen
6,5).

Auch dem Jahwisten gilt sein Interesse in erster Linie dem
von Jahwe auserwählten Volk Israel.

Beiden Erzählungen (J; E) sind die Landverheißungen an die
Väter sehr wichtig, da sie den nationalen Anspruch auf das inzwischen besetzte kanaanäische Kulturland begründen und bekräf-
tigen durch die göttliche Zusage der Vorzeit.

Ferner betonen beide Verfasser die nationale Idee eines
Großreiches Israel, wie es zur davidisch-salomonischen Zeit
bestanden hat, und begründen sie durch die auf Jakob und Abraham zurückreichende Ahnenreihe aller Stämme, die somit eine
Volksgemeinschaft bilden. Für J und E fallen also die Grenzen
des Glaubens mit denen des Volkes zusammen. In der national-
religiösen Frömmigkeit, wie sie in den Erzählungen des Jah-

wisten und Elohisten zum Ausdruck kommt, wird Jahwe nicht nur
in die Grenzen des Kultus, sondern auch in diejenigen des israelitischen Volkes eingeschlossen; dies bedeutet, daß der Anhänger einer solchen national-religiösen Auffassung sein eigenes Dasein nicht nur durch die Ausübung des Kultus als völlig
gesichert glaubte, sondern auch durch seine Zugehörigkeit zum
erwählten Volk. So führen alle Erzählungen der Vätergeschichte
von J und E - trotz mancher Schwierigkeiten (Fast-Opfer Isaaks,
Flucht Jakobs, Bedrohung Josephs usw.) - stets zu einem glücklichen Ende: Das auserwählte Volk stirbt nicht aus, sondern es
vermehrt sich schließlich im für ihn auserwählten kanaanäischen
Kulturland. Das Hauptinteresse der Erzählungen von J und E
liegt darin, den Anspruch des auserwählten Volkes auf ein palä-
stinisches Großreich im Sinne des davidisch-salomonischen
Ideals zu begründen.

Der Einschluß Jahwes in die Grenzen seines Volkes kommt bei
J auch dadurch treffend zum Ausdruck, daß er zwar von Anfang an
in seiner Erzählung den Jahwenamen gebraucht, diesen aber nicht
vor oder von Nichtisraeliten aussprechen läßt.

Wir haben bislang eine Reihe von Glaubensströmungen besprochen, die es im Israel der Königszeit gab und die vom offiziellen - synkretistisch geprägten - Staatskultus, wie er im Jerusalemer Tempel gepflegt wurde, mehr oder weniger stark abwichen
und ein relatives Eigenleben führten.

Erwähnt werden muß in diesem Zusammenhang noch die Glaubens-
haltung der frühen Weisheitslehre, die seit Salomo am Königshof
und in den wachsenden Kreisen der Königsbeamtenschaft gepflegt
wurde. Die sog. Weisheitslehre war im Alten Orient eine weit
verbreitete geistige Bewegung, die man vielleicht in gewissem
Sinn als Vorläuferin der griechisch-hellenistischen Philosophie
ansehen kann. Hierbei handelte es sich - allgemein gesagt - um
das Bemühen, das menschliche Leben sowie seine natürliche und
kosmische Umwelt durch das Aufstellen bestimmter Ordnungsprin-
zipien, die man erlernen konnte, verstehbar zu machen. Das Erkennen dieser die Vorgänge des Lebens und der Natur ordnenden

Prinzipien geschah hierbei nicht durch göttliche Offenbarungen,
sondern durch empirische Beobachtungen.

So bildete die altorientalische Weisheitslehre eine sog.
Listenwissenschaft, in der man das gesamte Wissen in Form von
Listen zusammengetragen hatte. Sie umfaßten hunderte von Stich-
wörtern, die wie ein Lexikon alles aufzählen sollten, was sich
Wichtiges über die Welt und das Leben beobachten ließ. Daß man
auch in Israel solche Listen kannte, belegen einige alttestamentliche Texte, die offenbar derartige Auflistungen benutzt
haben, wie Ps 104; 139 oder die Zahlensprüche im Buch der
Sprüche (Spr 30,7-9.11-14.15-16.18-19.21-23.24-28.29-31) und
verschiedene Dichtungen des Hiob-Buches wie Hi 28.

Da die Weisheitslehre im wesentlichen am Königshof zur Erziehung der Thronerben sowie der Beamtenschaft eingesetzt wurde, interessierte man sich weniger für die naturkundlichen Listen als vorrangig für die Lebensweisheit, die in Form von Lebensregeln in Sprüchen oder Liedern vermittelt wurde. Vom ausgehenden 7.Jh.v.Chr. an wurde diese Lebensweisheit bei der Erziehung nicht nur innerhalb der königlichen Beamtenschaft, sondern auch in breiten Kreisen vermittelt. Ihr Erziehungsideal
war in der israelitischen Weisheit - wie auch in der ägyptischen - die 'Kaltblütigkeit' (Spr 17,27f) im Gegensatz zur
'Hitzköpfigkeit' (Spr 15,18), die 'Gelassenheit' im Gegensatz
zur 'Leidenschaft' (Spr 14,30) und die 'Langmut' im Gegensatz
zum 'Jähzorn' (Spr 14,29); der Mensch sollte also - allgemein
gesprochen - nach der frühen Weisheitslehre lernen, seine Ge-
fühle im Zaum zu halten und seine Affekte und Triebe zu beherr-
schen.

In der Lebensweisheit konnte der Mensch ferner lernen, durch
Befolgung bestimmter Lebensregeln Gefahren zu vermeiden, um das
Leben auf gute Weise zu bestehen.

Man paßte im Laufe der Zeit die altorientalische Weisheitslehre an das israelitische Leben und den Jahweglauben an, indem
man die Lebensregeln auf Jahwe bezog und annahm, daß auch er
diese Regeln kennt und ihre Gültigkeit garantiert, hatte er
doch die ganze Welt nach der Ordnung dieser Weisheitsregeln
einst geschaffen. Wer also mit den von Jahwe selbst gesetzten

und von ihm selbst befolgten (!) Regeln lebte - so die Auffassung dieser Daseinshaltung -, dem konnte kein Unheil zustoßen.
Aus dieser Auffassung entwickelte sich konsequenterweise
auch die Vorstellung von einem gerechten Gott, der gerechte
Vergeltung üben würde, und zwar zu Lebzeiten des Menschen, wenn
dieser die göttlichen Lebensregeln der Weisheit verletzte.

Zum Abschluß dieses Kapitels noch einige Worte über den offiziellen Staatskultus in Ergänzung zu dem, was in dieser Hinsicht schon in Kap. IV angeklungen ist.
Die offizielle staatliche Religionspolitik war seit David,
der sich ja an die Stelle der alten kanaanäischen Stadtkönige
von Jerusalem gesetzt hatte und damit auch deren priesterliche
Funktionen mit übernehmen mußte, geprägt vom Synkretismus, d. h.
vom teilweise bewußt gewollten Einströmen kanaanäischen Gedankenguts und dessen Verschmelzung mit dem Jahweglauben im
Staatskultus. Die Forcierung einer derartigen Religionsvermischung hatte innenpolitische Gründe, sollten doch im davidisch-salomonischen Großreich und später in den beiden Teil-
reichen Israeliten und Kanaanäer möglichst spannungsfrei und
gleichgestellt nebeneinander leben. Die Kultusreform einiger
Könige konnte diesen - innenpolitisch sehr sinnvollen - Versuch, eine einheitliche Staatsreligion durch Verschmelzung von
Jahweglaube und kanaanäischer Religion zu schaffen, doch nur
kurzfristig unterbrechen.
Unter Salomo wurde der schon von David geplante Tempel in
Jerusalem erbaut, ein Ereignis, das für die Folgezeit von größ-
ter Bedeutung sein sollte, kam doch durch die unmittelbare
Nachbarschaft von Königspalast und Tempel sichtbar zum Aus-
druck, daß es sich um ein Staatsheiligtum handelte, das der
davidischen Dynastie gehörte. Im Tempel wurden sowohl die pri-
vaten Opfer des Königs dargebracht als auch der offizielle
Staatskultus ausgeübt.
Mit Davids Erhebung der alten Jebusiterstadt Jerusalem zur
Residenz seiner Dynastie wurde gleichzeitig auch die Gegenwart
Jahwes dorthin übertragen. Nach Salomos Tempelbau wurde Jerusa-
lem dann konsequent zur obersten und wichtigsten Kultstätte im

Lande erklärt, so daß von dieser Zeit an Jahwe zu einer Staats-
gottheit für das Herrschaftsgebiet Salomos und seiner Nachfolger wurde.

Durch den Jerusalemer Tempelbau hatte sich die im Kulturland
seit alters herrschende Sitte, die Gottheit an festen lokalen
Kultstätten zu verehren, auch bei den Israeliten endgültig
durchgesetzt. Hiermit ist verbunden, daß der Tempel selber mehr
und mehr zur eigentlich heiligen Stätte wurde und daher ein
wachsendes religiöses Eigengewicht erhielt. In dieses Heiligtum, in dem zwar in erster Linie Jahwe 'wohnte', drangen alsbald manche kanaanäischen Vorstellungen und Bräuche ein, je
nach den speziellen politischen Interessen und Ambitionen der
jeweiligen davidischen Herrscher.

Die Tendenz zum Synkretismus verstärkte sich also auch durch
die Existenz eines Zentralheiligtums in Jerusalem.

Wenn wir das historische Bild der synkretistischen Staatsreligion Israels in der Königszeit in seinen Grundlinien zusammenfassen wollen, so ergibt sich etwa folgende Situation:

In der Zeit nach der Reichsteilung bis zur Regierung des
judäischen Königs Ahas, also in rund zwei Jahrhunderten, hat
sich der Synkretismus praktisch durchgesetzt, und zwar in erster Linie in den Städten, so daß der Jahweglaube in der Mitte
des 8. Jh. v. Chr. praktisch eine Variante der vielfältigen kanaanäischen Kulte darstellte. In Juda gab es zwar auch von offizieller Seite kritische Reaktionen gegen den Synkretismus
unter Asa und Josaphat und in beiden Staaten gemeinsam unter
Joas von Juda und Jehu von Israel. Diese bewirkten jedoch allenfalls eine gewisse Verlangsamung der Religionsvermischung.
Die Landbewohner sahen sich dagegen - zumindest in der ersten
Zeit - in einem Gegensatz zu ihrer Hauptstadt und hielten anfangs noch eine Weile am reinen Jahweglauben fest, bis schließlich aber auch hier der Synkretismus siegte.

Wie schon in Kap. III erwähnt, errichtete Jerobeam I. nach
der Reichsteilung im Nordreich die beiden Staatsheiligtümer
Bethel und Dan, um ein sakrales Gegengewicht gegen den Tempel

in Jerusalem zu schaffen. Die Nordisraeliten sollten Jahwe hinfort an diesen beiden zentralen Kultstätten verehren. Zur Sym-
bolisierung der Gottheit ließ er dort goldene Stierbilder an-
bringen nach dem Vorbild der kanaanäischen Nachbarreligionen.
Der kanaanäische Einfluß in Nordisrael verstärkte sich unter
der Herrschaft der Omridendynastie, die eine Politik der
Gleichberechtigung zwischen den israelitischen und kanaanäischen Bevölkerungsteilen betrieb und überdies durch ihre diplomatischen Beziehungen zum phönizischen Tyrus auch den Kultus
des tyrischen Baal-Gottes [8] übernahm.

Die Revolution des Jehu konnte zwar für eine gewisse Zeit
den kanaanäischen Kultus zumindest von politisch-offizieller
Seite teilweise stark zurückdrängen, unter Jerobeam II. durfte
er jedoch offensichtlich wieder ausgeübt werden. Obwohl der
Jahweglaube offizielle Staatsreligion blieb, war er doch durch
die Verschmelzung mit zahlreichen kanaanäischen Elementen derart verändert, daß man ihn eigentlich nur als eine Variante der
verschiedenen Baalskulte bezeichnen kann.

Der Synkretismus wurde in Juda von der Zeit des Königs Ahas
an noch komplexer dadurch, daß zum kanaanäischen Kultus die
fremden Kulte assyrischer und später auch babylonischer und
ägyptischer Gottheiten hinzukamen aufgrund der jeweiligen politischen Abhängigkeit von diesen Großmächten. Die judäischen
Könige werden deswegen von der deuteronomistischen Theologie
verurteilt, was aber geschichtlich gesehen ungerechtfertigt
ist, da sie nur die Wahl hatten zwischen dem Status eines Va-
sallenstaates, zu dem immer auch die Einführung der Kulte der
Großmacht gehörte, und der wesentlich schlimmeren Eingliederung
in das assyrische bzw. babylonische Provinzialsystem mitsamt
der jeweiligen Deportation der Oberschicht (vgl. in diesem Zusammenhang noch einmal die Stelle 2.Kön 16,10ff, in der von der
Errichtung eines Bronzealtars nach aramäischem Muster im Jerusalemer Tempel für den assyrischen Kultus berichtet wird).

Das Königtum hat also einen nicht geringen Einfluß auf den
Jahweglauben ausgeübt. Insbesondere ist die religiöse Bedeutung
der davidischen Dynastie unverkennbar durch ihre göttliche Legitimierung (2.Sam 7,15f; Ps 89,36ff) und ihre enge Verbindung

zur Jerusalemer Priesterschaft.

Für das judäische Königtum lassen sich drei wichtige Charakteristika erkennen. Zum einen wurde der König als 'Sohn Gottes'
und 'Gesalbter' angesehen (2.Sam 7,14; Ps 2,7; 89,27f), allerdings nicht von sich aus, sondern durch die alleinige Willens-
erklärung Jahwes - wie man den angeführten Stellen entnimmt.
Diese Bezeichnungen wurden außer auf Saul nur auf die Könige
der davidischen Dynastie angewandt. Mit ihnen sollte die Beauf-
tragung und Legitimierung der Königsherrschaft durch Jahwe ausgedrückt werden.

Zum anderen sah man in den judäischen Königen Weltherrscher
(vgl. Ps 72,8-11). Hier handelt es sich wohl um eine Nachwirkung aus der Zeit des davidisch-salomonischen Großreiches, dessen Wiederherstellung gerade in den national-religiösen Kreisen
sehnsüchtig erhofft wurde.

Des weiteren wird der König als sozial gesinnter Herrscher
angesehen, der die göttliche Gerechtigkeit zu verkörpern und
demzufolge eine gerechte Herrschaft auszuüben habe (Ps 45,7f;
72,3f.12f; 101,2.5.7), ohne seine Untertanen materiell auszu-
nutzen (Spr 29,4).

Obwohl sich die verschiedenen Daseinshaltungen der vorexilischen Zeit im einzelnen sehr voneinander unterscheiden, so
kann man doch folgende Gemeinsamkeit feststellen. Grundsätzlich
glaubten alle religiösen Gruppierungen - die Einzelpropheten
ausgenommen -, das Heil des israelitischen Volkes und des einzelnen Israeliten wäre unverbrüchlich vorgegeben, sei es nun im
nomadisch-jahwistischen Leben, im Kultus mit seinen Festen, in
der Ackerbaukultur und im staatlich-nationalen Leben, in der
magischen Daseinshaltung oder in den Lebensregeln der Weisheit.
Zwar kann dieser 'Heilszustand' vorübergehend durch bestimmte
Verfehlungen einzelner oder der Gesamtheit 'gestört' (!) sein;
er ließ sich jedoch - wie man fest glaubte - jederzeit durch
entsprechende Sühnemaßnahmen 'wiederherstellen' (!).

Einzig die großen Einzelpropheten Amos, Hosea, Jesaja, Micha, Zephanja, Jeremia und Ezechiel (in chronologischer Reihen-

folge) haben diesem 'Sicherheitsglauben' von Anfang an in zum
Teil scharfen Worten widersprochen. Nach ihrer Sichtweise lebte
Israel keineswegs in einem grundsätzlichen 'Heilszustand', sondern in einer grundsätzlichen Situation des Unheils, die sich
auch nicht durch bestimmte kultische Sühnemaßnahmen in einen
Zustand des Heils zurückverwandeln ließ. Diesen Propheten ging
es darum, ob es für das wegen seiner Sünde verurteilte Volk
überhaupt noch einen Weg zur Rettung gebe, und wie dieser Weg
zu finden sei.

VI. GRUNDZÜGE DES ISRAELITISCHEN PROPHETENTUMS

Neben dem sogenannten Gesetz, der Thora - wie die 5 Bücher Mose im Judentum bekanntlich genannt werden -, bildet die Botschaft der Propheten eine weitere, wichtige Komponente im jüdischen Glauben. Daß beides, 'Gesetz und die Propheten', zusammengehört und zusammengesehen werden muß - auch in christlicher Tradition - belegen zahlreiche Stellen des NT, an denen diese Formel begegnet, beispielsweise: Matth 7,12; 11,13; 22,40; Luk 16,16.29.31; 24,27.44; Joh 1,45; Apg 24,14; 26,22; 28,23; Röm 3,21.

Der Judaist und Rabbiner Leo Baeck (1873-1956) schreibt in seinem berühmten Standardwerk 'Das Wesen des Judentums' (1925, S.26):

"Das Wesen der Religion kann am ehesten an dem religiösen Genie erforscht werden, ganz wie das Wesen der Kunst in den großen Künstlern und ihren Werken faßlich wird. Wenn wir das Judentum begreifen wollen, müssen wir daher seine PROPHETEN verstehen lernen. Es ist umso mehr erforderlich, als Israel durch die Arbeit seiner Propheten in jahrhundertelangem Ringen gebildet und gestaltet worden ist. Sie haben in seinem Leben Recht behalten; sie haben ihm die seelische Richtung gewiesen, der es zwar bisweilen entfremdet ward, zu der es sich aber immer wieder zurückfand. Sie haben den Charakter geprägt. Was ihrem Wollen und Glauben eigentümlich war, das ist das Israelitische geworden und geblieben; zu ihnen sollte gehören, was die Auslese der prüfenden, läuternden Zeit übrig ließ. In ihren Gedanken hat das Volk seine Bestimmung gewonnen, seine Wahrheit erworben. Sie haben die Geschichte Israels geschaffen."

Eine Untersuchung der jüdischen Wurzeln des Christentums kann also das Prophetentum keineswegs übergehen. Bei seiner Darstellung soll es uns allerdings nur um die großen Linien und allgemeinen Aspekte desselben gehen, um den Rahmen dieses Buches nicht zu sprengen. Wir werden also nicht auf die einzelnen Schriftpropheten des AT gesondert im Stil der Einleitungswis-

senschaft eingehen können. Der an Einzelheiten interessierte
Leser sei auf die theologische Standardliteratur verwiesen [1].

1.   ü b e r   d a s   P h ä n o m e n   d e r   a l t -
     t e s t a m e n t l i c h e n   P r o p h e t i e

Zu Beginn unserer Beschäftigung mit dem Phänomen des israelitischen Prophetentums soll es um die Frage gehen, ob es sich
hier um eine typisch israelitische Erscheinung handelt, die an
den Jahweglauben gebunden ist oder ob Propheten auch in anderen
Religionen und Kulturen aufgetreten sind. Sodann sollen die
verschiedenen Erscheinungsformen der Prophetie wenigstens in
ihren Grundlinien herausgearbeitet werden.

Die alttestamentliche Wissenschaft belehrt uns [2], daß die
Prophetie als solche keineswegs eine spezifisch israelitische
und mit dem Jahweglauben verknüpfte Erscheinung gewesen ist.
Propheten gab es in vielen Religionen, insbesondere auch in
denen des Alten Orients. Charakteristisch ist, daß der Prophet
sein Wort immer mündlich an die Menschen richtete und daß es in
der Regel auch nicht schriftlich aufgezeichnet wurde. Dies erklärt auch die relativ geringe Anzahl archäologischer Belege
für das prophetische Auftreten im altorientalischen Kultur-
kreis.

Da im Alten Orient zwei große Bevölkerungsgruppen zu unterscheiden sind, hat man von zwei ursprünglich unterschiedlichen
Formen der Prophetie auszugehen: auf der einen Seite besaßen
die nomadischen Bevölkerungselemente, zu denen wir bekanntlich
die Frühisraeliten rechnen müssen, ihre Propheten, die man als
'Seher' bezeichnet. Man spricht in diesem Zusammenhang auch vom
'Sehertum' als einer speziellen Variante des Prophetentums.

Auf der anderen Seite besaß der in den Kulturländern von
Mesopotamien über Nordsyrien bis nach Palästina festansässige

Bevölkerungsteil sein eigenes Prophetentum, das sogenannte 'Nabitum' [3].

Im Sehertum, das also im nomadischen Bereich beheimatet war,
traten Gottesmänner oder inspirierte Personen auf und verkündeten göttliche Weisungen, indem sie sich auf bestimmte Träume
oder vorahnende Visionen beriefen. Im AT finden sich nur geringe Hinweise für diese nomadische Form des Prophetentums. Immerhin besitzen wir aber in Num 22-24 eine Erzählung über BILEAM,
der als wichtiges biblisches Beispiel einer solchen Seherge-
stalt angesehen werden muß. [4] Vermutlich sind auch die Patriarchen seherisch inspirierte Führergestalten gewesen. Man
weiß nämlich aus dem arabischen Bereich, daß in der ursprünglich nomadischen Kultur durchaus die verschiedenen Funktionen
des Priesters, des Zauberers, des Sippenführers, des Sehers und
des Stammesdichters an eine einzige Person gebunden sein konnten, die als göttlich inspiriert angesehen wurde.

Die zweite Form des Prophetentums entwickelte sich im altorientalischen Kulturland mit seinen Fruchtbarkeits- und Vege-
tationskulten (vgl. Kap. II). Es handelt sich um ein ekstatisches Prophetentum an den Heiligtümern und Königshöfen.

Im AT werden Baalspropheten erwähnt, die in ekstatisch er-
regter Weise auftreten (vgl. 1. Kön 18, 19ff; 2. Kön 10, 19ff). Man
vergleiche auch die Stelle Jer 27, 9, wo Propheten als ein in-
ternationales Phänomen vorausgesetzt und mit Wahrsagern, Träu-
mern, Zeichendeutern und Zauberern in einem Atemzuge genannt
werden.

Aus Ägypten ist ein alter Bericht [5] erhalten, der das Auftreten solcher Propheten im Alten Orient belegt: Der Ägypter
Wen-Amon (Un-Amun) aus der Stadt Byblos berichtet um 1100
v. Chr. von einem jungen Mann, den die Ekstase in der Umgebung
des Königs ergriff, als dieser seine Opfer darbrachte. Der Nabi
übermittelte in seinem ekstatischen Zustand dem König eine Weisung der Gottheit.

Man hat jedoch noch wesentlich ältere archäologische Belege
für das ekstatische Nabitum im Alten Orient zutage gefördert.
So kannte man schon in der sumerischen Zeit eine Bezeichnung
für einen ekstatisch erregbaren Mann, die wahrscheinlich die

Bedeutung hatte 'der Mann, der in den Himmel eingeht'. Hierbei
wird man wie bei dem biblischen Propheten MICHA BEN JIMLA
(1.Kön 22,13ff), der sich in einer Vision in die himmlische
Ratsversammlung versetzt sieht, die Vorstellung gehabt haben,
daß ein derart Begnadeter zu den Göttern Zugang habe und hierbei von ihnen etwas über ihre Ratschlüsse erfahre, die er dann
den Menschen mitteile.

Ferner liegen aus der Zeit des ausgehenden 18.Jh.v.Chr. eine
Reihe von Briefen aus Mari [6] am mittleren Euphrat vor, die das
Auftreten von männlichen und weiblichen Prophetengestalten bezeugen. [7] Diese gaben die Aufträge der Gottheit, zu deren Tempel sie in Beziehung standen, als Orakel weiter, nachdem sie
jene aus Träumen, Visionen, Vorzeichen oder irgendwelchen ekstatischen Erlebnissen erschlossen hatten.

Die Propheten aus Mari weisen mancherlei Ähnlichkeiten mit
den israelitischen Kultpropheten auf. Wie diese verwenden sie
die Form des kurzen Prophetenspruchs und treten mit ihm vor
den König ohne Rücksicht darauf, ob die göttliche Botschaft für
ihn positiv oder negativ ist. Sie erwarten - wie das biblische
Kultprophetentum - den Gehorsam des Königs gegenüber der göttlichen Forderung. Auch die Fremdvölkerorakel, die einen Sieg
über andere Völker verheißen, sind dem Prophetentum aus Mari
nicht unbekannt gewesen.

Weiter ist überliefert, daß es in der Folgezeit in Babylonien Priester und Priesterinnen gab, die dem König 'Sprechträu-
me' übermittelten. Auch die Assyrer und Syrer müssen das Phänomen des ekstatischen Prophetentums gekannt haben, wie aus Kö-
nigsinschriften und verschiedenen Tontafeltexten hervorgeht.

Beide Formen der altorientalischen Prophetie, das Sehertum
und das Nabitum, waren auch im alten Israel vertreten. Dies
zeigt die Notiz in 1.Sam 9,9:

"Was man heute Nabi nennt, das nannte man früher Seher".

Man kann davon ausgehen, daß die ursprünglich nomadischen
Israeliten das Sehertum nach Palästina mitgebracht, das Nabitum

dagegen in der kanaanäischen Umwelt Palästinas vorgefunden und
übernommen haben. Aus obiger Bibelstelle können wir weiter ersehen, daß in der israelitischen Prophetie offenbar die beiden
zunächst getrennten Formen allmählich miteinander zu verschmel-
zen begannen.

Als eine weitere und sicherlich entscheidende Komponente für
Israels Prophetentum ist natürlich der Jahweglaube zu nennen,
der es in einem langen und verwickelten Prozeß zu einer ein-
zigartigen religiösen Erscheinung gemacht hat.

Zur Zeit Sauls und Davids gab es noch ein jahwistisches Sehertum - verkörpert durch die Gestalt des Sehers NATAN (2.Sam
7,2ff; 12,1ff) -, und ein jahwistisches ekstatisches Nabitum,
wie es in 1.Sam 10,5 belegt ist. Beide prophetischen Typen verschmolzen im Laufe der Zeit zum eigentlichen alttestamentlichen
Prophetentum. Dieser Verschmelzungsprozeß ist noch relativ
deutlich erkennbar an den biblischen Erzählungen über die beiden Gestalten ELIA und ELISA [8].

Das Sehertum wirkte darin nach, daß im Umkreis von Elia und
Elisa Propheten als einzelne unabhängig von Heiligtum und Kultus auftreten konnten.

Das Nabitum hingegen wirkte dadurch nach, daß Propheten in
jener Zeit auch zu mehreren oder in größeren Gruppen unter
Ausübung ekstatischer Exerzitien auftraten in Verbindung mit
einem Heiligtum und dessen Kultus.

Bevor Sehertum und Nabitum zum eigentlichen israelitischen
Prophetentum verschmolzen waren, gab es natürlich übergangsformen, die in der alttestamentlichen Überlieferung auch festgehalten sind. Als biblische Vertreter solcher Übergangsformen
sind folgende frühen Prophetengestalten anzusehen: AHIA von
Silo, der gemäß 1.Kön 11,29ff dem aufsässigen Jerobeam (I.)
durch eine symbolische Handlung die Herrschaft über die zehn
nördlichen Stämme Israels zusicherte und ihm nach 1.Kön 14,1ff
den Tod seines erkrankten Kindes ankündigte; SEMAJA, der 1.Kön
12,21ff zufolge dem König Rehabeam vom Krieg gegen das Nordreich abgeraten haben soll.

In 1.Kön 12,32-13,32 ist von einem ungenannten Propheten aus
Juda die Rede, der eine Drohung gegen den Altar von Bethel aus-

gestoßen haben soll, später aber wegen des Verstoßes gegen einen Befehl Jahwes bei seiner Rückkehr nach Juda von einem Löwen
getötet wurde; ferner ist ein gewisser ZEDEKIA BEN KENAANA zu
nennen, der gemäß 1.Kön 22,11 mit Hilfe eiserner Hörner dem
König Ahab den Sieg über die Aramäer verheißen habe; sodann
erwähnt die Bibel MICHA BEN JIMLA, der nach 1.Kön 22,13ff dem
König Ahab die Niederlage und den Tod im Aramäerkrieg ankündigte. Schließlich wird in 2.Kön 21,10ff von einer anonymen prophetischen Drohung gegen den König Manasse und die Stadt Jerusalem berichtet. Daß es wohl noch weit mehr Propheten gegeben
hat, die man zu dieser Übergangsform zählen muß, belegen auch
die summarischen Hinweise, die im AT öfters begegnen, wie beispielsweise 1.Kön 18,4; 22,6; 2.Kön 21,10.

Recht interessant sind die urtümlichen Züge der prophetischen Übergangsformen, die in der biblischen Überlieferung
häufig begegnen. Die Prophetenlegenden weisen oft magische und
wunderhafte Züge auf. So ging etwa die verkleidete Frau Jerobeams zum erblindeten Propheten AHIA, um ein Orakel einzuholen;
sobald der Blinde ihre Schritte vernahm, wußte er schon, wer zu
ihm kommen würde, und was die Frau von ihm wollte (1.Kön
14,1ff). Die Kunst des Wahrsagens besaß - der biblischen Überlieferung zufolge - angeblich auch ELIA, der den baldigen Tod
Ahasjas voraussahnte (2.Kön 1,1ff). ELISA konnte gemäß 2.Kön
3,9ff voraussehen, wo man in der Wüste Wasser finden könne. Der
aramäische Feldhauptmann Naeman glaubte, daß ELISA unter Anru-
fen Jahwes seine Hand schwingen und ihn auf diese Weise von
seinem Aussatz heilen könne (2.Kön 5,1ff). Ferner begegnet die
magische Vorstellung, daß der Prophet das Wasser einer verdor-
benen Quelle mit Salz wieder genießbar (2.Kön 2,19ff) und mit
Mehl eine schädliche Speise wieder bekömmlich machen könne (2.-
Kön 4,38ff: 'Der Tod im Topf'). Weiter glaubte man offensichtlich, daß der Prophet die Fähigkeit habe, mit einem Stück Holz
den Eisenteil einer Axt wie mit einem Magneten aus dem Fluß zu
ziehen (2.Kön 6,1ff). In dem Wunderglauben an die Fähigkeiten
der Propheten ging man sogar so weit zu glauben, daß der Prophet einen Toten wieder lebendig machen könne, indem er ihm

seinen Stab aufs Gesicht lege oder sich selbst über den Toten
ausstrecke (2.Kön 4,29ff); nach 2.Kön 13,20f nahm man sogar an,
daß noch die toten Gebeine eines Propheten auf wundersame Weise
wieder lebendig machen könnten.

Diese Bespiele zeigen also recht deutlich, daß man - zumindest im Volksglauben - einem Propheten alle magischen Fähigkeiten eines Zauberers zuschrieb.

Auch magische Zeichenhandlungen, die man recht häufig bei
den späteren Propheten beobachtet, begegnen schon bei den frühen biblischen Propheten. So wirft ELIA seinen Mantel über ELI-
SA, um ihn hierdurch an sich zu binden (1.Kön 19,19ff); ZEDEKIA
fertigt eiserne Hörner an (1.Kön 22,11), und ELISA läßt den
König einen Pfeil nach Osten schießen und mit einem Pfeilbündel
auf den Boden schlagen, um Joas von Israel seinen Sieg gegen
die Aramäer im voraus symbolisch anzukündigen (2.Kön 13,
14ff). [9]

Das prophetische Jahwewort war nicht einfach ein gesproche-
nes Wort, wie für uns 'moderne' Menschen, sondern man sah es -
wie schon erwähnt - als wirkmächtig an. Seine starke Wirkungskraft findet im AT seinen Ausdruck in Formulierungen wie 'es
sei wie ein Hammer, der Felsen zerschlägt' (Jer 23,29), 'es
haue drein wie ein Schwert und töte' (Hos 6,5), 'es schlage in
Israel ein, daß das ganze Volk es spüre' (Jes 9,7f), und 'es
werde im Prophetenmund zu Feuer, das das Volk wie Brennholz
verzehre' (Jer 5,14).

Eine sehr anschauliche Beschreibung des altisraelitischen
Kultprophetentums (Nabitum) bringt Emil Balla in seinem Buch
'Die Botschaft der Propheten'; Tübingen 1958, S.26ff. Sie soll
dem Leser an dieser Stelle nicht vorenthalten werden.

"Nach der Übernahme der Jahwereligion durch die israelitischen Stämme in Palästina kam es vor allem im Norden des
Landes dazu, daß an einer ganzen Reihe von Heiligtümern
Scharen von Männern lebten, die irgendwie zusammengehörten
und dort des öfteren in Erscheinung traten. Man nannte sie
Nebi'im [10], d. h. Ekstatiker. Ihr Beisammensein war jedoch
nicht klösterlicher Art. Sie hatten Frauen und Kinder und
besaßen auch sonst allerlei. An ihrer Spitze stand gewöhn-

lich einer, der 'Herr' oder 'Vater' hieß. In Funktion traten
diese Ekstatiker oder Kultpropheten zunächst einmal als Masse. Wann und wie oft das der Fall war, entzieht sich unserer
Kenntnis. Gelegentlich geschah es an Feiertagen oder an Opferfesten. Dazu stellten sie sich etwa um den Altar oder
einen anderen Kultgegenstand und begannen gemeinsam vollzogene, rhythmische Exerzitien zu errichten, die einen tanz-
ähnlichen Charakter hatten. Dabei konnte eine primitive Mu-
sik gemacht oder ein viele Male wiederholtes, ganz kurzes
Lied gesungen werden. Mitunter wurden auch kurze Gebetsrufe
ausgestoßen. Die Exerzitien dauerten oft stundenlang und
nahmen mit der Zeit einen immer leidenschaftlicheren Charakter an. Zur Verstärkung der Wirkung ihrer Exerzitien brachten sich die Propheten bisweilen noch mit Schwertern oder
Lanzen Wunden bei. Einen Propheten konnte man daher an den
Narben erkennen, die von solchen Selbstverwundungen stamm-
ten.
Hatten die Exerzitien lange genug gedauert, so trat bei den
meisten Propheten ein rauschartiger Verzückungszustand ein,
der mit nibba' oder hithnabbe', d.h. in Ekstase sein, bezeichnet wurde. Der Zustand hatte etwas Ansteckendes an
sich. Einer riß gewissermaßen den anderen mit. Äußerlich
wirkten die Propheten in dem Zustand der Verzückung auf einmal wie völlig andere Menschen. Einige vermochten zwar in
der Verzückung zu gehen oder wie rasend zu laufen. Aber andere rissen sich die Kleider vom Leibe, fielen um und lagen
stundenlang nackend am Boden. Wer einmal Zeuge ekstatischer
Exerzitien gewesen ist, wie sie von islamischen 'religiösen
Vereinen' ''' etwa an Mohammeds Geburtstag noch heute vorgenommen werden, kann sich von den Exerzitien der altisraelitischen Kultpropheten eine gute Vorstellung machen, denen
übrigens die Exerzitien der phönizischen Baalspropheten sehr
ähnlich waren.
Für sich allein waren die Propheten jedoch, wie es scheint,
nicht imstande, den ekstatischen Zustand durch rhythmische
Exerzitien herbeizuführen. Dafür hatten sie die Möglichkeit,
ihn mehr oder minder bewußt durch angespanntes Warten zu
erzwingen. So heißt es zum Beispiel von Elia, daß er auf dem
Karmel tief gebeugt am Boden gesessen habe, indem er sein
Gesicht zwischen den Knien hielt und auf den Regen wartete.
Mit einem Male sei dann 'die Hand Jahwes' über ihn gekommen,
so daß er im Wettersturm wie ein Rasender vor dem Wagen
Ahabs bis nach Jesreel einherlaufen konnte (1.Kön 18,42ff).
Gelegentlich erlebten allerdings einzelne Propheten den Zustand ekstatischen Hingerissenseins auch ohne jedes Zutun
ihrerseits. Von Saul heißt es, daß 'der Geist Jahwes über
ihn gekommen sei', als er von der Katastrophe hörte, die der
Stadt Jabes drohte. Vom Zorn gepackt habe er ein paar Rinder
genommen, sie zerstückt, die blutigen Teile durch Boten um-
hergesandt und dazu sagen lassen:
      "Wer Saul nicht folgt, dessen Rindern soll es ebenso
      ergehen." (1.Sam 11,4ff).
Außenstehende vermochten sich die bei den Propheten einge-
tretene Veränderung nur so zu erklären, daß sie annahmen,
'der Geist Jahwes sei über sie gekommen'. Er ist es, der sie
rasen macht. Und es kann schon so gewesen sein, daß sich

auch die Propheten ihren Zustand auf diese Weise zu erklären
versuchten. Vielleicht führten sogar diejenigen Propheten,
die noch mehr als bloßes 'Verzücktsein' erlebten, ihre weiteren geheimen ekstatischen Erfahrungen auf den Geist Jahwes
zurück. Einige 'sahen' auf einmal etwas. Andere 'hörten'
dies oder das. Noch andere erlebten etwas völlig Andersarti-
ges. Sie hatten das Gefühl, 'entrafft' zu werden und im
Geist an einem anderen Ort oder in einer anderen Zeit zu
weilen und dort das Verschiedenste im Voraus zu erleben. In
soundso vielen Fällen mögen die Kultpropheten nichts von
dem, was sie sahen, hörten oder in der Entraffung erlebten,
verlautbart haben. In anderen Fällen aber konnten sie gar
nichts anderes, als im Augenblick ihres Erlebens von dem,
was sie erlebten, in abgerissenen, oft rätselhaften Worten
zu reden. Ihr Reden von ihren geheimen Erfahrungen glich
etwa dem unfreiwilligen Reden eines Träumenden. Umstehende
achteten mit höchster Spannung auf das, was die Lippen des
verzückten Propheten murmelten. Man glaubte, daß es 'Orakel'
seien, denen Kunde verborgenen Wissens, vor allem über die
Zukunft zu entnehmen sei. Vielfach teilten die Kultpropheten
jedoch ihre geheimen Erfahrungen anderen erst hinterher
freiwillig mit, wenn ihr ekstatisches Erleben abgeklungen
war.
Im Laufe der Zeit trat im Kultprophetentum von diesem unfreiwilligen oder freiwilligen Reden über ihre Erlebnisse
aus überhaupt eine bedeutsame Weiterentwicklung ein. Die
Kultpropheten wurden mehr und mehr zu Leuten, die sich vornehmlich an den heiligen Stätten aufhielten und dort 'pro-
phezeiten', was ihnen Jahwe 'zugeraunt' hatte. Ja, es kam
sogar sehr bald dahin, daß man sich in schwierigen Situatio-
nen nicht mehr an die Seher wandte, sondern zu den Propheten
ging, da man glaute, daß sie in ständiger Verbindung mit
Jahwe stünden und daher vor allem über die Zukunft Aussagen
machen oder sie durch symbolische Handlungen verdeutlichen
könnten. Für ihre Auskunft gab man ihnen ebenso wie einst
den Sehern ein kleines Geschenk. Gelegentlich wandte man
sich auch an die Kultpropheten mit dem Ersuchen, bei Jahwe
für andere Fürbitte einzulegen, da man ihre Gebete für besonders wirksam hielt. Und es dauerte nicht lange, da waren
die Seher ganz verschwunden. Die Propheten hatten ihre Funktion übernommen.
Über alles bisher Gesagte hinaus hatten die Kultpropheten
jedoch noch viel weitergehende Bedeutung für die Geschichte
der israelitisch-jüdischen Religion. Diese lag in ihrem betonten Eintreten für Jahwe Zebaoth. Sie dokumentierten dieses Eintreten äußerlich dadurch, daß sie einen Fellmantel
trugen, der mit einem Ledergurt gegürtet war. Ob alle oder
nur einzelne solchen Fellmantel trugen, wissen wir nicht.
Der Sinn dieser Tracht ist klar. Es war das Kleid der Wüstenzeit, das sie trugen. Und zwar trugen sie es aus einem
religiösen Grunde, weil sie sich von dem Jahwe der alten
Zeit beseelt fühlten, der noch nichts mit dem Baal der Kanaanäer zu tun hatte. Doch hören wir zunächst nicht, daß die
Kultpropheten irgendwelche Schritte zur Beeinflussung der
verderbten Volksreligion unternommen hätten. Mit der Zeit
wurde das freilich anders.

Die Seher waren Gottesmänner, die in geheimem Kontakt mit
Jahwe stehend, wie man glaubte, immer wieder Eingebungen
erfuhren, die sie nicht für sich behielten, sondern weiter-
gaben. Dadurch ermöglichten sie es anderen, die Jahwe nicht
so nahestanden, ebenfalls etwas von ihm zu erfahren. Die
Begnadung der Kultpropheten war eine viel höhere. Sie gerieten in der Ekstase mit ihrer ganzen Existenz in die leben-
digste Beziehung zu dem leidenschaftlichen Leben Jahwes und
machten es anderen durch ihre Ekstase möglich, die Sichtbar-
keit des unsichtbar Göttlichen selber erschauernd zu genießen. "

Soweit die lebendige Beschreibung des frühen Prophetentums
durch Emil Balla.

Heutigentags ist man geneigt, die beschriebenen Erscheinungen des israelitischen Prophetentums mit Hilfe psychologischer
Kategorien zu erklären. Sieht man unter diesem Blickwinkel die
einschlägige theologische Literatur durch, so wird man nicht
gerade durch reiches Finderglück belohnt. Umso bemerkenswerter
erscheint mir daher, daß Otto Kaiser sich in seinem Einlei-
tungswerk (1975³, S.191ff) immerhin auch zum Problem einer psychologischen Deutung der oben dargestellten ekstatischen Phänomene im Zusammenhang mit dem Nabitum äußert.

О.Kaiser vertritt hier die 'moderne' Auffasung, daß der prophetische Offenbarungsempfang wie jedes andere innerweltliche
Phänomen ein Gegenstand möglicher 'kausaler Erklärung' sei.
(Ich selber würde allerdings im Gegensatz zu Kaiser lieber von
einer 'immanenten Erklärung' sprechen, da man auch die 'Einflü-
sterung durch Jahwe' als kausale Erklärung ansehen kann).

Eine psychologische Untersuchung der prophetischen Erscheinungsformen sei jedoch - so seine Argumentation - weitgehend
(wieso eigentlich nur 'weitgehend'?) auf Analogieschlüsse und
Indizienbeweise angewiesen, bei denen sie das Vergleichsmaterial aus der eigenen Zeit nehmen müsse. Hierbei müsse sie vor-
aussetzen, daß die seelischen Abläufe des Menschen wenigstens
in gewissem Umfang über die Zeiten hinweg identisch geblieben
seien, da ja sonst die Analogieschlüsse nicht funktionierten.
Es bestehe jedoch - so Kaiser - ebenso die Möglichkeit, daß im
Verlauf der Menschheitsgeschichte eine Bewußtseinsverschiebung
erfolgt sei, mit der eine Änderung der allgemeinen Bewertung

außergewöhnlicher Bewußtseinsabläufe einherginge, da man andernfalls heutigentags geneigt wäre, die prophetischen Auditionen und Visionen kurzschlüssig als psychopathologische Erscheinungen zu bewerten, wäre doch das Vergleichsmaterial - so Kaiser - aus der Gegenwart im Bereich der europäischen Zivilisa-
tion ein primär klinisches. [e]

Man fragt sich natürlich bei diesem Versuch einer psychologischen Deutung durch O. Kaiser, wie es denn überhaupt möglich
sein soll, eine derartige 'Bewußtseinsverschiebung' nachzuweisen, können wir doch immer nur mit unserem Bewußtsein an die
Phänomene der Vergangenheit herangehen.

Auf jeden Fall scheint Kaiser wohl sagen zu wollen, daß wir
heutigentags die Ekstatiker als geistesgestört zu betrachten
hätten, würden wir klinisches Vergleichsmaterial heranziehen.
Eine solche Deutung hält er aber für kurzschlüssig, so daß er
die Möglichkeit einer - wie auch immer vorzustellenden - Bewußtseinsverschiebung in Betracht zieht.

O. Kaiser meint ferner, man gehe bei der psychologischen Erklärung aller dieser Phänomene am besten vom Traum aus, da er
eine jedem bekannte Erscheinung sei, die zeige, daß viele Probleme, die den Menschen am Tage bewegten, in einer unterbewuß-
ten Seelenschicht verarbeitet würden.

Kaiser schreibt (a. a. O., S. 192f):

"So ist auch bei den Auditionen und Visionen des Propheten
das Seelenleben samt seinen normalen Bewußtseinsinhalten
nicht außer Kraft gesetzt [sind beim Traum diese 'Bewußt-
seinsinhalte' nicht außer Kraft gesetzt?]. Wird der Prophet
durch ein Problem in besonderer Weise berührt, so arbeitet
es in seinem Unterbewußtsein weiter. In dem Maße, in dem es
für ihn affektiv aufgeladen ist, kann sich seiner von hier
aus eine seelische und eventuell auch körperliche Spannung
bemächtigen, die sich Energien freisetzend oder bindend äußern kann. Unterdessen bereitet sich im Unterbewußtsein die
Antwort auf die Frage vor, um schließlich mit Gewalt in sein
Bewußtsein einzubrechen. Eine Außerkraftsetzung des klaren
Bewußtseins muß bei diesem Ausbruch aus der Tiefe der Seele
nicht erfolgen."

Was auch immer man von diesem psychologischen Deutungsver-
such Kaisers halten mag, so versucht er immerhin, verständlich

zu machen, daß man derartige 'prophetische Zustände' mit Hilfe
musikalisch-rhythmischer Exerzitien oder einer sog. 'Konzen-
trationsinspiration' - womit Kaiser vermutlich eine Konzentra-
tionsübung meint - willentlich herbeiführen konnte, wie es beispielsweise in 2. Kön 3, 14ff; Hab 2, 1 und Jes 21, 8 beschrieben
ist.

Alttestamentler haben nun versucht, bei der Entstehung der
Prophetensprüche vier verschiedene Stufen zu unterscheiden, die
angeblich im Bewußtsein des Propheten durchlaufen worden sein
müssen, bis es zur Verkündigung des prophetischen Wortes gekommen sei. [3] Die einzelnen Stadien der Genese lassen sich jeweils auch an bestimmten Stellen des AT nachweisen.

1) Als erste Stufe der prophetischen Verkündigung ist hiernach der Augenblick der persönlichen Gottergriffenheit anzusehen, von dem die Propheten sagen, daß der Geist oder das Wort
Jahwes über sie gekommen sei. Im Nabitum und in der Kultprophe-
tie hat dieser 'Geist' die entscheidende Rolle gespielt, so daß
die 'Geistbegabung' der Kultpropheten den großen Einzelpropheten [4] bald verdächtig werden mußte, da diese deren Heilsverkündigungen häufig zu beanstanden hatten. Von AMOS an haben sie
sich daher nicht mehr auf den Geist, sondern auf das Wort Jahwes berufen. Es kommt über den Propheten als eine fremde Macht,
die sich gegen seine persönlichen Wünsche und Neigungen durch-
setzt, wie auch immer er sich zunächst sträuben mag (vgl.
Jer 20, 9; Am 3, 8).

Der Prophet macht im Augenblick seiner persönlichen Ergrif-
fenheit eine sog. 'geheime Erfahrung'. Neben dem Traum, der im
AT gelegentlich erwähnt wird, kann man vier verschiedene Arten
dieser geheimen Erfahrung unterscheiden:

a) die Audition, das innere Hören der Stimme Jahwes oder anderer Stimmen (z. B. Jer 4, 5-8. 13-16. 19-22);

b) die Vision, in der der Prophet etwas 'schaut', was außerhalb
des gewöhnlichen Wahrnehmungshorizontes des Menschen liegt
(z. B. Jes 6);

c) die plötzliche Eingebung; z. B. Jes 7, 10-17. Hier wird dem

Propheten das 'Zeichen des Immanuel' eingegeben, mit dem dem
König Ahas die Geburt eines Sohnes, des künftigen Herrschers
Hiskia, angekündigt werden soll;

d) das wunderbare Wissen; vgl. z. B. Jer 4,5ff: Jeremia droht in
der Anfangszeit seines Auftretens (605/04) das göttliche Gericht über Juda an durch den 'Feind aus dem Norden', mit dem
die Babylonier gemeint waren (vgl. auch Jer 25,1-14; 36,1ff).
Es handelt sich hier - angeblich - um echte prophetische Zu-
kunftsschau.

Daß die geheimen Erfahrungen des öfteren von ekstatischen
Erlebnissen begleitet waren, kann man der deutlichen Schilderung in Jes 21,1-10 [5] entnehmen.

2) Auf der zweiten Stufe beginnt die Deutung und Auslegung
der geheimen Erfahrung, die der Prophet gemacht hat. Sie erfolgt innerhalb des Glaubens- und Weltbildes, das sich der Prophet in seiner Zeit zurechtgelegt hat, denn andere Deutungsmuster stehen ihm ja nicht zur Verfügung.

3) Auf der dritten Stufe setzt nach der eigenen Deutung die
verstandesmäßige Bearbeitung des Erlebten ein, denn der Prophet
soll seine geheime Erfahrung ja den Menschen verkündigen, und
hierfür muß sie in verständliche Worte übersetzt werden, da ein
ekstatisches Lallen oder Zungenreden unverständlich bliebe.
Es sei hier angemerkt, daß ich persönlich den Unterschied von
Stufe zwei zu Stufe drei schwer nachvollziehen kann, da ja
schon die Deutung eine verstandesmäßige Bearbeitung darstellt.

4) Auf der vierten und letzten Stufe der Entstehung des
überlieferten Prophetenwortes erfolgt die künstlerische oder
dichterische Ausformung des Spruches, denn nach damaligem Verständnis mußte jedes Orakel in poetisch gebundener Rede erteilt
werden. Deshalb sind mit wenigen Ausnahmen alle Prophetensprüche des AT in einer metrisch gebundenen dichterischen Form
überliefert, was man allerdings leider bei den meisten Bibelübersetzungen keineswegs erkennen kann. [6]

Nach dem soeben Ausgeführten entsteht der Prophetenspruch
aus der ursprünglichen geheimen Erfahrung in einem mehrstufigen
Vorgang. Es handelt sich also um ein komplexes Gebilde, das man
keinesfalls einfach als 'Wort Gottes' bezeichnen darf, denn der
Prophet ist ja selber durch seine Deutung und weitere Verarbeitung in erheblichem Maße an der Endgestalt des Spruches beteiligt. Auch wenn also der prophetischen Verkündigung eine ursprüngliche göttliche Offenbarung zugrunde liegt, ist sie doch
über den Menschen als Mittler gegangen, der sie wesentlich ge-
formt hat sowohl durch sein Glaubensverständnis und sein Weltbild als auch durch seine Ausdrucksfähigkeit.

So läßt sich von hier aus auch das Phänomen der falschen
Prophetie verstehen. Im AT wird berichtet, wie sich mehrfach
einzelne Propheten gegen andere Propheten gewandt haben und
deren Botschaft als falsch bezeichneten, da sie in Wirklichkeit
gar nicht Jahwes Wort verkünden würden (vgl. z.B. Jer 23,9ff).
Dies läßt sich damit erklären, daß in solchen Fällen entweder
dem Prophetenspruch überhaupt keine geheime Erfahrung zugrunde
lag oder aber der Prophet seine geheime Erfahrung auf falsche
Weise gedeutet oder falsche Folgerungen aus ihr gezogen hat.

Fragt man danach, wie es in der Regel nach der mündlichen
Verkündigung der Prophetensprüche zu ihrer schriftlichen Fixie-
rung gekommen ist, so erhält man von der alttestamentlichen
Wissenschaft die Antwort [7], daß die meisten Sprüche noch zu
Lebzeiten der Propheten niedergeschrieben und diese Nieder-
schriften als Einzelstücke überliefert worden seien.

So weiß man beispielsweise, daß Jesaja in seiner Frühzeit
durch die Verkündigung des Amos beeinflußt war. Da Amos aus
Tekoa in Juda stammte, aber im Nordreich aufgetreten ist, während Jesaja in Jerusalem ansässig war, ist eine persönliche
Bekanntschaft beider - sehr wahrscheinlich - auszuschließen.
Die Worte des Amos müssen also etwa 15 Jahre nach ihrer Verkündigung schriftlich in Jerusalem vorgelegen haben, so daß Jesaja
sie lesen konnte. [8]

Jer 36 berichtet, daß Jeremia seine Worte durch den Schreiber Baruch aufschreiben und im Tempelbezirk vorlesen ließ, da

er selber damals den Tempel nicht betreten durfte. Er erhoffte,
durch die geballte Wucht der gesammelten Sprüche vielleicht
doch eine Wirkung bei seinem Jerusalemer Publikum zu erzielen,
die bei seinen jeweiligen Einzelsprüchen ausgeblieben war. Wenn
schließlich - wie in Jer 36 auch erwähnt wird - Jeremia seine
Sprüche nochmals aufschreiben ließ, nachdem die erste Rolle vom
König Jojakim im Feuer verbrannt worden war, so deshalb, damit
das prophetische Drohwort seine Wirksamkeit weiterhin behielt,
die Jojakim gerade zunichte machen wollte (Jer 36,29).

Besonders in diesem magischen Glauben an die Wirkmächtigkeit
und Wirkungskraft des gesprochenen Wortes liegt der Hauptgrund
für das Sammeln, Aufschreiben und überliefern der Prophetensprüche.

Wenn man nämlich das Prophetenwort von neuem vorlas, dann
wurde seine Wirkungskraft auch aufs neue freigesetzt - so die
damalige Vorstellung. [19]

In späterer Zeit- vom babylonischen Exil an - erkannte man,
daß die großen Einzelpropheten im Gegensatz zu den Heilspropheten mit ihren Drohungen offensichtlich recht behalten hatten.
Daher erhielten ihre Schriften allmählich den Charakter von
heiligen Büchern, die man vor dem Vergessen zu bewahren hatte.
Diese heiligen Prophetentexte wurden dann auch im Synagogengot-
tesdienst abschnittweise vorgelesen.

Die Endredaktion der biblischen Prophetenbücher weist ein
zwei- oder dreigliedriges eschatologisches [20] Schema auf, obwohl die Verkündigung der vorexilischen Propheten noch nicht
eschatologisch war. Da alle Prophetenbücher, außer dem Buch
Jona, eschatologische Elemente besitzen, kann man schließen,
daß ihre Endredaktion in allen Fällen exilisch/nachexilisch
sein muß, kommt doch eine eschatologisch ausgerichtete Form des
Jahweglaubens erst in dieser Zeit auf (s.u.).

Die eschatologischen Sprüche in den vorexilischen Prophetenbüchern stammen von meist unbekannten Propheten aus exilisch-
nachexilischer Zeit. Um diesen jüngeren Sprüchen Autorität zu
verschaffen, hat man sie den älteren Sprüchen der großen Einzelpropheten beigefügt. Das zweigliedrige Schema weist stets

die Reihenfolge 'Unheil-Heil' auf. So wurde beispielsweise
an die überwiegend drohenden Worte Jesajas (Jes 1-39) ein zweiter Teil mit reinen Heilsworten angehängt, der von einem exilischen Propheten stammt, den man als Deuterojesaja (Jes 40-55)
bezeichnet. Bei Amos haben wir analog in Am 1,3-9,7 Worte des
Unheils und in Am 9,8-15 Worte der Heilsverkündigung. Ähnlich
verhält es sich bei den anderen Schriftpropheten.

Man erkennt hieran schon, daß nach der eschatologischen Auffassung - sie war den vorexilischen Einzelpropheten noch völlig
fremd - zunächst eine Zeit des Unheils bevorstehe, der dann
aber mit Sicherheit (!) die Zeit des Heils folgen würde.

Häufig begegnet auch die dreigliedrige Form des eschatologischen Schemas, bei der zwischen die beiden Buchteile 'Unheil-Heil' als dritter Teil die 'Unheilsdrohungen gegen andere
Völker' eingeschoben sind, da man sich das Gericht über sie als
eine Art Durchgangsstadium für die 'Zuteilung (!) des Heils' an
Israel dachte. Eine solche Dreigliedrigkeit liegt vor in Ez
1-24; 25-32; 33-48; Zeph 1-2,3; 2,4-3,8; 3,9-20.

Die Septuaginta hat auch für das Jeremiabuch das dreigliedrige Schema bewahrt durch ihre Anordnung: Jer 1-25,14; 25,15ff
+ 46-51; 26-35.

2. Ü b e r   d i e   t h e o l o g i s c h e   B o t s c h a f t
    d e r   P r o p h e t e n   i m   A T

In diesem zweiten Teil der Darstellung des alttestamentlichen
Prophetentums wollen wir uns über seine theologische Botschaft
Klarheit verschaffen. Hierbei soll es uns - ähnlich wie beim
phänomenologischen ersten Teil dieses Kapitels - nur um die
'große Linie' gehen. Wir wollen also die charakteristischen
theologischen Züge prophetischer Verkündigung herausarbeiten.
Hierbei werden wir uns zunächst den wichtigen großen Einzelpropheten zuwenden, die alle vor oder allenfalls noch zu Beginn

des babylonischen Exils gewirkt haben. Danach werden wir das
sogenannte eschatologische Prophetentum behandeln, das in
spätexilischer Zeit mit Deuterojesaja einsetzt und für das NT
eine nicht unerhebliche Rolle spielt, obwohl es - dies sei hier
schon vorweggenommen - in theologischer Hinsicht gegenüber der
Botschaft der großen vorexilischen Einzelpropheten einen Abstieg bedeutet.

2.1. Die vorexilischen großen Einzelpropheten

Zu den vorexilischen großen Einzelpropheten zählt man - in der
Reihenfolge ihres Auftretens - Amos, Hosea, Jesaja, Micha, Zephania, Jeremia und Ezechiel. Mit ihnen erreicht die alttestamentliche Prophetie ihren Höhepunkt. Sie übten im Gegensatz zu
den 'kultischen Berufspropheten' [21] ihre Tätigkeit nicht er-
werbsmäßig aus, war ihnen allen doch ein besonderes Berufungs-
erlebnis zuteil geworden, das sie aus ihrem erlernten Beruf
herausgerissen hatte. Sie wirkten also nicht als Mitglieder
eines Berufsprophetenstandes, sondern fühlten sich allein ihrem
Gott Jahwe verpflichtet ohne Rücksicht auf verwandtschaftliche,
soziale, nationale oder kultische Bindungen.

Ganz im Gegensatz zur Auffassung der Berufspropheten befand
sich für sie das Volk und der einzelne in einer grundsätzlichen
'Unheilssituation'. Diese hatte jedoch nicht von Anfang an bestanden; auch für die großen vorexilischen Einzelpropheten gab
es einst eine Epoche des ungetrübten Verhältnisses zwischen
Jahwe und Israel, sei diese nun die Mosezeit gewesen - wie HO-
SEA und JEREMIA meinten - oder die Zeit Davids - wie es JESA-
JAs Ansicht war. Alles, was hierauf folgte, betrachteten sie
jedoch ausschließlich als eine Geschichte der Sünde, war doch -
nach ihrer Ansicht - Israel mehr und mehr von Jahwe abgefallen
und durch die Jahrhunderte hindurch bis in die Gegenwart des
jeweiligen Propheten abtrünnig geblieben.

So sahen sie Israels Geschichte als eine voller gottgesand-
ter Plagen an, welche das Volk zur Umkehr mahnen und vor dem
sonst drohenden Vernichtungsgericht warnen sollten (vgl. Jes

9,7-20; 5,25; Am 4,6-11). Da jedoch - nach Ansicht dieser Propheten - alles vergeblich gewesen und das Volk zu einer wirkli-
chen Umkehr nicht bereit war, meinten sie, das bittere Ende -
das Vernichtungsgericht - stünde nahe bevor. Im einzelnen haben
die Propheten diesen 'Tag des Herrn', den 'dies irae', in unterschiedlicher Form angekündigt, sei es als das Hereinbrechen
einer Naturkatastrophe, als den Beginn eines verheerenden Krieges oder aber als den Ausbruch von Revolution und Anarchie.

In aller Schärfe verkündet beispielsweise JEREMIA die Ge-
richtsansage Jahwes (Jer 15,1ff):

"Selbst wenn Mose und Samuel vor mich hintreten würden, so
will ich doch von diesem Volk nichts wissen. Schick sie weg
aus meinen Augen. Sie sollen gehen! Und wenn sie dich fragen: Wohin sollen wir gehen?, dann sag zu ihnen: So spricht
Jahwe: Wer für die Pest bestimmt ist, zur Pest! Und wer für
das Schwert, zum Schwert! Und wer für den Hunger, zum Hunger! Und wer für die Gefangenschaft, in die Gefangenschaft!
Und ich beauftrage gegen sie vier Sippen, spricht Jahwe: das
Schwert zum Morden, die Hunde zum Zerren, die Vögel des Himmels und das Getier des Feldes zum Fressen und zum Vertil-
gen. Und ich mache sie zum Gegenstand des Entsetzens für
alle Königreiche der Erde wegen Manasse, des Sohnes Hiskias,
des Königs von Juda, wegen dessen, was er in Jerusalem getan
hat. "

Die Propheten sahen die Schuld des Volkes darin, daß es,
anstatt sich in Vertrauen und Hingabe völlig dem göttlichen
Willen Jahwes zu überlassen, lieber ein Leben in vermeintlicher
Sicherheit, Ruhe und Sattheit durch Bindung an das Irdisch-
Vergängliche führen wollte. Hierbei war für einzelne Propheten
Sünde und Gericht aufs engste miteinander verbunden dadurch,
daß die Schuld mit innerer Notwendigkeit zum Untergang und zur
Katastrophe führen müsse, wie JESAJAs ²²' Bild vom Riß in der
Mauer deutlich zeigt: Dieser Riß klafft immer weiter, bis die
Mauer unversehens und plötzlich zusammenstürzt (Jes 30,8-14).
Der Riß bezeichnet hier die Schuld des Menschen, sich von Jahwe
'losgerissen' zu haben. Mit dem Riß beginnt aber auch schon der
Zerfall der Mauer - das Gericht -, bis sie schließlich völlig
auseinanderbricht und der Zusammenbruch - das 'Vernichtungsge-
richt' - eingetreten ist.

Andererseits betonten die Propheten, daß das Gericht nicht
eigentlich der Wille Jahwes ist, sondern die Umkehr des Menschen, die ihn vom Tode erretten würde (Ez 18,23). Hier setzt
das zentrale Anliegen der großen vorexilischen Einzelpropheten
an, nämlich bei der Beantwortung der Frage, wie der eigentlich
wegen seiner Schuld dem Tode verfallene Mensch doch noch gerettet werden könne.

Die Prophetie gab auf diese zentrale Frage nach einer möglichen Rettung zwei Antworten. Die eine war die Aufforderung
zur Umkehr, die alle großen Einzelpropheten von AMOS [23] bis
EZECHIEL verkündet haben: Der Mensch solle sich von seinem
sündhaften Dasein abwenden und ein neues Leben der Hingabe und
des Vertrauens auf Gott führen (Am 5,4-6; 5,14f; Jes 1,16f),
dann werde Jahwe ihm seine Gnade nicht verwehren.

Die zweite Antwort lautete, daß die Rettung von einer erlösenden Tat Jahwes ausginge, die der Mensch nur anzunehmen habe.
Die Umkehr werde durch die Erlösung jedoch nicht überflüssig,
da die Vergebungsbereitschaft Gottes durchaus vom Willen des
Menschen zur Änderung abhängig sei. DEUTEROJESAJA ist der erste
Prophet, bei dem der Ausdruck 'Erlösung' bzw. 'Erlöser' direkt
begegnet (Jes 41,14; 44,6.24; 47,4; 49,26; 54,8 u.ö.), aber
auch bei HOSEA [24], JEREMIA und EZECHIEL finden wir einen derartigen Erlösungsgedanken schon vor.

Die prophetische Botschaft läßt sich also nach obigen Ausführungen in ihrem Kern folgendermaßen kurz zusammenfassen:
Rettung gibt es für den schuldig gewordenen Menschen nur bei
seiner Wandlung, die durch eigene Umkehr oder durch die Erlösung Jahwes eintreten kann. Kehrt der Mensch wirklich um oder
öffnet er sich wirklich dem Erlösungswillen Jahwes, so kann
sich nach Auffassung der Propheten die Herrschaft Gottes im
'neuen Dasein' des Menschen verwirklichen, und die lebendige
Gemeinschaft zwischen Gott und Mensch wird wiederhergestellt.
Dies führt dann schließlich zu einer Umgestaltung seines gesamten Lebens. Die Menschen, die sich zu einer solchen Umkehr ent-
schließen oder sich dem göttlichen Erlöserwillen öffnen, werden

hierdurch zu einem neuen Dasein geführt und finden sich dann
zuletzt - so die prophetische Vorstellung - zu einer Gemeinschaft zusammen, die das neue Gottesvolk bilden wird.

Die Botschaft der großen Einzelpropheten kann man - wie soeben ausgeführt - in wenigen Sätzen charakterisieren. Es ist
nun nicht uninteressant und unwichtig zu sehen, welche Konse-
quenzen diese Botschaft für sie nun im einzelnen hatte. Die
grundsätzliche Situation des Unheils, von der alle hier behandelten großen Einzelpropheten der vorexilischen Zeit ausgegan-
gen sind, hat dazu geführt, daß sie in für die damalige Zeit
ungewöhnlich offenen und scharfen Worten häufig Kritik an den
politischen, sozialen und kultischen Mißständen ihrer Zeit
geübt haben.

Gerade der israelitische Kultus wurde von den Propheten mit
außergewöhnlich scharfen Worten kritisiert. Sie sahen in ihm
einen schlimmen Abfall von Jahwe, der sogar die Hauptursache
für das bevorstehende Strafgericht darstelle (Hos 2,15; Jes
5,5f). Die Altäre mit den Schlachtopfern (Hos 8,11-13; 10,1-2;
Am 5,21ff; Jes 1,11ff; Jer 6,20f) wurden als Sünde betrachtet
sowie auch die Stierstatuen, die die Gottheit repräsentieren
sollten (Hos 8,4b-6). Bildlich gesprochen bedeutete eine solche
Sünde für sie Ehebruch und Unzucht, so daß - nach ihrer Auffassung folgerichtig - dieser unzüchtige Sinn auch auf das ganze
Leben und Verhalten der Menschen übergreifen mußte (Hos 4,12-
14). Die Hauptschuldigen waren für die Einzelpropheten vor allem die Priester, die die Leute durch ihren Kultus ausplünder-
ten (Hos 4,7-10; 5,1-2).

Aus den angeführten Stellen ersieht man, daß die Propheten
den Kultus zunächst bekämpft haben, weil er kanaanäische Elemente - wie die sakrale Prostitution - enthielt.

Darüber hinaus verleitete er ihrer Ansicht nach den Menschen
dazu, sich auf die Erfüllung der kultischen Pflichten zu beschränken, sich innerlich aber von Jahwe abzuwenden (vgl. Jes
29,13f). Dies führe dann dahin, daß das Volk die ethischen Forderungen Jahwes nicht mehr ernst nehme, da es sich durch die
formale Ausübung des Kultus in Sicherheit wähne, wie dies

Jer 7,1-15 besonders deutlich zum Ausdruck bringt.

Die Gebote, die das Alltagsleben des Volkes bestimmen sollten, wurden von den Propheten dem veräußerlichten Kultus entge-
gengestellt. So verkündet beispielsweise AMOS folgende Worte
Jahwes, von denen ich meine, daß sie sich auch auf veräußer-
lichte liturgische Formen heutiger christlicher Gottesdienste
anwenden lassen, sofern darüber das sozial-ethische Handeln
vernachlässigt wird [85] (Am 5,21-25):

"Ich hasse und verwerfe eure Feste und habe kein Wohlgefallen an euren Festversammlungen. Denn bringt ihr mir Brandopfer dar... an euren Speiseopfern habe ich kein Gefallen, und
das Opfer eurer Mastkälber sehe ich nicht an. Hinweg von mir
mit dem Lärm eurer Lieder! Das Spiel eurer Harfen will ich
nicht hören. Wie Wasser flute das Recht, und die Gerechtigkeit wie ein nie versiegender Bach! Habt ihr mir denn
Schlachtopfer und Speiseopfer dargebracht in der Wüste während der vierzig Jahre, Haus Israel?"

Daß der Kultus allein kein Heil schafft, sondern daß es auf
das ethische Handeln des Menschen ankommt, wird in deutlichen
Worten von AMOS in Am 5,14f verkündet:

"Suchet das Gute und nicht das Böse, auf daß ihr am Leben
bleibt, damit Jahwe, der Gott Zebaoth, mit euch sei, wie ihr
behauptet. Hasset das Böse und liebet das Gute und haltet
aufrecht im Tore das Recht, vielleicht erbarmt sich Jahwe,
der Gott Zebaoth, über Josephs Rest."

Im Zusammenhang mit den ethischen Forderungen der Propheten
ist auch auf ihre schonungslose Verurteilung der sozialen Vergehen der Oberschicht hinzuweisen, die die Armen und Notleiden-
den ausbeuten, beim Handel betrügerisch sind, das geltende
Recht mißachten und sich sogar bestechen lassen, um Unschuldige
zu verurteilen und Schuldige freizusprechen (Jes 5,23;
Am 2,6ff; 5,7ff; 8,4-7; Mi 3,9f).
So heißt es zum Beispiel im ersten Weheruf der Sammlung von
Jes 5,8ff:

"Wehe denen, die Haus an Haus reihen und Acker zu Acker fügen, bis kein Raum mehr da ist und ihr allein im Lande
wohnt. So hat Jahwe Zebaoth in meine Ohren geschworen:
'Wahrlich, die vielen Häuser sollen veröden und die großen
und schönen Paläste menschenleer werden. Denn zehn Joch
Weinberg werden nur einen Eimer und ein Malter Aussaat nur
einen Scheffel bringen.' ²⁶' Wehe denen, die schon am frühen
Morgen dem Rauschtrank nachjagen und am Abend verweilen, vom
Weine erhitzt! Zither und Harfe, Pauke und Flöte und Wein
vereinen sie zum Gelage, das Walten Jahwes aber kümmert sie
nicht, und was seine Hände tun, sehen sie nicht. Darum zieht
mein Volk in die Verbannung, weil es keine Einsicht hat.
Seine Vornehmen leiden Hunger, und die Masse verschmachtet
vor Durst."

Ein anderes eindrucksvolles Beispiel ist die Stelle
Am 4,1ff, wo sich der Prophet über die genußsüchtigen Frauen
Samarias ereifert, die er abfällig als 'Baschanskühe' ('fette
Kühe' bei Luther) bezeichnet:

"Höret dieses Wort, ihr Baschanskühe auf dem Berge von Samaria, die ihr die Geringen bedrückt und die Armen zertretet
und zu euren Herren sprecht: 'Gebt uns zu saufen!' Geschworen hat Jahwe, der Herr, bei seiner Heiligkeit: Seht, es
kommen Tage über euch, wo man euch mit Haken fortschleppt,
und was von euch übrigbleibt, mit Fischerhaken. Durch die
Breschen werdet ihr ausziehen, eine nach der anderen, und
werdet fortgeführt zum Hermon hin, spricht Jahwe." ²⁷'

Auch gegen den Staat und seine Politik richtete sich die
prophetische Kritik. So wird beispielsweise die Institution des
Königtums von HOSEA scharf kritisiert, der sie sogar als
Zuchtrute für das Volk in der Hand Jahwes ansieht (Hos 13,9-
11).

Des weiteren ist die Innenpolitik häufig Gegenstand der Kritik (Jes 3,12-15; Jer 22,13-17) sowie die Außenpolitik, in der
sich die beiden Kleinstaaten Juda und Israel als Konkurrenten
der Großmächte aufspielen und dabei Jahwe als den Herrn und
Lenker der Welt vergessen. Selbstverständlich griffen die Propheten auch die synkretistische Religionspolitik der verschiedenen Könige an.

Wir haben schon dargelegt, daß die Propheten die kultische
Frömmigkeitsrichtung überwunden haben, indem sie erklärten, daß

der Kultus allein kein Heil schaffen könne (z. B. Jes 1, 10-17).
Darüber hinaus überwanden sie auch die national-religiöse Daseinshaltung, in der Jahwe an die Grenzen des israelitischen
Volkes gebunden war. Für die Propheten waltet Jahwe im Schicksal aller Völker (Am 9, 7). Für sie wird aus der Nationalge-
schichte die Weltgeschichte, die von Jahwe gelenkt wird und
deren Herr er ist. Da sich also seine Macht nach Ansicht der
Propheten auf alle Völker erstreckt, haben sie sich auch so
häufig mit ihren Sprüchen gegen die 'Fremdvölker' gewandt.

Bei JESAJA beobachten wir ferner eine Überwindung der Lebensweisheit, indem er sich des öfteren gegen die Politiker
wendet, die sich allein auf ihre eigene 'Weisheit' verlassen,
sich gegen die göttliche Weisheit aber verschließen. Für Jesaja
ist nur Jahwe weise, und Israel hätte allein auf Jahwe vertrauen sollen (vgl. Jes 5, 21; 7, 9; 10, 13; 19, 12; 29, 14; 30, 15).

Schließlich findet man seit der Reformgesetzgebung unter
Josia 622 v. Chr. (vgl. Kap. IV) auch eine 'gesetzliche Daseinshaltung' in Israel, die die Propheten ebenfalls überwunden haben. Wie in der 'kultischen Daseinshaltung' verführte die gesetzliche Glaubensrichtung den Menschen nach prophetischer Meinung allzuleicht zu dem Irrtum, er könne allein durch formale
Erfüllung des Buchstabens der Thora sich Jahwe verpflichten.
Die Prophetie schließt die Auffassung, der Mensch könne Jahwe
gegenüber Rechte beanspruchen, indem er die Leistung der Gesetzeserfüllung erbringt, nachdrücklich aus.

Aus all dem hier Gesagten ergibt sich, daß der prophetische
Glaube allen anderen Glaubensströmungen der Königszeit weit
überlegen war. Die Grundlage dieses Glaubens bildete der mosaische Jahweglaube, auf dem alle großen Einzelpropheten fußten.
Die prophetische Verkündigung hat ihrerseits nicht unerheblich
auf die deuteronomische Theologie, die nachexilische Weisheitslehre (insbesondere auf das Buch Hiob) und überhaupt auf die
Zeit nach dem babylonischen Exil bis in die neutestamentliche
Epoche eingewirkt. [88]

2.2. Die eschatologische Prophetie in spät- und nachexilischer
      Zeit

Wir wollen uns jetzt den sogenannten 'eschatologischen Propheten' zuwenden, die in exilisch/nachexilischer Zeit gewirkt haben und deren Einfluß auf das NT schon bei oberflächlicher Betrachtung deutlich ins Auge fällt. [29]

Man rechnet folgende Schriftpropheten zu dieser Kategorie:
Deuterojesaja (Jes 40-55), Haggai, Sacharja (Sach 1-8), Trito-
jesaja (Jes 56-66) [30], Maleachi [31], Joel, Deuterosacharja
(Sach 9-11) und Tritosacharja (Sach 12-14). Ferner sind eine
Reihe von eschatologischen Sprüchen unbekannter Propheten in
verschiedene biblische Prophetenbücher eingestreut. [32]

Charakteristisch für die eschatologische Denkweise ist ihre
Unterscheidung zweier Zeitalter. Dies kann man besonders deutlich bei HAGGAI erkennen, der in Hag 2,15-19 zu einem Vergleich
zwischen Vergangenheit und Zukunft auffordert. Er verkündet der
Jerusalemer Gemeinde, daß bis zu dem damaligen Tag seiner Verkündigung die Zeit des Unheils und der Not geherrscht habe,
aber nun die Zeit des Heils für Israel beginne:

"Von heute an will ich Segen spenden" (Hag 2,19b).

Ähnlich unterscheidet auch SACHARJA zwischen zwei Zeitaltern, wenn er in Sach 8,14-15 ankündigt:

"Denn so spricht Jahwe Zebaoth: So wie ich Böses plante wider euch, als eure Väter mich erzürnten, spricht Jahwe Zebaoth, und es mich nicht gereute, so gedenke ich nun wieder,
in diesen Tagen Jerusalem und dem Hause Juda Gutes zu tun.
Fürchtet euch nicht!"

Die Vorstellung von den zwei sich ablösenden Zeitaltern ist
tatsächlich für die eschatologische Prophetie typisch: Auf der
einen Seite die bis in die Tage dieser Propheten reichende Zeit
des Unheils und des Gerichtes, das sie im wesentlichen im
Ereignis des babylonischen Exils erblickten, auf der anderen

Seite die neue Heilszeit, die aufgrund des göttlichen Erlö-
sungswillens (Jes 44,21f) unmittelbar bevorstehe und von ewiger
Dauer sei.

Den Anbruch und die Verwirklichung dieser angekündigten Zeit
des Heils haben sich die Propheten wie die Akte eines eschatologischen Dramas genau ausgemalt: Zunächst werde Jahwe die Völker und Großreiche vernichten und Israel aus der Knechtschaft
dieser Völker befreien, sodann die Gemeinde reinigen und die
gottlosen Frevler ausmerzen. Die versprengten Gläubigen aus
aller Welt werde er in Jerusalem sammeln und für sie ein Para-
dies auf Erden schaffen, womit die Gottesherrschaft in der Welt
beginne, in der entweder Jahwe selbst der Regent sei oder sein
irdischer Stellvertreter, der Messias. Schließlich und endlich
würden sich auch die anderen Völker, die dem Vernichtungsgericht entgangen seien, zu Jahwe bekehren (Vgl. Jes 40-55; Hag
2; Sach 1-8; Jes 24-27 (nachexilisch); Sach 9-11; Joel 3-4).

Natürlich werden die eschatologischen Propheten nach einer
Weile gemerkt haben, daß die Zeit des Heils offenbar doch auf
sich warten ließ und die Verhältnisse sich nicht - wie erhofft
- änderten. Dies wurde dann beispielsweise mit der Sünde begründet, die immer noch vorherrsche (Jes 59,1-14). MALEACHI sah
schließlich ganz von der Bestimmung des Tages Jahwes ab, an dem
das Heil einsetzen sollte. Für ihn konnte sich die eschatologische Wende jeden Tag verwirklichen (vgl. Mal 2,17-3,5):

"Ihr werdet Jahwe lästig mit euren Reden, und ihr fragt:
'Wieso sind wir ihm lästig gefallen?' Indem ihr sagt: 'Jeder, der Böses tut, ist gut in den Augen Jahwes, an ihnen
hat er seine Freude [!].' Oder: 'Wo bleibt denn der Gott des
Gerichtes?' Siehe, ich sende meinen Boten, daß er mir den
Weg bereite, und plötzlich kommt dann in seinen Tempel der
Herr, nach dem ihr euch sehnt, und der Engel des Bundes,
nach dem ihr verlangt. Siehe, er kommt, spricht Jahwe Zebaoth." (2,17-3,1)

Die paradiesische Heilszeit stellte man sich im wesentlichen
als ewigwährende Zeit reicher materieller Segensfülle vor mit
Jerusalem als Mittelpunkt der Welt (vgl. Sach 1,17). Von hier
aus werde Jahwe selbst oder sein messianischer Stellvertreter

die Weltherrschaft übernehmen. Ewiger Frieden herrsche dann auf Erden, und die Menschen dürften ein langes Leben in Gesundheit und mit zahlreichen Nachkommen gesegnet führen.

In der eschatologischen Prophetie gab es - wie soeben angedeutet - zwei unterschiedliche Vorstellungen darüber, wer denn nun die göttliche Herrschaft auf Erden ausüben werde. Die einen meinten, Jahwe werde selbst auf dem Berge Zion als König regieren (Jes 24,23; 33,22; 44,6; 45,14f; Mi 4,7 [33]; Zeph 3,15; Sach 9,1-8; Mal 3,1), die anderen vertraten die Ansicht, daß Jahwe einen menschlichen König als seinen Statthalter einsetzen werde, den man gewöhnlich als 'Messias' bezeichnet, obwohl dieser Begriff im AT nicht verwendet wird.

Nur wenige Texte des AT sprechen direkt von einem solchen endzeitlichen Herrscher. In Jes 9,1-6 (nachexilisch) [34] wird er angekündigt als Kind, als Sohn auf dem Throne Davids mit den Namen 'Wunderbarer Ratgeber', 'Göttlicher Held', 'Beutebesitzer' [35] und 'Friedensbewahrer'. Jes 11,1-9 (nachexilisch) spricht dagegen von einem Schößling aus dem Wurzelstock der davidischen Dynastie, der das eschatologische Friedensreich mit Weisheit und Verstand leiten werde. Ähnlich äußern sich die folgenden Texte, die alle spätere eschatologische Hinzufügungen in den jeweiligen Prophetenbüchern darstellen: Jes 11,10; 16,5; Jer 23,5-6; 33,15-16; Ez 17,22-24; Mi 5,1-3.

HAGGAI nennt in Hag 2,20-23 (authentisch) den messianischen Herrscher sogar beim Namen. Für ihn war Serubbabel, ein Enkel des früheren Königs Jojachin und davidischer Kommissar der Perser in Jerusalem (vgl. Kap.VII), der Messias. Auch in Sach 6,9-15 war ursprüglich von Serubbabel als endzeitlichem Herrscher die Rede. In V.11 stand nämlich im Urtext der Name 'Serubbabel'. Dies geht aus V.12-13 eindeutig hervor, und Serubbabel nahm tatsächlich zusammen mit dem Hohenpriester Josua den Wiederaufbau des Tempels in der nachexilischen Zeit in Angriff (vgl. Kap.VII). Die spätere Jerusalemer Priesterschaft, deren Bedeutung im Verlauf der Geschichte ständig wuchs, hat bei ihrer redaktionellen Bearbeitung des Prophetenbuches an dieser Stelle den Namen des Hohenpriesters Josua eingesetzt.

In Sach 4,1-14 wird dagegen der Messiastitel auf zwei Perso-
nen übertragen, auf einen weltliche Messias - dies sollte der
Politiker Serubbabel sein - und einen geistlichen Messias, den
Hohenpriester Josua.

DEUTEROSACHARJA verkündet den demütigen Einzug des Messias
mit den Worten, die aus der Weihnachtsliturgie bekannt sind
(Sach 9,9f):

> "Juble laut, Tochter Zion, jauchze, Tochter Jerusalem! Sie-
> he, dein König kommt zu dir, gerecht und siegreich. Demütig
> ist er und reitet auf einem Esel, auf dem Füllen einer Ese-
> lin. Er schafft die Streitwagen fort aus Ephraim und die
> Streitrosse aus Jerusalem, es werden abgeschafft die Kampf-
> bogen. Er gebietet Frieden den Völkern, und seine Herrschaft
> reicht von Meer zu Meer, vom Strom bis zu den Enden der Er-
> de."

Nach dem Bericht aller vier Evangelisten ist Jesus von Nazareth gemäß dieser Weissagung in Jerusalem 'auf einem Esel' ein-
gezogen (Matth 21,1-11; Mark 11,1-11; Luk 19,28-38; Joh 12,12-
16). Es sei an dieser Stelle aber noch einmal ausdrücklich vermerkt, daß der eschatologische Prophet mit seinem Spruch keineswegs Jesus von Nazareth als den Messias voraussagen wollte.
Es ist auch in der neutestamentlichen Wissenschaft keineswegs
klar, ob Jesus dieses Prophetenwort für sich erfüllen wollte
und auch tatsächlich erfüllt hat oder ob es sich nicht vielmehr
um eine legendarische frühchristliche Überlieferung handelt,
die die Evangelisten (alle Evangelien sind sehr wahrscheinlich
nach 70 n.Chr. verfaßt) zum Erweis der Messianität Jesu herangezogen haben (Man spricht in diesem Zusammenhang auch von ei-
ner 'Erfüllungssage').[36'] Den Messias als irdischen Stellvertreter Jahwes stellte man
sich stets als aus dem Geschlecht Davids stammend vor (zur
Erinnerung: Die Evangelisten Matthäus und Lukas geben später
auch jeweils einen Stammbaum für Jesus an, der auf David zurückführt, um u.a. hieran nachzuweisen, daß Jesus der erwartete
Messias sein muß: Matth 1,1-17; Luk 3,23-38).

Es sei an diesr Stelle noch darauf hingewiesen, daß dem Messias - abgesehen von dem zweiten priesterlichen Messias bei

SACHARJA - ausschließlich politische Aufgaben [37] zugedacht
waren, wie aus den angeführten Texten hervorgeht.

Zusammenfassend sei am Ende dieses Kapitels festgehalten,
daß die gesamte eschatologische Prophetie gegenüber der Botschaft der großen vorexilischen Einzelpropheten einen Rück-
schritt und Abstieg darstellt, indem sie das 'Entweder-Oder'
des Unheils oder Heils in ein zeitliches 'Vorher-Nachher' umge-
deutet hat. Da sie häufig eine Naherwartung [38] vertrat, die
sich nie erfüllte, hat sie notgedrungen eine tiefe Enttäuschung
über das Ausbleiben dieser Heilszeit bei ihren Anhängern erzeugt. Auch alle Erklärungsversuche für diese ständig neuen
'Heilsverzögerungen' erwiesen sich im Verlauf der Geschichte
als unhaltbar, so daß die eschatologische Prophetie mit ihrer
'Heilsdramatik' eigentlich als eine vergangene Glaubensform
anzusehen ist.
    Die Botschaft der vorexilischen großen Einzelpropheten hin-
gegen mit ihrem aufrüttelnden Ruf zur Umkehr hat durch alle
Zeitläufte hindurch bis zum heutigen Tag nichts von ihrer Gültigkeit verloren.

VII. GRUNDLINIEN DER WEITEREN GESCHICHTE ISRAELS WÄHREND UND
NACH DEM EXIL

In diesem Kapitel soll der historische Faden des vierten Kapitels, der bis zur babylonischen Gefangenschaft führte, wieder aufgenommen werden.

Wir wollen uns einen Überblick verschaffen über Israels '' geschichtliche Entwicklung vom Exil bis in die nach-alttestamentliche Zeit der Römerherrschaft.

1.   D i e   Z e i t   d e s   E x i l s

Befragt man die Bibel über die nahezu 50-jährige Zeit des babylonischen Exils, so erhält man aus ihren 'Geschichtsbüchern' so gut wie überhaupt keine Information. Die Stellen 2.Kön 24,15f und 2.Kön 25,11.21b berichten lediglich über die Deportationen nach 'Babel' bzw. irgendwohin in das neubabylonische Reich ohne Angabe des Zieles. Über das weitere Schicksal der Exulanten erfährt man sowohl in den Königsbüchern als auch im chronistischen Geschichtswerk nichts mehr. Letzteres erklärt in 2.Chron 36,20f ausdrücklich, das palästinische Land sei siebzig Jahre menschenleer gewesen und habe in dieser Zeit völlig brach gelegen. Der chronistische Geschichtsschreiber hat eine eigene Deutung hierfür, die seiner nachexilischen Geschichtskonzeption entspricht, indem er das Exil als die Erfüllung einer Weissagung Jeremias deutet (Jer 29,10). Er nimmt seine Erzählung erst mit dem Erlaß des persischen Königs Kyros (538-529 v.Chr.) zum Neuaufbau des Jerusalemer Tempels wieder auf (2.Chron 36,22f; Esr 1,1ff), so daß also die Exilszeit völlig übersprungen wird.

Bei dem Versuch einer Rekonstruktion der Exilszeit sind wir

somit weitgehend auf Hinweise in den Büchern Jeremia, Ezechiel und Deuterojesaja (Jes 40-55) angewiesen. Auch aus dem Buch der Klagelieder und aus einigen Psalmen lassen sich gewisse Einzelheiten über die geistige und religiöse Situation jener Zeit des Exils erschließen. Darüber hinaus sind glücklicherweise noch einige archäologische Funde sowie babylonische Hofannalen erhalten, die unser Wissen über die Situation der Diasporajudäer vervollständigen. So wurden bei Ausgrabungen in Nippur im letzten Jahrhundert Tontafeln gefunden, die aus dem Archiv eines Bankhauses stammen (vgl. ANET, S.221). A.H.J.Gunneweg schreibt über diese interessanten Tontafeltexte (a.a.O., S.130):

"Aus dem 5.Jahrhundert v.Chr. wurde ein Bankhaus, die Firma Muraschu und Söhne in Nippur südöstlich von Babylon bekannt. Auf den Tontafeln, die das im vorigen Jahrhundert wiederentdeckte Geschäftsarchiv darstellen, begegnen zahlreiche hebräische Namen. Das ist ein sicheres Indiz für die rege Tätigkeit von Juden im wirtschaftlichen Bereich. Das Bankgeschäft als solches ist zwar höchstwahrscheinlich keine jüdische, sondern eine babylonische Erfindung. Noch [in] Ez 16,29; 17,4 wird Babylon verächtlich ein Krämerland und eine Händlerstadt genannt. Diese Auffassung muß aber nicht allgemein gewesen sein. Eine der beiden großen Banken im 7.Jahrhundert, das Haus Egibi wird in israelitisch-jüdischen Händen gewesen sein, denn der Begründer hat den Namen Jakob. Die religiöse Besonderheit verhinderte die völkische und soziale Integration in die 'Heidenwelt' trotz aller sonstigen Anpassung an die Umgebung bis hin zur Übernahme der Sprache. Diese Nichtintegration, einerseits ein Hindernis, das manchem den Aufstieg verwehrte, eröffnete andererseits den exilierten Judäern - gebildeten Angehörigen der Oberschicht - den Zugang zu den sogenannten bürgerlichen Berufen in Handel und Gewerbe, die damals wie zu allen Zeiten von besonderer Bedeutung für die Wohlfahrt waren."

Immerhin läßt sich von der Lage der Deportierten ungefähr folgendes Bild rekonstruieren [²].

Die Bibel berichtet über zwei verschiedene Deportationszüge, in denen der größte Teil der judäischen Oberschicht nach Babylonien verschleppt wurde (2.Kön 24,14-16; 25,11f). Hieraus darf man jedoch nicht den falschen Schluß ziehen, daß die Deportierten gefangengenommen und zu schwerer Sklavenarbeit gezwungen worden wären, um dann in ihren wenigen Mußestunden weinend und

klagend an den Kanälen Babyloniens zu sitzen (Ps 137) ³'. Sicherlich wird es einige gegeben haben, die man gefangengesetzt
hat, aber nicht in ihrer Eigenschaft als Deportierte, sondern
weil sie wegen antibabylonischer Umtriebe aufgefallen waren.
Auch gab es wohl solche, die Sklavenarbeit verrichten mußten,
aber nur, weil sie nicht in der Lage waren, ihren Lebensunter-
halt auf andere Weise zu verdienen. Der überwiegenden Mehrzahl
der Deportierten wird es jedoch mit Sicherheit nicht gerade
schlecht gegangen sein.

Sie wurden nicht - wie es einst bei den Assyrern üblich war
- als neue Oberschicht in eine andere Provinz des Großreiches
versetzt, welche man ebenfalls erst vor kurzem erobert und deren alte Oberschicht man gleichfalls fortgeführt hatte. Vielmehr wurden die Judäer im babylonischen Reich in geschlossenen
Gruppen an neu gegründeten Ortschaften angesiedelt.

Der Nachfolger Nebukadnezars, Amel Marduk (= Ewil-Merodach)
(561-559), war ein judäerfreundlicher Regent, der dem König
Jojachin (vgl. Kap. IV) nach langer Haft die Freiheit schenk-
te ⁴' und ihm einen Ehrenplatz an seiner Tafel zuwies (2. Kön
25, 27ff). Dies hatte für die Exulanten eine größere Bewegungs-
freiheit und Toleranz seitens der babylonischen Behörden zur
Folge. Unter seinem Nachfolger Neriglissar (= Nergalsarezer)
(559-555) verschlechterte sich die Situation für die Judäer
wieder ein wenig, wenn auch Jojachin seine Freiheit behalten
durfte.

In dieser Zeit wuchsen die Spannungen im babylonischen
Reich: Durch den steigenden Luxus seiner Bürger und die
gleichzeitige Vernachlässigung des Heeresdienstes gelang es
nämlich den Medern, an den Grenzen des Großreiches einzufallen.
Nach der kurzen, nur einige Monate währenden Regierung des La-
baschi Marduk (555) folgte der letzte babylonische König Nabonid (555-539), der aber den Untergang seines Reiches durch die
Eroberungszüge der Perser nicht mehr aufhalten konnte.

Zunächst scheint Nabonid mit dem Perserkönig Kyros (559-529)
kooperiert zu haben, um sich der lästigen Meder zu erwehren.
Als Kyros dann jedoch die Meder besiegt und ein eigenes großes
Reich gegründet hatte, verbündete sich Nabonid mit dem lydi-

schen König Krösos ⁵ '. Im Kampf gegen die Perser erreichte Krösos allerdings nur eine unentschiedene Schlacht, worauf er sich
wieder zurückzog. Kyros wagte es dann, nach Kleinasien zu ziehen, wo er die Lyder schlagen und Krösos gefangennehmen konnte.
538 v.Chr. eroberte Kyros dann auch das babylonische Reich,
wodurch Israels Befreiung aus dem Exil 'eingeläutet' wurde.

Wie schon erwähnt, waren die deportierten Judäer in mehreren
Ortschaften angesiedelt worden. Eine von ihnen hieß Tel Abib,
was wohl vom babylonischen 'til abubu' (='Fluthügel') abzuleiten ist, so daß man an eine verlassene Ortschaft zu denken hat,
die nach damaligem Glauben von der großen Sintflut zerstört
worden war. Durch die Judäer erwachte der Ort zu neuem Leben.
Er wurde bewässert mit Hilfe eines vom Euphrat abzweigenden
Kanals, des 'nar kabari' (bei Ezechiel: Kebar), der in seiner
Nähe vorbeiführte. Die hebräische Umbenennung der Ortschaft in
'Tel Abib' = 'Ährenhügel' wird somit durchaus verständlich.
        Auch der Prophet Ezechiel hat hier gelebt, wie aus Ez 1,1
hervorgeht. Des weiteren sind die Siedlungsorte Tel Melach
(Salzhügel) und Tel Harscha (Pflughügel) bekannt. Aufgrund die-
ser Namen nimmt man an, die Judäer seien gerade dort angesie-
delt worden, wo das Ackerland rekultiviert werden sollte.

        In diesen Ortschaften haben die Ältesten eine nicht unwe-
sentliche Rolle gespielt (vgl. Ez 8,1; 14,1; 20,1). Die Babylonier wollten die bisher einflußreichen judäischen Schichten
nicht wieder an Macht gewinnen lassen. Sie griffen daher auf
die frühere Sippenordnung zurück und setzten die Ältesten ein,
denen vor allem religiöse, soziale und auch juristische Über-
wachungsfunktionen übertragen wurden. Jeremia richtete an diese
Ältesten seinen Brief, in dem er den Exulanten empfahl, sich
mit ihrem Schicksal einstweilen abzufinden (Jer 29). Auch im
Ezechiel-Buch wird von den Ältesten berichtet, die den Propheten aufsuchten, um ihn über ihr Schicksal und die Möglichkeiten
der Jahweverehrung im fremden Land zu befragen (Ez 14,1-11;
20,1-32).

Da das Ezechiel-Buch - wie schon erwähnt - eine Hauptquelle
für unser Wissen über die Situation der Judäer in der Diaspora
darstellt und Ezechiel der letzte der großen Einzelpropheten
gewesen ist, bietet es sich an, einige wichtige Daten über den
Propheten hier einzufügen, in Ergänzung des vorigen Kapitels.
Ich meine, daß das Folgende ausreichen dürfte, um dem interessierten Leser die - empfehlenswerte - Lektüre dieses faszinie-
renden Prophetenbuches zu erleichtern. Er wird, so hoffe ich,
die einzelnen Kapitel und Abschnitte im großen und ganzen mit
Hilfe des angegebenen historischen 'Gerüstes' richtig einordnen
können.

EZECHIEL war - folgt man den Angaben seines Buches - ursprünglich Priester in Jerusalem gewesen, bevor er bei der ersten Deportation mit der Jerusalemer Oberschicht nach Babylonien gebracht und in der kleinen Ortschaft Tel Abib am Kebar
angesiedelt wurde. Seine Berufung erfolgte dort im 5. Deportationsjahr, also 593 v.Chr. Aufgrund Ez 29,17, wo das letzte
Datum seines Buches erwähnt wird, erstreckte sich seine Tätigkeit bis in das Jahr 571 v.Chr., so daß er mehr als zwei Jahrzehnte lang in der Diaspora während der Frühzeit des Exils aufgetreten ist.

Er richtete zunächst mahnende und warnende Sprüche an seine
exilierten Leidensgenossen, während später, nach dem Fall Jerusalems, seine Verkündigung tröstend war und er die Exulanten
zum Durchhalten ermunterte.

Ezechiels Wirksamkeit kann man in drei Perioden einteilen:
1.Periode (593-587): In der Zeit von seiner Berufung bis zum
Untergang Jerusalems verkündete er Unheilsworte, um den Deportierten ihre anfängliche Hoffnung auf die Unzerstörbarkeit des
Jerusalemer Tempels und ihre baldige Rückkehr ein für allemal
auszutreiben. Die Überlieferung aus dieser Zeit: Ez 4-24. Nach
Jerusalems Fall verstummte der Prophet zeitweilig: Ez 3,22-27;
24,25-27; 33,21f.
2.Periode (586-585): Jetzt bemühte er sich, die Verzweifelten
aufzurichten und den vorhandenen Willen zur Umkehr in die richtige Bahn zu lenken (Ez 34; 13,3.6.9; 3,16b-21; 33,1-20; 25ff).
3.Periode (nach 585): Er erkannte, daß seine zuvor verkündeten

Forderungen an die Exulanten deren Kräfte überstiegen und es
nicht anginge, wenn nur ganz wenige Fromme überleben könnten.
Daher wandelte sich Ezechiels Botschaft jetzt zur Heilsankündi-
gung, die in der Erwartung eines wiedergeeinten israelitischen
Reiches im aufblühenden Palästina bestand (Ez 36-37) sowie in
der Rückkehr Jahwes in einen neu erbauten Tempel, dessen Bau-
plan von Ezechiel in allen Feinheiten ausgearbeitet wurde
(Ez 40-48).

Den Feinden dieses neuen Jerusalem sagte der Prophet hingegen einen grauenvollen Untergang voraus (Ez 38-39: Die Identität des sagenhaften Gog, Herrschers von Magog, ist nicht geklärt). Wichtig ist ihm die Verheißung eines neuen, fleischer-
nen Herzens an Stelle des alten, steinernen und die Schenkung
des göttlichen Geistes, durch den die Israeliten ganz wie von
selbst den göttlichen Willen befolgen werden (Ez 36,26ff).

Von späteren Autoren stammen die Stellen [6]:
Ez 6,8-10; 16,30-34.44-63; 17,22-24; 21,33-37; 22,6-13.15f.23-
31; 23,36-49; 27,9b.11-24; 28,20-26; 30,13-19; 32,9-16; 33,7-9;
40,38-43; 41,15b-26; 43,10-27; 45,18-20.21-46,15.16-24; 48.

Über die These einer möglichen psychopathischen Störung dieses Propheten schreibt G.Fohrer (Das Alte Testament II, S.58f):

"Mehrfach hat man in neuerer Zeit verschiedene Erscheinungen
im Leben des Propheten, die mit seinem visionären Erleben
oder mit ekstatischen Erscheinungen wie dem Gefühl des Ent-
rückt- und Entrafftwerdens zusammenhängen, als Symptome einer geistigen Störung oder Krankheit Ezechiels gedeutet -
von der Annahme pathologischer Züge bis zur Schizophrenie.
Aber mit dieser Auffassung wird man ihm nicht gerecht. Solche Erscheinungen sind bei Ezechiel teilweise Zeichen eines
ekstatischen Erregtseins, teilweise Züge oder Elemente der
symbolischen Handlungen, die er in größerer Zahl als andere
Propheten ausgeführt hat. Die persönliche Eigenart Ezechiels
liegt demgegenüber in der Polarität seines Wesens. Er ist
einerseits ein erregbarer Ekstatiker, andererseits denkt er
folgerichtig und geradezu systematisch - anders als die vorhergehenden Propheten. In ihm vereinen sich glühende Leidenschaft und pedantische Kasuistik, kühne Zukunftshoffnungen
und nüchterner Wirklichkeitssinn. Diese Polarität hat aber
die Einheit seiner Persönlichkeit nicht gesprengt, da sie in
dem stärkeren Bewußtsein seiner Sendung als Prophet begründet war." [7]

Angemerkt sei hier nur, daß dieser Versuch einer psychologischen Beurteilung der Persönlichkeit des Propheten allein auf
der Grundlage einer biblischen Schrift, die eine komplizierte
Redaktionsgeschichte besitzt, zumindest problematisch ist. Es
müßten begründete Kriterien angegeben werden, die derartige
psychologische Rückschlüsse vom Text auf die Persönlichkeit des
Propheten absichern könnten.

Soviel über diesen großen Exilpropheten.

In bezug auf die soziale Lage der Exulanten sei noch nachge-
tragen, daß man zwischen den Einheimischen und den Deportierten
keinen rechtlichen Unterschied machte. Die steuerlichen Abgaben
lasteten auf allen Untertanen des Reiches gleichmäßig. Jeder,
die Deportierten eingeschlossen, durfte sich Häuser bauen, Handel treiben und nach einer gewissen Zeit sogar den Wohnsitz
ändern. Unter Amel Marduk gelangten denn auch viele Judäer zu
Wohlstand und Reichtum, insbesondere diejenigen, die sich schon
in Jerusalem in Handel und Kaufwesen hervorgetan hatten. Verständlicherweise zogen es gerade diese geschäftlich erfolgreichen Judäer nach dem Sieg der Perser vor, in Babylonien zu
bleiben und nicht wieder nach Jerusalem zurückzukehren, hatten
sie es doch im fremden Land zu Ansehen und einem Wohlstand gebracht, den sie nicht so einfach wieder aufs Spiel setzen wollten.

Man weiß, daß nur etwa die Hälfte der Deportierten nach
Kyros' Sieg über die Babylonier freiwillig wieder in ihre alte
Heimat zurückgekehrt ist. [8] Auch die große Geldsumme, die seinerzeit für die Wiedererrichtung des Jerusalemer Tempels ge-
spendet wurde, deutet auf den Wohlstand hin, der unter den Deportierten gegen Ende der babylonischen Exilszeit und darüber
hinaus geherrscht haben muß.

Die religiöse Lage der Deportierten war wesentlich schwieri-
ger als ihre soziale. [9] Man wird davon ausgehen können, daß
die Umsiedlung in ein fremdes Land mit hochentwickelter Kultur
für den religiösen Glauben der Judäer eine schwere Krise bedeu-

tete, war doch im Alten Orient die Verehrung eines Gottes an
dessen Land gebunden, so daß sein Kultus im Ausland als unmöglich erschien. Für viele hatte sich der babylonische Hauptgott
Marduk [10] als stärker und mächtiger denn Jahwe erwiesen, da
nach damaliger Vorstellung mit der Unterwerfung eines Volkes
auch dessen Gott besiegt worden war.

Laut Ez 13,17ff hielten offenbar magische Kultpraktiken bei
den Exulanten Einzug, und gemäß Ez 14,1-11 dachten wohl manche
der Deportierten daran, die Bilder der babylonischen Götter in
ihren Häusern aufzustellen.

Dennoch ist während der gesamten Exilszeit der reine Jahweglaube erhalten geblieben, er hat sich bei den Deportierten
sogar noch tiefer eingewurzelt. Verantwortlich hierfür ist
sicherlich der Umstand, daß man die Judäer in geschlossenen
Kolonien ansiedelte, so daß sie unter sich leben und ihr
Volkstum einschließlich des Jahweglaubens bewahren und pflegen
konnten.

Überdies erinnerte man sich an die vorexilischen großen Einzelpropheten und erkannte, daß sie offensichtlich doch recht
gehabt hatten, wenn sie das 'Unheil' der sog. babylonischen
Gefangenschaft als Strafe Jahwes für Judas Abtrünnigkeit ange-
droht hatten. Die Erinnerung an derartige Prophetenmahnungen,
die sich nun, da das Exil tatsächlich eingetreten war, entgegen
den Heilsverkündigungen der kultischen Berufsprophetie als nur
allzu berechtigt erwiesen hatten, brachte die Judäer zu der
Erkenntnis, daß offenbar nicht Marduk über Jahwe gesiegt, sondern Jahwe selbst diese Situation des Exils als Gericht über
sein eigenes Volk gebracht hatte.

Hieran knüpfte sich natürlich auch eine vage Hoffnung auf
eine neue Zeit des Heils, die Jahwe seinem geläuterten Restvolk
vielleicht doch noch eines nicht allzufernen Tages gewähren
werde.

Die religiöse Lage war für die Deportierten dennoch alles
andere als einfach. Das größte Problem dürfte die Unmöglichkeit
gebildet haben, Jahwe in einem Tempel zu verehren. Aus Ez 20
läßt sich erschließen, daß man daran dachte, als Ersatz für den
früheren Tempelkultus ein Gottesbild 'aus Holz und Stein'

(V.32) zu errichten, um vor diesem die kultischen Handlungen vorzunehmen. Auf Ezechiels Einspruch hin unterblieb dann jedoch die Aufstellung eines derartigen Bildes.

Im Exil entwickelten sich tatsächlich mit der Zeit gewisse Ersatzformen des Kultus, die in der Folge für das Judentum wichtig blieben:

An die Stelle des Tempels trat die religiöse Schule, aus der die spätere Synagoge hervorging. Im Zusammenhang hiermit gewann der Stand der Gesetzeslehrer (= 'Schriftgelehrten') sehr an Bedeutung. Er hatte vor dem Exil nur eine marginale Rolle gespielt. Sehr wichtig nahm man ferner die Feier des Sabbats, die zum Hauptersatz für den Kultus wurde. Des weiteren betonte man die Bedeutung des Beschneidungsritus gegenüber den Babyloniern, welche ihn nicht ausübten.

Insgesamt ist die Exilszeit als Ausgangspunkt für die Bildung der wesentlichen Elemente des späteren Judentums zu betrachten, so daß sie einen großen Wendepunkt in der religiösen Geschichte Israels darstellt. Charakteristisch ist ihre starke Betonung des Gesetzlichen. Zwar trat dieser Zug schon kurz vor dem Exil im deuteronomischen Gesetz in Erscheinung, das als Grundlage für die religiöse und kultische Reform unter König Josia (622) verwendet wurde (vgl. Kap. IV); im Exil gewann die Thora jedoch sehr an Bedeutung, denn sie war für die Deportierten das einzige, was ihnen angesichts der Bedrohungen und Unsicherheiten im fremden Land wirklich Halt bot und an das sie sich daher umso stärker klammerten.

Zu der großen Bedeutung, die die Thora seit der Exilszeit einnehmen sollte, haben nicht unwesentlich die unbekannten Geschichtsschreiber und Gesetzeslehrer beigetragen, die man als die 'deuteronomistische Schule' zu bezeichnen pflegt, da sie ihre Geschichtswerke aufgrund der deuteronomischen Theologie verfaßt haben (vgl. Kap. IV, Anm. 1). Von ihnen wurde die schon bestehende religiöse Literatur unter starker Betonung des deuteronomischen Gesetzeselementes überarbeitet, was vor allem in den Büchern Josua, Samuel und Könige deutlich zum Ausdruck kommt.

Auch das sogenannte Heiligkeitsgesetz Lev 17-26 ''' entstand

im Exil. Es erhielt seine Bezeichnung aufgrund der häufig wie-
derkehrenden Formel

"Ihr sollt heilig sein, denn ich, Jahwe, euer Gott, bin heilig.".

Im übrigen wurde im Exil auch die Prophetie weitergeführt,
die jedoch bei weitem nicht mehr die religiöse Tiefe und Weite
der vorexilischen großen Einzelpropheten von Amos bis Ezechiel
erreichte. So steht bei DEUTEROJESAJA (Jes 40-55) am Ende der
Exilszeit das nationale Interesse im Vordergrund, bei HAGGAI
und SACHARJA dagegen während der ersten Zeit nach dem Exil das
Interesse an kultischen und gesetzlichen Fragen.

An dieser Stelle sollen in Ergänzung zu Kap. VI noch einige
Informationen über den spätexilischen anonymen Propheten DEUTE-
ROJESAJA eingefügt werden, die einen gewissen Aufschluß über
die religiöse Situation in der Spätzeit des Exils nach Ezechiels Wirksamkeit geben.
          Wir zitieren A. H. J. Gunneweg (a. a. O., S. 132):

"Der andere bedeutende exilische Prophet, der aller Wahrscheinlichkeit nach im babylonischen Exil wirkte, ist der
Anonymus, auf den die Kapitel 40 bis 55 des Jesajabuches
zurückgehen und den man als Deuterojesaja zu bezeichnen sich
angewöhnt hat. Deuterojesaja wirkte gegen Ende der babylonischen Vorherrschaft, als unter Kyros die Perser sich an-
schickten, dem chaldäischen Reich [= neubabylonischen Reich]
ein Ende zu bereiten. Deuterojesajas Verkündigung ist reine
Heilspredigt: Jahwe wird das Gericht beenden, sein Volk in
einem neuen Exodus, der den Auszug aus Ägypten weit in den
Schatten stellt, aus Babel herausführen und eine neue Heilszeit anbrechen lassen. Mindestens zeitweise hat der Prophet
in Kyros das von Jahwe erwählte Werkzeug dieses neuen
Heilshandelns und gar den Gesalbten Jahwes gesehen (Jes
44, 28; 45, 1), der an Babel das Gericht vollstrecken und Jerusalem und seinen Tempel wieder aufbauen würde (Jes 44, 26;
45, 13; 48, 14f). Es ist wahrscheinlich, daß Deuterojesaja
diese seine Verkündigung ursprünglich - nicht anders als die
älteren Propheten - mündlich vorgetragen hat, aber man wird
wohl mehr speziell an im Exil gehaltene Klage- oder sonstige
Gottesdienste zu denken haben, in deren Rahmen er aufgetreten sein wird. Bemerkenswert an Deuterojesajas Heilsverkündigung noch mitten im Unheil des Exils sind auch der sich

anbahnende 'theoretische Monotheismus' (vgl. Jes 44,6; 41,4;
43,11) [18]) und eine fast schon dualistische Unterscheidung
zweier Zeiten, der alten, jetzt zu Ende gehenden Unheilszeit
und der unmittelbar bevorstehenden neuen Heilszeit, deren
Heil ewig und unveränderlich sein wird (Jes 43,18f; 51,6.8;
54,8.9f).
Dieser die spätere apokalyptische Zweiäonenlehre vorberei-
tende Zeitendualismus [13], der Monotheismus und die besondere Wertschätzung des Persers Kyros machen eine gewisse
Beeinflussung Deuterojesajas durch die persische Religion
und die Lehren des prophetischen Reformers Zarathustra
(6. Jahrhundert?) [14] wahrscheinlich. Es ist zwar nicht unbedingt mit genauer Kenntnis der persischen Religionslehren -
Dualismus des Kampfes zwischen AHURA-MAZDA und AHRIMAN [15],
zwischen Licht und Finsternis, Gut und Böse, der mit dem
Sieg des Guten enden wird; Tendenz zum bildlosen ethischen
Monotheismus - zu rechnen, wohl aber mit einem mehr allgemeinen Einfluß auf das Denken und Fühlen und den Geist der
Zeit, der von Persien ausging und sich bis in spätere Zeiten
des Judentums und Christentums [!] im ganzen und in manchem
einzelnen bemerkbar macht. Der Dualismus von Gut und Böse,
die heilsgeschichtliche und unheilsgeschichtliche Perioden-
lehre, Heilsmittlergestalten, Angelologie [16] und Teufels-
lehre, die himmlische Buchführung über menschliche Taten
sind solche aus der persischen Religion hervorgegangenen
Vorstellungen. überhaupt wird die Hoffnung, daß mit den Persern nach den assyrischen und babylonischen Schrecken und
Unterdrückungen eine neue Heilszeit anbrechen würde, weit
verbreitet gewesen sein und Deuterojesaja hat ihr beredten
Ausdruck gegeben. "

Man beachte in diesem Zusamenhang auch, daß Deuterojesaja
für die Evangelien des NT sehr wichtig ist. Es werden häufiger
Stellen aus diesem Prophetenbuch zitiert zur Deutung und zum
Erweis der Messianität Jesu, beispielsweise: Matth 3,3b par.
Jes 40,3 [17]; Matth 3,12 par. Jes 41,16; Matth 3,17b par. Jes
42,1; 49,3; Matth 8,17b par. Jes 53,4; Matth 12,18-21 par. Jes
42,1-4; usw.

Die neutestamentlichen Deuterojesaja-Zitate stammen überwiegend aus den berühmten 'Gottesknechts-Liedern' (= 'Knecht-
Jahwe-Sprüchen'), die viel Anlaß zu Spekulationen geboten haben
und die die christliche Tradition auf Jesus von Nazareth gedeutet hat (sie sind dem Kirchgänger vor allem aus der Passionsli-
turgie 'im Ohr'). Diese christologische Interpretation lag -
nach mehrheitlichem Urteil heutiger Alttestamentler - dem Deuterojesaja und seiner Zeit völlig fern.

Wir wollen hier auf die Sprüche vom Knecht Jahwes kurz eingehen. '⁸' Sie liegen vor in Jes 42,1-4; 42,5-7; 49,1-6; 50,4-
9; 50,10-11; 52,13-53,12.

Die Auslegungsgeschichte ist während vieler Jahrhunderte zu
drei vorherrschenden Interpretationen gelangt:

Zunächst gibt es die kollektive Deutung, bei der der Knecht
mit Israel identifiziert wird, wobei man an das tatsächliche,
an das ideale, an das leidende oder an das deportierte Israel
gedacht hat. Bei dieser Deutung hat man jedoch die Schwierigkeit zu erklären, wie der Knecht um Israels willen leiden,
sterben und begraben werden kann. Ferner ist völlig unklar, wie
Israel seine Sünde stellvertretend für sich selbst tragen und
wie es ganz oder teilweise als Verkünder an sich selbst tätig
sein soll. Eine kollektive Deutung erweist sich aufgrund der
dargestellten Schwierigkeiten als unakzeptabel.

Bei der zweiten Interpretation ist der Knecht eine Einzelge-
stalt. Um wen es sich aber hierbei handeln könnte, ist umstrit-
ten. Die einen Ausleger haben an einen Zeitgenossen des Propheten Deuterojesaja aus der exilischen oder frühen nachexilischen
Zeit gedacht, die anderen an einen verheißenen Messias.

In einer dritten Variante wurden diese beiden Auffassungen
zu einer integralen Deutung vereinigt, nach der zwar eine Ein-
zelperson gemeint sei, die aber gleichzeitig die Gesamtheit
Israels verkörpere.

Wir wollen uns hier der Interpretation Fohrers anschließen,
nach der Deuterojesaja selbst der Knecht Jahwes ist. Dies wird
durch eine unbefangene Lektüre gerade der ersten vier Sprüche
in Jes 42; 49 und 50 nahegelegt.

Folgt man dieser (vierten) Deutung, dann lassen sich den
Sprüchen einige Informationen über die Person des Propheten als
des Jahweknechtes entnehmen.

In den ersten beiden Sprüchen in Jes 42 wird er sich selbst
und möglicherweise auch anderen Rechenschaft abgelegt haben
über seinen Auftrag, sein Wirken und sein prophetisches Selbstverständnis.

In Jes 49,1-6; 50,4-9 hat der Prophet dann - wie Jeremia in
seinen Klageliedern - von der Not und Bedrängnis gesprochen, in

die seine Verkündigung ihn gebracht habe, auch von seinen Zweifeln und seinen Kämpfen sowie seiner äußeren Bedrohung. Sehr
wahrscheinlich drohte ihm das Eingreifen der babylonischen Behörden wegen seiner antibabylonischen Verkündigung, so daß er
seine Lebensarbeit, sein prophetisches Wirken, in diesen
Sprüchen festzuhalten suchte.

In Jes 50,10-11 und 52,13-53,12 spricht schließlich der
Knecht Jahwes nicht mehr selber, sondern andere reden über ihn.
Beide Sprüche stammen von Schülern oder Anhängern des Propheten, die nach seinem Tode versucht haben, sein Leiden und Sterben im Sinne seiner gesamten prophetischen Tätigkeit zu verstehen und zu deuten. Sie haben die Idee der Fürbitte - sie wurde
schon von den vorexilischen Propheten geübt und war für sie
durchaus charakteristisch - auf sein ganzes Leben ausgedehnt
und mit der Vorstellung verbunden, daß er sogar in seinem Leiden und Sterben fürbittend für die anderen als ihr Stellvertreter vor Gott eingetreten sei und er sie daher durch seinen Tod
von ihrer Sünde befreit habe.

Die Parallelen zur neutestamentlichen Deutung des Kreuzestodes Jesu sind natürlich auffällig. Offensichtlich haben die
neutestamentlichen Evangelisten dieses Deutungsmuster der Schüler Deuterojesajas in Jes 52,13-53,12 für das Leiden und Sterben des Jahwe-Knechts übernommen und zur Deutung von Jesu Tod
am Kreuz verwendet.

Vielfach weisen übrigens Alttestamentler bei ihrer Untersuchung der Wurzeln dieser in Jes 52,13-53,12 begegnenden Vorstellung über den Jahwe-Knecht auf kultmythologische Züge hin
und vermuten, daß hier eine Beeinflussung durch die Idee vom
sterbenden und wieder auflebenden Vegetationsgott aus der mesopotamischen Kultreligion vorliegt. Diese Idee ist später in die
babylonische Marduk-Religion eingeflossen, so daß Deuterojesaja
und sein Schülerkreis in der Diaspora mit ihr in Berührung kommen konnten.

Eine ausgedehnte Deutung in dieser Richtung bringt beispielsweise J.H.Hyatt (The Sources of the Suffering Servant
Idea, in: Journal of Near Eastern Studies 3, 1944, pp.79-86).

Er nennt vier Komponenten, die zur Idee der Erlösung der

Gemeinschaft durch einen leidenden und sterbenden Stellvertreter geführt haben könnten:

1) Die Vorstellung von einer Art 'Gemeinschaftspersönlichkeit' (corporate personality), nach der die Gemeinschaft von
ihrer Schuld dadurch befreit werden könne, daß sie auf diesen
Stellvertreter übertragen werde. Ähnliche Vorstellungen von
einer stellvertretenden Übernahme von Schuld und Unheil durch
einen eliminatorischen Ritus, der das Böse - über einen bela-
steten Träger - aus einer bestimmten Gruppe von Menschen entfernt, begegnen schon in Mesopotamien im 2. Jt. v. Chr. und sind
im assyrischen Großreich aus dem 7. Jh. v. Chr. bezeugt. Auch in
Babylon konnten solche Anschauungen bis ins 4. Jh. v. Chr. nachgewiesen werden. '⁹' Inwiefern es sich bei diesem 'Stellvertreter' um eine 'Gemeinschaftspersönlichkeit' - was auch immer
hierunter genau zu verstehen ist - handeln soll, bleibt unklar.
2) Die israelitischen Vorstellungen von einem vollkommenen
Propheten.
3) Die Vorstellung, die angeblich aus dem Opferwesen stamme,
nach der der Knecht eine Einheit in Person und Werk bilde (-was
immer dies genau bedeuten mag).
4) Die mesopotamischen Vegetationskulte, die die entsprechenden Bilder und Begriffe vom sterbenden und wieder auferste-
henden Vegetationsgott geliefert hätten und die man auf den
Jahwe-Knecht übertragen habe.

Dies alles mag zu der in Jes 52,13-53,12 geschilderten Vorstellung vom Knecht Jahwes geführt haben, der durch sein Leiden
und Sterben die Schuld der Vielen stellvertretend auf sich genommen hat, so daß nun bald für Israel die ersehnte Heilszeit
mit der Befreiung aus der babylonischen Verbannung hereinbrechen werde.

Wir haben bislang versucht, uns einen gewissen Überblick
über die Situation der deportierten Judäer in Babylonien zu
verschaffen. Wie sahen nun aber die Verhältnisse in Palästina

aus? Wie ist es den im Lande Verbliebenen ergangen?

Hierüber ist sehr wenig Sicheres bekannt. Immerhin weiß man, daß das Land nicht völlig entvölkert war, und die zurückgebliebenen Judäer im wesentlichen der Unterschicht angehörten. Es handelt sich hauptsächlich um Kleinbauern und Viehzüchter (vgl. Jer 39,10; 2.Kön 25,12). Ihre genaue Zahl ist nicht mehr zu schätzen; wahrscheinlich waren es aber nicht wenige, glaubt man dem Ezechiel-Wort (Ez 33,24):

"...die Bewohner dieser Trümmer im Lande Israel sagen also: 'Abraham war nur ein einzelner und nahm das Land in Besitz, wir aber sind viele, uns ist es zum Besitz gegeben.'"

Vielleicht läßt sich aus dieser Stelle sogar erschließen, daß die Zahl der im Lande Verbliebenen größer als die der Deportierten war. Über ihre Situation unter dem Statthalter Gedalja wurde in Kap.IV das Wesentliche schon berichtet, sofern man es aus den ursprünglich letzten Kapiteln des Jeremiabuches (Jer 40,7-44,30) weiß.

Es sei noch ergänzt, daß Nebukadnezar keine neue Oberschicht im Lande - wie sonst allgemein üblich - angesiedelt hat. Da der übriggebliebene kleine Rest von Juda sehr ungeschützt war - kein militärisches Verteidigungsheer, zerstörte Stadtmauern usw. -, mußte es notgedrungen mehrere Raub- und Beutezüge, sogar bis nach Jerusalem, von seiten der benachbarten Edomiter und Ammoniter über sich ergehen lassen.

Auch in Jerusalem haben mit Sicherheit noch Menschen gelebt. [80] Da der Palast- und Tempelkomplex sowie die meisten größeren Häuser zerstört waren, hausten die Leute in kleinen Hütten, die der Vernichtung entgangen waren oder die man notdürftig wiederhergestellt hatte.

Gemäß Jer 41 wollten achtzig Männer aus Sichem, Silo und Samaria in Trauergewändern und mit Opfergaben nach Jerusalem ziehen. In Jerusalem muß daher noch ein Altar vorhanden gewesen sein, auf dem man seine Opfer darbringen konnte. Aus dem Buch der Klagelieder [81] läßt sich entnehmen, daß dort auch gottesdienstliche Zusammenkünfte stattfanden.

Die Lebensverhältnisse waren aufgrund der Verwüstung der

Äcker und der Vernichtung des Viehbestandes sowie der Abholzung
eines großen Teils der Bäume sehr schwierig. Hinzu kam ein
drückendes Steuersystem und ein harter Frondienst, so daß man
feststellen muß, daß die Lebensverhältnisse der Deportierten,
die ja teilweise wieder zu Reichtum und Ansehen gekommen waren,
aufs Ganze gesehen besser waren als die der Zurückgebliebenen.

Man kann ferner mit Sicherheit davon ausgehen, daß die im
Lande verbliebenen Judäer einer Mischreligion anhingen, denn
nach der Katastrophe von 587 wurde der Jahweglaube zwar nicht
direkt aufgegeben, aber von allen Seiten konnten fremde religiöse Kulte ungehindert ins Land einströmen. Man betrachte hier
nur die Stellen Ez 8 und Jer 44.

2. Unter der Herrschaft der Perser

Für die nachexilische Zeit gibt es wieder biblische Quellen,
nämlich die beiden Bücher Esra und Nehemia. [88].
    Das Jahr 538 v.Chr., in welchem der Perserkönig Kyros (538-
529) das babylonische Reich eroberte, bedeutete die Befreiung
für die deportierten Judäer. Kyros verfolgte eine völlig andere
Politik als seinerzeit die Assyrer und Babylonier, deren Vorherrschaft über ihre unterworfenen Nachbarvölker gekennzeichnet
war durch Zerstörung und Erniedrigung sowie durch Deportationen, Absetzung der einheimischen Herrscherhäuser und Auflösung
der nationalen Religionen, aus denen in der Regel der Widerstand seine Kraft bezog. [89]
    Die Leitidee des Kyros war eine andere: Je glücklicher die
Situation der unterworfenen Völker, desto stabiler die politischen Verhältnisse. Deshalb gab Kyros den Provinzen auch deren deportierte Oberschicht zurück und ließ ihre Tempel mit den
alten Göttersymbolen sowie ihre Städte wiederaufbauen. Auf diese Weise sollte aus einem politisch-militärischen Verband un-

terjochter Nationen, die in jeder Hinsicht von der Großmacht abhängig waren, ein gut durchstrukturierter Staat werden - das neue Perserreich -, in dem sich alle Nationen und Provinzen als vollwertige Teile des Ganzen fühlen konnten.

Gemäß dieses klugen politischen Ansatzes erlaubte Kyros also den deportierten Judäern, nach Palästina zurückzukehren, wobei die alten Tempelgeräte mitgenommen werden durften. Ferner erteilte er den Befehl zum Wiederaufbau des seit 587 zerstörten Tempels. Ein Teil seines Edikts hat sich in Esr 6,3-5 erhalten. Als sehr edelmütig erscheint mir die Zusicherung des Eroberers, sämtliche Kosten für den Wiederaufbau des Tempels vom Königshaus bestreiten zu lassen (Esr 6,4b). Daß der Wortlaut in aramäischer Sprache erhalten geblieben ist, die von den Persern als offizielle Amtssprache ('Reichsaramäisch') eingeführt wurde, spricht für die Historizität von Esr 6,3-5. Demgegenüber handelt es sich in Esr 1,1ff wahrscheinlich um eine freie - hebräische - Formulierung des chronistischen Verfassers des Esrabuches.

Der persische Kommissar SCHESCHBAZZAR [44], ein Davidide, wurde mit der Rückführung der Deportierten und der Bildung einer neuen Gemeinde betraut. Während des Herbstfestes im Jahre 537 v.Chr. legte man den Grundstein zum neuen Tempel. Scheschbazzar und die anderen Heimkehrer stifteten Geld und Weihegaben, und die in Babylonien Zurückgebliebenen, deren Zahl man etwa der der Heimkehrer gleichsetzt, schlossen sich den Spendern mit Geldgaben an. Der neue Tempel wurde also beachtenswerterweise vom ganzen Volk finanziert und nicht - wie der vorexilische königliche Tempel - vom Herrscher (Salomo) allein.

Nach dieser wichtigen Grundsteinlegung für den zweiten Tempel begann Scheschbazzar mit der Neubesiedlung des Landes. Etwa ein Zehntel der Heimkehrer, also ca. 4000 Menschen, wurden durch das Los als neue Einwohner Jerusalems bestimmt, zu denen noch die mit Regierungsfunktionen beauftragten Beamten, die Sippenältesten, Priester und Leviten hinzukamen. Die restlichen suchten auf dem Lande in der Regel wieder die alten Wohnsitze ihrer Familien auf. Dies ging jedoch nicht ohne erhebliche Schwierigkeiten ab, hatten sich doch in den Jahrzehnten der

Exilszeit überall im Lande andere Menschen - teilweise aus der
Provinz Samarien - festgesetzt, um das brachliegende Land zu
nutzen. Man kann davon ausgehen, daß niemand freiwillig den
Neuankömmlingen den früheren Familienbesitz übergeben wollte,
so daß es zu zahlreichen Prozessen und wahrscheinlich auch blutigen Kämpfen gekommen sein wird.

Im Jahre 520 v.Chr. konsolidierte sich die Lage in Jerusalem
und der Tempelbau wurde endlich wirklich in Angriff genommen.
Hierfür waren die folgenden Faktoren verantwortlich:

Das Perserreich geriet zunehmend in eine Krise, nachdem sein
König Kambyses (529-522) auf dem Rückmarsch eines Feldzuges
gegen Ägypten gestorben war. Sein Nachfolger Darius I. (522-
485) hatte nämlich zunächst mit großen Schwierigkeiten zu kämpfen, da viele Aufstände den Zusammenhalt des Großreiches er-
schütterten. Es erhoben sich überall neue Thronanwärter, die
Darius erst in schweren Kämpfen niederringen konnte. Man erwartete daher in Palästina, daß das Perserreich über kurz oder
lang zusammenbrechen und Juda wieder seine Selbständigkeit erringen werde.

Ferner hatte in dieser außenpolitisch bewegten Zeit Juda
einen neuen persischen Kommissar erhalten, SERUBBABEL, ein Enkel des früheren Königs Jojachin (vgl. 1.Chron 3,19). Besagter
Serubbabel setzte sich tatkräftig für den Wiederaufbau des Tempels ein, wobei er in Jerusalem geeignete Mitstreiter fand, in
erster Linie den Hohenpriester Josua und die beiden Propheten
Haggai und Sacharja (vgl. Hag 1).

Es ist interessant, daß der Prophet Haggai am 24.9. des Jahres 520 v.Chr. - exakt datiert - den Jerusalemer Bürgern mit
Hilfe des Ritualgesetzes nahebringen wollte, daß kultische Heiligkeit nicht übertragbar sei, kultische Unreinheit dagegen
ansteckend wirke, so daß eine bestimmte Gruppe der Bevölkerung
vom Tempelbau ausgeschlossen werden müsse, würden doch ihre
Opfer den Tempel unrein machen (Hag 2,10-14). Haggai wird im
wesentlichen die nichtjüdische Oberschicht Samariens und gewisse Teile der judäischen Bevölkerung im Auge gehabt haben, die
sich am Wiederaufbau beteiligen wollten.

Offenbar sollten nur die Heimkehrer dieses heilige Amt des

Tempelbaus vollziehen dürfen. Die hiervon Ausgeschlossenen nahmen dies natürlich nicht einfach hin, was eine zeitweilige Ver-
zögerung der Bautätigkeit zur Folge hatte, wie aus Esr 4 hervorgeht. Im Jahre 515 v. Chr. wurde dann der Tempel schließlich doch
noch vollendet und mit einem großen Fest eingeweiht (Esr 5-6).

Serubbabel wird die Tempelweihe in Jerusalem nicht mehr er-
lebt haben, da man ihn - wie es scheint - vorher als Kommissar
abgesetzt und an den persischen Hof zurückgeholt hatte. Die
Perser ernannten auch keinen Nachfolger, so daß sich in Jerusalem die Macht auf den Hohenpriester verlagern konnte, der das
eigentliche Haupt der neuen Gemeinde wurde.

Wir haben im vorigen Kapitel schon erwähnt, daß Sacharja für
das künftige Heilsreich zwei Messiasse erwartete, Serubbabel
als den politischen und den Hohenpriester Josua als den geistlichen Messias. Er wird mit dieser Erwartung zwei Anschauungen
seiner Zeit verschmolzen haben, nämlich die, welche - wie es
auch Haggais Ansicht war - nur Serubbabel als den von Jahwe
gesandten messianischen Herrscher der Endzeit ansehen wollte,
und die, welche nur an einen geistlichen Messias glaubte und
daher dem Hohenpriester alle Macht und Verantwortung übergeben
wollte. Nach der Absetzung Serubbabels blieb somit nur noch der
Hohepriester als Messiasprätendent übrig.

Es ist verständlich, daß dieser Hohepriester - Josua - gemäß
dem deuteronomischen Ideal nur das zentrale Heiligtum, den Tempel in Jerusalem, anerkannte und er eine priesterliche Theologie im deuteronomischen Sinne gegenüber der prophetisch-
davidischen Theologie eines Haggai durchsetzte.

Diese beiden gegensätzlichen theologischen Richtungen lassen
sich auf folgende pointierte Formel bringen:

Die prophetisch-davidische Glaubensströmung, welche durch
Haggai repräsentiert wird, wollte alle Macht auf den Davididen
Serubbabel konzentrieren sowie alle Unreinen aus der Gemeinde
ausschließen. Die andere Richtung, die sich alsbald durchsetzen
sollte, betonte die zentrale Stellung des Hohenpriesters und
vertrat die Ansicht, der Tempel und die Gemeinde müßten für
alle geöffnet werden, die sich ihr anschließen wollten. Hier

liegt der Ausgangspunkt für die Möglichkeit des späteren Judentums, Proselyten aufzunehmen.

Der 515 v. Chr. wiederhergestellte Tempel (Esr 6, 15-18) erwies sich freilich nicht als der in aller Welt sichtbare und
herrliche Thronsitz Jahwes, dem alle Völker ihre Reichtümer zum
Opfer darbringen würden, wie es Haggai in Hag 2, 6-9 erwartet
hatte. Dennoch stellte er für die Religionsgemeinschaft der
Jahwegläubigen sowie für die jüdische Diaspora in Babylonien
und Ägypten einen wichtigen sakralen Mittelpunkt dar.

Man kann also sagen, daß die eschatologische Bewegung um 520
v. Chr. letztlich zur Festigung einer Theokratie innerhalb der
jüdischen Kultgemeinde geführt hat, die ihren sichtbaren Ausdruck in der herausragenden Stellung der Priesterschaft fand.
Von allen Heiligtümern der vorexilischen Zeit war jetzt nur
noch der Tempel in Jerusalem mit seiner Priesterschaft übriggeblieben. Der zadokidische Oberpriester wurde nun zum Hohenpriester, der im Tempelkult auch die Lücke des fehlenden Königtums
auszufüllen hatte und zum Zeichen hierfür die entsprechenden
königlichen Insignien übertragen bekam (Sach 6, 9-14).

Über die 'eschatologische Spannungszeit' des Wiederaufbaus
des Tempels wollen wir noch den Alttestamentler A. H. J. Gunneweg
zu Wort kommen lassen. Er schreibt (a. a. O., S. 138f):

"Diese turbulenten Geschehnisse ließen in Juda und gewiß
auch in der Diaspora die seit den Tagen des Deuterojesaja
und des Kyros enttäuschte eschatologische Erwartung mit Ve-
hemenz wieder aufleben. Die Propheten Haggai und Sacharja
sind die Exponenten der eschatologischen Spannung um das
Jahr 520, die sie durch ihre Verkündigung noch weiter an-
steigen ließen. Um Jahwes eschatologischem Kommen den Weg zu
bereiten, sollte der Tempel wiederhergestellt werden. Zum
Zeichen, daß die Heilszeit unmittelbar bevorstehe, ließ Sacharja für den Davididen Serubbabel eine Krone anfertigen
(Sach 6, 9ff) [85]'. Ihn und den zadokidischen Priester Josua
designierte er als 'Ölsöhne' (Sach 4, 14), d. h. als Auserwählte und Gesalbte der Heilszeit. Aus Sach 6, 10 geht hervor, daß um dieselbe Zeit Rückwanderer aus Babel in Jerusalem eingetroffen sind. Auch diese Rückwanderungsbewegung
wird mit der eschatologischen Spannung dieser Jahre im Zusammenhang stehen. [...] Möglicherweise sind bei den Wirren
dieser Zeit auch Juden aus Babylonien geflohen; Sach 2, 10
ist eine förmliche Aufforderung zur Flucht aus Babel, und es
kann sein, daß sich hierin eine wirklich geschehene Flucht-
bewegung widerspiegelt. Geflohene oder sonst mit Serubbabel

Abgewanderte haben zusammen mit den beiden Propheten der
'eschatologischen Partei' die treibende Kraft gegeben.
So hoch gespannt die Erwartung gewesen war, so tief wurde -
wie schon nach Deuterojesaja - die Enttäuschung. Sie spricht
sich schon in dem bemerkenswerten Umstand aus, daß die alttestamentliche Überlieferung sich über den Fortgang der unter Serubbabel und Josua angefangenen Dinge ausschweigt. Der
Messias Serubbabel verschwindet sang- und klanglos aus der
Berichterstattung. [26]' [...]
Daß [...] die eschatologische Hoffnung über die bestehende
theokratische Gemeinde hinaus nicht erlosch und immer neu
aufloderte, bezeugen die späteren eschatologischen Abschnitte der Prophetenbücher, wie Tritojesaja (Jes 56-66), Deute-
ro- und Tritosacharja (Sach 9-11; 12-14). Diese sekundären
und tertiären Stücke sind vielfach Neuinterpretationen älterer Prophetenworte und insofern eine Art schriftgelehrter
Arbeit. Die Theokratie bleibt also prophetisch und schrift-
gelehrt in Frage gestellt. Die ur-israelitische Frage, wer
Israel sei, hat noch keine endgültige Antwort gefunden und
wird als existenzielle immer mehr zum Antrieb der nachexilischen Geschichte. "

Wir fahren mit unserem historischen Überblick fort. [27]'

Es hat den Anschein, als sei in der Zeit der theokratischen
Herrschaft des Hohenpriesters Josua in Jerusalem die kleine
jüdische Gemeinde, die sich um den Tempel scharte, von den großen Ereignissen der Weltpolitik völlig unberührt geblieben.

Schon Darius' Plan war es gewesen, das griechische Reich
seinem eigenen Großreich einzuverleiben. Sein Nachfolger Xerxes
I. (485-465) erlebte die Niederlage seiner Flotte bei Salamis
und seines Heeres bei Plataiai. Während dieser Zeit befand sich
offenbar in Jerusalem das Lebenswerk des Hohenpriesters Josua
und seiner Nachfolger in einer tiefen Krise, wie dem Buch Maleachi [28]' zu entnehmen ist.

Es verurteilt die halbherzige Erfüllung der kultischen
Pflichten, die darin bestand, daß man kranke, lahme und geraub-
te Tiere auf den Altar brachte (Mal 1,13f).

Auch das seinerzeit aktuelle Problem der Mischehen greift
das Buch auf. Aus Babylonien waren mehr Männer als Frauen zurückgekehrt, so daß viele von ihnen Frauen der eingesessenen
Bevölkerung geheiratet hatten, auch wenn sie keine Judäerinnen
waren und einer anderen Religion angehörten. Im Zusammenhang
mit der Forderung nach Absonderung der 'Unreinen' durch Haggai

waren Bestrebungen im Gang, diese Frauen wieder aus der Ehe zu
entlassen, nachdem sie Kinder geboren hatten. Hiergegen erhebt
Maleachi Einspruch mit den Worten (Mal 2,15b-16a):

> "Achtet also euer Leben, und an der Frau deiner Jugend hand-
> le nicht treulos! Denn ich hasse Scheidung, spricht Jahwe,
> der Gott Israels, und daß man sein Gewand bedeckt mit Unge-
> rechtigkeit, spricht Jahwe Zebaoth."

Ferner wirkten von außen zwei zersetzende Einflüsse auf den
Jahwe-Glauben ein; zum einen hatte man nach wie vor mit dem
fest eingewurzelten kanaanäischen Brauchtum zu kämpfen, und zum
anderen machte sich der Einfluß der persischen Zarathustra-
Religion deutlich bemerkbar.

Diese prophetische Religion ist gekenzeichnet durch den Dualismus zwischen einem guten und einem bösen Gott (vgl. Anm.15),
durch die Verwerfung des Tieropfers und ferner durch die Erwartung eines göttlichen Gerichtes über jeden einzelnen Menschen
nach dessen Tode. Das ethische Handeln besitzt in dieser Religion einen herausragenden Stellenwert. Auch die eschatologische
Hoffnung auf eine künftige Verklärung der Welt zu einem Reich,
in dem der böse Gott besiegt sei und nur noch der gute Gott
herrschen werde, ist in dieser Religion lebendig. Für viele
wird seinerzeit der Zarathustra-Glaube attraktiver gewesen sein
als der stark kultisch geprägte Jahweglaube der theokratisch
geleiteten Jerusalemer Gemeinde.

2.1. Die Reform unter Nehemia und Esra

Über die beiden Gestalten Esra und Nehemia möchten wir G.Fohrer
kurz zu Wort kommen lassen. Er schreibt (1970, S.111f):

> "Es ist das Verdienst der babylonischen Diaspora, daß die
> neue Gemeinde in Jerusalem nicht zerfiel, sondern die Krise
> überstand. Allerdings läßt sich nicht genau sagen, wie die
> Ereignisse sich abgespielt haben. Aus den Büchern Esra und
> Nehemia geht mit Sicherheit nur dies hervor, daß Esra und
> Nehemia eine entscheidende Rolle in Jerusalem gespielt ha-
> ben, die für das weitere Geschick der Gemeinde von größter
> Bedeutung geworden ist. Fraglich ist vor allem, ob die bei-

den nacheinander gewirkt haben und in welcher Reihenfolge
dies geschehen ist. Es gibt mehrere Auffassungen darüber.
Nach der ersten haben Esra und Nehemia zur Zeit Artaxerxes' I. (465-425 v.Chr.) gewirkt, zuerst Esra und danach
Nehemia, wie es der Reihenfolge der nach ihnen benannten
Bücher entspricht. Nach der zweiten Auffassung haben Esra
und Nehemia ebenfalls in der Zeit Artaxerxes'I. gewirkt, nur
in anderer Reihenfolge: zuerst Nehemia, der bald nach Babylonien zurückkehrt, weil er erkennt, daß die Verhältnisse in
Jerusalem einer inneren Reform bedürfen; Esra sucht diese
Reform vorzunehmen, scheitert aber an der Mischehenfrage,
wird abberufen und durch Nehemia ersetzt, der den Maßnahmen
Achtung verschafft. Nach der dritten Auffassung ist nur die
Gestalt Nehemias geschichtlich, der unter Artaxerxes I. gewirkt hat. Esra ist eine Art legendarischer Ersatz für Nehemia, der einem späteren Zeitgeschmack entspricht. Nach der
vierten Auffassung hat Nehemia in Jerusalem unter Artaxerxes I., Esra dagegen später unter Artaxerxes II. (404-359
v.Chr.) gewirkt. Man kann dies unter anderem damit stützen,
daß der Name Artaxerxes im Text der Bücher Esra und Nehemia
in unterschiedlicher Weise wiedergegeben wird, je nachdem er
sich auf Nehemia oder auf Esra bezieht. Geht man von dieser
Auffassung aus [...], so ist die Tätigkeit Nehemias um 445
und die Tätigkeit Esras um 397 v.Chr. anzusetzen."

Wir wollen im folgenden von dieser letzten Auffassung ausgehen. [29]

NEHEMIA war ein Judäer, der in Babylonien als Beamter am
Königshof lebte. Artaxerxes I. erhob ihn zum Statthalter von
Juda mit dem Auftrag, Jerusalem zu einer befestigten Stadt mit
ausgebesserter Stadtmauer auszubauen. Hierdurch wurde das Ge-
biet Juda aus der Nachbarprovinz Samarien als eigenständige
Provinz herausgetrennt und sogar noch um einen Teil des alten
Stammesgebietes vergrößert. Jerusalem bildete den städtischen
Mittelpunkt mit seinem zentralen Landesheiligtum, dem neuen
Tempel, und einer eigenen Oberschicht sowie einem eigenen Kul-
tus und einer eigenen Rechtsordnung.

Nehemia setzte nach seinem Eintreffen in Jerusalem und einer
Besichtigung der Stadtmauer bei Nacht und Nebel (Neh 2,11ff)
die Reparatur der seinerzeit von den Babyloniern zerstörten
Stadtmauer in der Ratsversammlung durch. Da sich die Nachbar-
provinzen, allen voran Samarien, gegen diesen Entschluß zur
Wehr setzten, zeitweilig sogar mit Waffengewalt, mußte Nehemia
jedem Bauarbeiter eine Waffe in die Hand geben (Neh 4,10ff).
Offenschtlich wurden auch Attentatsversuche auf Nehemia un-

ternommen (Neh 6,10). Trotz dieser Widrigkeiten konnte die
Mauer jedoch bald mit einer feierlichen Prozession eingeweiht
werden (Neh 12,27ff).

Nehemia verwirklichte noch weitere politische und soziale
Maßnahmen. Er sorgte dafür, daß sich die Einwohnerzahl Jerusa-
lems vergrößerte (Neh 7,4ff) und sicherte den Priestern und
Leviten ihren Unterhalt durch die regelmäßige Abgabe des Zehn-
ten und der Erstlingsgaben seitens der judäischen Bevölkerung
(Neh 10,36ff).

Gemäß Neh 5 befand sich das Volk in großen wirtschaftlichen
Schwierigkeiten, deretwegen beinahe eine soziale Revolution
ausgebrochen wäre. Durch einen allgemeinen Schuldenerlaß konnte
Nehemia die Verhältnisse dann aber bessern (Neh 5,10ff).

Die Bedeutung Nehemias läßt sich folgendermaßen zusammenfassen: Es gelang ihm durch Verbesserung der unhaltbaren politischen und sozialen Zustände die äußeren Bedingungen für die
Sicherung und Festigung der neuen Gemeinde in Juda und Jerusalem zu schaffen.

Allerdings waren auch die religiösen Verhältnisse im Lande
zu reformieren, da sich - wie am Ende des Unterkapitels 1 erwähnt - eine Mischreligion durch das ungehinderte Einströmen
fremder Kulte ausgebreitet hatte. Die religiöse Reform wurde
durch Esra verwirklicht.

ESRA stammte aus priesterlichem Geschlecht und wird in
Esr 7,6 als 'Schreiber' vorgestellt, was seinerzeit soviel be-
deutete wie der Titel eines beamteten Sekretärs am persischen
Königshof, der in diesem Fall mit den jüdischen Angelegenheiten
betraut war. Der chronistische Geschichtsschreiber will ihn in
Esr 7,10 als Begründer eines neuen Berufsstandes, des der
Schriftgelehrten, einführen. Bekanntlich begegnen sie später im
NT häufig als Diskussionspartner Jesu.

Artaxerxes II. erteilte im Jahre 397 v.Chr. den noch in
Babylonien lebenden Judäern erneut die Erlaubnis, in ihre alte
Heimat zurückzukehren. Hierbei beauftragte er Esra, die Jerusalemer Gemeinde aufgrund eines Gesetzbuches religiös und juristisch neu zu ordnen und gewährte ihm hierzu gewisse Vergünsti-

gungen für den Tempelkultus. So kehrten dann etwa 6000 Männer
der babylonischen Diaspora zusammen mit Esra nach Jerusalem
zurück, unter ihnen viele Priester und Leviten, durch welche
die Jerusalemer Gemeinde neu belebt wurde und neue Impulse erhielt.

Die erste Amtshandlung Esras in Jerusalem war die Verlesung
des aus Babylonien mitgebrachten Gesetzbuches (Neh 8) vor dem
Volk. Der Eindruck, den es auf die Gemeinde ausübte, war derart
groß, daß das gesamte Volk sich sogleich darauf verpflichten
ließ.

Dieses Ereignis bezeichnet man gemeinhin als 'Geburtstag des
Judentums', und es ist gebräuchlich, danach nicht mehr von 'Israeliten' und 'Judäern' zu reden, sondern nur noch von 'Juden'.

Worum es sich bei Esras Gesetzbuch eigentlich handelt, ist
nicht genau geklärt. Entweder ist die Priesterschrift P, die
jüngste Quellenschicht des Pentateuchs, gemeint oder aber der
gesamte Pentateuch mitsamt der eingearbeiteten Priesterschrift.
Man geht im allgemeinen von der letzteren These aus. Da die
Priesterschrift dem Pentateuch den Rahmen, die Chronologie und
den straffen Aufbau gegeben hat, wurde ihre theologische Auffassung für das Judentum in der Folgezeit charakteristisch: Die
priesterliche Hierarchie aus dem Hause Aaron mit dem Hohenpriester an ihrer Spitze, der praktisch die Stellung des fehlenden
königlichen Herrschers einnahm, war ihr hervorragendes Merkmal
sowie die Formung des Volkes zu einer heiligen Gemeinde, die
unter priesterlicher Leitung von allem Profanen abgesondert
leben sollte. Die Grundlage für eine derart in sich geschlossene Gemeinde sollte das Gesetz, die Thora, bilden.

Die zweite einschneidende Maßnahme Esras war die rigorose
Anwendung des Gesetzes auf das große Problem seiner Zeit, auf
die Mischehen (Esr 9-10). In Esr 9,3 wird über Esras Reaktion
berichtet, als er von den vielen Mischehen der Juden hörte:

"Als ich [Esra] die Sachlage vernahm, zerriß ich mein Kleid
und Obergewand, raufte die Haare meines Hauptes und Bartes
aus und saß da ganz niedergeschmettert."

Nach dem neuen Gesetz mußten alle Ehen, die zwischen Juden
und Nichtjuden geschlossen waren, geschieden werden (Dtn
7,1ff). Die überwiegende Mehrheit der Gemeinde schien auch zu
einer derartigen Ehescheidung bereit zu sein, und nur eine
kleine Minderheit erhob ihren Protest. Die Scheidungsprozedur
ging dann offensichtlich relativ zügig vonstatten (Esr
10,16ff). In der Ehefrage hatte also die auch in späteren Zeiten noch vorhandene Tendenz zur Absonderung im Judentum gesiegt.

Es gab jedoch auch heftigste Kritik gegen diese - menschlich
gesehen - grausame Maßnahme Esras. Zahlreiche Nichtjudäer wehr-
ten sich vehement gegen das rigorose Scheidungsedikt. Letzten
Endes ist Esra an diesen Einsprüchen auch gescheitert, denn
seine Maßnahmen brachten Unruhe ins Land, was der persischen
Regierung natürlich keineswegs gefallen konnte. Wahrscheinlich
ist er daher auch an den persischen Hof zurückbeordert und dort
zur Verantwortung gezogen worden. Esra ist danach nicht mehr
nach Jerusalem zurückgekehrt.

In der jüdischen Tradition wird Esra sehr hoch geschätzt.
Man bezeichnet ihn als 'Vater des Judentums', und häufig wird
er mit Mose gleichgesetzt und als der Vollender seines Gesetzes
bezeichnet. Man sollte hierbei aber im Auge behalten, daß sich
die Betonung des Gesetzes im Judentum seit Esra in vielen Punkten erheblich von der früheren alttestamentlichen Überlieferung, vor allem aber von der Botschaft der großen vorexilischen
Einzelpropheten unterscheidet und - verglichen mit diesen vielfältigen alten Glaubensströmungen - doch eine gewisse theologische Einengung darstellt (vgl. die Kap. V + VI).

2.2. Kurze Anmerkungen zur Thora in der jüdischen Tradition

Für das Judentum stellt - wie soeben ausgeführt - seit Esra der
Pentateuch, die schriftliche Thora, den wichtigsten Teil der
Hebräischen Bibel dar. Er bildet gewissermaßen den Kern des
jüdischen Glaubens. Die zentrale Bedeutung des Gesetzes ergibt
sich schon aus seiner Anfangsstellung im hebräischen Kanon, der

die biblischen Bücher - gemäß jüdischer Tradition - nach dem
Grad ihrer Heiligkeit anordnet. [30] Die Thora wird also als
heiliger angesehen als beispielsweise die Prophetenschriften.
Dies kann man unter anderem auch einer Stelle aus dem babylonischen Talmud entnehmen, wo es im Traktat Sabbat 104a heißt:

> "Kein Prophet kann etwas lehren, was nicht in der Thora vor-
> gegeben ist."

Dies besaß übrigens auch für Jesus von Nazareth Gültigkeit,
der sich - gemäß den Evangelien - wesentlich häufiger auf die
Thora als auf andere Bücher der Hebräischen Bibel berief.

Wir wollen zur Priorität der Thora den jüdischen Religionswissenschaftler Schalom Ben-Chorin zu Wort kommen lassen. Er
schreibt in seiner 'Theologia Judaica', Tübingen 1982, S.167ff:

> "Die Vorrangigkeit der Thora, im Sinne der Fünf Bücher Mose,
> zeigt sich deutlich in der synagogalen Praxis.
> In der Heiligen Lade der Synagoge, Aron Ha-Kodesch genannt,
> Lade der Heiligkeit, oder (im sephardischen Sprachge-
> brauch) [31] Hechal (Heiligtum), befinden sich nur die Fünf
> Bücher Mose in der Form der Thora-Rollen. Diese Rollen müs-
> sen nach ganz bestimmten Vorschriften auf Pergament ge-
> schrieben werden. Es ist eine besondere Kunst, oder ein be-
> sonderes Kunsthandwerk, das aber auch Schriftgelehrsamkeit
> erfordert, solche Rollen anzufertigen. Gerade in Jerusalem
> gibt es noch heute Thora-Schreiber, die im Durchschnitt ein
> Jahr zum Erstellen einer Rolle benötigen. Im synagogalen
> Gottesdienst darf nur aus einer solchen Rolle am Sabbat, an
> den Neumonden und Feiertagen, und unter der Woche, am Montag
> und Donnerstag, aus der Thora gelesen werden. Die Thora ist
> in 54 Paraschen oder Sidroth eingeteilt; Abschnitte, die
> jeweils nach den hebräischen Anfangsworten benannt sind und
> auch dem betreffenden Sabbat seinen Namen geben.
> Nach dem weit verbreiteten babylonischen Zyklus werden die
> ganzen Fünf Bücher Mose von Genesis bis Deuteronomium im
> Laufe eines Jahres verlesen, der ältere palästinensische
> Zyklus bietet die Lesungen im Laufe von drei Jahren, wobei
> die Einteilung in Paraschen dieselbe bleibt; nur wird die
> einzelne Parascha anders unterteilt. [...]
> Die Beendigung der Lesung der Thora ist durch ein im Mit-
> telalter aufgekommenes Fest der Thora-Freude, Simchath Tho-
> ra, besonders gekennzeichnet. Dieses Fest wurde mit dem
> letzten Tag des Hüttenfestes vereinigt, dem Feste des Achten
> Tages, Schemini Azereth, und wird durch Prozessionen mit den
> Thora-Rollen und freudigen Tänzen gefeiert, die an das Tan-
> zen Davids vor der Bundeslade erinnern. [...]

Wir aber haben uns zu fragen, ist die Übersetzung des Wortes
'Thora' mit 'Gesetz' zutreffend?
Durch den neutestamentlichen Sprachgebrauch 'Gesetz und Propheten', hat man sich an die Gleichstellung von Gesetz und
Thora gewöhnt, wofür die Übersetzung 'Nomos' verantwortlich
zu machen ist.
Im NT wird durchgängig von Nomos gesprochen, wenn Thora gemeint ist. Die Neutestamentlichen Autoren haben damit nur
den hellenistisch-jüdischen Sprachgebrauch übernommen, denn
in der Septuaginta ist dieser Terminus schon vorgegeben, der
zu einer Jahrhunderte langen Verfremdung des Begriffes Thora
führte.
Nomos bedeutet im Griechischen tatsächlich Gesetz (auch Gau
oder Verwaltungsbezirk), während Thora ein viel weiterer
Begriff ist. Im deutsch-jüdischen Sprachgebrauch hatte man
sich daran gewöhnt, den Beriff Thora mit 'Lehre' zu übersel-
zen, bis Martin Buber und Franz Rosenzweig die Formulierung
'Weisung' wählten, so daß der erste Band ihrer 'Verdeut-
schung der Schrift' den Titel 'Die fünf Bücher der Weisung'
führt. [...] Mit dem Begriff 'Weisung' ist das Wesen der
Thora wohl am besten umschrieben. Thora ist die Weisung, die
dem Menschen von Gott her zukommt, Unterweisung in allen
Lebenslagen und Lebensbezirken, Erweis der Gnade Gottes und
Beweis seines Waltens in Schöpfung und Geschichte, aber auch
der Weisheit letzter Schluß. [...]
Für die rabbinische Exegese (und ohne sie kann das Thora-
Verständnis Israels nicht in den Blick gefaßt werden) bleibt
aber doch das Gesetzesverständnis primär, wobei der Begriff
der Asmachtha zur hermeneutischen Regel wird.
Unter Asmachtha verstehen wir die Anlehnung an den Schriftvers. Jede rabbinische Verordnung muß ihre Rückverbindung zu
einem Schriftvers aufweisen, denn nur aus ihm die Legi-
timation zu erbringen. Der Schriftvers selbst muß allerdings
nicht mehr hinterfragt werden, wird aus ihm direkt oder indirekt die biblische Wurzel eines rabbinischen Gebotes
sichtbar. "

Auch Jesus von Nazareth, der - wir werden an späterer Stelle
(Kap. X) noch ausführlicher darauf eingehen - voll und ganz in
der Tradition der jüdischen Rabbinen seiner Zeit stand, benutzte häufig die Lehrmethode der Asmachtha. Ein Beispiel:
Luk 10, 25-28:

"Und siehe, ein Gesetzeslehrer trat auf, um ihn auf die Pro-
be zu stellen, und sagte: 'Meister, was muß ich tun, um das
ewige Leben zu erlangen?' Er aber sprach zu ihm: 'Was steht
im Gesetze geschrieben? Wie liesest du?' Jener antwortete:
'Du sollst den Herrn, deinen Gott, lieben mit deinem ganzen
Herzen und mit deiner ganzen Seele und mit deiner ganzen
Kraft und mit deinem ganzen Denken [Dtn 6,5] und deinen
Nächsten wie dich selbst [Lev 19,18]. 'Da sprach er zu ihm:
'Du hast recht geantwortet. Tue das, und du wirst leben. '"

3.   I n   h e l l e n i s t i s c h e r   Z e i t

Das Reformwerk Nehemias und Esras bewahrte die Jerusalemer Gemeinde davor, in ihrer Umgebung aufzugehen. Auch die Perserkö-
nige haben die geistig-religiöse Eigenart des kleinen Staates
Juda weiterhin gefördert, da ihnen ein ruhiges und befriedetes
Land im Süden Palästinas als Bollwerk gegen Ägypten sehr willkommen war. Nach einem Bericht des jüdischen Historikers Flavius Josephus (1. Jh. n. Chr.), der sich auf einen gewissen Heka-
täus von Abdera (Anfang des 3. Jh. v. Chr.) beruft, scheint Palästina jedoch einmal unter Artaxerxes III. (358-338 v. Chr.) aus
seiner Ruhe gerissen worden zu sein, als es im Jahre 351 v. Chr.
zu Aufständen in Syrien-Palästina gegen die Großmacht kam. An
ihnen haben sich wohl auch Juden beteiligt, denn zu jener Zeit
wurden - glaubt man Josephus - ungefähr zehntausend von ihnen
nach Babylonien und in die Provinz Hyrcania südlich des Kaspi-
schen Meeres deportiert. [38]
    Die hellenistische Epoche [33] beginnt für Palästina wie für
den gesamten Vorderen Orient mit dem schnellen Siegeszug
ALEXANDERs DES GROSSEN (336-323 v. Chr.), der für kurze Zeit ein
griechisches Weltreich gründen konnte, das bekanntlich bis nach
Indien reichte. Nach Alexanders frühem Tod zerfiel es jedoch
alsbald wieder in den sogenannten Diadochenkämpfen. Drei Großmächte gingen schließlich aus ihm hervor, eine im südlichen
Europa, eine im Vorderen Orient und eine in Ägypten. Hier
herrschten die Ptolemäer und in Syrien-Palästina die Seleukiden. Beide Reiche übten nacheinander ihre Vorherrschaft über
Palästina aus.

3. 1. Unter der Herrschaft der Ptolemäer

In den Wirren nach dem Tode Alexanders fiel Palästina zunächst
für den Zeitraum von 301 bis 198 v. Chr. an die Ptolemäer. Sie
waren in religiöser Hinsicht sehr tolerant, so daß die jüdische
Gemeinde unter ihrer Oberherrschaft kaum zu leiden hatte.

Ein wichtiges Ereignis fällt in diese frühe hellenistische
Zeit, nämlich die Lostrennung der Samaritaner (Luther nennt sie
'Samariter') von Jerusalem und der Bau eines eigenen Tempels
auf dem Berge Garizim nahe der Gebirgsstadt Sichem in Samarien.

Der tiefere Grund für diese Abspaltung der Samaritaner von
Jerusalem lag sicherlich im alten Gegensatz zwischen Nord und
Süd, der schon unter Jerobeam I. zur Aufteilung des salomonischen Reichsgebietes in die beiden Staaten Juda und Israel
geführt hatte. Dieser Gegensatz machte sich in hellenistischer
Zeit aufs neue bemerkbar, allerdings jetzt auf der geistig-
religiösen Ebene.

Ferner verwarfen die Samaritaner den Führungsanspruch Jerusalems und die starke Hervorhebung Davids und seiner Dynastie
mitsamt dem priesterlich-levitisch ausgestalteten Kultus. Daher
erkannten sie auch nur den Pentateuch als legitime religiöse
Schrift an und verwarfen die anderen Texte, in denen die davidische Dynastie verherrlicht und ein Messias aus dem Hause Davids angekündigt wurde.

Die religiösen Rivalitäten zwischen Jerusalem und Samaria
hatten sich schon zur Zeit Serubbabels stark zugespitzt, wurde
den Samaritanern doch seinerzeit die Teilnahme am Wiederaufbau
des Tempels (Esr 4,1ff) und der Stadt (Neh 2,20) von den Juden
verwehrt, obwohl die Samaritaner stets betonten, auch sie seien
Jahwe-Verehrer (Esr 4,2). So ist es nicht verwunderlich, daß
nach dem Zerfall des Perserreiches und der damit hinfällig gewordenen Vorrangstellung Jerusalems die Samaritaner sogleich
die Gelegenheit zur Ausbildung einer eigenen Religionsgemeinschaft nutzten, die sich in späterer Zeit mit ihren eigenen
Traditionen immer mehr verselbständigte.

Nach Josephus (Ant.XI,8,3ff) war es Alexander der Große, der
den Samaritanern das Recht zum Bau eines eigenen Tempels auf
dem Garizim gewährte.

Das Ressentiment der Juden gegenüber den Samaritanern ist
auch in der neutestamentlichen Jesus-Überlieferung noch deutlich zu erkennen, wenn Jesus gemäß Matth 10,5f stets einen großen Bogen um die Provinz Samaria gemacht hat. Man beachte in
diesem Zusammenhang auch den besonderen Akzent, den das Gleich-

nis vom 'barmherzigen Samariter' in Luk 10,29-37 bekommt, wenn
man weiß - und die Jünger Jesu wußten dies natürlich -, wie
sehr die Samaritaner seinerzeit bei den Juden verachtet und
verhaßt waren.

Wir wollen uns nun der für das Judentum wichtigen geistig-
religiösen Situation in der Blütezeit des Hellenismus zuwenden.

3.1.1. Die geistig-religiöse Situation in der hellenistischen
  Zeit

Das Wort 'Hellenismus' bezeichnete ursprünglich nur die Beherrschung des Griechischen als Bildungssprache. [34] Der deutsche
Historiker und Politiker J.G. Droysen (1808-1884) erhob diesen
Begriff zur historischen Bezeichnung einer Epoche der Geistes-
geschichte, die aus der Begegnung des Orients mit dem Griechen-
tum als die 'moderne Zeit des Altertums' hervorging.

Ein wichtiger Unterschied der auf Alexander folgenden ptole-
mäischen und seleukidischen Herrscher zu ihren orientalischen
Vorgängern besteht trotz aller Ähnlichkeiten darin, daß die
hellenistischen Könige als Heiland, Wohltäter und auf Erden
erschienener Gott (Soter, Euergetes, Epiphanes) angesehen wurden. So ließ sich beispielsweise Alexander bei seinem Ägypten-
feldzug als göttlicher Pharao verehren. Die sieghaften hellenistischen Herrscher wurden als göttliche Heroen mythisch über-
höht. Dennoch war das Heil, das sie den Völkern brachten, eher
rationaler Natur, es bestand in einer bestimmten Art des Denkens und der philosophischen Bildung.

So wurde die hellenistische Paideia (= Bildung) zum wichtigsten Begriff jener Zeit. Wer Anteil am 'neuen Heil' und am
rasch wachsenden Wohlstand erlangen wollte, mußte sich diese
Paideia aneignen, und es ist klar, daß sich in erster Linie die
'Intellektuellen' angesprochen fühlten, deren Bildung jedoch
häufig kaum weiterreichte als bis zur leidlichen Beherrschung
der griechischen Sprache.

Das hellenistische Umgangsgriechisch (Koinegriechisch) war keineswegs mit dem klassischen Griechisch eines Platon identisch, wie auch der Geist der klassischen Stadtstaaten (Poleis) nicht mehr mit dem der neugegründeten hellenistischen Städte wie Antiochia, Alexandria, Seleukia und Ptolemais übereinstimmte, die mit ihren Namen ihre vergöttlichten Gründer und Herrscher ehrten. In der klassischen griechischen Polis waren die Götter noch die Schirmherren des Gesetzes gewesen, während in den hellenistischen Städten die Herrscher durch eigene Verfügungen nahezu beliebig in den Gesetzescodex eingreifen konnten. An die Stelle der alten Polis trat nun im Hellenismus die Paideia, die griechische Bildung und Kultur, die der neue 'Way of Life' der gebildeten höheren Schichten wurde.

In diesem Sinne hat der Hellenismus auf das Judentum sowohl in der Diaspora [35] als auch in Palästina tief und nachhaltig eingewirkt. So wurde in Palästina das Griechische zur Sprache der Gebildeten, während in der Diaspora viele Juden häufig derart 'hellenisiert' waren, daß sie das Hebräische bald ganz verlernt hatten und daher ihre heiligen Schriften nicht mehr lesen konnten.

Um dieser Entwicklung entgegenzuwirken, entstand um 200 v. Chr. in der jüdischen Gemeinde der ägyptischen Stadt Alexandria, welche die kulturell bedeutendste Metropole jener Zeit war, die Septuaginta, die erste griechische Übersetzung der heiligen Schriften des Judentums. Um diese bildete sich die Legende, 70 Übersetzer hätten an ihr gearbeitet – daher ihr Name –, um sie in genau 70 Tagen vollständig zu übertragen. Spätere Gelehrte wiesen jedoch nach, daß die Septuaginta zahlreiche Übersetzungsfehler enthält, so daß, nachdem das Christentum entstanden war, die Juden sie kaum noch benutzten, sondern stattdessen zum AT in Hebräisch griffen. Die ersten Christen hingegen, die nur selten Hebräisch konnten, waren auf die Septuaginta oder ihre lateinischen Übersetzungen angewiesen. Von daher erklären sich auch die zahlreichen recht ungenauen AT-Zitate innerhalb des NT sowie die an manchen Stellen fragwürdige Wiedergabe in der Lutherübersetzung, der u. a. die lateinische Vulgata (Hieronymus) zugrundelag.

Auch das apokryphe Buch der Weisheit wurde um 50 v. Chr. in Alexandria verfaßt. Es ist stark von der griechischen Philosophie, insbesondere von Platon inspiriert. So verwundert es nicht, wenn es das erste Buch der Bibel ist, welches Leib und Seele unterscheidet (Weish 9,15) und das Wort 'Unsterblichkeit' verwendet (Weish 8,13).

Einer der Hauptinformanten über das Judentum in hellenistischer Zeit ist der jüdische Historiker Flavius Josephus [36] aus dem 1. Jh. n. Chr. Ansonsten ist die Quellenlage für diese Epoche recht dürftig. Die biblische Geschichtsschreibung setzt erst mit dem Seleukidenherrscher Antiochus IV. wieder ein, d. h. ab 175 v. Chr., und zwar im 1. Makkabäerbuch nach einer kurzen und historisch nicht ganz zutreffenden Einleitung über Alexander den Großen (1. Makk 1,6). Dieser findet übrigens auch im Buch Daniel Erwähnung, hier aber in der verschlüsselten Form eines schrecklichen Untiers mit eisernen Zähnen und zehn Hörnern, das alles, was "ihm vors Maul kam", fraß und zermalmte (Dan 7,7). Mit den 'Hörnern' sind Könige der seleukidischen Dynastie (vgl. 3.2.) gemeint.

Das apokryphe 1. Makkabäerbuch dürfte um 100 v. Chr. in Jerusalem entstanden sein. Das apokalyptische Danielbuch entstand zwischen 167 und 164 v. Chr. in Jerusalem, zur Zeit der Schreckensherrschaft des Antiochus IV. (vgl. 3.2.).

Auch die jüdische Literatur dieser Zeit ist selbstverständlich mehr oder weniger stark vom hellenistischen Geist beeinflußt. Dies läßt sich schon an dem sehr kleinen Teil dieser Literatur ablesen, der in den hebräischen und griechischen Kanon Eingang gefunden hat.

In dem Zusammenhang sind die drei romanhaften Bücher Tobit, Esther und Judith zu nennen. Das erste und letzte dieser Bücher zählt man zu den apokryphen Schriften. In der Luther-Übersetzung heißt Tobit 'Tobias'. Luther folgt dem Text der Vulgata, der eine kürzere und etwas veränderte Fassung der sogenannten altlateinischen Übersetzung darstellt, die die Jerusalemer Bibel bringt. Das Buch ist um 200 v. Chr. in der Diaspora (Ägypten oder Syrien) entstanden. Die legendenartige Erzählung redet

einer strengen Thorafrömmigkeit das Wort, in der Gebet und Fasten sehr wichtig genommen werden. Weiter glaubt der Verfasser
an Engel und feindliche Dämonen, die die Menschen bedrohen,
aber er verrät auch gleich eine seltsame Arznei, um die letzteren wieder 'loszuwerden', nämlich die Innereien eines Fisches,
die angeblich auch als Augensalbe gut zu verwenden sind.
(Tob 6,5.8-9).

Das Buch Judith wurde wahrscheinlich um 150 v.Chr. von einem
thoratreuen Juden in Jerusalem verfaßt. Es bringt eine Legende,
die zur historischen Wirklichkeit keinen Bezug hat; einzig
beachtlich an dem Buch finde ich die Verkündigung eines Gottes,
"der die Kriege zerschmettert" (Jdt 9,7; 16,2).

Das Buch Esther schließlich ist um die Mitte des 2.Jh.v.Chr.
im Stil eines historischen Romans in hellenistischer Manier
entstanden zur Begründung des Purim-Festes, das wahrscheinlich
ursprünglich ein persisches Fest war und von den Juden übernommen wurde.

Das Verhalten der Königin Vasthi, die sich gemäß Est 1,9ff
ihrem betrunkenen Gemahl, dem König Ahasveros, während eines
großen Zechgelages verweigerte, halte ich als einen biblisch
überlieferten Akt weiblicher Emanzipation der Beachtung für
wert.

Alle drei Bücher gehen von einem vorgeblichen Geschehen aus,
das mehrere Jahrhunderte zurückliegen soll, obwohl es sich in
Wirklichkeit auf die Gegenwart des Verfassers bezieht, ein später häufig angewandter Trick, um der Zensur durch die kriti-
sierten Großmächte zu entgehen.

Auch das Buch Hiob ist in diesem Zusammenhang zu erwähnen,
obwohl es schon im 5. oder 4.Jh.v.Chr., auf jeden Fall aber vor
Alexander dem Großen entstanden ist. Diese wohl ergreifendste
Schrift der Bibel stellt zweifellos ein dichterisches Kunstwerk
hohen Ranges dar. Man zählt es zur Weltliteratur. Es soll in
gewisser Weise von der griechischen Tragödie ('Prometheus' des
Aischylos) beeinflußt sein und stellt wie diese die Frage nach
dem Bösen und dem Leiden und verurteilt wie diese die Maßlosig-
keit und Selbstgerechtigkeit, die von den Göttern bestraft wer-

de. Ferner begegnet in dem Buch ein Individualismus - in der Gestalt des Hiob - und ein Universalismus der Gottesvorstellung sowie ein bohrendes Infragestellen der überlieferten Weisheit, wie sie in dieser Form zum ersten Mal im AT aufeinandertreffen.

Das Hiobbuch wird zur Weisheitsliteratur des AT gezählt. Die sog. Weisheitslehre als eine Richtung innerhalb der israelitischen Glaubenstradition wurde in Kap. V schon erwähnt. Ursprünglich wurde sie - wie dort berichtet - an den altorientalischen Königshöfen und in den Kreisen ihrer Beamtenschaft gepflegt. In der AT-Überlieferung begegnet sie schon zu Salomos Zeiten. Vom ausgehenden 7. Jh. v. Chr. an wurde sie dann zu einer Lebensanschauung breiter Kreise, die die überlieferten Lebensregeln in Form von praktischen und handfesten Sprüchen im Alltag anwandten. In nachexilischer Zeit hat sich die Weisheitslehre zu einer regelrechten Weisheitstheologie entwickelt, für die der Vergeltungsglaube charakteristisch ist (vgl. Spr 10-22, 16): Der gerechte Jahwe vergilt auch gerecht, und zwar im Diesseits gemäß Spr 22, 4:

"Der Lohn der Demut und Jahwefurcht sind Reichtum, Ehre und Leben."

Das Buch der Sprüche (Proverbien) bietet eine Auswahl von israelitischen und nichtisraelitischen Weisheitslehren. Hierbei setzt man den Abschnitt Spr 1-9 im ausgehenden 4. Jh. v. Chr. an. Der Rest, bis auf einige Anhänge, ist älteren Datums. Die Endredaktion des Buches ist gegen Ende des 4. Jh. bzw. zu Beginn des 3. Jh. v. Chr. abgeschlossen worden.

Zur Weisheitsliteratur des AT zählt man neben einigen Psalmen (z. B. Ps 1; 34; 37; 73; 78; 91; 105; 112; 127; 133) noch - wie gesagt - das Buch Hiob und das Buch Prediger (Kohelet), die sich in ihrer Intention allerdings beträchtlich vom Buch der Sprüche unterscheiden.

Auch das Buch Prediger mit seinem Hauptsatz 'Es ist alles ganz eitel' spiegelt jenen Geist der 'hellenistischen Moderne' des Altertums wider. Es gibt die Erfahrung des fernen und ver-

borgenen Gottes in einer Schärfe wieder, die dem AT bis dahin
fremd war. Wenn dies selbst auch nicht direkt hellenistisches
Denken ist, so wird man es wohl doch als 'Geist von jenem
Geist' bezeichnen müssen, aus dem der Hellenismus im Zusammenbruch der alten Sicherheiten hervorging. Für den Prediger ist
Gott menschlicher Einsicht völlig unzugänglich, so daß er zu
einem radikalen Pessimismus gelangt, nach welchem es für den
Menschen nur noch darum gehen könne, das Leben ohne jede Sinn-
gebung 'mit Anstand' zu bestehen.

Der Verfasser dieses Buches ist nicht etwa Salomo, wie man
nach der Buchüberschrift meinen könnte. Die Herleitung von ihm
ist nur eine schriftstellerische Einkleidung, die ab Pred 3
überhaupt keine Rolle mehr spielt. Hier ist lediglich die ägyptische Sitte nachgeahmt worden, die Weisheitslehren auf einen
König zurückzuführen. In Wahrheit handelt es sich bei dem Verfasser um einen unbekannten Weisheitslehrer (Pred 12,9), der
das Buch, wie man gemeinhin annimmt, in der zweiten Hälfte des
3. Jh. v. Chr. in Palästina geschrieben hat. Es beurteilt die Vergeltungslehre der Weisheitstheologie skeptisch gemäß dem Ausspruch (Pred 2,17):

"Ja, alles ist Nichtigkeit und Haschen nach Wind!"

Der Prediger begnügt sich mit den konkret-praktischen Sprich-
wörtern der 'alten Weisheit', die noch keine diesseitige Ver-
geltungstheologie kennt. Seine Erkenntnis ist, daß das Geschick
des Menschen nicht von seinem Verhalten abhängt, sondern uner-
forschlich und unerkennbar in Gottes Hand liegt (Pred 8,17;
9,1). So kommt er denn auch konsequenterweise zu dem Schluß:

"So sah ich denn, daß nichts Besseres ist, als daß ein
Mensch fröhlich sei in seiner Arbeit; denn das ist sein
Teil." (Pred 3,22)

Die skeptische Weisheit des Prediger ist nicht zu verwechseln mit der älteren Stoa [37], einer zur gleichen Zeit weit
verbreiteten Strömung der griechischen Philosophie. Ein Grundsatz dieser Philosophie war der Satz, daß der Mensch alle Weis-

heit und Erkenntnis in sich selber trage (Stilpon, Lehrer Ze-
nons aus Kition, ca. 300 v.Chr.). Dieser mögliche stoische Ausweg, daß trotz der Gottesferne der Mensch alle Erkenntnis und
alles Wissen um das ethisch richtige Handeln in seiner Seele
trage, blieb dem pessimistischen Prediger offenbar verborgen.

Es gab seinerzeit auch konservative Kreise, die die hellenistischen Einflüsse im Judentum radikal ablehnten.

Zu dieser Gruppe gehört der Verfasser des apokryphen Buches
Jesus Sirach (Ecclesiasticus), der die Vergeltungslehre der
Weisheit erneuern will und mit ihrer Hilfe Gott und die Welt
einsichtig machen möchte. Sogar dieses Buch bleibt von hellenistischer Beeinflussung nicht ganz verschont und zollt dem damaligen Zeitgeist seinen Tribut, indem es das Gesetz, die Thora,
mit der Weisheit gleichsetzt. Diese Identifizierung ähnelt der
stoischen Gleichsetzung des menschlichen Sittengesetzes mit der
göttliche Weltvernunft. Auch der Ausspruch, Gott sei alles
(Sir 43,27), entspricht stoischem Denken.

Der Verfasser dieses apokryphen Buches ist ein gewisser Jesus, Sohn Eleasars, des Sohnes Sirachs (Ben Sira) (Sir 50,27;
51,30). [34] Er lebte in Jerusalem, wo er sein Buch um 190
v.Chr. geschrieben hat; seine Denkweise stand in mancherlei
Hinsicht den späteren Sadduzäern nahe. Ein Enkel von ihm hat um
130 v.Chr. das Buch in Ägypten ins Griechische übersetzt (Sir
Prolog). Bis 1896 war es nur in griechischen und syrischen
Übersetzungen bekannt. Seither hat man aber bei Rollenfunden in
der sogenanten Esra-Synagoge von Alt-Kairo große Teile des ursprünglichen hebräischen Textes entdeckt, der - so der Kommentar der Jerusalemer Bibel (S.832) - eine vom griechischen ziemlich verschiedene und einigermaßen verderbte Textfassung darstellt. Immerhin wurde die hebräische Version des Buches von
den Rabbinen als auch vom Kirchenlehrer Hieronymus eifrig zitiert. Auch im Jakobusbrief des NT wird es verwendet.

Die Moral, die das Buch lehrt, ist recht weltlich: Es nimmt
den guten Ruf unter Nachbarn sehr wichtig, befaßt sich mit den
'richtigen' Manieren bei Tisch (31,12ff) oder mit der Kleidung
und dem Gang eines Menschen und kommt zu dem Urteil, daß der

Gang angeblich

"kundtut, was an ihm [= dem Menschen] ist" (19,29f).

Sklaven soll man nicht allzu gut behandeln (33,25-29). Töchter sind für das Buch eine Quelle dauernder Sorgen, so daß man
den Eindruck gewinnt, daß sie zu jener Zeit sexuell ziemlich
freizügig gelebt haben müssen (z.B. 42,9-11). Auch von den
Frauen wird wenig gehalten:

"Denn gleichwie aus den Kleidern Motten kommen, also kommt
von den Weibern viel Böses." (42,13).

Des weiteren liest man die Empfehlung, nicht mit seinen Kindern fröhlich zu sein, sondern

"ihren Hals von Jugend auf zu beugen"
(7,23; vgl. auch 30,1ff).

Immerhin wird empfohlen, Almosen zu geben (29,8-13). Auch
die Ärzte soll man in Ehren halten (38,1-15), was auf griechischen Einfluß hinweist.

Noch bis in unser Jahrhundert hinein benutzten nicht wenige
Eltern dieses Buch aus der Bibel recht fleißig als Anleitung
für eine 'christliche' Erziehung ihres Nachwuchses. Ich kann
hier nicht umhin anzumerken, daß es doch ein trauriges Licht
auf die Alte Kirche wirft, gerade diesem moralisierenden Werk
eine bedeutende Stellung in der christlichen Liturgie eingeräumt und ihm deshalb auch die Bezeichnung 'Ecclesiasticus'
gegeben zu haben.

Die Ineinssetzung von Weisheit (Philosophie) und Thora hatte
eine institutionelle Grundlage in der Synagoge, ist doch deren
Allerheiligstes gerade die Thora, zu welcher nur derjenige Zugang hat, der thorakundig (= 'weise') ist. Wie die Heiden nur
durch Paideia, die sie sich durch das Studium Homers und der
griechischen Klassiker aneignen konnten, zu einer höheren Bildung und damit auch in höhere soziale Schichten aufsteigen

konnten, so die Juden nur durch das eifrige Studium der Thora.

Es lassen sich also durchaus in gewisser Weise die griechischen Philosophen jener Zeit, die sich ganz ihrem Studium hingaben, vergleichen mit den jüdischen Schriftgelehrten, die sich ganz dem Studium ihrer heiligen Schriften widmeten.

Wie die griechischen Philosophen in der Regel ihren eigenen Schülerkreis besaßen, so waren auch die Schriftgelehrten umgeben von lernbegierigen Schülern. Es ist somit nicht verwunderlich, daß der neue Stand der Schriftgelehrten die Priesterschaft allmählich an theologischer Bedeutung zu überflügeln begann und - hiermit zusammenhängend - auch die Synagoge den Tempel.

Bezüglich der geistig-religiösen Situation in hellenistischer Zeit läßt sich feststellen, daß sich im allgemeinen die jüdische Oberschicht sowie die höheren Priesterfamilien dem Hellenismus bereitwillig öffneten.

Wie gesagt, zeigt das Buch Jesus Sirach jedoch, daß der latente Widerstand gegen den Hellenismus schon recht früh im Judentum vorzufinden war. Getragen wurde er im wesentlichen von den unteren Volksschichten und von jenen esoterischen Kreisen, die in ihren Geheimzirkeln nach wie vor eine eschatologisch-apokalyptische Hoffnung auf einen neuen Äon, eine neue Heilszeit, lebendig erhielten. Erst als die Seleukiden versuchten, Palästina mit Gewalt zu hellenisieren, wurde aus dem bis dahin eher verborgenen Widerstand besagter Kreise ein leidenschaftliches Aufbegehren, das sich zu einer mächtigen Aufstandsbewegung unter den Makkabäern (vgl. 3.2.1.) steigern sollte.

3.2. Unter der Herrschaft der Seleukiden

Von alters her hatte es einen Machtkampf um die Vorherrschaft
in Palästina gegeben zwischen Ägypten, dem 'Reich des Südens',
und Kleinasien bzw. Mesopotamien, dem 'Reich des Nordens', der
sich nun in hellenistischer Zeit wiederholte zwischen den Pto-
lemäern und den Seleukiden. [39] In zahlreichen Schlachten, die
beide Großmächte gegeneinander ausfochten, gelang es lange Zeit
keinem der beiden Gegner, einen entscheidenden Sieg für sich zu
verbuchen.

Der syrische König Antiochus der Große (223-187) konnte dann
schließlich im Jahre 198 v.Chr. Palästina in seine Gewalt bringen, so daß es von nun an zum seleukidischen Großreich gehörte.
Zunächst blieben die Juden von der neuen Oberherrschaft der
Seleukiden ziemlich unbehelligt.

Unter Antiochus IV. Epiphanes [40] (175-164) trat jedoch ein
radikaler Umschwung ein. Dieser Herrscher sah es als seine Aufgabe an, sein ganzes Reich vollständig in die hellenistische
Weltkultur einzubeziehen. Hiervon war vor allem die jüdische
Gemeinde in Jerusalem betroffen, die bisher einer völligen Hellenisierung - wie oben schon ausgeführt - widerstanden hatte.
Antiochus IV. fand für seine Pläne nur bei der dünnen Oberschicht und vor allem bei der gehobenen Jerusalemer Priesterschaft offene Ohren, nicht jedoch bei der großen Masse des Volkes, die der Ptolemäerherrschaft nachtrauerte, hatte sie doch
den Juden volle Religionsfreiheit zugestanden.

So ergriff Antiochus zur Durchsetzung seiner Hellenisie-
rungspläne scharfe Maßnahmen. Er ließ den Südosthügel Jerusalems als Festung ausbauen und belegte sie mit syrischen Soldaten. Den Jerusalemer Tempel wandelte er in eine Kultstätte für
den griechischen Obergott Zeus um - der Gipfel der Blasphemie
für jahwetreue Juden - und verbot unter Androhung der Todesstrafe jegliche Ausübung des jüdischen Kultus, wie die Beobach-
tung des Sabbats und der Feste, das Fasten sowie die Beschneidung; sogar der Besitz der Thorarollen stand unter Strafe.
Überall im Lande wurden heidnische Altäre errichtet, auf denen
die Juden gezwungen wurden zu opfern.

Diese Gewaltmaßnahmen des Antiochus IV. stellten eine extreme Bedrohung für den Jahweglauben dar.

Wir sind in der glücklichen Lage, hinsichtlich dieses für das Judentum außerordentlich einschneidenden Faktums der grausamen Willkürherrschaft des Antiochus IV., welche schließlich zum Makkabäeraufstand führen sollte, wieder genauere - auch biblische - Quellen zur Verfügung zu haben. Neben Flavius Josephus (Jüdische Altertümer) sind hier in erster Linie die beiden apokryphen Makkabäer-Bücher zu nennen.

Das 1. Makkabäerbuch ist vermutlich gegen 100 v. Chr. entstanden. Sein Verfasser lebte in Jerusalem als ein linientreuer Anhänger der Makkabäer-Hasmonäer-Dynastie (vgl. 3.2.1.).

Das 2. Makkabäerbuch entstand wohl um 60 v. Chr. Es handelt sich um eine stark verkürzte Fassung eines historischen Werkes eines gewissen Jason von Kyrene (in Nordafrika) (vgl. 2. Makk 2,23), der ein jüdischer Historiker um 100 v. Chr. gewesen sein dürfte. Jedoch ist von ihm nichts weiter bekannt, und auch sein Werk ist nicht mehr erhalten. Bei der Lektüre des 2. Makkabäerbuches hat man den Eindruck, daß es besagtem Geschichtsschreiber weniger um historische Genauigkeit als vielmehr um die rhetorische Wirkung seiner etwas bombastischen Schilderung gegangen ist.

Schließlich läßt sich auch einiges an historischer Information dem apokalyptischen Danielbuch entnehmen, welches sein Verfasser während der Regierungszeit Antiochus' IV. in Jerusalem verfaßt hat. Für seine Entstehungszeit werden die Jahre 167-164 v. Chr. angesetzt. Der Verfasser datiert sein Buch in die Zeit des babylonischen Exils zurück, und sein Held ist Daniel, eine historisch nicht zu identifizierende Gestalt. Ohne diesen Trick des Anachronismus hätte das Buch seinerzeit in Jerusalem keine Leserschaft finden können, da es von den seleukidischen Besatzern wegen seines kritischen Inhalts sogleich konfisziert worden wäre. In seiner anachronistischen Gestalt konnte man es aber problemlos als alte heilige Schrift ausgeben, und den 'gewitzten' Judäern, die den Kreisen der apokalyp-

tischen Erwartung nahestanden, war natürlich klar, worum es in
dem Buch eigentlich ging.

Antiochus IV. besaß sicherlich getreue Helfershelfer unter
der hellenistischen Oberschicht Judas sowie in besonderem Maße
in der hohenpriesterlichen Familie. Sehr aufschlußreich ist der
Abschnitt 2.Makk 4,7ff, in welchem beschrieben wird, wie der
damalige Hohepriester Jason, der sich dieses Amt erschlichen
hatte, versuchte, Jerusalem in eine hellenistische Polis mit
eigenem Gymnasion und antiochenischem Bürgerrecht zu verwan-
deln. Antiochus ersetzte jedoch nach einigen Jahren eigenmächtig und anmaßend Jason durch einen anderen, nichtzadokidischen
Hohenpriester mit dem bezeichnenden griechischen Namen Menelaos.

Dieser hatte seinen Konkurrenten Jason ausgestochen, indem
er dem König eine noch höhere Tributzahlung zusicherte (2.Makk
4,23-26). Später versuchte Jason, der sich ins Ostjordanland
abgesetzt hatte, noch einmal das Amt des Hohenpriesters an sich
zu reißen (2.Makk 5,1-10). Er vermochte sich jedoch nicht lange
in Jerusalem zu halten, da mittlerweile in der Stadt bürger-
kriegsähnliche Unruhen ausgebrochen waren. Antiochus war nämlich 169 v.Chr. auf dem Rückmarsch eines Feldzugs gegen Ägypten
nach Jerusalem gekommen, hatte hier eigenmächtig den Tempel
betreten, einen Großteil des Tempelschatzes geraubt und zudem
noch ein Blutbad angerichtet (1.Makk 1,16-28). Dies hat die
Stimmung gegen ihn und seine Parteigänger in der Stadt ver-
ständlichrweise sehr angeheizt.

Nachdem kurze Zeit später Rom gegen Antiochus aktiv wurde
und ihn zwang, das von ihm besetzte Ägypten wieder zu verlassen, rächte sich der gedemütigte Seleukidenkönig auf grausame
Weise an Jerusalem (168): Er ließ es besetzen, verhängte das
Kriegsrecht über die Stadt und ließ viele Einwohner töten und
versklaven (2.Makk 5,11-20). Jason mußte fliehen. In Sparta (!)
soll er schließlich gestorben sein.

Da die Unruhen weiterhin gewaltig wuchsen, meinte Antiochus
167 v.Chr., erneut ein Heer gegen Jerusalem entsenden zu müssen, um den Widerstand endgültig zu brechen (1.Makk 1,29-40;

2. Makk 5, 24-26).

Alle Grundeigentümer verloren ihren Besitz (1. Makk 3, 36),
und viele Juden flohen in die Wüste, um auf diese Weise wenigstens passiven Widerstand zu leisten (1. Makk 2, 29-30; 2. Makk
5, 27). Es kam zu einer Eskalation der Ereignisse, so daß ein
Kompromiß nicht mehr möglich war. Der Reichserlaß, von dem in
1. Makk 1, 41 die Rede ist, hatte die totale Ausmerzung der israelitisch-jüdischen Religion zum Ziel (1. Makk 1, 44-50).

Man wird davon ausgehen können, daß die Jerusalemer Helleni-
sten selbst mit zu den Initiatoren der Abschaffung aller jüdischen Kulte gehört haben (vgl. 2. Makk 5, 23; 13, 3f), da ein
derartiges Religionsverbot aus den Hellenisierungsbestrebungen
des Antiochus allein nicht zu erklären ist, stellt doch der
Hellenismus von Hause aus eine in religiösen Dingen tolerante
'Geistesströmung' dar.

Diese hellenistischen Kreise in Jerusalem werden es denn
auch gewesen sein, die im Tempel den 'Greuel der Verwüstung'
errichteten, einen Altaraufsatz zur Darbringung der heidnischen
Opfer (2. Makk 6, 1-7; 1. Makk 1, 54; Dan 11, 31; 12, 11). Die biblischen Geschichtsquellen lasten das Religionsverbot jedoch allein Antiochus an und zeichnen ihn daher ganz und gar negativ.
Sie sehen in ihm sogar den 'bösen Fürsten' der gegenwärtigen
Unheilszeit (Dan 11, 37-39). [41]

Es sei dem Leser an dieser Stelle ein Abschnitt aus der an-
schaulichen Schilderung dieser Ereignisse durch den jüdischen
Historiker Flavius Josephus gegönnt (Ant. XII, 5, 4) [42]:

"Er [Antiochus] plünderte also den Tempel völlig, sodass er
die heiligen Gefässe, die goldenen Leuchter, den goldenen
Altar, den Tisch und die Weihrauchfässer fortschleppte und
nicht einmal die aus Byssus [43] und Scharlach verfertigten
Vorhänge zurückliess. Desgleichen leerte er die verborgene
Schatzkammer und liess überhaupt nichts Wertvolles an Ort
und Stelle, sodass er die Juden in den tiefsten Gram ver-
setzte. Ja, er verbot ihnen sogar die Darbringung der täglichen Opfer, plünderte die ganze Stadt, tötete einen Teil der
Bürger und schleppte den anderen samt Weib und Kind in die
Gefangenschaft, im ganzen gegen zehntausend Menschen. [...]
Dann zwang er die Juden, die Verehrung ihres Gottes aufzugeben, seine eigenen Götter anzubeten, ihnen in jeder Stadt
und in jedem Dorfe Altäre zu erbauen und täglich Schweine

[!] zu opfern. Weiterhin verbot er ihnen, ihre Söhne zu beschneiden, und bedrohte die Zuwiderhandelnden mit Strafe. Um
aber das Volk zur Befolgung seiner Befehle zu zwingen,
stellte er besondere Beamte an."

Man hat es hier also mit der ersten systematischen Judenver-
folgung der Geschichte zu tun.

Es ist auch interessant, was Josephus in diesem Zusammenhang
über das Verhältnis zwischen Juden und Samaritanern (hier durch
'Samariter' übersetzt) zu berichten weiß. Er schreibt in
Ant.XII,5,5:

"Als die Samariter diese schrecklichen Leiden der Juden sahen, leugneten sie wieder einmal jede Verwandtschaft mit
ihnen und erklärten, der Tempel auf dem Berge Garizin sei
kein Heiligtum des höchsten Gottes. Vielmehr gaben sie sich
getreu ihrem früher schon geschilderten Charakter, für Abkömmlinge der Meder und Perser aus, was sie ja auch wirklich
sind. Sie schickten daher Gesandte an Antiochus mit einem
Schreiben folgenden Inhalts: 'Die Sidonier von Sikim an den
erhabenen Gott und König Antiochus Epiphanes. Unsere Vorfah-
ren haben infolge häufiger Heimsuchung ihres Landes durch
Seuchen mit Rücksicht auf einen alten Aberglauben [!] die
Sitte eingeführt, den Tag zu feiern, welchen die Juden Sabbat nennen, und haben in dem Tempel, den sie, ohne ihn einem
bestimmten Gotte zu weihen, auf dem Berge Garizin erbauten,
feierliche Opfer dargebracht. Weil es dir nun gefallen hat,
die Juden für ihre Nichtswürdigkeit [!] nach Verdienst zu
züchtigen, belegen uns die königlichen Beamten mit denselben
Strafen, da sie glauben, wir seien mit ihnen verwandt und
ebenso verrucht. Wir sind jedoch unserer Abstammung nach
Sidonier, was aus unseren Archiven hervorgeht. Wir bitten
dich deshalb, du wollest als unser Wohlthäter und Erretter
deinem Statthalter Apollonius und deinem Geschäftsträger
Nikanor befehlen, uns nicht derselben Verbrechen wie die
Juden zu zeihen, von denen wir uns in unserer Lebensweise
und unserer Abstammung nach so sehr unterscheiden, und uns
in Frieden zu lassen. Zugleich bitten wir darum, unseren
Tempel, der noch auf den Namen keines Gottes geweiht ist,
dem hellenischen Zeus zu Ehren benennen zu dürfen. Dadurch
werden wir von ferneren Belästigungen verschont bleiben,
können unsere Arbeit ohne Furcht erledigen und werden dann
imstande sein, dir einen größeren Tribut zu entrichten.'"

Wahrlich, ein diplomatisch sehr geschicktes Gesuch, dem der
König dann auch allergnädigst stattgegeben hat.

3.2.1. Die Makkabäerkämpfe und das Hasmonäerreich

Nach kurzer Zeit führte das Religionsverbot des Antiochus zum
bewaffneten Widerstand unter Leitung des Priesters MATTATHIAS
aus der Sippe der Hasmonäer ⁴⁴' (vgl. 1.Makk 2).

Er und seine Söhne wurden unterstützt von einer zunächst
kleinen Gruppe von Widerstandskämpfern, die sich vor allem aus
den sogenannten Chassidim, den 'Frommen', rekrutierte, welche
mit fanatischem Eifer für das Gesetz kämpften (1.Makk 2,27-30).

Nach dem Tod des Mattathias fiel die Führung der Widerstands-
truppe an seinen Sohn Judas Makkabäus, nach dessen Beinamen
'Makkabäus' (= 'der Hammer') die Widerstandskämpfe ihre Bezeichnung erhielten.

Im Jahre 164 v.Chr. gelang es Judas und seiner Truppe, den
Jerusalemer Tempel zu besetzen und ihn wieder in einen Jahwe-
tempel mit jüdischem Kultus umzuwandeln (1.Makk 4,36-59). Bis
heute gedenken die Juden dieses Ereignisses an ihrem Chanukka-
Fest (= Weihefest).

Nach diesem Sieg zogen sich die Chassidim aus dem Widerstand
zurück, war doch ihr eigentliches Ziel, die Religionsfreiheit,
durch die Rückeroberung des Tempels erreicht. Judas Makkabäus
und seine Anhänger wollten jedoch weiterkämpfen; für sie gab es
ein neues Ziel: nach der religiösen nun auch die politische
Freiheit zu erreichen.

Nach vielen wechselvollen Kämpfen wurde schließlich der
letzte der Söhne des Mattathias, SIMON, im Jahre 142 v.Chr. von
den Syrern als selbständiger Herrscher und Hoherpriester in
Personalunion anerkannt (1.Makk 13). Ein Jahr später erzwang
Simon den vollständigen Abzug der syrischen Besatzung aus Jerusalem. Zum Dank übertrug ihm dafür das Volk die erblichen Würden eines Fürsten, Heerführers und Hohenpriesters
(1.Makk 14,25ff). Das zweite Ziel der Makkabäer, die politische
Unabhängigkeit, war also hiermit im Jahre 140 v.Chr. erreicht.

Simons dritter Sohn, JOHANNES HYRKAN (135-105), mußte sich
jedoch den Syrern als Vasall unterstellen. Im Jahre 129 v.Chr.
konnte er dann aber die Unabhängigkeit zurückgewinnen und das

jüdische Gebiet sogar vergrößern, im Süden um Idumäa, im Norden
um Samarien, wobei er den Samaritanischen Tempel auf dem Garizim zerstörte (Josephus: Ant.XIII.8ff).

Sein Sohn ARISTOBUL I. (104 v.Chr.) konnte zu den Eroberungen seines Vaters noch Galiläa hinzufügen.

Nach seinem Tode folgte sein Bruder ALEXANDER JANNÄUS (103-
77 v.Chr.), der offiziell den Königstitel annahm und sein Reich
durch neue Eroberungen noch weiter ausdehnen konnte, so daß es
schließlich ungefähr die Grenzen des einstigen salomonischen
Reiches annahm. Innenpolitisch gab es jedoch Unruhen und Aufstände gegen Alexander, die vor allem von der mittlerweile
recht einflußreichen Gruppe der Pharisäer geschürt wurden.

Alexander konnte diese Aufstände schließlich niederschlagen.
Josephus erzählt, er habe nach seinem Sieg mehrere Hundert der
Aufständischen kreuzigen und vor deren Augen ihren Frauen und
Kindern die Kehle durchschneiden lassen, während er selber ge-
nüßlich mit seinen Dirnen tafelte und das makabre Schauspiel
sichtlich genossen haben soll (Ant.XIII,14,2). Es erscheint
verständlich, daß manchen Juden ein solcher Herrscher und Hoherpriester ein Greuel gewesen sein muß und die Hasmonäerdynastie vielen Teilen der Bevölkerung immer mehr verhaßt wurde.

Auf Alexander, der an den Folgen seiner Trunksucht gestorben
sein soll (Ant.XIII,15,5), folgte zunächst seine Witwe SALOME
ALEXANDRA (77-67 v.Chr.). Nach Atalja (vgl. Kap.IV) ist Alexandra die zweite Frau auf dem Königsthron in Jerusalem. Sie konnte natürlich das nur Männern vorbehaltene Amt eines Hohenpriesters nicht auch noch ausüben und hat es daher ihrem ältesten
Sohn Hyrkan übertragen. Ihre Regierungszeit war - im Gegensatz
zu der ihres verstorbenen Mannes - eine friedliche, was ich
immerhin der Beachtung für wert halte. Unter ihrer Herrschaft
stiegen die Pharisäer (vgl. Kap.VIII.3.) zur bedeutendsten religiösen Partei auf.

Nach ihrem Tod stritten HYRKAN und sein Bruder ARISTOBUL II.
um die Nachfolge und riefen hierfür die Römer als Schiedsrich-
ter zu Hilfe. Sie trugen im Jahre 63 v.Chr. dem römischen Feldherrn Pompeius in Damaskus ihre Sache vor. Hierbei erschienen
Abgesandte des Volkes, die der hasmonäischen Dynastie nun end-

gültig überdrüssig waren, und baten um die Wiedereinsetzung der
Priesterschaft, womit die freiwillige Einschränkung der eigenen
Vollmachten allein auf den religiösen und kultischen Bereich
verbunden war. Die politische Herrschaft sollte vollständig an
die römische Großmacht abgetreten werden.

Hyrkan und seine Anhängerschaft stimmten dem zu. Sie übergaben
Jerusalem Pompeius, während Aristobul sich auf dem Tempelberg verschanzte. Dieser konnte jedoch nach dreimonatiger Belagerung schließlich eingenommen werden (Ant. XIV, 4).

Hiermit war nach einem Zeitraum von nahezu hundert Jahren
des Kampfes die makkabäische Hoffnung auf einen politisch und
religiös souveränen jüdischen Staat an der Willkür der hasmonäischen Herrscher gescheitert.

In Palästina übernahmen im folgenden die Römer und Herodianer die Herrschaft.

Angefügt sei noch, daß 70 n. Chr. während des Jüdischen Krieges (66-73 n. Chr.) der Tempel in Jerusalem von den Römern zerstört wurde, ein auch für die Verfasser der Evangelien (wahrscheinlich alle nach 70 n. Chr. zu datieren) bedeutsames Ereignis. Nach der Zerschlagung des letzten jüdischen Aufstandes
gegen die Römer, des Bar-Kochba-Aufstandes (132-135 n. Chr.),
machten die Römer unter Kaiser Hadrian (117-138 n. Chr.) aus
Jerusalem eine heidnische Stadt, indem sie an der Stelle des
jüdischen Tempels einen Tempel für Jupiter erbauten.

Die Stadt wurde von nun an 'Colonia Aelia Capitolina' genannt, und kein Jude durfte sie betreten. In dieser Zeit entstand auch die Bezeichnung 'Palästina', die an die alten Erz-
feinde Israels erinnern sollte, an die Philister.

Zum Abschluß dieser Geschichtsdarstellung sei noch folgende
interessante Bemerkung über die Makkabäer wiedergegeben.

In 'The Apocrypha and Pseudepigrapha of the Old Testament in
English' (Hrg. R. H. Charles, Bd. 2, Oxford 1913. Reprinted 1968;
S. 659) schreibt Townsend in seiner Einleitung zur Übersetzung
des pseudepigraphischen 4. Buches der Makkabäer [45]:

"Es ist sehr schön ausgedrückt, daß es dem Christentum an
Nährboden gefehlt hätte, wenn das Judentum unter Antiochus

zugrunde gegangen wäre; so wurde das Blut der makkabäischen
Märtyrer, die das Judentum retteten, zum Samen der Kirche.
Da also nicht nur das Christentum, sondern auch der Islam
ihren Monotheismus aus einer jüdischen Quelle ableiten, darf
man wohl annehmen, daß die heutige Welt den Monotheismus als
solchen im Westen wie im Osten den Makkabäern verdankt."

Das soeben erwähnte 4.Makkabäerbuch ist übrigens nicht uninteressant. Es wurde wahrscheinlich zur Zeit Jesu in Alexandrien
in ausgezeichnetem Griechisch verfaßt und steht im Anhang der
Septuaginta, so daß es in der frühen Christenheit größtenteils
bekannt gewesen sein dürfte. Bemerkenswert ist, daß der Verfasser, obwohl 'orthodoxer' Jude, die Sprache der griechischen
Stoa benutzt und zu beweisen sucht, daß die Juden fast ausschließlich nach der Lehre der Stoiker lebten. Das Buch beginnt
mit den Worten **':

"Echt philosophisch ist die Ansprache, die ich über die Frage halten will, ob die fromme Vernunft Selbstherrscherin der
Triebe ist. Darum darf ich Euch wohl mit Recht den Rat geben, auf diese Philosophie aufmerksam zu achten. Ist doch
die Ansprache so, daß ein jeglicher sich mit ihr vertraut
machen muß, und enthält sie doch in besonderer Weise der
größten Tugend, ich meine der Einsicht, Lobpreis!" (1,1f).

Im ersten Hauptteil fährt das Buch denn auch ganz im Stile
der stoischen Philosophie fort:

"Wir untersuchen also jetzt die Frage, ob die Vernunft
Selbstherrin der Triebe ist. Da wollen wir bestimmen, was
denn 'Vernunft' ist und was 'Trieb', ferner wie viele Arten
von Trieben es gibt, und ob diese alle die Vernunft be-
herrscht." (1,13f)

Der Stoizismus mit seiner strengen Moral, seiner Gering-
schätzung äußerer Güter und seiner Forderung einer alle Völker
und Standesgrenzen überschreitenden Liebe unter den Menschen
ist zu einem wichtigen Wegbereiter des Christentums in der hellenistischen Welt geworden.

VIII. DIE GEISTIG-RELIGIÖSEN STRÖMUNGEN UND IHRE GRUPPIERUNGEN
IN SPÄTHELLENISTISCH-RÖMISCHER ZEIT

Das religiöse Leben mit seinen unterschiedlichen theologischen
Strömungen,   das sich zur Zeit der Hasmonäer herausbildete, ist
auch für die neutestamentliche Zeit von besonderer Bedeutung.
So prägen gerade zwei in dieser späthellenistischen Epoche ent-
standene Bewegungen das Leben der frommen Juden zur Zeit Jesu:
Die sogenannte Apokalyptik mit ihrer intensiven Enderwartung
und der sogenannte Pharisäismus mit seiner schriftgelehrten
Auslegungspraxis der Thora. Es ist daher auch kein adäquates
Verständnis der Wirksamkeit Jesu möglich ohne eine gewisse
Kenntnis dieser beiden Traditionsstränge, in denen der historische Jesus von Nazareth mit seiner Jüngerschar voll und ganz
gestanden hat.   Von hier aus fand er seinen eigenen jüdischen
Standpunkt, wie er - bei aller Vorsicht - anhand einiger Texte
der drei synoptischen Evangelien (Mark; Matth; Luk) doch noch
auszumachen ist, sofern man diese Stellen nur aufmerksam und
unvoreingenommen liest und den soeben angesprochenen jüdischen
Hintergrund gebührend berücksichtigt.

    Insgesamt lassen sich neben den Kreisen, die einer eschato-
logisch-apokalyptischen Enderwartung anhingen, noch drei weitere religiös-politische '' Gruppierungen der damaligen Zeit genauer unterscheiden: Die Sadduzäer, die Pharisäer und die Essener, deren charakteristische theologische Auffassungen wir in
Grundzügen zu behandeln haben.
    Zunächst wollen wir die Apokalyptik mit ihren Vorstellungen
etwas genauer betrachten.

1.   D i e   a p o k a l y p t i s c h e   G l a u b e n s -
         s t r ö m u n g

Im großen und ganzen kann man seit dem Exil zwei geistig-
religiöse Hauptströmungen unterscheiden. ⁸' Die eine bezeichnet
man als die theokratische, die andere als die eschatologische.

Die erste Strömung wurde sowohl von der   Priesterschaft   getragen,   die   die Theokratie institutionell repräsentierte, als
auch in weitgehendem Maße von den gehobenen Schichten der judäischen, insbesondere der Jerusalemer Gemeinde.

Hingegen waren es vor allem die schriftgelehrten Kreise, die
die eschatologische Hoffnung auf eine neue Heilszeit, den neuen
Äon, wachhielten (vgl. Kap. VII. 2.). Diese beiden Richtungen
erfuhren unter dem Einfluß des Hellenismus eine entscheidende
Wandlung.

Die Theokratie hatte auf jegliche eschatologische Hoffnung
verzichtet und die bestehenden Verhältnisse als die Erfüllung
der vorexilischen prophetischen Verheißungen angesehen. Nachdem
sich die theokratischen Priester- und Laienfamilien - wie die
Zadokiden und Tobiaden - voll und ganz dem neuen hellenistischen Zeitgeist geöffnet hatten, erstarrte diese Glaubensrichtung mehr und mehr zu einem sterilen Konservativismus, für den
Gesetz und Kult nur noch eine Volkssitte darstellte, die man
dann auch nur allzu bereitwillig aufgab, als die Zeiten es er-
forderten. Die Ereignisse unter Antiochus IV. und den mit ihm
kollaborierenden Priestern Jason und Menelaos zeigen dies deutlich.

Das Religionsverbot, an welchem - wie schon erwähnt - die
besagten theokratischen Kreise entscheidend mitgewirkt hatten
sowie auch die zahlreichen Verfolgungen der thoratreuen Jah-
weanhänger lösten eine starke Polarisierung im jüdischen Volk
aus, die die gesetzestreuen Juden von ihrer regierenden Oberschicht deutlich entfremdete.

Für die treuen Anhänger der Thora und des Kultes erhielt
gerade durch die dramatischen Ereignisse unter Jason und Menelaos das von der eigenen Priesterschaft angegriffene Gesetz

seinen herausragenden Stellenwert. Die Thora wurde jetzt erst
recht zur einzigen Offenbarungsquelle des Glaubens und zum Mittelpunkt des ganzen Lebens.

Es kam zur Bildung einer Art Notgemeinschaft verschiedener
Gruppierungen, welche sich gegen das Religionsverbot und die
Verfolgungen zur Wehr setzte. Sie wird als die Gruppe der Chassidim (= 'Fromme' = griech. 'Asidäer') bezeichnet, die gemäß
1. Makk 2, 42 die Makkabäer unterstützten. Zu ihnen gehörten mit
Sicherheit auch jene Kreise, die seit der Ära des Deuterojesaja
ihre Hoffnung auf die eschatologische Heilszeit bewahrt hatten.

Aus diesen Zirkeln ist das Danielbuch, die einzige Apokalypse des AT, hervorgegangen. Sie entstand - wie schon erwähnt -
in den Jahren 167-164 v. Chr. in Jerusalem. Der Verfasser hat
hierbei in Dan 1-6 einen älteren Erzählkranz aus Märtyrerlegen-
den und orientalischen Hofgeschichten verarbeitet und aktuali-
siert (nebenbei: in Dan 1, 12-15 wird schon für die gesunde Ge-
müseernährung geworben!). Die Traum- und Visionsberichte
(Dan 7-12) hat der Autor hingegen neu verfaßt und mit den Erzählungen der ersten 6 Kapitel zu einem Buch komponiert. Es
sollte den frommen Juden, die sehr unter den Verfolgungen und
dem Religionsverbot zu leiden hatten, eine neue Hoffnung geben
und sie überdies ermahnen, wie Daniel und seine Freunde dem
Gesetz bis zum Martyrium treu zu bleiben. Im apokalyptischen
Teil (Dan 7-12) deutet das Buch die gegenwärtige Zeit des Leidens als eine Endzeit, die bald abgelaufen sei, da die eschatologische Wende nahe bevorstehe. Dann werden die Frommen zum
ewigen Leben auferstehen, die Frevler aber zu ewiger Schmach
(Dan 12, 2-3).

Hier begegnet im AT zum ersten Mal der Unsterblichkeitsge-
danke, der sich somit im Judentum erst relativ spät, nämlich
zur Makkabäerzeit, herauszubilden begann. Der englische Philosoph Bertrand Russell stellt hierzu in seiner erfrischend nüch-
ternen Art fest [3]:

"Zu jener Zeit begann sich der Unsterblichkeitgedanke bei
den Juden zu verbreiten. Bisher hatte man geglaubt, die Tugend würde auf Erden belohnt; da aber gerade die Tugendhaf-
testen heimgesucht wurden, war es offenbar, daß dem nicht so
sei. Um aber an der göttlichen Gerechtigkeit keinen Zweifel

aufkommen zu lassen, mußte man daher notgedrungen an Beloh-
nungen und Strafen im Jenseits glauben. Diese Lehre setzte
sich nicht allenthalben bei den Juden durch; zur Zeit Chrsti
lehnten die Sadduzäer sie noch ab [Matth 22,23]. Sie waren
jedoch damals nicht zahlreich, und später glaubten alle Juden an die Unsterblichkeit."

Hatte die alte eschatologische Tradition noch auf eine Zeit
des Heils innerhalb der konkreten Geschichte gehofft, so
schwand unter der Drangsal der Makkabäerzeit jegliche Hoffnung
auf ein heilbringendes Eingreifen Jahwes in die Geschichte dahin. An ihre Stelle trat nun die apokalyptische Erwartung des
Endes der Geschichte überhaupt, verbunden mit der Hoffnung auf
das Anbrechen des Heils jenseits aller Geschichte, wenn die
Toten auferstehen werden, die einen zur ewigen Seligkeit, die
anderen zu ewiger Verdammnis.

Die Apokalyptik - als eine Weiterentwicklung der Eschatologie - flüchtete sich also vor dem Unheil der Geschichte in ein
Heil jenseits aller geschichtlichen Zeit.

Wie dieses neue apokalyptische Gottesreich aussehen werde,
malt das Danielbuch mit folgenden - für mein Empfinden reich-
lich abgeschmackten - Worten aus (Dan 7,9bff):

"Da wurden Throne aufgestellt, und ein Hochbetagter setzte
sich; sein Gewand war weiß wie Schnee, und seines Hauptes
Haar war rein wie Wolle. Sein Thron war von Flammen und seine Räder von Feuerbränden. Ein Strom von Feuer ging von ihm
aus und floß daher. Tausendmal Tausende dienten ihm, und
zehntausendmal Zehntausende standen vor ihm. Gericht wurde
gehalten, und es wurden Bücher aufgeschlagen. Ich hatte noch
im Ohr den Lärm der vermessenen Reden, die das Horn '' geführt hatte, und während ich schaute, da wurde das Tier getötet; sein Leib zerstückelt und dem Feuer zum Verbrennen
übergeben. Auch den übrigen Tieren war ihre Macht genommen
worden, aber es wurde ihnen noch Lebensdauer gelassen für
eine bestimmte Zeit. - Ich war immer noch in der Beschauung
der nächtlichen Gesichte, da kam auf den Wolken des Himmels
eine Gestalt wie ein Menschensohn; er gelangte zu dem Hochbetagten und wurde vor diesen geführt. Ihm wurde nun Macht
und Herrlichkeit und die Königsherrschaft gegeben. Alle Völker, Nationen und Sprachen sollten ihm dienen. Seine Herrschaft sollte eine ewige Herrschaft sein, die nie vergehen
wird, und sein Königtum sollte niemals untergehen."

Von einer 'Vergebung der Sünden' durch einen gnädigen Gott

ist hier also wahrlich nicht die Rede.

Der Begriff des Menschensohnes besitzt im Danielbuch - wie überhaupt in der Apokalyptik - eine zentrale Bedeutung. Die Jerusalemer Bibel bringt zu diesem Ausdruck folgende Anmerkung:

"Das aramäische 'bar nascha' heißt wie das hebräische 'ben 'adam' zunächst 'Mensch', vgl. Ps 8,5. In Ezechiel wird so der Prophet von Gott genannt. Hier aber besitzt der Ausdruck eine besondere, weiter reichende Bedeutung: ein Mensch, der geheimnisvoll menschliches Wesen überragt. Ein individuelles Verständnis dieses Ausdrucks wird bezeugt durch apokryphe Schriften, die von dieser Stelle in Dan beeinflußt sind: das Henochbuch und das 4.Esrabuch und vor allem durch seine Verwendung im Munde Jesu, der ihn auf sich selbst anwendet, vgl. Matth 8,20b [5]. Ein kollektives Verständnis dieses Ausdrucks kann sich auf V.18 und V.22 stützen, wo der Menschensohn mit den Heiligen des Höchsten irgendwie gleichgesetzt wird; diese kollektive (ebenso messianische) Bedeutung hängt aber mit der individuellen zusammen und führt diese weiter, da der Menschensohn gleichzeitig Haupt, Stellvertreter und Modell des Volkes der Heiligen ist. Dem entspricht die Auffassung in frühchristlicher Zeit [...], daß die Prophetie zunächst die Juden (die Makkabäer), darüber hinaus aber in vollkommener Weise Jesus meine."

Die ursprüngliche Bedeutung des 'Menschensohnes' ist sicherlich die des menschenähnlichen endzeitlichen messianischen Richters. Sehr wahrscheinlich ist auch fremdes - iranisches - Gedankengut in die Vorstellung vom 'Menschensohn' und vom 'Hochbetagten' eingeflossen. Die Beschreibung dieses 'Hochbetagten' - gemeint ist hier Jahwe - in Dan 7,9 entspricht der kanaanäischen Vorstellung vom Hochgott El [6].

Nach Matth 25,31-46 sprach auch Jesus in diesem Sinne als endzeitlicher Richter vom Menschensohn:

"Wenn aber der Menschensohn kommt in seiner Herrlichkeit und alle Engel mit ihm, dann wird er sich setzen auf den Thron der Herrlichkeit. Und es werden vor ihm versammelt werden alle Völker und er wird sie voneinander scheiden wie der Hirte scheidet die Schafe von den Böcken, und er wird die Schafe auf seine rechte, die Böcke aber auf seine linke Seite stellen. Dann wird der König sagen zu denen auf seiner Rechten: Kommt her, ihr Gesegneten meines Vaters, ererbt das Reich, das euch von Grundlegung der Welt vorbereitet ist! [...] Dann wird er auch sagen zu denen zur Linken: Gehet hinweg von mir, ihr Verfluchten, in das ewige Feuer, das

bereitet ist dem Teufel und seinen Engeln! [...] Und es werden hingehen diese zu ewiger Strafe, die Gerechten aber zu
ewigem Leben. "

In die Apokalyptik ist viel fremdes - im wesentlichen iranisches - Gedankengut eingeflossen. Neben dem Danielbuch hat es
bis zum Untergang des jüdischen Staates 135 n. Chr. eine ganze
Reihe von Apokalypsen gegeben, von denen die wenigsten erhalten
sind, wie die Henochapokalypse (äthiopischer Henoch; vgl.
1.1.), die Baruchapokalypse (90 n. Chr.) und das 4. Esrabuch
(zwischen 81-96 n. Chr.).

Die Entstehungszeit des pseudepigraphischen 4. Esra wird in
die Regierungszeit des römischen Kaisers Domitian (81-96
n. Chr.) datiert. Der angebliche Verfasser Esra gibt an, daß
seine Schrift aus dem babylonischen Exil stammt. In Wirklichkeit handelt es sich jedoch um den seinerzeit üblichen Trick
der pseudepigraphischen Literatur, mittels eines Anachronismus
über die jeweilige Gegenwart zu reden, die in diesem Fall die
der Zerstörung Jerusalems und seines Tempels durch die Römer 70
n. Chr. ist.

In besagter Schrift fragt dieser 'Esra' im Gebet vor seiner
Entrückung, wer denn in Zukunft das Volk in Gottes Gesetz un-
terweisen soll, das ja bei der Zerstörung verbrannt sei, so daß
es niemand mehr lesen könne. Nachdem hierauf 'Esra' einen Becher mit feuerartigem Wasser trinkt, wird ihm er heilige Geist
verliehen, und er erhält den göttlichen Befehl, 5 Männern, die
schnell zu schreiben verstehen, die heiligen Schriften zu dik-
tieren. Esra benötigt insgesamt 40 Tage für insgesamt 94 Bücher, wobei die ersten 24 von ihnen für den öffentlichen Gebrauch bestimmt werden, die übrigen 70 dagegen - es sind allesamt Apokalypsen - bleiben den Weisen vorbehalten (4. Esra
14, 18ff).

Gewöhnlich nimmt man an, daß mit den hier erwähnten 24 Büchern des 4. Esr die Bücher des AT gemeint sind, deren Anzahl
sich zwar nach heutiger Zählung auf 39 beläuft, nach alter Zählung aber tatsächlich 24 betrug, da man die Bücher Sam-Kön, die
'12 kleinen Propheten' und Esr - Neh als je ein Buch zählte. ⁷'

Auf jeden Fall scheint es seinerzeit mehr Apokalypsen als kanonische heilige Schriften gegeben zu haben, und die Apokalyptiker hielten sich für den auserwählten 'heiligen Rest' aufgrund der ihnen durch geheime Apokalypsis (Offenbarung) zuteil gewordenen Erkenntnis über das Werden und Vergehen der 'Weltzeitalter' und über die Geheimnisse der Endzeit. Aus diesem 'heiligen Rest' wird - so deren esoterische Auffassung - beim Anbruch des 'neuen Äon' - er beginnt mit der göttlichen Erschaffung eines 'neuen Himmels' und einer 'neuen Erde' - das 'wahre Israel' auferstehen (!).

Zu den fremden Einflüssen, die allen Apokalypsen gemeinsam sind, gehören einmal der Gebrauch einer besonderen Bildersprache, die z.T. der altorientalischen Mythologie entlehnt ist, sowie allerlei Zahlenspekulationen, die ausdrücken sollen, daß die Weltgeschichte nach einem bestimmten von Gott festgelegten Periodenschema abläuft. So wird beispielsweise in Dan 12,11 der Termin der Auferstehung auf exakt 1290 Tage nach der Errichtung der 'Greuel der Verwüstung' im Tempel unter Antiochus IV. festgesetzt. Da er sich als falsch erwies, hat man nachträglich eine neue Datierung angesetzt bzw. irgendwie spekulativ errechnet: Jetzt sollte es 1335 Tage dauern (Dan 12,12), bis der neue Äon einsetzen würde.

Auch die Angelologie, die Lehre von den Engeln, von denen die Apokalypsen Gebrauch machen, gehen auf persischen Einfuß zurück (vgl. Dan 10,13f.20f).

1.1. Die Henoch-Apokalypse

Um die Apokalyptik, die zur Zeit Jesu das religiöse Denken und Empfinden weiter Kreise stark bestimmte, noch ein wenig genauer kennenzulernen, sei hier auf die Henoch-Apokalypse eingegangen, deren Einfluß auf das NT und das frühe Christentum wohl noch entscheidender und prägender war als der des Buches Daniel. Es soll um die Zeitenwende im jüdischen Volk recht verbreitet gewesen sein, und sogar unter den frühen Kirchenvätern - wie Clemens von Alexandrien [8] und Tertullian [9] - genoß es lange ein

hohes Ansehen, bis es schließlich durch Hieronymus [10] im
4. Jh. n. Chr. in die Reihe der Pseudepigraphen verbannt wurde.

So geriet es allmählich in Vergessenheit, bis man Ende des
18. Jh. n. Chr. in Abessinien drei äthiopische Handschriften von
ihm fand. 1887 wurden in Ägypten Teilmanuskripte in griechischer und lateinischer Sprache aus dem Mittelalter entdeckt,
die selber auf ein hebräisches oder aramäisches Original zu-
rückzugehen scheinen. Man nimmt nun an, daß dieser sog. äthiopische Henoch (äth Hen; man kennt noch einen sog. slawischen
Henoch seit etwa 1880) auf einer Übersetzung des Originals ins
Äthiopische um ca. 500 n. Chr. beruht. Seit jener Zeit gehört die
Apokalypse zum Kanon der äthiopischen Bibel.

Beim Henochbuch handelt es sich um ein mehrschichtiges Werk
verschiedener Autoren, die man im allgemeinen in der Zeit zwischen 175 und 63 v. Chr. ansetzt, so daß also seine ältesten
Teile noch aus der Zeit vor den Makkabäern stammen. Man nimmt
heute gewöhnlich an, daß das Werk überwiegend in essenischen
Kreisen verfaßt wurde (vgl. RGG).

Die Verfasser des NT müssen es gut gekannt haben, im kurzen
Judas-Brief wird es zitiert (Jud 14f par. äth Hen 1, 9), und es
hat die Lehre des NT nicht unerheblich beeinflußt, insbesondere
an den Stellen, die sich mit der Frage nach dem messianischen
Menschensohn befassen. Ferner hat das Henochbuch Einfluß auf
das NT ausgeübt durch seine Angelologie, die Lehre von den Engeln, und seine Dämonologie, die Lehre von den Dämonen und Teu-
feln mitsamt den Vorstellungen von Unterwelt und Hölle
(Scheol).

Auch heute noch 'schwirrt' nach meiner Erfahrung in den Köp-
fen vieler Menschen eine Menge von Bildern herum, die sie in
ihrer Kindheit aufgenommen haben und noch in ihrem Erwachse-
nenalter mit Kirche und christlichem Glauben assoziieren und
die ihren Ursprung in einer Tradition haben, die letztlich auf
die Apokalyptik zurückgeht, wie sie uns im Henochbuch begegnet.
Aus diesem Grund - so meine ich - ist es lohnend, sich etwas
ausführlicher mit dieser Henoch-Apokalypse zu befassen.

Im AT begegnet die sagenhafte Gestalt des Henoch als ein

Held aus grauer Vorzeit: Gen 5,21-23 (P). In dieser Bibelstelle
wird er als Vater des wegen seines hohen Lebensalters berühmten
Methuschelach (= Methusalem) eingeführt. Interessanterweise ist
sein Leben deutlich kürzer als das der anderen Patriarchen,
dafür erreicht es aber die astronomisch bedeutsame Zahl von
genau 365 Jahren, also die - nach dem Verständnis von P vollkommene - Zahl der Tage eines Sonnenjahres. Hier spielen möglicherweise altägyptische Sonnengott-Vorstellungen hinein, mit
denen die Verfasser der Priesterschrift in der babylonischen
Diaspora in Berührung gekommen waren. überdies stirbt Henoch
nicht, sondern entschwindet auf geheimnisvolle Weise; er wird
von Gott hinweggenommen wie später der Prophet Elia (vgl. 2.Kön
2,11f) [1].

        ‾ ·‾¹⁺· Die Henoch-Apokalypse besteht aus fünf Büchern
                                                    alters. Die jüngere
                                                    pitel eingeteilt, die
                                                    jen, auf die wir uns
                                                    Bücher folgen auf eine
                                                    das Zentralthema an-
                                                    und Gerechten. Wie das
                                                    redaktionellen Zusatz

                                                    .e auserwählten Gerech-
                                                    sal [4] vorhanden sein
                                                    er beseitigt. Da hob
                                                    Widerrede an und sprach.
                                                    em Wohnort ausziehen,
                                                    den Berg Sinai treten,
                                                    erden und in der Stärke
                                                    r erscheinen. Da werden
                                                    ter werden erbeben, und
                                                    s an die Enden der Erde
                                                    chüttert werden, fallen
                                                    sich senken und in der
                                                    nelzen. Die Erde wird
                                                    ir Befindliche umkommen,
                                                    finden. Mit den Gerech-
                                                    und die Auserwählten be-
                                                    und sie werden alle
                                                    hlgefallen haben und ge-
                                                    rd ihnen scheinen. Und
                                                    er, um über alle Gericht

zu halten, und er wird alle Gottlosen vernichten und alles
Fleisch zurechtweisen wegen all der gottlosen Werke, die die
gottlosen Sünder begangen, und wegen all der heftigen Reden,
die sie gesprochen, und wegen all' dessen, was sie über ihn
Übles geredet haben."

Dieses Hauptthema, Erwählung der Gerechten und Glaubenden,
aber ewige Verdammnis und Bestrafung der Sünder, wird dann in
aller Breite und Ausführlichkeit in den fünf Büchern dieser
Apokalypse entfaltet. Sie seien kurz besprochen.

(1) **Das Engelbuch** (Das angelologische Buch): Kap 6-36
Es erzählt vom Sündenfall der Engel (vgl. Gen 6, 2.4) in Anlehnung an Gen 6, jedoch mit beträchtlicher Ausschmückung, die
u.a. an die griechische Prometheussage [15] erinnert. So erfahren wir beispielsweise, daß die Himmelssöhne (= Engel) die Menschen die Metallverarbeitung lehrten sowie auch einiges Wissen
aus den Bereichen der Astronomie und -logie, der Medizin, Phar-
mazie, Meteorologie und Kosmetik (!). So heißt es in äth
Hen 8, 1-3:

"Asasel lehrte die Menschen Schlachtmesser, Waffen, Schilde
und Brustpanzer verfertigen und zeigte ihnen die Metalle
samt ihrer Verarbeitung und die Armspangen und Schmucksachen, den Gebrauch der Augenschminke und das Verschönern der
Augenlider [16], die kostbarsten und auserlesensten Steine
und allerlei Färbemittel. So herrschte viel Gottlosigkeit,
und sie trieben Unzucht, gerieten auf Abwege und alle ihre
Pfade wurden verderbt. Semjasa lehrte die Beschwörungen und
das Schneiden von Wurzeln, Armaros die Lösung der Beschwörungen, Baraqel das Sternschauen, Kokabeel die Astrologie,
Ezeqeel die Wolkenkunde, Arakiel die Zeichen der Erde, Sam-
saveel die Zeichen der Sonne, Seriel die Zeichen des Mon-
des."

Wegen dieses Verrats 'ewiger Geheimnisse' an die Menschen
wurden die Engel bestraft.
Des weiteren erwiesen sich die Engel als Kannibalen:

"Als aber die Menschen ihnen nichts mehr gewähren konnten,
wandten sich die Riesen gegen sie und fraßen sie auf, und
die Menschen begannen sich an den Vögeln, Tieren, Reptilien
und Fischen zu versündigen, das Fleisch voneinander aufzu-
fressen, und tranken das Blut. Da klagte die Erde über die

Ungerechten. " (äth Hen 7,3b-6)

Die sündigen Engel wurden dann schließlich zu heidnischen
Göttern (!) und ihre Weiber zu Sirenen, aber letztendlich wurden sie alle ihrer gerechten Strafe, der ewigen Pein, anheimgegeben.

Weiter wird berichtet von Henochs Reisen durch Erde und Unterwelt, wo er Blitze, Ströme und Feuer sieht sowie den
Strafort der gefallenen Engel, die als fallende Sterne '7' erscheinen und von den sieben Erzengeln bestraft werden. Weiter
bekommt er die Unterwelt der Verstorbenen und Sünder, die Hölle
(Scheol und Gehenna) zu Gesicht. Die Schilderungen erinnern uns
an die 'Göttliche Komödie' des Dante Alighieri (ca. 1306
n.Chr.), die sicherlich bekannter ist als das Henoch-Buch.

Über die Reise Henochs durch die Unterwelt '8' erfahren wir
in äth Hen 21,1-10 zunächst folgendes (da das Henochbuch als
pseudepigraphische Schrift nicht so leicht zugänglich ist wie
die apokryphen Bücher, zitieren wir wieder relativ ausführlich):

"Ich wanderte ringsherum, bis ich an einen Ort kam, wo kein
Ding war. Dort sah ich etwas Fürchterliches: ich sah keinen
Himmel oben und kein festgegründetes Land unten, sondern
einen öden und grausigen Ort. Dort sah ich sieben Sterne des
Himmels gefesselt und in ihn hineingestoßen, wie große Berge, und brennend im Feuer. Darauf sprach ich: 'Um welcher
Sünde willen sind sie gebunden, und weshalb sind sie hierher
verstoßen?' Da sagte zu mir Uriel, einer von den heiligen
Engeln, der bei mir war und ihr Führer ist, und sprach: 'Henoch, weshalb fragst du und weshalb bekümmerst du dich eifrig, die Wahrheit zu erfahren? Dies sind diejenigen Sterne
des Himmels, die den Befehl Gottes übertreten haben, und sie
sind hier gebunden, bis 10 000 Jahre, die Zeit ihrer Sünde,
vollendet sind.' Von da ging ich weiter an einen anderen
Ort, der noch grausiger als jener war. Ich sah dort etwas
Schreckliches: ein großes Feuer war dort, das loderte und
flammte '9'; der Ort hatte Einschnitte bis zum Abgrund und
war ganz voll von großen herabfahrenden Feuersäulen. Seine
Ausdehnung und Breite konnte ich nicht erblicken, noch war
ich imstande, sie zu ermitteln. Da sagte ich: 'Wie schreck-
lich ist dieser Ort und wie fürchterlich, ihn anzuschauen!'
Da antwortete mir Uriel, einer von den heiligen Engeln, der
mit mir war, und sagte zu mir: 'Henoch, warum fürchtest du
dich und erschrickst du so?' Ich antwortete: 'Wegen dieses
schrecklichen Orts und wegen dieses gräßlichen Anblicks'. Da
sprach er zu mir: 'Dieser Ort ist das Gefängnis der Engel,

und hier werden sie in Ewigkeit gefangen gehalten'."

Henoch darf dann die Unterwelt der verstorbenen Menschen
besichtigen (hier und bei den weiteren Zitaten werden wir häufig in Anmerkungen auf neutestamentliche Stellen verweisen, die
von dem hier dargestellten Gedankengut der Henoch-Apokalypse
beeinflußt sind) (äth Hen 22,1-14):

"Von hier ging ich weiter an einen anderen Ort, und er zeigte mir im Westen ein großes und hohes Gebirge und starre
Felsen. Vier geräumige Plätze befanden sich in dem Gebirge,
in die Tiefe und Breite sich erstreckend und sehr glatt;
drei von ihnen waren dunkel und einer hell, und eine Wasserquelle befand sich in der Mitte. Da sagte ich: 'Wie glatt
sind diese Hohlräume, wie tief und dunkel für den Anblick!'
Da antwortete mir Raphael, einer von den heiligen Engeln,
der bei mir war, und sagte zu mir: 'Diese hohlen Räume sind
dazu bestimmt, daß sich zu ihnen die Seelen der Verstorbenen
versammeln. Dafür sind sie geschaffen, damit sich hier alle
Seelen der Menschenkinder versammeln. Diese Plätze hat man
zu Aufenthaltsorten für sie gemacht bis zum Tag ihres Gerichts, bis zu einer gewissen Frist und festgesetzten Zeit,
zu der das große Gericht über sie stattfinden wird.' Ich sah
den Geist eines verstorbenen Menschenkindes klagen, und seine Stimme drang bis zum Himmel und klagte. Da fragte ich den
Engel Raphael, der bei mir war, und sagte zu ihm: 'Wem gehört dieser klagenden Geist an? Wessen ist die Stimme da,
die zum Himmel dringt und klagt?' Da antwortete er mir und
sagte: 'Dieser Geist ist der, der von Abel ausging, den sein
Bruder Kain erschlug, und er, Abel, klagt über ihn, bis seine Nachkommenschaft von der Oberfläche der Erde hinwegge-
tilgt ist, und seine Nachkommen unter den Nachkommen der
Menschen verschwunden sind.' Da fragte ich den Engel in be-
treff all der Hohlräume und sagte: 'Weshalb ist einer vom
andern getrennt?' Er antwortete und sagte: 'Diese drei Räume
sind gemacht, um die Geister der Toten zu trennen; und so
ist eine besondere Abteilung gemacht für die Geister der
Gerechten da, wo eine helle Wasserquelle ist. ²⁰'. Ebenso
ist ein besonderer Raum für die Sünder geschaffen, wann sie
sterben und in die Erde begraben werden, und ein Gericht bei
ihren Lebzeiten über sie nicht eingetroffen ist. Hier werden
ihre Geister für diese große Pein abgesondert bis zum großen
Tage des Gerichts, der Strafen und der Pein für die bis in
Ewigkeit Verdammten, und der Vergeltung für ihre Geister;
dort bindet er sie bis in Ewigkeit ²¹'. Ebenso ist eine besondere Abteilung für die Geister der Klagenden, die über
ihren Untergang Kunde geben, da sie in den Tagen der Sünder
umgebracht wurden. Diese Abteilung ist so geschaffen für die
Geister der Menschen, die nicht gerecht, sondern Sünder,
oder ganz und gar gottlos und Genossen der Bösen waren; ihre
Geister werden am Tage des Gerichts nicht bestraft werden,
aber sie werden auch nicht von hier auferweckt werden.' Da

pries ich den Herrn der Herrlichkeit und sagte: 'Gepriesen
bist du, o Herr, du gerechter Herrscher der Welt!'"

Zur Erklärung ⁸⁸': Die Scheol ist nach alter Vorstellung der
Ort, an den alle Menschen nach ihrem Tod hinabmüssen und aus
dem es keine Rückkehr gibt (vgl. Hi 3,13f; 7,9.10.21). Schon im
AT werden verschiedene Räume der Unterwelt unterschieden (vgl.
Ez 32,23; Spr 7,27). Gottlose Tyrannen (Jes 14,15) und Unbeschnittene sowie 'arme Teufel', die durchs Schwert umgekommen
sind, finden sich in besonders schäbigen Winkeln der Unterwelt
(Ez 32,21ff). Das AT unterscheidet aber im allgemeinen keine
für Gute und Böse getrennte Aufenthaltsorte in der Scheol. Ihre
'alte' Scheolvorstellung entspricht im wesentlichen dem babylonischen Hadesglauben.

Die Apokalyptik dachte sich dagegen die Scheol differenzier-
ter. Die Henoch-Apokalypse unterscheidet an der soeben zitierten Stelle (äth Hen 22) vier getrennte Scheol-Quartiere: Zunächst gibt es den Ort, wo unschuldige Märtyrer - wie z.B. Abel
- hinkommen, dann den Ort für die übrigen Gerechten, an dem
sich eine helle Wasserquelle zur Erquickung befindet. Drittens
gibt es den Ort der Gottlosen, die zu Lebzeiten kein Gericht
traf, und viertens den Ort der Sünder, die gewaltsam ums Leben
kamen. Die Insassen der Scheol warten auf das große Weltgericht, so daß die Existenz in der Scheol als eine Art Zwischen-
zustand im Todesreich anzusehen ist. Wenn das messianische
Zeitalter anbricht, kehren die Frommen aus der Scheol durch
Auferstehung zurück, ebenso ein Teil der Gottlosen, die dann
allerdings in die Gehenna, die eigentliche Hölle, kommen (äth
Hen 26f). Die restlichen gottlosen Frevler müssen weiter in der
Scheol verharren.

Der Vollständigkeit halber soll der Leser noch erfahren, was
über die Gehenna, den Aufenthaltsort der auf ewig Verfluchten,
gesagt wird (äth Hen 27):

"Da sagte ich: 'Wozu ist dieses gesegnete Land, das ganz
voll von Bäumen ist, und wozu ist diese verfluchte Schlucht
dazwischen?' Da antwortete mir Uriel, einer von den heiligen
Engeln, der bei mir war, und sagte zu mir: 'Diese verfluchte

Schlucht ist für die bis in Ewigkeit Verfluchten bestimmt;
hier werden versammelt alle die, welche mit ihrem Mund un-
ziemliche Reden gegen Gott führen und über seine Herrlichkeit frech sprechen. Hier werden sie gesammelt, und hier ist
ihr Aufenthaltsort. In der letzten Zeit werden sie zum
Schauspiel eines gerechten Gerichts vor den Gerechten dienen
bis in alle Ewigkeit [83]; hier werden die, welche Erbarmung
fanden, den Herrn der Herrlichkeit, den König der Ewigkeit,
preisen. In den Tagen des Gerichts über die Gottlosen werden
die Gerechten ihn preisen wegen der Barmherzigkeit, die er
ihnen erwiesen hat.' Da pries ich den Herrn der Herrlichkeit
und verkündete seinen Ruhm und stimmte einen geziemenden
Lobgesang an. "

Zur Erklärung [84]: Einst hatte der König Manasse im Hinnom-
tal Altäre zur Verbrennung von Kindern errichten lassen (Wie-
dereinführung der Baalskulte). Nach Jer 7,31ff; 19,5ff sollte
dieser Ort bei der Eroberung Jerusalems durch die Babylonier zu
einer Schlachtstätte und Leichengrube werden. Hieraus wurde
dann in der apokalyptischen Überlieferung der Schindanger für
die beim Endgericht zu bestrafenden Missetäter. Zur Gehenna
vgl. auch Matth 5,29; 10,28 u.ö.

Kautzsch schreibt [85]:

"Diesen Strafort der Bösen gerade bei Jerusalem zu lokali-
sieren, verlangt der Sinnenkitzel der 'Frommen'; sie wollen
bei dem grausamen Schauspiele Zeugen aus nächster Nähe sein!
Vgl. auch Jes 66,24. "

(2) **Das Messiasbuch** (Das messiologische Buch): Kap 37-71
Das Messiasbuch gehört wohl zum wichtigsten Teil der Henoch-
Apokalypse. Im Mittelpunkt steht die Gestalt des Messias [86].
Diese wird allerdings in der sog. 1.Bilderrede, welche von den
Wohnungen der Gerechten und der Tätigkeit der Hauptengel han-
delt, vermischt mit astronomischen Geheimnissen, nur beiläufig
erwähnt unter der Bezeichnung 'der Gerechte'.

In der zweiten Bilderrede wird dann die Messiasgestalt her-
vorgehoben als messianischer Richter, der gelegentlich schon
die Bezeichnung 'Menschensohn' erhält. Jedoch ist hier noch
häufiger vom 'Auserwählten' die Rede.

Gott wird in diesen Bilderreden durchweg 'Herr der Geister'
bzw. 'der Betagte' genannt. Dieser 'hochbetagte Weltenlenker'

hat seinen messianischen Richter schon ausgewählt, bevor die
Welt geschaffen wurde (Präexistenz des Menschensohnes).

Zur 2. Bilderrede gehört ein Abschnitt über die Totenauferstehung. Auch in der dritten Bilderrede liegt die Betonung auf
dem Gericht des Messias, der hier aber vorherrschend als Menschensohn bezeichnet wird.

Angehängt sind zwei kleinere Abschnitte über die Entrückung
(= Himmelfahrt) des Henoch, in denen man auch erfährt, daß nun
Henoch selber von dem Herrn der Geister als Menschensohn eingesetzt wird. Dies läßt auf einen anderen Strang der Überlieferung als bei den Bilderreden schließen.

Wie schon erwähnt, besteht die Henochapokalypse aus mehreren
Traditionsschichten. Laut RGG zählen zum ältesten Kern des Buches die Reisen, Bilderreden und Visionen Henochs, die von ihr
bis in die makkabäische Zeit datiert werden. Auch und gerade
der messiologische Teil hat das NT an vielen Stellen beeinflußt, so daß wir einige Abschnitte daraus zitieren möchten.

In der 1. Bilderrede (äth Hen 38-44) erfahren wir über das
zukünftige Gottesreich das Folgende (38, 1-3):

> "Die erste Bilderrede. Wann die Gemeinde der Gerechten
> sichtbar werden wird [27], und die Sünder für ihre Sünden
> gestraft und von der Oberfläche des Festlandes vertrieben
> werden, und wenn der Gerechte [28] vor den auserwählten Ge-
> rechten erscheinen wird, deren Werke vor dem Herrn der Gei-
> ster aufbewahrt sind, und das Licht den auf dem Festlande
> wohnenden auserwählten Gerechten leuchten wird, - wo wird
> dann die Wohnung der Sünder und wo die Ruhestätte derer
> sein, die den Herrn der Geister verleugnet haben? Es wäre
> ihnen besser, sie wären nie geboren worden! [29] Wenn die
> Geheimnisse der Gerechten offenbar werden, dann werden die
> Sünder gestraft und die Bösen vor den auserwählten Gerechten
> hinweggetrieben werden. [30]"

Über die sogenannten vier Angesichtsengel (Erzengel) heißt
es in äth Hen 40:

> "Darnach sah ich tausendmal Tausende und zehntausendmal
> Zehntausende, eine unzählige und unberechenbare Menge, vor
> dem Herrn der Geister stehen. [31] Ich sah und erblickte zu
> den vier Seiten des Herrn der Geister vier Gesichter, die
> von den nie Schlafenden verschieden sind. Ich erfuhr ihre
> Namen; denn der Engel, der mit mir ging, teilte mir ihre

Namen mit und zeigte mir alle verborgenen Dinge. Ich hörte
die Stimme jener vier Angesichtsengel, wie sie vor dem Herrn
der Herrlichkeit lobsangen. Die erste Stimme preist den
Herrn der Geister immerdar. Die zweite Stimme hörte ich
preisen den Auserwählten und die Auserwählten, die bei dem
Herrn der Geister aufbewahrt sind. Die dritte Stimme hörte
ich bitten und beten für die Bewohner des Festlandes und
Fürbitte einlegen im Namen des Herrn der Geister. Die vierte
Stimme hörte ich, wie sie die Satane abwehrte und ihnen
nicht gestattete, vor den Herrn der Geister zu treten, um
die Bewohner des Festlandes anzuklagen. "

Zu den vier Angesichtsengeln, von denen hier die Rede ist,
vgl. man auch Apk 4,6ff. Laut Erklärung der Jerusalemer Bibel
handelt es sich um eine von Ez 1,5-21 beeinflußte Symbolik. [32]
Diese Lebewesen sind vier Engel, von denen man dachte, sie lenken und regieren die gesamten Schöpfung. Die Zahl vier ist im
Altertum die Symbolzahl des Kosmos. Die Vielzahl ihrer Augen,
von der in Apk 4,6 die Rede ist, symbolisiert ihr allumfassen-
des Wissen und die Vorsehung Gottes. Diese Engel erweisen Gott
ohne Unterlaß die Ehre um seines Schöpfungswerkes willen. Ihre
Gestalten - Löwe, Stier, Mensch, Adler - stellen das Edelste,
Stärkste, Weiseste, Schnellste dar, was es in der gesamten
Schöpfung Gottes gibt. Seit Irenäus [33] hat die christliche
überlieferung hierin das Symbol der vier Evangelisten gesehen.

Es handelt sich hier also um ein schönes Beispiel dafür, wie
die christliche Tradition Begriffe und Bilder der jüdischen
Apokalyptik im christlichen Sinne weiterentwickelt hat.

Bezüglich der Satansabwehr des vierten Angesichtsengels gibt
Kautzsch den erhellenden Kommentar [34], daß die Satane ein
dreifaches Geschäft hätten:

1) verführten sie die Engel; 2) verdächtigten sie die frommen Menschen bei Gott (äth Hen 40,7; Sach 3,1ff; Hi 1-2; Apk
12,10); und 3) bestraften sie schließlich die Verdammten, so
daß man sie auch Strafengel nennen würde (vgl. Matth 10,28).

Die Satane bildeten ein besonderes Reich böser Geister, deren Fürst der Erzsatan sei (Matth 9,34). Nach jüdischer Lehre
existiert dieses Reich schon vor dem Fall der Engel, von dem
Gen 6,1ff berichtet. Dieses Reich des Bösen mit seinen Satanen
entspricht dem Reich Ahrimans im Parsismus, der von Zarathustra

gestifteten altpersischen Religion (Vgl. Kap. VII, Anm. 15).

In Kapitel 40 des Henochbuches heißt es weiter:

"Darauf fragte ich den Engel des Friedens [35], der mit mir
ging und mir alles Verborgene zeigte, und ich sagte zu ihm:
'Wer sind diese vier Gesichter, die ich gesehen und deren
Worte ich gehört und aufgeschrieben habe?' Da sagte er zu
mir: 'Der erste da ist der barmherzige und langmütige Michael [36]; der zweite, der über alle Krankheiten und über
alle Wunden der Menschenkinder gesetzt ist, ist Raphael [37];
der dritte, der allen Kräften vorsteht, ist Gabriel, und der
vierte, der über die Buße und die Hoffnung derer gesetzt
ist, die das ewige Leben ererben, heißt Phanuel [38]. Dies
sind die vier Engel des Herrn der Geister, und die vier
Stimmen habe ich in jenen Tagen gehört."

In Bezug auf den Erzengel Gabriel vgl. man auch Luk
1,19.26ff. Übrigens wird in diesem Zusammenhang verständlich,
daß Lukas bei seiner Beschreibung der 'unbefleckten' Empfängnis
Mariens gerade den Erzengel Gabriel, den Herrn über alle Natur-
kräfte, in seine Erzählung einführt. Lukas versucht eine Art
Erklärung des Mysteriums der 'jungfräulichen Geburt' Jesu zu
geben, indem er das Wirken dieses Erzengels anführt, dem alle
Kräfte der Natur unterstehen (Luk 1,35):

"Heiliger Geist wird über dich kommen, und Kraft [!] des
Höchsten wird dich überschatten.'

Die vier Angesichtsengel waren - wie auch der sonstige Inhalt der Henoch-Apokalypse - den Zeitgenossen Jesu und den
frühchristlichen Gemeinden gut vertraut, so daß für Lukas, der
nach christlicher Tradition Arzt (!) gewesen sein soll (Kol
4,14), die 'Mitwirkung' des Engels Gabriel an der 'jungfräulichen Empfängnis' der Maria durchaus eine befriedigende Erklärung für dieses 'göttliche Wunder' bedeutet haben dürfte.

Die jüdische Weisheitslehre erfährt in der Apokalyptik noch
einmal eine gewisse Modifikation, wenn man in äth Hen 42 liest:

"Da die Weisheit keinen Platz fand, wo sie wohnen sollte,
wurde ihr in den Himmeln eine Wohnung zuteil. Als die Weisheit kam, um unter den Menschenkindern Wohnung zu machen,

und keine Wohnung fand, kehrte die Weisheit an ihren Ort
zurück und nahm unter den Engeln ihren Sitz. Als die Ungerechtigkeit aus ihren Behältern hervortrat, fand sie die,
die sie nicht [!] suchte, und ließ sich unter ihnen nieder
so willkommen wie der Regen in der Wüste und wie der Tau auf
durstigem Lande."

Während also nach Sir 24,7.11 die Weisheit ihren Platz unter
den Nationen bzw. in Israel hat (24,8ff), heißt es hier, daß
die Weisheit keinen Platz auf der Erde fand und sich daher in
den Himmel zurückzog (vgl. Hi 28,12ff). Von dort wird sie in
der messianischen Zeit aus den himmlischen Behältern über die
Gerechten ausgegossen werden. Die Weisheit ist hier als Perso-
nifizierung göttlicher Eigenschaften (Hypostase) gedacht (vgl.
Spr 8,22ff; Hi 28) und hat ihr Vorbild in persischen Vorstellungen.

Über den Menschensohn heißt es in der 2.Bilderrede (äth Hen
45-57):

"Ich sah dort den, der ein betagtes Haupt hat [=Gott], und
sein Haupt war weiß wie Wolle; [39] bei ihm war ein anderer,
dessen Antlitz wie das Aussehen eines Menschen war, und sein
Antlitz war voll Anmut gleichwie eines von den heiligen Engeln [40]. Ich fragte den Engel, der mit mir ging und mir
alle Geheimnisse zeigte, über jenen Menschensohn, wer er
sei, woher er stamme, und weshalb er mit dem betagten Haupt
gehe? Er antwortete mir und sagte zu mir: 'Dies ist der Menschensohn, der die Gerechtigkeit hat, bei dem die Gerechtigkeit wohnt [41], und der alle Schätze dessen, was verborgen
ist, offenbart [42]; denn der Herr der Geister hat ihn auserwählt, und sein Los hat vor dem Herrn alles durch Recht-
schaffenheit in Ewigkeit übertroffen. Dieser Menschensohn,
den du gesehen hast, wird die Könige der Mächtigen von ihren
Lagern und die Starken von ihren Thronen sich erheben machen, er wird die Zügel der Starken lösen und die Zähne der
Sünder zermalmen. Er wird die Könige von ihren Thronen und
aus ihren Königreichen verstoßen [43], weil sie ihn nicht
erheben, noch preisen, oder dankbar anerkennen, woher ihnen
das Königtum verliehen worden ist [44]. Er wird das Angesicht
der Starken verstoßen, und Schamröte wird sie erfüllen.
Finsternis wird ihre Wohnung und Gewürm ihre Lagerstätte
sein [45]; sie dürfen nicht hoffen, daß sie sich von ihren
Lagerstätten erheben werden, weil sie den Namen des Herrn
der Geister nicht erheben. [...] In jenen Tagen sah ich, wie
sich der Betagte auf den Thron seiner Herrlichkeit setzte
und die Bücher der Lebendigen vor ihm aufgeschlagen wurden,
und sein ganzes Heer, das oben in den Himmeln um ihn herum

ist, vor ihm stand. Die Herzen der Heiligen waren vor Freude
erfüllt, weil die Zahl [46] der Gerechtigkeit nahe, das Gebet
der Gerechten erhört, und das Blut des Gerechten vor dem
Herrn der Geister gerächt war. "

Die besagten 'Bücher der Lebendigen' sind die sog. Rang- und
Quartierlisten für die Bürger des Gottesreichs. Zu dieser Vorstellung vgl. man: Ex 32,32f; Jes 4,3; Ps 69,29; Dan 12,1;
Luk 10,20; Hebr 12,23; Phil 4,3; Apk 3,5; 13,8; u.ö. Durch die
Einzeichnung in dieses Buch ist dem einzelnen das Heil der Endzeit garantiert. Die Henoch-Apokalypse kennt neben den 'Büchern
der Lebendigen' noch das 'Buch der guten und bösen Taten'
(äth Hen 81,4) und 'die himmlischen Tafeln' (äth Hen
81,1.2) [47]. Im letzten Abschnitt ist es nicht der Menschensohn, sondern Gott selber, der das Amt des Richtens übernimmt.

Über den Menschensohn erfahren wir weiter (äth Hen 48,1-7):

"An jenem Orte sah ich einen Brunnen der Gerechtigkeit, der
unerschöpflich war [48]. Rings umgaben ihn viele Brunnen der
Weisheit; alle Durstigen tranken daraus und wurden voll von
Weisheit, und sie hatten ihre Wohnungen bei den Gerechten,
Heiligen und Auserwählten. Zu jener Stunde wurde jener Menschensohn bei dem Herrn der Geister und sein Name vor dem
Betagten genannt. Bevor die Sonne und die Tierkreiszeichen
geschaffen wurden, wurde sein Name vor dem Herrn der Geister
genannt. Er wird ein Stab für die Gerechten und Heiligen
sein, damit sie sich auf ihn stützen und nicht fallen; er
wird das Licht [49] der Völker und die Hoffnung derer sein,
die in ihrem Herzen betrübt sind [50]. Alle, die auf dem
Festlande wohnen, werden vor ihm niederfallen und anbeten
und preisen, loben und lobsingen dem Namen des Herrn der
Geister [51]. Zu diesem Zwecke war er auserwählt und verborgen vor ihm [Gott], bevor die Welt geschaffen wurde, und er
wird bis in Ewigkeit vor ihm sein. Die Weisheit des Herrn
der Geister hat ihn den Heiligen und Gerechten geoffenbart;
denn er bewahrt das Los der Gerechten [52], weil sie diese
Welt der Ungerechtigkeit [53] gehaßt und verachtet und alle
ihre Taten und Wege im Namen des Herrn der Geister gehaßt
haben; denn in seinem Namen werden sie gerettet, und er ist
der Rächer ihres Lebens [54]. "

Die Bezeichnung 'Rächer des Lebens' ist einer der jüdischen
Messiasnamen.

In Ergänzung zum Thema 'Menschensohn' und der besonderen
Bedeutung, die dieser apokalyptische Hoheitstitel für die Jesus-überlieferung der Evangelien besitzt, seien hier noch einige zusätzliche Informationen angefügt. [55]

In allen bekannten apokalyptischen Quellen wird die Gestalt
des Menschensohnes stets in ähnlicher Weise gezeichnet als der
endzeitliche kosmische Richter von himmlischer Erhabenheit, der
auf dem Throne Gottes sitzend mit Hilfe der himmlischen Heerscharen die ganze Menschheit am Anfang der neuen Heilszeit
richten wird, die Gerechten zur ewigen Seligkeit und die Frevler zum Höllenpfuhl.

In äth Hen 48,10; 52,4 wird der Menschensohn ausdrücklich
mit dem Messias ('dem Gesalbten') gleichgesetzt, in äth Hen 71
jedoch mit dem biblischen Henoch aus vorsintflutlicher Zeit,
der in den Himmel entrückt wurde. In dem pseudepigraphischen
Testament Abrahams [56] wird der Menschensohn, hebräisch Ben
Adam, im wörtlichen Sinn als der Sohn Adams (Adam = Mensch),
d.h. als der biblische Abel, verstanden. Ihn hatte der böse
Kain erschlagen, denn Gott hat es - gemäß dieser Schrift - so
gewollt, daß beim messianischen Gericht zunächst jeder Mensch
durch einen Menschen gerichtet wird. Im zweiten Gericht sollen
dann die zwölf Stämme Israels die Schöpfung richten und erst in
einem dritten messianischen Gericht Gott selbst.

Aus dieser apokalyptischen Überlieferung heraus ist das folgende bei Matthäus und Lukas tradierte Jesuswort zu verstehen
(Matth 19,28; Luk 22,28-30):

"Jesus aber sprach zu ihnen: 'Wahrlich, ich sage euch, ihr,
die ihr mir nachgefolgt seid, werdet bei der Welterneuerung,
wenn der Menschensohn auf dem Thron seiner Herrlichkeit sitzen wird, ebenfalls auf zwölf Thronen sitzen und die zwölf
Stämme Israels richten.'"

In einem essenischen Fragment [57] wird als endzeitlicher
Weltenrichter der sagenhafte Melchisedek, der alttestamentliche
Priesterkönig Jerusalems, angesehen, der laut Genesis-überlie-
ferung zur Zeit Abrahams lebte (Gen 14,17-24) [58]. Er wird zusammen mit den Erzengeln die Menschen und die Frevelgeister

Belials (= Herr der Bösewichter und von Gott Abgefallenen) richten. Das Fragment deutet auf ihn das Psalmwort (Ps 82,1; Buber-Übersetzung):

"Gott steht in der Gottesgemeinde, im Ring der Gottwesen hält er Gericht."

In der jüdischen Tradition wird das Wort 'Gott' in einem Bibelvers des öfteren einfach als 'Richter' verstanden. Auf jeden Fall zeigt diese essenische Gleichsetzung, welch eine göttliche Hoheit die jüdische Apokalyptik dem 'menschenähnlichen' Richter der Endzeit zuerkannte. Die essenische Auffassung, daß gerade Melchisedek der Vollstrecker des messianischen Gerichtes sein soll, beruht auf Ps 110, in dem es heißt:

"Es sprach Jahwe zu meinem Herrn: 'Setze dich mir zur Rechten! [...] Du bist Priester auf ewig nach des Melchisedek Weise."

Der hebräische Ausdruck 'nach der Weise' läßt sich auch so verstehen, daß sich hier Gott an Melchisedek selbst wendet; offensichtlich hat der essenische Autor den Text gerade so verstanden. ⁵⁹' Die gewöhnliche Deutung von Ps 110,4 ist aber die, daß der, welcher zur Rechten Gottes sitzen wird, nicht Melchisedek selber sein wird, sondern jemand in der Art des Melchisedek.

Auf jeden Fall muß - nach biblischer Überlieferung - auch Jesus den Psalm in dieser Weise verstanden haben. Gemäß Mark 12,35-37 zitiert er den Psalmanfang in Bezug auf den Messias und spielt laut Luk 22,69 ein weiteres Mal auf diesen Psalm an, nachdem er vom Hohenpriester gefragt wurde, ob er der Messias sei und als Antwort entgegnete:

"Doch von nun an wird der Menschensohn zur Rechten der Kraft Gottes sitzen."

Diese letzte Aussage mußte durch die deutliche Anspielung auf Ps 110,1 von allen Anwesenden des Hohen Rates zu Recht als

ein indirektes Bekenntnis Jesu zu seiner messianischen Würde
verstanden werden. [60] Sicherlich wurde Jesus schon zu seinen
Lebzeiten von einigen für den Messias gehalten. Petrus dürfte
nicht der einzige gewesen sein (Matth 16,13ff), da sonst Pilatus wohl schwerlich auf das Kreuz Jesu 'König der Juden' hätte
schreiben lassen (Mark 15,26).
Auf jeden Fall ist die Vorstellung vom menschenähnlichen,
auf dem Thron der Herrlichkeit Gottes sitzenden, erhabenen endzeitlichen Richter wohl die höchste Vorstellung vom Heiland,
die das antike Judentum entwickelt hat.

Die 3.Bilderrede (äth Hen 58-69) schließlich berichtet noch
einmal über das Endgericht des Menschensohnes, allerdings jetzt
unter besonderer Berücksichtigung der großen Könige und Herrscher. Ferner werden die Seligkeiten der auserwählten Gerechten
sehr bildhaft ausgemalt. Wir wollen uns hier mit zwei kürzeren
Abschnitten begnügen. Neutestamentliche Stellen, die von dem
zitierten Gedankengut der Henochapokalypse beeinflußt sind,
werden wieder in den Anmerkungen angeführt. Äth Hen 58:

"Da fing ich an, die dritte Bilderrede über die auserwählten
Gerechten zu reden. Selig seid ihr Gerechten und Auserwählten, denn herrlich wird euer Los sein! [61] Die Gerechten
werden im Lichte der Sonne und die Auserwählten im Lichte
des ewigen Lebens sein; ihre Lebenstage haben kein Ende, und
die Tage der Heiligen sind unzählig [62]. Sie werden das
Licht suchen und Gerechtigkeit bei dem Herrn der Geister
finden; die Gerechten werden im Namen des Herrn der Welt
Frieden haben. Danach wird zu den Heiligen gesagt werden,
daß sie im Himmel die Geheimnisse der Gerechtigkeit, das Los
des Glaubens, suchen sollen; denn es ist wie Sonnenschein
auf dem Festlande hell geworden, und die Finsternis ist gewichen [63]. Unaufhörlich wird das Licht sein, und unzählbar
werden die Tage sein, in die sie kommen, denn die frühere
Finsternis wird vernichtet, und das Licht wird vor dem Herrn
der Geister kräftig sein, und das Licht der Rechtschaffen-
heit wird für immer vor dem Herrn der Geister kräftig leuch-
ten."

Zum Abschluß unserer Behandlung des Messiasbuches sei noch
eine kurze Stelle aus der 3.Bilderrede zitiert (äth Hen 62,13-
16), die das notwendige apokalyptische Hintergrundwissen liefert für ein adäquates Verständnis von Matth 22,11-14 (über das

hochzeitliche Gewand im Zusammenhang mit dem königlichen Hoch-
zeitsmahl; messianischer Text):

"Die Gerechten und Auserwählten werden an jenem Tage gerettet werden und von nun an das Angesicht der Sünder und Ungerechten nicht mehr sehen. Der Herr der Geister wird über
ihnen wohen, und sie werden mit jenem Menschensohn essen,
sich niederlegen und erheben bis in alle Ewigkeit. [64] Die
Gerechten und Auserwählten werden sich von der Erde erheben
und aufhören, ihren Blick zu senken, und werden mit dem
Kleide der Herrlichkeit angetan sein. Und dies soll euer
Kleid sein, ein Kleid des Lebens bei dem Herrn der Geister:
eure Kleider werden nicht veralten [65] und eure Herrlichkeit
wird nicht vergehen vor dem Herrn der Geister [66]"

Kautzsch merkt noch an (a.a.O.,S.272, Anm.i), daß die himmlischen Kleider der Seligen - wie so vieles in der Apokalyptik
- aus Persien stammen.

(3) Das astronomische Buch: Kap. 72-82.
Hier wird Henoch in allerlei astronomische Geheimnisse eingeweiht und erfährt alles über Blitz und Donner sowie über die
Winde, die über die Erde wehen. Er erkennt, daß Sonne und Mond
in einem Wagen, der vom Wind getrieben wird, majestätisch am
Firmament entlangfahren. Weiter hört er, daß das Jahr aus 364
(ist durch 7 teilbar!) Tagen bestehe. Hier wird also nach dem
Sonnenjahr und nicht - wie es sonst im Judentum (und Islam) bis
heute üblich ist - nach dem Mondjahr gerechnet. Der Gebrauch
des Sonnenkalenders wird übrigens als Indiz dafür angesehen,
daß das Henochbuch von Qumran (vgl.5.) beeinflußt ist.
    Des weiteren vernimmt man in diesem Büchlein noch, daß nur
der Tugendhafte Einblick in die Astronomie gewinnen kann. Es
wird hier insgesamt viel altes Wissen aus Babylon ausgebreitet
sowie auch mancherlei griechische und persische Naturspekula-
tion der damaligen Zeit.

(4) Das Geschichtsbuch: Kap. 83-90.
In diesem Büchlein wird die ganze 'heilige Geschichte' nacher-
zählt, die sich von ihren Anfängen bis zu den Makkabäern mit
dem deckt, was aus der Bibel bekannt ist; und für ihren weite-

ren Verlauf über das AT hinaus stimmt sie mit den bekannten
historischen Quellen überein. Allerdings ist die Erzählung, die
in der Gestalt zweier Traumgeschichten gebracht wird, ver-
schlüsselt durch Tiersymbole, so daß man bei äth Hen 85-90 auch
von der 'Tiersymbol-Apokalypse' spricht.
So bedeutet z.B. 'weißer Farren' = 'Adam' oder 'weißer Büf-
fel' = 'Messias'; auch von Schafen ist hier viel die Rede, die
die (schon degenerierten) Nachkommen der (starken) Patriarchen
(durch Stiere symbolisiert) bis zur Hasmonäerzeit darstellen
sollen. Ihre Gegner werden durch Wölfe und andere wilde Tiere
gekennzeichnet.

(5) Das Mahnbuch (Paränetisches Buch; Die Lehr-, Mahn- und Rü-
gereden Henochs): Kap 91-105.
Es fordert auf zum Durchhalten im Gesetz und Glauben. Auch hier
ist - wie im gesamten Henochbuch - viel die Rede von der Bestrafung der Sünder und der Belohnung der Gerechten. Daß aber
die Gerechten den Sündern einmal vergeben werden, wie es im NT
gefordert wird (z.B. Matth 5,43ff), lesen wir leider nirgends
im Henochbuch.
'Vergebung der Sünden' kennt die Henoch-Apokalypse also
nicht. So hat sie denn auch folgenden - nicht gerade versöhnli-
chen - Schluß (äth Hen 108,13b-15):

> "[...] den Treuen wird er [= Gott] in der Wohnung der Leute
> rechtschaffener Wege mit Treue lohnen. Sie werden sehen, wie
> die in Finsternis Geborenen in die Finsternis geworfen wer-
> den, während die Gerechten glänzen. Die Sünder aber werden
> laut schreien, wenn sie sehen, wie die Gerechten leuchten,
> und auch sie werden dahin gehen, wo ihnen Tage und Zeiten
> bestimmt sind. [67]"

1.2. Die Testamente der Zwölf Patriarchen

Wir wollen noch kurz auf eine andere pseudepigraphische Schrift
eingehen, die den Lehren des NT in gewissen Teilen sehr nahesteht und diese vielleicht schon teilweise vorweggenommen hat:
auf 'Die Testamente der Zwölf Patriarchen'.

Man zählt die 'Testamente', wie ja auch das Henochbuch, das
sie übrigens zitieren, zur jüdischen Literatur aus dem religiösen Umfeld von Qumran. Direkt zu den Qumranschriften werden sie
nicht gerechnet, da bei den Funden von Chirbet Qumran seit
1947 (vgl. 5.) allein ein aramäisches Fragment Levis (3. Test)
und ein hebräisches Fragment Naphtalis (8. Test) zutage gefördert wurde.

In der uns vorliegenden Form enthält das Buch christliche
Einschaltungen; es ist aber bislang nicht geklärt, wie weitgehend diese sind, wovon eine genaue Datierung der ursprünglichen
Schrift abhängig wäre. [68] Wir geben hier die Auffassung von
R. H. Charles [69] wieder, angeblich einem der größten Autoritäten
auf dem Gebiet der alttestamentlichen Apokryphen und Pseudepigraphen.

Nach ihm sind 'Die Testamente der Zwölf Patriarchen' zwischen 109 und 107 v. Chr. von einem Bewunderer des Johannes Hyrkan (vgl. Kap. VII, 3. 2. 1) geschrieben worden. Die christlichen
Einschübe beziehen sich nach Charles durchweg auf Dogmatisches.
Streicht man diese weg, so bleibt eine Ethik übrig, die nahezu
mit der der Evangelien des NT identisch ist. R. H. Charles vertritt die Meinung (a. a. O., S. 291f):

"Die Bergpredigt spiegelt in verschiedenen Punkten den Geist
unseres Textes, den sie sogar stellenweise wörtlich wiedergibt; viele Teile der Evangelien weisen Spuren dieses Textes
auf, und für Paulus scheint das Buch ein Vademecum gewesen
zu sein."

So liest man beispielsweise folgende Stelle in diesem Werk,
von der R. H. Charles meint, daß Jesus sie gekannt haben müsse [70]:

"Liebet nun einander von Herzen, und wenn einer gegen dich
sündigt, so sage es ihm in Frieden und schaffe das Gift des
Hasses weg und halte in deiner Seele die List nicht fest.
Und wenn er bekennt und bereut, so vergib ihm; wenn er leug-
net, so streite nicht mit ihm, damit du nicht, wenn er
schwört, doppelt sündigst. [...] Wenn er aber unverschämt
ist und bei der Schlechtigkeit beharrt, so vergib ihm auch
so von Herzen und übergib Gott die Vergeltung." (IX. Gad).

Im Gegensatz zum Henochbuch wird hier der Haß völlig verurteilt, wenn es beispielsweise heißt:

"Und nun, meine Kinder, hört die Worte der Wahrheit, daß ihr
Gerechtigkeit übt und jegliches Gesetz des Höchsten und euch
nicht verführen laßt durch den Geist des Hasses; denn er ist
böse bei allen Handlungen der Menschen. [...] Hütet euch
nun, meine Kinder, vor dem Haß. Denn gegen den Herrn selbst
begeht er eine Sünde. Denn er will nicht hören auf die Worte
seiner Gebote betreffs der Liebe gegen den Nächsten, und
gegen Gott sündigt er. [...] Denn gleichwie die Liebe auch
die Toten lebendig machen und die, welche dem Tode verfallen
sind, zurückrufen will, so will der Haß die Lebendigen töten
[...]. [...] Schlecht ist der Haß, denn er hält es beständig
mit der Lüge." Dagegen: "Der Geist der Liebe aber wirkt
durch Langmut [7']" [...]" (IX. Gad 3.4).

Die folgenden Stellen erinnern sehr stark an Matth 22,37-39:

"Den Herrn liebte ich mit meiner ganzen Kraft und jeden Menschen liebte ich gleichermaßen wie meine Kinder." (V. Issachar 7).

Oder:

"Liebt den Herrn in eurem ganzen Leben und einander mit
wahrhaftigem Herzen." (VII. Dan 5).

Die Stelle

"Denn wer dem Nächsten mitgibt, empfängt es vielfältig vom
Herrn" (VI. Sebulon 6),

erinnert an Luk 6,38a oder Luk 18,30. Weiter lesen wir in
VI. Sebulon 8:

"Denn so viel, als sich der Mensch über seinen Nächsten erbarmt, so viel erbarmt sich der Herr über ihn."

Wieder im Gegensatz zur Henoch-Apokalypse haben wir es hier
nicht mit einem die Sünder bestrafenden, sondern mit einem gnädigen und barmherzigen Gott zu tun:

"Denn er ist barmherzig und gnädig und rechnet den Menschenkindern die Bosheit nicht zu." (VI.Sebulon 9).

Soviel über diese Testamente der Zwölf Patriarchen.

Nachdem wir nun die Grundzüge der Apokalyptik behandelt haben, wollen wir die verschiedenen religiösen Strömungen der
damaligen Zeit - soweit sie uns bekannt sind - im einzelnen
betrachten. Gemäß Josephus lassen sich drei religiös-politische
Gruppen genauer unterscheiden. Seinen hellenistischen Lesern
schreibt er im 'Jüdischen Krieg' (Bell II, 8, 2) [72]:

"Bei den Juden gibt es nämlich drei Philosophenschulen: die
Pharisäer, die Sadduzäer und schließlich die Essener, von
denen allgemein behauptet wird, daß sie sich tatsächlich um
eine besondere Selbstheiligung bemühen."

2.   Die Sadduzäer

Die Sadduzäer wurden von den Rabbinen wiederholt mit der griechischen Philosophenschule der Epikureer [73] verglichen, deren
Lebensphilosophie sich ganz auf das diesseitige Leben beschränkte. Diese Gleichsetzung war verächtlich gemeint und
rührte wohl daher, daß die Sadduzäer nicht an Engel und Dämonen
glaubten (Apg 23, 8) und nicht die Erwartung der Pharisäer und
Apokalyptiker teilten, daß am Jüngsten Tage die Toten aus den
Gräbern auferweckt werden (Mark 12, 18-27).
     Auf jeden Fall läßt sich die Gruppe der Sadduzäer - das
Gleiche gilt auch für die anderen religiösen Gruppen des Frühjudentums - in keiner Weise mit den griechischen Philosophenschulen vergleichen. Josephus wird diese Kennzeichnung auch nur
benutzt haben, um sich seinen hellenistisch gebildeten Lesern
bei der Beschreibung der verschiedenen Glaubensrichtungen des

Judentums überhaupt verständlich zu machen.

Die Bezeichnung 'Sadduzäer' leitet sich ab vom Ahnherrn der jüdischen Priester, von Zadok, der einst unter König Salomo als Hoherpriester eingesetzt wurde (1.Kön 2,35). Nach Ez 40,46; 43,19; 44,15; 48,11 ist den Söhnen Zadoks der priesterliche Dienst anvertraut worden. Die Zadokiden haben dann auch beim Aufbau der nachexilischen Gemeinde eine maßgebende Rolle gespielt und als die legitimen Priester in Jerusalem den Tempeldienst versehen. [74]

Die Gemeinschaft der Sadduzäer rekrutierte sich aus den Kreisen der Jerusalemer Aristokratie, die der Struktur des theokratischen jüdischen Tempelstaates entsprechend überwiegend aus vornehmen Priesterfamilien bestand. [75] Die reichen Laien der Jerusalemer Oberschicht waren mit diesen priesterlichen Familien durch familiäre und wirtschaftliche Bande verbunden, so daß sie gewissermaßen eine Art Interessengemeinschaft bildeten und bis zur Makkabäerzeit die Belange des jüdischen Staates offiziell bestimmten, allein schon aufgrund ihrer zahlenmäßigen Dominanz im Ältestenrat (er wurde später unter Salome Alexandra von den Pharisäern in den 'Hohen Rat' = 'Synedrium' umgewandelt. Es handelt sich um den großen Jerusalemer Gerichtshof im Unterschied zu den kleinen Provinzgerichten.).

Die Sadduzäer hielten sich strikt an den Wortlaut des schriftlichen Gesetzes des Pentateuchs. Die von den Pharisäern der schriftlichen Thora gleichgestellte mündliche Thora, wurde von ihnen jedoch nicht als gleichberechtigt anerkannt.

Wie schon in Kap. VII berichtet, waren diese sadduzäischen Kreise der Jerusalemer Oberschicht dem Hellenismus gegenüber sehr aufgeschlossen gewesen, was sogar soweit gehen konnte, daß sie unter der Herrschaft der Seleukiden vollends zur Aufgabe jeglichen jüdischen Erbes bereit waren.

Unter den Hohenpriestern Jason und Menelaos (vgl. Kap. VII.3.2.) war die 'Priesterklasse' der Sadduzäer aufgrund ihrer Kollaboration mit dem Feind jedenfalls für eine gewisse Zeit politisch-gesellschaftlich diskreditiert. Mit fortschreitender Normalisierung der Verhältnisse unter den Hasmonäern und mit zunehmender Entfremdung zwischen den Makkabäern und den Chassi-

dim, den radikalen Frommen, wuchs der Einfluß dieser vermögen-
den sadduzäischen Oberschicht wieder deutlich. Als es daher
unter Johannes Hyrkan zu einem schweren Zerwürfnis zwischen
Hasmonäern und Pharisäern kam, suchte er die Unterstützung dieses alten finanzkräftigen Establishments.

Unter Salome Alexandra und in den späthasmonäischen Wirren
geriet die sadduzäische Partei jedoch erneut ins Hintertreffen.
Zur Zeit Herodes des Großen ⁷⁶⁾ (37-4 v. Chr.) wurden zwar
wieder Sadduzäer als Hohepriester eingesetzt, sie waren aber de
facto nur noch Marionetten seiner Willkür. Erst als 6 n. Chr.
Judäa unter direkte römische Verwaltung kam, gewann das Hohe-
priesteramt wieder an Bedeutung und das Synedrium, das oberste
politische und juristische Gremium des jüdischen Staates unter
der Römerherrschaft, setzte sich mehrheitlich aus Sadduzäern
zusammen und wurde vom Hohenpriester präsidiert. Vor diesen
Gerichtshof mußte bekanntlich auch Jesus von Nazareth treten.

Als die Sadduzäer sich nach anfänglichem Zögern in den Aufstand gegen Rom verwickeln ließen, gerieten sie zwischen die
Fronten der revolutionären Frommen (vgl. 4.), die mit radikalen
Mitteln die gesellschaftlichen Verhältnisse ändern wollten, und
der Römer, die die Sadduzäer als politisch führende Partei für
den Krieg verantwortlich machten.

Nach der Zerstörung Jerusalems und seines Tempels wurde die
Gruppe der Sadduzäer schließlich völlig bedeutungslos, da sie
mit dem Verlust des Tempels und der mit seinem Kult verbundenen
Einkünfte auch ihre wirtschaftliche und gesellschaftliche Basis
verloren hatte.

3.   D i e   P h a r i s ä e r

Die Bezeichnung 'Pharisäer' leitet sich ab vom hebräischen 'peruschim', was soviel wie 'die Abgesonderten' bedeutet. Im Gegensatz zu der im wesentlichen standesmäßigen Gruppierung der

Sadduzäer handelt es sich bei den Pharisäern tatsächlich um
eine theologische Richtung. Wahrscheinlich wurde ihr der Name
von Außenstehenden gegeben, weil die Pharisäer peinlichst darauf achteten, das Gebot der Reinheit einzuhalten, und sich
daher von allem, was nach dem Gesetz als unrein galt, fernzu-
halten bemüht waren. Es handelt sich also auch hier keineswegs
um eine Philosophenschule, als die Josephus sie seinen Lesern
'verkaufen' möchte.

Die pharisäische Bewegung nahm ihren Anfang in der Makkabäerzeit. ⁷⁷⁾ Sie ist aus den Kreisen der Chassidim, 'der Frommen', hervorgegangen, die die makkabäische Erhebung gemäß
1. Makk 2, 42 entscheidend unterstützt haben.

Nachdem die Makkabäer die Möglichkeit, ein nach dem Gesetz
geregeltes Leben zu führen, wiederhergestellt hatten, zogen
sich die Pharisäer aus dem politischen Widerstand zurück. Eine
wachsende Entfremdung zwischen ihnen und der Hasmonäerdynastie
machte sich umso deutlicher bemerkbar, als das politische
Machtstreben des Herrscherhauses wuchs. Unter Alexander Jannäus
erreichte die Entfremdung ihren Höhepunkt durch die blutigen
Auseinandersetzungen, von denen wir schon in Kap. VII. 3. 2. 1.
berichtet haben. Seit dieser Zeit gaben die Pharisäer es auf,
gewaltsam eine Veränderung der politischen Verhältnisse erreichen zu wollen. Statt dessen zogen sie sich in festen Gemeinschaften zurück, um ein Leben in Gebet und Fasten unter genauer
Beachtung des Gesetzes zu führen in dem festen Glauben an eine
zukünftige Heilswende, die Gott eines Tages herraufführen werde.

Der Pharisäismus besaß also durchaus auch eschatologische
Elemente, was ferner daran deutlich wird, daß er aus der Apokalyptik die Lehre von der Totenauferstehung am Jüngsten Tag,
von der Vergeltung nach dem Tode sowie die Angelologie und die
Messiaserwartung übernahm. Dennoch unterscheidet sich die pharisäische Glaubensströmung grundlegend von der apokalyptischen,
da das Zentrum und der Kern ihrer Theologie das Gesetz war.

Auslegung, Anwendung und Befolgung der Thora wurde zum Inhalt der Religion schlechthin. Der Pharisäismus wurde jedoch
vor einer konservativen Erstarrung bewahrt dadurch, daß er dem

schriftlichen Gesetz des Pentateuchs die mündliche Auslegungs-
tradition als ebenbürtig und gleichberechtigt an die Seite
stellte. So war es ihm jederzeit möglich, auf die akuten Fragen
der Zeit auch aktuelle Antworten durch aktualisierte Interpretationen der Thora zu finden.

Für die Pharisäer waren die alttestamentlichen Gebote der
kultischen Reinheit (Lev 11,1-15,33), die ursprünglich nur für
die Priester und Leviten von Belang waren, von besonderer Wichtigkeit. Sie waren von allen Pharisäern auch während des All-
tags einzuhalten. Wer mit Unreinem in Berührung gekommen war,
etwa mit einem toten Tier oder einer Leiche, oder, wer einen
körperlichen Ausfluß hatte, war kultisch unrein geworden und
mußte sich zur Wiedererlangung der kultischen Reinheit einem
Reinigungsbad unterziehen oder eine gewisse Wartezeit verstrei-
chen lassen - so z. B. sieben Tage bei der monatlichen Menstrua-
tion der Frau (vgl. Lev 15,19ff).

Aus dieser steten Besorgtheit um die kultische Reinheit erklärt sich auch das Händewaschen der Pharisäer vor jeder Mahlzeit (Mark 7,3f): Die Hände, die man zum Tischgebet erhob, hatten kultisch (nicht unbedingt hygienisch) rein zu sein. Auch
auf die Reinheit der bei der Mahlzeit benutzten Kochgeräte und
des Geschirrs wurde peinlich geachtet (Matth 23,25f).

Ferner beachteten die Pharisäer das Gebot der Verzehntung.
Sie gaben also den zehnten Teil von allem, was sie ernteten und
erwarben ab, damit hiervon der Stamm Levi, auf den sich die
levitischen Priester zurückführten und der kein Erbteil am
Landbesitz erhalten hatte, leben und den Opferdienst im Tempel
versehen konnte (Lev 27,30-33; Num 18,21-24).

Die Pharisäer gaben nun nicht nur vom landwirtschaftlichen
Ertrag ihres Grundbesitzes den Zehnten, sondern auch von allem,
was sie käuflich erwarben, da man nie sicher sein konnte, daß
die Waren, die man bei einem jüdischen Händler kaufte, von ihrem Erzeuger auch wirklich schon verzehntet worden waren. Daß
man sogar Gewürze und Kräuter verzehntete, ergibt sich aus
Matth 23,23.

Auch das freiwillige Fasten zweimal die Woche (montags und
donnerstags) gehörte zu den frommen pharisäischen Übungen (Luk

18, 12).

Die pharisäischen Gemeinschaften setzten sich im wesentlichen aus schriftgelehrten Laien, Bauern, Handwerkern und Kauf-
leuten zusammen, und zwar nicht nur in der Stadt, sondern auch
auf dem Land, in Judäa und Galiläa. Man versammelte sich in
diesen Gemeinschaften zu den gemeinsamen Mahlzeiten, um so die
Gebote der Reinheit besser einhalten zu können (vgl. Luk 7, 36;
11, 37f).

Die Pharisäer sonderten sich von den Leuten ab, die das Gesetz nicht kannten und daher auch nicht befolgen konnten, und
mieden den Kontakt mit ihnen (vgl. Joh 7, 49). Vor allem gegenüber Zöllnern und Sündern bewahrte man Abstand, da diese im
Dienst der heidnischen Besatzungsmacht standen und sehr auf
ihren eigenen materiellen Vorteil bedacht waren.

Die Wurzeln des Pharisäismus liegen in der Laienschriftge-
lehrsamkeit und in levitischen Traditionen. [78] Seit der Reform
des Esra (vgl. Kap. VII. 2. 1.) besaßen auch nichtpriesterliche
Gesetzesgelehrte eine feste Stellung im Rechtswesen, wodurch
sie einen großen Einfluß auf breite Bevölkerungsschichten ausüben konnten. Als eigene politische Partei profilierten sich
die Pharisäer erstmalig unter Johannes Hyrkan, mit dem sie sich
- wie schon erwähnt - überwarfen. Sie gingen jedoch nicht in
die totale Opposition zur offiziellen Politik der hasmonäischen
Dynastie wie die radikalen apokalyptischen Gruppen (Essener),
die sich wie die Qumrangemeinde (s. u.) unter Protest aus dem
öffentlichen Leben völlig zurückzogen, um auf den nahen Anbruch
der Endzeit zu warten. Im Gegenteil wetteiferten sie um den
Enfluß im Gemeinwesen und im Synedrium.

So gelang es ihnen unter der Regierung der Salome Alexandra,
einen maßgeblichen innenpolitischen Einfluß zu gewinnen dadurch, daß sie den sogenannten Ältestenrat, in dem die Sadduzäer die Mehrheit stellten, in das Synedrium, den 'Hohen Rat',
umwandeln konnten. In ihm erhielten auch sie nunmehr Sitz und
Stimme.

Ferner gründeten sie Kinderschulen in den Städten zur Unter-
richtung der Kinder im Gesetz. Auch das Eherecht wurde von ih-

nen reformiert durch Einführung des Scheidebriefes.

Alsbald sank ihre politische Macht jedoch wieder, und erst unter unmittelbarer römischer Verwaltung, insbesondere unter Agrippa I. (41-44 n. Chr.), konnten sie ihren Einfluß aufs neue stärken.

Die Pharisäer standen seitdem zwischen den Fronten. Von den radikalen Frommen wurden sie als Heuchler und Kollaborateure diffamiert und von den Sadduzäern mißtrauisch des Machtstrebens verdächtigt. Nur widerstrebend ließen sie sich in den Aufstand gegen die Römer (66-73 n. Chr.) hineinziehen.

Ein gemäßigter Flügel unter Rabbi Jochanan ben Zakkai suchte sogar Kontakt zu den Römern, die ihm nach der Zerstörung Jerusalems die Erlaubnis gaben, in Jabne (Jamnia) eine neue Schule zu begründen und hier die jüdische Gemeinde wieder aufzubauen. An diesem Ort sammelte sich erneut ein Synedrium, das nun ausschließlich aus Schriftgelehrten bestand und über alle die Judenschaft betreffenden Fragen zu entscheiden hatte. Die pharisäische Richtung hatte somit die Zerstörung Jerusalems 70 n. Chr. überlebt, nicht jedoch die sadduzäische, deren Basis - wie schon erwähnt - mit dem Tempel zerstört worden war.

Das politische Ziel der Pharisäer bestand natürlich darin, ihre Vorstellungen vom richtigen Thora-Verständnis beim Volk durchzusetzen, wobei - wie schon angedeutet - die Tradition der mündlichen Überlieferung der Textauslegung eine wichtige Rolle spielte. Besonders hervorheben konnten sich einzelne pharisäische Schriftgelehrte entweder im Synedrium oder in den zahlreichen Schulen, in denen die Schriftgelehrsamkeit gepflegt wurde.

So hatten um die Zeitenwende zwei bedeutende rivalisierende Schriftgelehrte einen großen Einfluß auf die Gesetzesinterpretation. Das eine Schulhaupt war der aus Babylonien stammende Protorabbi [79] Hillel (der Ältere). Sein 'Rivale' war der mehr zu den Ansichten der eschatologisch-radikalen Frommen neigende Schammai (beide um 20 v. Chr.).

Beide Schulen haben nach dem Tode der Meister ihre Kontroversen noch jahrzehntelang fortgesetzt. Es ist mit Sicherheit

anzunehmen, daß auch Jesus von Nazareth von diesen schriftgelehrten Streitigkeiten berührt worden ist.

Für die 'sanftmütige' Schule Hillels, der wir die sogenannte
Goldene Regel verdanken, die Jesus später gemäß Matth 7,12 in
seine Bergpredigt aufgenommen hat, ist die Nächstenliebe der
zentrale Punkt. Man wird daher wohl mit einiger Wahrscheinlichkeit annehmen dürfen, daß Jesus von der Hillel'schen Schule
beeinflußt worden ist, deren Liebesgebot er jedoch noch radika-
lisiert haben mag, wenn man z.B. Joh 12,25 zugrundelegt, wo die
Radikalität dieser Liebe in einen radikalen Haß, hier einen
Selbsthaß, umschlagen kann.

Die Tradition schreibt Hillel ferner sieben hermeneutische
Regeln der Gesetzesinterpretation zu, die zum Teil deutliche
Berührungspunkte zur hellenistischen Rhetorik aufweisen. Allein
hieraus ist zu ersehen, daß sich die Pharisäer keineswegs derart abgekapselt haben wie die radikalen Gemeinschaften der Essener, die sich in die Wüste und deren Höhlen zurückzogen; die
Pharisäer waren durchaus bis zu einem gewissen Grade offen für
die hellenistische Kultur ihrer Umwelt.

So übernahmen sie in ihren Sprachschatz eine Fülle von griechischen und lateinischen Lehnwörtern. Auch ihren Kinderschulen
lagen hellenistische Vorbilder zugrunde. Dennoch kann man in
keiner Weise von einer 'Hellenisierung' sprechen, denn am Tho-
ra-Gehorsam duldeten sie kein Rütteln und keinerlei Erleichte-
rung, wohl wissend, daß Konzessionen auf diesem Gebiet bald
weitere nach sich ziehen würden.

Aus der Hillel'schen Schule ging Rabbi Gamaliel (um 30
n.Chr.) hervor, der gemäß Apg 5,34-39 im Synedrium großes Ansehen genoß und nach Apg 22,3 der Lehrer des Paulus gewesen sein
soll. Die jüdische Tradition verehrt ihn als einen der frömm-
sten Gesetzeslehrer.

Auch der schon erwähnte Rabbi Jochanan ben Zakkai, der die
Synagogengemeinden von Jabne (Jamnia) aus nach 70 n.Chr. neu
wieder aufbaute, kam aus der Schule des Hillel, so daß nach der
Zerstörung Jerusalems diese Hillel'sche Richtung der Schriftgelehrsamkeit maßgeblich für das weitere Judentum wurde.

Schließlich waren es auch Pharisäer dieser Richtung, die den

hebräischen Kanon festlegten (ca. 100 n.Chr. vollendet). Sie
fanden in den apokalyptischen und anderen synkretistischen religiösen Schriften des Judentums zu viel fremdes Gedankengut,
als daß sie meinten, diese in den Kanon aufnehmen zu können.
Über Rabbi Jochanan ben Zakkai schreibt der babylonische
Talmud (bSukka 28a) [80]:

> "Über Rabban Jochanan, Sakkais Sohn, sagten sie: Er ließ
> nichts liegen [81]: Bibel und Mischna, Talmud, Halacha und
> Aggada, grammatische Feinheiten der Weisung und grammatische
> Feinheiten der Schriftkundigen, Schlüsse vom Leichteren aufs
> Schwere, Wortanalogien, Kalenderberechnungen, geometrische
> Berechnungen, Gespräche von Dienstengeln und Gespräche von
> Dämonen, Gespräche der Palmen, Fabeln der Wäscher, Fabeln
> der Füchse, große Dinge und kleine Dinge [...]."

Ein weiterer bedeutender Gesetzeslehrer war Rabbi Akiba, der
zu Anfang des 2.Jh.n.Chr. wirkte. Er besaß eine sehr große
Schülerschar. Als es 132 n.Chr. unter Simon bar Kochba wegen
des Beschneidungsverbots, das Kaiser Hadrian (117-138 n.Chr.)
erlassen hatte, zu einem zweiten Aufstand des jüdischen Volkes
gegen die Römer kam ('Bar-Kochba-Aufstand'), bezeichnete Rabbi
Akiba diesen Bar Kochba als den verheißenen 'Sternensohn', d.h.
als den Messias.

Der Krieg endete mit der Eroberung der Bergfestung Beth-Ther
(Chirbet-el-jehud = Judenruine) westlich von Jerusalem durch
die Römer. Hierbei ist auch Bar Kochba ums Leben gekommen. Das
Scheitern der Erhebung bedeutete den Untergang des jüdischen
Staates für fast zwei Jahrtausende.

Obwohl sich Rabbi Akiba bei seiner Messiasankündigung deutlich geirrt hatte, blieb sein hohes Ansehen auch im späteren
Judentum gewahrt.

Durch intensive Volksbildung gelang dem Pharisäismus eine
Verbreitung von Thora-Kenntnissen, die in Gestalt einer volkstümlichen religiösen Gesetzesgelehrsamkeit für das gesamte spätere Judentum charakteristisch werden sollte (vgl. auch Kap. X
Anm. 7).

4.   D i e   E s s e n e r

Die dritte Gruppe, die Josephus erwähnt, sind die Essener
(griech. Essaioi = aramäisch Chasajja = hebr. Chasid = die
Frommen). Auch Philo von Alexandria (1. Jh. n. Chr.) berichtet
über sie. [82]
Im NT finden sie jedoch nirgends eine direkte Erwähnung. Es
hat den Anschein, daß es sich bei den Essenern um eine Sammel-
bezeichnung für verschiedene apokalyptisch orientierte Gruppen
handelt [83], die vermutlich alle aus denselben Kreisen hervorgegangen sind wie die Pharisäer, also aus jener Gemeinschaft
gesetzestreuer Juden (Chassidim), die gemäß 1. Makk 2, 42 den
Makkabäeraufstand mitgetragen haben.

Die christliche Überlieferung hat uns einige Schriften dieser apokalyptischen Gruppen in den sogenannten Pseudepigraphen
des AT erhalten.

Aus ihnen läßt sich auf eine radikale Erwählungstheologie
und eine militante Frömmigkeit jener essenischen Kreise schließen, die eine schroffe Haltung gegenüber andersdenkenden jüdischen Gruppen als auch gegenüber den Heiden zur Folge hatte.
Diese Apokalyptiker sahen sich als den kleinen treuen Rest des
Gottesvolkes - als das 'wahre Israel' - an, welches der Vorläufer des endzeitlichen Israel sei.

Sie teilten das babylonisch-griechische Weltbild der damaligen Zeit und verwendeten es in ihren Apokalypsen in Verbindung
mit alten israelitischen Überlieferungen, vor allem aus der
Weisheitslehre und der Kulttheologie (vgl. Kap. VIII.1). Der
Einfluß dieser radikalen apokalyptischen Gruppen auf das Denken
weiter Kreise der Bevölkerung wird nicht unerheblich gewesen
sein. Wir haben schon erwähnt, daß beispielsweise die Henoch-
Apokalypse zur Zeit Jesu recht populär gewesen ist.

Unter dem Tetrarchen von Galiläa und Paräa, Herodes Antipas
(4 v. Chr. -39 n. Chr.), den Jesus von Nazareth bekanntlich als
'Fuchs' bezeichnete (Luk 13, 32), erfolgte eine Radikalisierung
der Bewegung. Als nämlich im Jahre 6 n. Chr. der jüdische Herrscher von Judäa, Samaria und Idumäa verbannt wurde und Judäa

unter römische Statthalterschaft kam, ordneten die Römer eine
Volkszählung an zur Berechnung der Steuern, die die neue römische Provinz künftig zu entrichten hätte.

Durch diese Maßnahme kam es zur Empörung und zum entschlos-
senen Widerstand, der in der Gruppe der Zeloten (Eiferer) unter
Judas dem Galiläer organisierte Gestalt annahm (vgl. Apg 5, 37).

Nach Luk 6, 15; Apg 1, 13 haben sich offenbar auch unter den
Jüngern Jesu solche Zeloten befunden; immerhin wird an diesen
beiden Stellen einer namentlich erwähnt: Simon, der Eiferer.

Die Zeloten versuchten durch einzelne partisanenartige Über-
fälle vom judäischen Gebirge aus gegen die Römer vorzustoßen.
Der jüdische Krieg wurde im wesentlichen von ihnen angezettelt.

Offenbar hat es nach Apg 5, 36; 21, 38 noch andere messianische Propheten gegeben, die ihre Anhängerschaft in die Wüste
führten, um von dort, aus ihren Schlupfwinkeln heraus, Angriffe
gegen römische Soldaten zu führen. Eine solche Gruppe waren die
Sikarier, die Dolchmänner, die sich vor allem durch blitzartig
durchgeführte skrupellose Attentate hervortaten.

Viele Neutestamentler nehmen übrigens an, daß beispielsweise
der Jünger Judas Ischariot aufgrund seiner Bezeichnung 'Ischariot' wahrscheinlich zu diesen Sikariern zu zählen ist. Möglicherweise wollte er mit seinem Verrat die Ankunft der messianischen Zeit beschleunigen und seinen Meister Jesus 'zwingen',
sich endlich als der ersehnte Messias seinen Jüngern und allen
frommen Juden zu offenbaren.

Im jüdischen Krieg leisteten die Zeloten und Sikarier den
Römern erbitterten Widerstand. In der belagerten Herodesfestung
Masada hielten sich nach dem Fall Jerusalems noch einige Zelo-
ten bis zu drei Jahren auf, ohne sich zu ergeben. Diese Eiferer
brachten sich lieber selbst um, als daß sie sich dem verhaßten
Feind ergaben.

5.   D i e   Q u m r a n g e m e i n d e

Bis zur Entdeckung der verschiedenen Schriftrollen vom Toten
Meer, die 1947 durch einen Zufall begann [84], wußte man nicht
viel über die Lebensweise und Organisation der apokalyptischen
Gemeinschaften. Man hatte bis dahin an kleine Konventikel gedacht, die sich von jeder Politik fernhielten und nur daran
interessiert waren, die Geheimnisse der Endzeit zu   ent-
schleiern. Andere Theologen dachten eher an eine breite Volksbewegung.

Heute nimmt man aufgrund der Qumranschriften im allgemeinen
an, daß die Apokalyptik doch wohl eine breite Bewegung von beträchtlicher Vielfalt gewesen ist. [85]

Durch die Texte und die Ausgrabungen von Qumran wissen wir
mittlerweile relativ viel über eine dieser Gruppen, nämlich
über die Qumrangemeinde (= Gemeinde der 'Qumran-Essener') vom
Toten Meer.

Chirbet (= Ruinenstätte) Qumran liegt am Nordwestrand des
Toten Meeres, etwa zehn Kilometer südlich von Jericho. Die elf
Höhlen, in denen man die Rollen und Schriftfragmente fand, sind
nicht weit hiervon entfernt.

Es ist als sehr wahrscheinlich anzunehmen, daß wir durch die
Beschreibung antiker Schriftsteller, wie Philo von Alexandria,
Plinius d.Ä. und Flavius Josephus (alle 1.Jh.n.Chr.), doch
schon lange einiges über die Qumrangemeinschaft wissen.

Auch durch die sogenannte Damaskusschrift, die man 1896/97
aufgefunden und im Jahre 1910 veröffentlicht hat, wurde schon
von dieser Qumransekte berichtet. Man hat nämlich in den Höhlen
4, 5 und 6 eine Reihe von Fragmenten dieser Schrift entdeckt,
deren Inhalt vielerlei Berührungen mit der 'Gemeinderegel' von
Qumran aufweist. So kann man von der Entstehung der Damaskusschrift in der Qumrangemeinde ausgehen und davon, daß die 'Gemeinde des neuen Bundes im Lande Damaskus' - wie die Gemeinschaft dieser Schrift sich selbst bezeichnet - mit der von Qumran identisch ist oder zumindest sehr eng mit ihr zusammenhängt.

Auch was die genannten drei antiken Schriftsteller über die
Sitten und Gewohnheiten der Essener schreiben, stimmt mit dem,
was wir mittlerweile über die Gemeinschaft von Qumran wissen,
zum großen Teil überein, so daß es sich hier um eine essenische
Gruppe, wahrscheinlich sogar um die bedeutendste, gehandelt
haben muß. Daher spricht man auch von den Qumran-Essenern.

Die wichtigsten der bisher ausgewerteten Schriften sind die
folgenden [86]:

1) Handschriften aller biblischen Bücher des AT mit Ausnahme
des Estherbuches. Wahrscheinlich haben die Qumran-Essener das
aus Persien stammende Purim-Fest nicht anerkannt und daher das
Estherbuch, das die Festrolle für dieses Fest darstellte, auch
nicht gelesen. Von den Handschriften sind besonders wichtig
zwei Rollen mit dem Jesajabuch.

2) Biblische Kommentare, an erster Stelle ein Kommentar zu einigen Kapiteln des Prophetenbuches Habakuk (Bezeichnung:
1QpHab. Bei diesen wissenschaftlichen Bezeichnungen bedeutet
die erste Zahl die Fundhöhle; das Q steht für 'Qumran', das p
für 'pescher' = 'Kommentar').

3) Die Sektenregel (= Sektenkanon: 1QS).

4) Umfangreiche Fragmente der schon erwähnten 'Damaskusschrift'
(CD).

5) Die 'Kriegsrolle' (1QM).

6) Die 'Loblieder' (= Hymnenrolle: 1QH) [87].

Die Qumrangemeinde nahm ursprünglich ihren Anfang in einer
Gruppe von eschatologisch orientierten Radikalen, die die Ankunft des Messias erwarteten. Den Zeitpunkt hierfür entnahmen
sie Ez 4,4f, wonach für Israel angeblich eine Gerichtszeit von
390 Jahren nach der Zerstörung Jerusalems durch die Babylonier
angekündigt wurde [88]. Nach dieser Annahme mußte also zu Beginn
des 2. Jh. v. Chr. die große Heilswende für Israel eintreten.

Nachdem diese Zeit verstrichen war, ohne daß der Messias
erschienen war und sich irgendetwas in dieser Richtung getan
hatte, waren die Gründer der Gruppe ratlos. Sie waren wie blinde Männer, die nach dem Wege tasten - so beschreibt sie die
Damaskusschrift (CD I, 9). In dieser Situation trat unter ihnen

der sogenannte 'Lehrer der Gerechtigkeit' [*??'] auf. Sein Name
ist nicht bekannt. Man weiß jedoch, daß er von priesterlicher
Abstammung war und gemäß dem Habakuk-Kommentar viel Verfolgung
durch den sog. 'Frevelpriester' (vielleicht Simon, der jüngste
Sohn des Mattathias; vgl. VII.3.2.1.) hatte erdulden müssen
(vgl. 1QpHab IX).

Es dürfte sich bei dem 'Lehrer' um eine moseähnliche Gestalt
und einen inspirierten Bibelausleger gehandelt haben, der die
utopische Heilserwartung der Gruppe in eine lebensfähige religiöse Gemeinschaft mit einer sehr strengen Gemeinderegel (1QS)
umwandelte. Der 'Lehrer der Gerechtigkeit' gilt als der Verfasser der Hymnenrolle, die die Theologie der Gemeinde in Gebet-
form bringt und großen Nachdruck auf die Vorsehung Gottes und
die Erwählung des einzelnen legt.

Die Mitglieder der Gemeinschaft hatten sich bewußt aus den
Städten, insbesondere aus dem gerade seit Alexander Jannäus für
gottlos gehaltenen Jerusalem, zurückgezogen. Zu seiner Zeit
erreichte die Siedlung am Toten Meer auch ihre größte Ausdehnung.

Die Qumran-Essener zogen sich in die Wüste zurück, um hier
in einer klosterähnlichen Gemeinschaft gemäß Jes 40,3 auf das
Heil Gottes zu warten. Bevor man der Gemeinschaft voll angehörte, hatte man ein zweijähriges Noviziat zu absolvieren. Neben
diesen Novizen gab es drei weitere Rangstufen: Die Priester,
die Leviten und die Laienmitglieder. Die Priesterklasse war
offenbar auch hier die angesehenste.

Der engste Kreis lebte in Ehelosigkeit, die jedoch nicht für
alle Glieder der Gemeinschaft Vorschrift war. Die strenge Gütergemeinschaft mit gemeinsamer Verwaltung des von den einzelnen eingebrachten Vermögens war Voraussetzung des monastischen
Lebens in Qumran.

Zentraler Punkt im Tagesablauf der 'Mönche' waren die gemeinsamen Mahlzeiten. Täglich feierte man ein kultisches Mahl,
bei dem ein Priester zu Beginn seine Hand ausstreckte, um Brot
und Most zu segnen (vgl. 1QS VI,4-6).

Auch Tauchbäder und rituelle Waschungen wurden durchgeführt.
Sie hatten den Sinn der 'Sündenreinigung'.

Bei ihren Zusammenkünften hielten die Vollmitglieder eine strenge Sitzordnung ein (1QS VI, 8f).

Josephus schreibt über dieses mönchische Leben für seine hellenistischen Leser (seine Schilderungen sind daher mit etwas Vorsicht zu genießen) (Bell II, 8, 5):

"Ihre Gottesvorstellung äußert sich auf eine eigenartige Weise. Vor Aufgang der Sonne reden sie nämlich kein unheiliges Wort, sondern sie richten an dieses Gestirn einige von den Alten überkommene Gebete, als flehten sie darum, die Sonne möge aufgehen. Dann werden sie von den Vorstehern ausgesandt, ein jeder zu dem Tun, das er versteht. Wenn sie dann bis zur fünften Stunde mit Hingabe gearbeitet haben, finden sie sich wieder an einem bestimmten Platz ein, binden sich eine Leinenschürze um und waschen sich mit kaltem Wasser. Nach dieser Waschung gehen sie zusammen in ein besonderes Gebäude, zu dem kein Andersgläubiger Zutritt hat. Sie selbst verfügen sich nun gewissermaßen 'gereinigt' in das Refektorium wie in einen heiligen Raum. Ohne ein Wort zu reden, nehmen sie Platz, dann tischt ihnen der Bäcker der Reihe nach Brote auf, und der Koch bringt jedem eine Schüssel mit einem einzigen Gericht. Vor Beginn der Mahlzeit verrichtet ein Priester ein Gebet, und es wäre gesetzwidrig, zuvor das Essen anzurühren. Nach dem Mahle wird wieder gebetet, und am Anfang wie am Ende preisen sie Gott als Spender der Lebensnahrung. Dann legen sie die Kleider, die für sie gewissermaßen heilig sind, wieder ab und widmen sich bis zum Abend weiterhin ihrer Arbeit. Wieder zurückgekehrt speisen sie nochmals in der gleichen Form, doch zusammen mit den Gästen, wenn sich welche eingefunden haben. Weder Geschrei noch sonstwelcher Lärm stört je die Weihe des Hauses, sondern sie geben einander das Wort, wie es sich der Reihe nach fügt. Die Menschen draußen aber mutet die Stille drinnen wie ein schauerliches Mysterium an; diese Stille ist eine Folge der ständig eingehaltenen Nüchternheit und der Übung, Speise und Trank nur bis zur Sättigung zu sich zu nehmen."

Oder (Bell II, 8, 9):

"[...] Nächst Gott verehren sie aber im höchsten Maße den Namen des Gesetzgebers [= 'Lehrer der Gerechtigkeit'], und wer ihn nicht ehrt, wird mit dem Tode bestraft. Sie halten es für wichtig, sich den Älteren und der Mehrheit zu fügen; z. B. könnte in einem Kreis von zehn Männern keiner zu sprechen anheben gegen den Willen der restlichen neun. Sie hüten sich, inmitten von anderen oder nach der rechten Seite hin auszuspeien, und sie weigern sich, mehr als andere Juden, am siebten Wochentag irgendeine Arbeit anzurühren. Denn sie richten nicht nur Tage zuvor ihre Nahrung zu, um an dem besagten Tag kein Feuer machen zu müssen, sondern sie getrauen sich nicht einmal, irgendeinen Gegenstand von der Stelle zu

bewegen, ja selbst ihre Notdurft zu verrichten. An den übrigen Tagen aber schlagen sie mit einer Hacke - von dieser Art
ist nämlich die kleine Axt, die ein jeder bei seinem Ein-
tritt erhält - ein Loch in den Boden, einen Fuß tief, hül-
len sich in ihren Mantel, um den strahlenden Glanz Gottes
nicht zu verunehren, und entleeren sich dorthin. Dann schau-
feln sie die aufgeworfene Erde wieder in die Grube. Zu diesem Zweck suchen sie möglichst abgelegene Plätze auf. Obgleich die Entleerung des Körpers etwas ganz Natürliches
ist, pflegen sie sich hernach zu waschen, als hätten sie
sich beschmutzt. "

Die Lehre der Qumran-Essener ist also gekennzeichnet durch
eine starke Betonung des Gesetzes, wobei auf ein Leben in Reinheit und Zucht größter Wert gelegt wurde. Das Studium des Gesetzes war für sie oberste Pflicht. Der Sabbat wurde peinlich
genau beobachtet. Er war gegliedert durch festgelegte Gebets-
zeiten, die unbedingt einzuhalten waren.

Wie bei allen Apokalyptikern waren auch bei den Qumran-
Essenern die Vorstellungen von der Endzeit sehr ausgeprägt. Die
'Gemeinde des neuen Bundes' lebte von der Erwartung eines unmittelbar bevorstehenden Endes. Bevor es jedoch anbrechen kann,
herrscht ein messianischer Krieg, den die 'Kriegsrolle' (1QM)
deutlich ausmalt.

Immer wieder ist die Finsternis mächtig, die sich in Gestalten wie den 'Männern der Bosheit', dem 'gottlosen Priester'
oder dem 'Lügenpropheten' verkörpert, unter denen schon der
'Lehrer der Gerechtigkeit' zu leiden hatte. Diese Vertreter des
Bösen werden auch 'Söhne der Finsternis' oder 'Söhne Belials'
genannt, die augenblicklich die 'Söhne des Lichts', die Auserwählten, noch bedrücken und bedrängen. Am von Gott vorherbe-
stimmten Tag jedoch wird dieser Krieg zwischen den Licht- und
Finsternissöhnen mit dem Sieg der Auserwählten enden. An diesem
Tag wird Gott seinen 'Propheten' sowie den 'Gesalbten von Aaron' und den 'Gesalbten von Israel' senden, und die Gemeinde
der Qumran-Essener wird gerettet werden zum ewigen Leben
(vgl. 1QS IX, 10f).

Die Qumran-Essener erwarteten also drei messianische Funktionäre: einen messianischen Propheten und zwei Messiasse.

Die Erwartung dieses messianischen Propheten begegnet außer

im NT, das ihn in der Person des Johannes des Täufers sieht,
auch schon im AT: In Dtn 18,15.18 wird ein Prophet verkündet,
der wie Mose sein wird. Mal 3,23 kündet die Wiederkunft des
Propheten Elia an. Elia war bekanntlich nicht gestorben, sondern 'entrückt' worden, so daß er nach damaliger Vorstellung
durchaus 'wiedererscheinen' konnte. Nach Mal 3,23f wird seine
Aufgabe die Versöhnung der Menschen sein, um sie für das messianische Zeitalter bereit zu machen. Er wird

"das Herz der Väter den Söhnen und das Herz der Söhne den
Vätern zuwenden" (Mal 3,24).

Auch in 1.Makk 4,46 ist von diesem letzten (messianischen)
Propheten die Rede. Über die Steine des von den Syrern entweih-
ten Brandopferaltars (Antiochus IV.) heißt es dort:

"Die Steine legten sie auf dem Tempelberg an einen passenden
Ort nieder, bis ein Prophet auftreten würde, um über sie
Auskunft zu geben." (Vgl. auch 1.Makk 14,41).

Für die Qumranessener war ihr 'Lehrer der Gerechtigkeit'
dieser erwartete letzte Prophet.

Die 'Zweimessiaslehre', die auch im Sacharjabuch begegnet,
hat ihre Grundlage im Bileamspruch Num 24,17b:

"Es wird aufgehen ein Stern aus Jakob und aufstehen eine
Zuchtrute (Zepter) aus Israel."

Der 'Stern' wurde von den Qumran-Essenern mit dem Priester-
messias (aus dem Geschlecht Aarons) gleichgesetzt und die
'Zuchtrute' mit dem Laienmessias (aus dem Geschlecht Davids),
der ersterem untergeordnet war, und dessen Aufgabe die Leitung
des messianischen Krieges sein sollte.

Das 1956 ausgegrabene Chirbet Qumran läßt drei Besiedlungs-
epochen erkennen. Etwa 130 v.Chr, also zur Hasmonäerzeit, wurde
die erste Siedlung gegründet. Während der Regierungszeit Hero-

des' des Großen (37-4 v. Chr.) wurde die Siedlung durch ein Erdbeben zerstört. Kurz nach der Zeitenwende baute man sie dann
wieder auf. Während des Jüdischen Krieges brannte sie jedoch
ab.

Danach muß die Besiedlung noch einmal bewohnbar gemacht worden sein, denn sie diente während des Bar-Kochba-Aufstandes den
Rebellen als Stützpunkt. Wahrscheinlich hat man zu dieser Zeit
auch die wertvolle religiöse Literatur des Ordens in den umlie-
genden Höhlen versteckt, um sie vor der Vernichtung zu retten.
Dies ist den Qumran-Essenern denn auch teilweise gelungen.
Man weiß allerdings, daß die Höhlen noch mehr Schriftrollen
enthalten haben müssen, als man seit 1947 gefunden hat, wurde
gegen Ende des 8. Jh. doch schon einmal eine ähnliche Entdeckung
gemacht wie in unserem Jahrhundert. Man nimmt an, daß seinerzeit die Karäer, die bedeutendste jüdische Sekte seit dem
8. Jh. n. Chr., von den damaligen Funden beeinflußt wurden.

6.   D a s   U r c h r i s t e n t u m

Zu den eschatologischen Bewegungen des Frühjudentums ist auch
das Urchristentum zu rechnen. [90] Es setzte sich aus verschiedenen Gruppierungen zusammen und war daher zunächst alles andere als eine einheitliche Bewegung. Man kann wohl davon ausgehen, daß eine Reihe von Anhängern der Essener-Gemeinschaften
und anderer apokalyptischer Kreise sowie auch solche, die dem
Pharisäertum nahestanden, sich der 'Jesusbewegung' angeschlossen haben (vgl. Einleitung, Anm. 2). [91]
    Auf jeden Fall war für diese Bewegung - wir wollen sie mit
Gerd Theißen 'Jesusbewegung' nennen - die Ansicht grundlegend,
daß 'die Zeit erfüllt' und die entscheidende Heilswende schon
eingetreten sei oder aber unmittelbar bevorstehe.

Die 'eschatologische Diskussion' war nichts Ungewöhnliches. Sie ist auch für andere apokalyptische Gruppen der damaligen Zeit charakteristisch. Das Besondere der Jesusbewegung war jedoch deren Überzeugung, daß es sich bei Jesus von Nazareth um eine messianische oder zumindest als messianisch angesehene Persönlichkeit handelte.

Obwohl es zu dieser Zeit auch andere Messiasprätendenten ('Messiasanwärter') gab, war das Festhalten seiner Anhänger an der Messianität Jesu auch nach seiner Kreuzigung das charakteristische Merkmal, das die Jesusbewegung von den anderen eschatologisch-apokalyptischen Bewegungen unterschied.

Gerade in den Tagen Jesu und der ersten Christen war die Hoffnung, daß der Gesalbte (der Messias) bald erscheinen werde, in vielen Kreisen des jüdischen Volkes lebendig. So traten auch immer wieder Männer auf, deren Anhänger in ihnen den kommenden Messias sehen wollten. In Apg 5,36f werden beispielsweise zwei derartige messianische Bewegungen erwähnt [26]:

"Denn vor einiger Zeit erhob sich Theudas, gab sich für etwas Besonderes aus und gewann einen Anhang von etwa vierhundert Mann. Aber er wurde getötet, und alle seine Anhänger wurden zersprengt und vernichtet. Nach ihm erhob sich - in den Tagen der Schätzung - Judas von Galiläa und brachte einen Volkshaufen hinter sich. Auch er ist umgekommen, und alle seine Anhänger wurden zerstreut."

Des weiteren ist in Apg 21,38 von einer derartigen messianischen Bewegung die Rede, als Paulus - er war soeben in Jerusalem verhaftet worden - vom römischen Centurio, der ihn gerade abführte, gefragt wurde:

"Du bist also nicht der Ägypter, der unlängst einen Aufstand erregt und viertausend Sikarier in die Wüste hinausgeführt hat?"

Wir haben schon mehrfach erwähnt, daß der Glaube an die bevorstehende messianische Wende immer auch in einem ganz handfesten politischen Sinn verstanden wurde, wie er z.B. in 4.Esr 12,32 zum Ausdruck kommt:

"Das ist der Gesalbte, den der Höchste bewahrt für das Ende
der Tage, der aus dem Samen Davids erstehen und auftreten
wird, um zu ihnen [= den gottlosen Heidenvölkern] [3] zu
reden; er wird ihnen die Gottlosigkeiten vorhalten, die Ungerechtigkeiten strafen, die Frevel vor Augen führen."

Obwohl die verschiedenen Messiasvorstellungen der damaligen
Zeit sich im Detail durchaus voneinander unterschieden - man
denke nur an die drei messianischen Funktionäre der Qumranschriften oder an die Vorstellung vom Menschensohn in den apokalyptischen Schriften -, war ihnen doch allen die Anschauung
gemeinsam, daß der von Gott Gesalbte als ein Richter und Herrscher auftreten werde. Dieser werde die heidnischen Großmächte,
welche Israel unterdrückten, vertreiben, die 'Knechtschaft'
Israels beenden und das Reich der Herrlichkeit, das Neue Israel, begründen.

Von einem leidenden Messias, der um der Sünden des Volkes
willen Schande und Tod auf sich laden werde, ist aber nirgendwo
im jüdischen Schrifttum die Rede.

Die 'Jesusbewegung' und die daraus erwachsenen frühchristlichen Gemeinden, die den gekreuzigten und auferstandenen Jesus
als den Messias verkündigten, haben die verschiedenen Würdeti-
tel des eschatologischen Judentums, die unverbunden nebeneinan-
derstanden - wie 'Menschensohn', 'Gesalbter Davids' = 'Messias'
= 'Christus', 'leidender Gottesknecht', 'Hoherpriester' und
'Prophet' - allesamt auf Jesus von Nazareth übertragen. Sehr
bald wurde eine 'Christologie' ausgebildet (Paulus; Evangelien), nach welcher Leben und Tod Jesu im religiösen Bewußtsein
dieser Jesusbewegung einen Stellenwert erhielten, der ansonsten
nur der Thora zukam.

Die Jesusbewegung und die frühe Christenheit glaubte an Jesus von Nazareth als den gekreuzigten und auferstandenen Messias. Dieser Glaube an Jesus als den lebendigen Herrn wurde zum
neuen 'Heilsweg', der notwendig zum jüdischen 'Heilsweg' der
Thora in Konkurrenz geraten mußte.

Das Judentum kennt keinen Glauben an den Messias. Sein
'Heilsweg' ist allein die treue Befolgung der Thora. Die eschatologische Erwartung im Judentum richtet sich nicht auf die

Person des Messias allein. Entscheidend ist für sie die messianische Zeit, die er bringen soll. Der Messias wird im Judentum
nur der Vollstrecker, nicht aber Grund, Sinn und Inhalt des
Heils sein.

So ist es verständlich, daß das Christentum recht bald als
eigene Religion aus dem Judentum ausscheiden mußte.

Ein weiterer wichtiger Punkt in der Jesusbewegung betrifft
die Thora-Praxis.

Jesus diskutierte häufig mit den Pharisäern. Die anderen
Gruppen waren offenbar zu einer Auseinandersetzung gar nicht
bereit. Die Pharisäer waren also nicht die Gegner Jesu, als die
das NT sie hinstellen möchte, da man nach alter jüdischer Sitte
mit Gegnern und Feinden nicht sprach. Über religiöse Dinge trug
man nur mit Freunden Meinungsverschiedenheiten aus.

Bei diesen (freundschaftlichen) Streitgesprächen ging es um
die rechte Erfüllung göttlichen Willens vor dem Hintergrund der
Erfahrung, daß zur damaligen Zeit eine Spannung bestand zwischen den überlieferten Normen und dem Gebot der Stunde, welche
von großer sozialer Not und viel Elend geprägt war. [941] Es ging
also um die Spannung zwischen dem 'Buchstaben' und dem 'Geist'
des Gesetzes.

Auch von den Pharisäern wurde dieses Problem gesehen. Sie
befürchteten jedoch, bei einer vorrangigen Ermessensethik könnte die individuelle Willkür die Oberhand gewinnen, zumal es den
Pharisäern ohnehin darum ging, das Gesetz vor einer hellenistischen 'Aufweichung' zu schützen.

Während radikale apokalyptische Gesetzesfanatiker aus essenischen Kreisen den Pharisäern eine laxe Thora-Praxis vorwarfen
- vielleicht hat ihre Bezeichnung 'Peruschim' = 'Abgesonderte'
auch hierin ihren Ursprung, nennt sie doch der Habakuk-
Kommentar 'Bogdim' = 'Abtrünnige' - erscheinen sie im NT zum
Teil als Verfechter einer pedantischen und kleinkrämerischen
Frömmigkeit. Hier handelt es sich - und das ist heutigentags in
der neutestamentlichen Wissenschaft unbestritten - um eine
deutlich polemisierende Darstellung der Pharisäer.

Eine Erklärung hierfür mag unter anderem darin liegen, daß

zur relativ späten Abfassungszeit der Evangelien (nach 70
n.Chr.) schon der Tempel von den Römern zerstört worden war, so
daß die frühchristlichen Gemeinden dieser Zeit in jenem Ereignis das göttliche Gericht über die Juden gesehen haben, wollten
diese doch Jesus von Nazareth nicht als den Messias anerkennen.
So hatte sich für die frühen Christen das (angebliche) Wort
Jesu in Matth 24,2 erfüllt:

"Seht ihr nicht dies alles? Wahrlich, ich sage euch: Kein
Stein hier wird auf dem anderen bleiben, der nicht weggeris-
sen wird."

Auch die Evangelien - je später verfaßt, desto stärker -
haben den Juden, die ja im NT hauptsächlich durch die Pharisäer
vertreten sind, immer deutlicher die Schuld am Tode Jesu zuge-
schrieben, während die Beteiligung der Römer - entsprechend
ihrem Einfluß nach dem Jüdischen Krieg und parallel zum Anwach-
sen der heidenchristlichen Kirche im römischen Imperium - immer
deutlicher entschuldigt und heruntergespielt wird. Das späte
Johannesevangelium ist denn auch erkennbar das römerfreund-
lichste und judenfeindlichste Evangelium.

Diese 'Schuldfrage', die die frühchristlichen Gemeinden also
in wachsendem Maße auf die Juden verlagert haben, dürfte die
Darstellung der Pharisäer innerhalb der Evangelien entsprechend
negativ beeinflußt haben. Hinzu kamen noch die frühen Streitigkeiten zwischen 'Synagoge' und 'Kirche' (= Ekklesia = Versammlung) aufgrund der rapiden Abwendung des Urchristentums von der
strengen Thora-Frömmigkeit, die zur Abfassungszeit der Evangelien in vollem Gange waren.

Das Urchristentum durchbrach schließlich die Grenzen des
Judentums, da man wohl der Ansicht war, daß anständige Heiden
eigentlich besser seien als 'verstockte' Juden, hatte doch nach
Matth 3,7ff schon Johannes der Täufer gegen die damals wieder
weit verbreitete alte Auffassung argumentiert, daß allein die
Zugehörigkeit zum jüdischen 'Erwählungskollektiv' eine Heilsga-
rantie darstelle:

"und laßt euch nicht einfallen, in eurem Innern zu denken:
'Wir haben Abraham zum Vater.' Ich sage euch: Aus diesen
Steinen da kann Gott dem Abraham Kinder erwecken." (3,9).

Die Tendenz, daß das Heil auch den Heiden offenstehe, hat
sich nach anfänglichen Auseinandersetzungen, welche sich in den
Erzählungen von Apg 11; 15 widerspiegeln, schließlich durchgesetzt. Innerhalb kurzer Zeit wurde damit aus einer kleinen
eschatologischen Bewegung des Frühjudentums eine schnell an-
wachsende religiöse Massenbewegung in der römisch-antiken Welt.

Aus einer ursprünglich innerjüdischen Sekte wurde das Christentum zu einer dem Judentum entfremdeten Religion, auch wenn
zunächst noch kleine judenchristliche Gruppen innerhalb des
Judentums zu bleiben suchten.

IX. DER EINFLUSS DER LEHREN DER QUMRAN-ESSENER AUF DAS NT

Unsere Darstellung der jüdischen Wurzeln des Christentums wäre unvollständig, wenn wir den Einfluß der Qumran-Essener auf die 'Jesusbewegung' sowie auf das NT nicht berücksichtigten.

Es soll also in diesem Kapitel um die Frage gehen, inwieweit die Lehren der Qumran-Essener - wie sie aus den bekannten Schriftrollen erkennbar sind - auf das NT und das Urchristentum eingewirkt haben und somit auch zur jüdischen Wurzel des Christentums gehören.

Wir wollen hier im wesentlichen dem Kapitel XI. des mit großer Sachkenntnis geschriebenen Buches der beiden Judaisten Johann Maier und Kurt Schubert ('Die Qumran-Essener', München 1982) folgen.

Ich möchte an dieser Stelle ausdrücklich darauf hinweisen, daß die folgenden Ausführungen nicht unterscheiden zwischen dem sogenannten historischen Jesus von Nazareth und dem Jesus Christus der Verkündigung. Eine solche Unterscheidung ist in unserem Zusammenhang völlig unerheblich. Hier interessiert allein, das Verhältnis der Person Jesu, wie sie von den Evangelien überliefert wird, zu den Qumran-Essenern und ihrer Lehre zu beleuchten.

Wenn daher im folgenden häufig davon die Rede ist, daß Jesus dieses oder jenes sagte oder tat, so handelt es sich lediglich um eine sprachliche Vereinfachung. Der Zusatz 'gemäß den Evangelien' ist dabei stets gedanklich hinzuzufügen. In der Regel werden die entsprechenden Textstellen im NT denn auch angegeben.

Es ist auch klar, daß wir in diesem Kapitel nur auf die wichtigsten Übereinstimmungen, Ähnlichkeiten und Unterschiede zwischen den Lehren der Qumrangemeinschaft und denen des NT eingehen können. Eine sehr umfassende und tiefgehende Behandlung dieses Themas findet sich in den beiden Bänden des bekannten Mainzer Theologen Herbert Braun: 'Qumran und das Neue Testament', Tübingen 1966.

Ohne Übertreibung läßt sich feststellen, daß die Qumrantexte den für das religionsgeschichtliche Verständnis des NT bisher bedeutendsten Fund überhaupt bilden.

Man darf bei allen Ähnlichkeiten und Übereinstimmungen jedoch nicht in den Fehler verfallen, in jedem Fall eine direkte Abhängigkeit der neutestamentlichen Auffassungen von den entsprechenden qumran-essenischen anzunehmen. Die Qumranleute stellten nur einen Teil der allgemeinen apokalyptischen Bewegung im Frühjudentum dar, in der es durchaus auch gewisse Unterschiede gab.

So hat es Kreise gegeben mit einer Menschensohn-Erwartung, welche sich von derjenigen eines davidischen (weltlichen) Messias deutlich unterscheidet (vgl. z.B. die Ausführungen über Melchisedek in VIII.2.1).

Ferner gab es - wie schon berichtet - die Zeloten, die nicht auf den messianischen Krieg am Ende der Tage warten, sondern ihn sofort führen wollten, um das Heil auf diese Weise möglichst schnell herbeizuzwingen. Die messianische Bewegung zur Zeit Jesu - sie muß eine recht breite gewesen sein - ist umfassender als das Bild, das die Qumrantexte liefern.

Dennoch geben uns die Texte viel Aufschluß über die geistige Atmosphäre im Umkreis Johannes' des Täufers sowie bei den Anhängern Jesu und den ersten Gliedern der Urgemeinde. Zahlreiche Stellen in den Evangelien werden erst durch den Vergleich mit den Qumrantexten in das richtige religionsgeschichtliche Licht gerückt, so daß diese zu einem genaueren Verständnis des NT beitragen.

Man begegnet häufig dem Einwand, im NT sei nirgends von den Essenern die Rede, so daß das NT und die Essener wohl schwerlich demselben apokalyptischen Milieu entstammen könnten.

Dieser Einwand ist jedoch nicht überzeugend und leicht zu widerlegen. Es ist nämlich völlig ungewiß, wie die Essener zu ihrem Namen gekommen sind und ob sie ihn selbst überhaupt jemals geführt haben. Es handelt sich um die griechische Transkription des aramäischen Wortes Chasajja, was - wie schon erwähnt - 'die Frommen' bedeutet. In den bisher bekannten Texten

ist unter der zahlreichen Selbstbezeichnungen der Qumranleute
der Ausdruck 'Chasajja' kein einziges Mal belegt. Daß man es
bei der Qumrangemeinde aber mit einer Gruppe innerhalb der religiösen Bewegung zu tun hat, die von den antiken Autoren mit
dem Terminus 'Essener' belegt wurde, steht außer Zweifel.

Betrachtet man nun die Quellen, die über das geistig-
religiöse Milieu des Judentums zur Zeit Jesu berichten, so können wir bei ihnen drei Gruppen unterscheiden:

Zunächst haben wir die hellenistischen Autoren und die Kir-
chenschriftsteller. Beide unterscheiden drei 'jüdische Par-
teien' bzw. 'Schulen': Pharisäer, Sadduzäer und Essener.

Als zweite Quellengruppe ist die talmudisch-rabbinische Literatur zu nennen. Auch hier begegnen - von Doppelbezeichnungen
einmal abgesehen - wiederum drei Fraktionen: Pharisäer, Sadduzäer und Chassidim rischonim (= 'frühere Fromme').

Als dritte Quellengruppe besitzen wir das NT, welches auch
drei religiöse Gemeinschaften unterscheidet, nämlich Pharisäer,
Sadduzäer und drittens eine wenig einheitliche Gruppierung all
jener, die auf das kommende Reich Gottes in allernächster Zeit
warteten und daher in einer akuten messianischen Naherwartung
lebten. Zu dieser Gruppe gehörten die Anhänger der Täufers als
auch die Apostel und Jünger Jesu.

Da nun Pharisäer und Sadduzäer in allen drei Quellengruppen
die gleichen sind, ist es konsequent und naheliegend, auch die
drei verschiedenen Bezeichnungen für die dritte Gruppe als drei
verschiedene Aspekte ein und derselben religiösen Gemeinschaft
anzusehen.

Die uneinheitliche Bezeichnung findet ihre Begründung sicherlich darin, daß die letztere Gruppierung nicht so klar or-
ganisiert war wie die beiden anderen. Es dürfte sich vielmehr
um eine lose Gemeinschaft von verschiedensten Menschen und
Fraktionen gehandelt haben, die nichts anderes miteinander verband als ihre akut-messianische Naherwartung.

Daher ist wohl die neutestamentliche Bezeichnung für diese
Menschen als diejenigen, die in einer 'messianischen Erregung'
lebten, die zutreffendste.

Die Saddzäer und Pharisäer gehörten im Gegensatz zu den An-

hängern Johannes' des Täufers und denen Jesu sowie den Zeloten
und Sikariern nicht zu denjenigen, für die 'das Reich Gottes
nahe herbeigekommen war' (Matth 3,2; 4,17; 10,7; par.). Erwartete dagegen auch einmal ein Pharisäer das Reich Gottes in na-
her Zukunft, so wird dies im NT als besondere Ausnahme angesehen (vgl. Mark 15,43; Luk 23,50f; Matth 27,57; Joh 19,38 und
Joh 3,1-5).

Dasselbe Bild ergibt sich auch aus dem talmudischen Schrifttum. Von den Schriftgelehrten aus der Zeit Jesu sind keinerlei
akut messianische Aussprüche überliefert. So wurden ja auch die
apokalyptischen Pseudepigraphen von den Pharisäern bewußt nicht
in den Kanon aufgenommen (ca.100 n.Chr.).

Die Messiaserwartung zur Zeit Jesu beschränkte sich also auf
die Kreise der volkstümlichen Propheten sowie der Apokalyptiker, deren Anschauungen von den Pharisäern bis zur Kanonisie-
rung der Hebräischen Bibel abgelehnt wurden. Erst im 2.Jh.n.
Chr. sind akut messianische Vorstellungen auch aus den Kreisen
der pharisäischen Rabbinen belegt (Rabbi Akiba sah in Bar-
Kochba den Sternensohn (Messias); vgl. Kap.VIII.3.).

Die messianischen Gruppen sind für das NT ausschließlich
wegen ihrer akuten Messiaserwartung interessant, weswegen sie
auch in Opposition zum Pharisäismus und zum Sadduzäismus standen. In dieser Hinsicht sind sie also als Einheit anzusehen.
Das NT interessiert sich weder für ihre Gesetzesfrömmigkeit,
die in den Qumrantexten deutlich belegt ist und die auch der
Talmud von den Chassidim rischonim berichtet, noch für das
'mönchische Leben' der Essener, welches für Josephus, Philo und
Plinius besonders wichtig war.

Man kann somit davon ausgehen, daß bei der im NT genannten
Gruppe von Juden, welche auf das 'Reich Gottes' warteten, auch
die Essener inbegriffen sind.

1.   J o h a n n e s   d e r   T ä u f e r   u n d   d i e
          Q u m r a n t e x t e

Die neutestamentliche Wissenschaft ist sich weitgehend einig
darin, daß gerade Johannes der Täufer eine besonders nahe Beziehung zu den Lehren der Qumran-Essener hatte. Auch er verkündete den unmittelbar bevorstehenden Anbruch des 'Reiches Gottes' (vgl. Matth 3,1-3; Mark 1,2-4; Luk 3,1-4; Joh 1,19.23). [1]
Johannes lebte wie die Qumran-Essener in der Wüste, aufgrund
der Aufforderung der Deuterojesaja-Stelle Jes 40,3 (in ihrer
ursprünglichen hebräischen Fassung):

> "Eine Stimme ruft: 'Bahnt in der Wüste eine Straße für Jah-
> we, macht in der Steppe einen ebenen Weg für unseren Gott!'"

Die Taufstelle des Johannes im Jordan befand sich knapp vor
der Mündung ins Tote Meer, war also nicht weit vom Kloster in
Qumran entfernt, das damals gerade die Blütezeit seiner zweiten
Besiedlungsepoche (vgl. Kap.VIII.5.) erlebte. Man kann daher
mit einiger Sicherheit von einem Kontakt zwischen Johannes und
den Qumran-Essenern ausgehen. Dennoch wird man den Täufer
nicht unbedingt als einen Essener oder einen dissidenten Abtrünnigen von Qumran anzusehen haben, da seine Botschaft gemäß
den Evangelien über den essenischen Rahmen hinausführt.
Johannes entstammte einer Priesterfamilie, da der Vater Zacharias sowie die Mutter Elisabeth der Priesterklasse angehörte
(Luk 1,5). Auch in Qumran bildeten Priester, die sich vom Jerusalemer Kult distanziert hatten, das Zentrum.
Die Jerusalemer Tempelpriester führten in den Augen ihrer
Amtskollegen aus Qumran ein unwürdiges Leben und verwalteten
den Tempelkult nach einem falschen Kalender, dem Mondkalender,
während die Qumran-Essener sich nach dem Sonnenjahr mit 364
Tagen richteten. Nach diesem Kalender, der das Jahr in genau 52
volle Wochen einteilte, fielen alle Feste auf den gleichen Wochentag.
Das Lukas-Evangelium berichtet nun aber ausdrücklich, Zacha-

rias sei seinen kultischen Verpflichtungen im Jerusalemer Tempel nachgekommen (Luk 1,8f). Sieht man von dieser einen Unstim-
migkeit ab, so läßt sich feststellen, daß vieles, was in
Luk 1-2 berichtet wird, besser in das geistige Milieu von Qumran paßt als in das der Jerusalemer Tempelpriesterschaft.

Wie die Qumranpriester in einer akuten messianischen Naherwartung lebten, war auch Zacharias 'voll des heiligen Geistes'.
Es heißt über ihn in Luk 1,67ff:

> "Zacharias, sein Vater, ward erfüllt mit heiligem Geiste,
> weissagte und sprach: 'Gepriesen sei der Herr, der Gott Is-
> raels; denn er hat sein Volk heimgesucht und ihm Erlösung
> bereitet und hat ein Horn des Heiles aufgerichtet im Hause
> Davids, seines Knechtes [...], um uns Rettung zu schaffen
> vor unseren Feinden und aus der Hand aller, die uns hassen."

Nach pharisäischer Auffassung hingegen ist nach dem Tod des
Propheten Maleachi, des letzten der kleinen Propheten innerhalb
des Kanons, der heilige Geist, und somit die Gabe der Weissagung, von Israel gewichen (bSota 48b).

Die sadduzäischen Priester standen nun bekanntlich der apokalyptischen Enderwartung noch ferner als die Pharisäer. Über
die Auffassung, daß es seit Maleachi in Israel keinen Propheten
mehr gebe, lesen wir hingegen in den beiden ersten Kapiteln des
Lukasevangeliums nichts. Im Gegenteil wird hier allenthalben
geweissagt. Diese Weissagungen beziehen sich auf das unmittelbar bevorstehende messianische Ereignis. So verkündet der grei-
se Simon, der 'auf den Trost Israels wartete', Jesus sei 'gesetzt zum Falle und zum Aufstehen vieler in Israel und zu einem
Zeichen, dem widersprochen' werde.

Auch die asketische Prophetin Hanna prophezeite Jesus als
den erwarteten Messias (Luk 2,25-38). Die prophetischen Ereignisse geschahen im Jerusalemer Tempel, der von den Qumranleuten
gemieden wurde.

Ebenso erinnern das Benediktus des Zacharias (Luk 1,68-75)
und das Magnifikat der Maria (Luk 1,46-55) inhaltlich und sti-
listisch stark an die Qumranhymnen.

Hier gibt es also deutliche Übereinstimmungen sowie auch
Unterschiede, so daß man insgesamt wohl davon ausgehen kann,

daß Zacharias und sein Kreis mit den Auffassungen von Qumran vertraut war, er sich der offiziellen Tempelpriesterschaft gegenüber aber loyal verhielt.

Schon hieran ist erkennbar, daß die Qumransekte nicht einfach mit der messianischen Bewegung der damaligen Zeit gleichzusetzen ist. Es gab mit Sicherheit verschiedene Strömungen in der breiten messianischen Volksbewegung, die sich in vielem eng berührte, in manchem aber auch voneinander abwich.

Johannes der Täufer ist offenbar radikaler gewesen als sein Vater. Das NT berichtet an keiner Stelle von seiner Teilnahme am Tempelkult. Er hatte sich offenbar mehr als seine Eltern dem messianischen Wüstenideal genähert. Schon als Kind hatte er in der Wüste gelebt und war dort wohl auch erzogen worden (Luk 1,80). In der Wüste empfing er schließich seine prophetische Berufung (Luk 3,2). Somit liegt die Annahme nahe, Johannes habe bei den Qumran-Essenern gelebt.

Dies ist auch mit einer Mitteilung des Josephus verträglich, nach der die Essener fremde Kinder aufgenommen und nach ihren Idealen erzogen hätten (Bell II,8,2). Verwunderlich ist jedoch, daß der gleiche Josephus in seinem ausführlichen Bericht über Johannes den Täufer in Ant XVIII,5,2 hiervon nichts erwähnt. Aus der Autobiographie des Josephus weiß man zudem, daß nicht nur die Essener in der Wüste lebten. Er berichtet von einem gewissen Banus,

"der in der Wüste lebte, Kleider aus Baumrinde trug, wildwachsende Kräuter aß und zur Reinigung sich öfters am Tag wie in der Nacht mit kaltem Wasser wusch." (Selbstbiographie, Kap.2).

Josephus unterscheidet diesen Banus ausdrücklich von den Essenern. Seine Beschreibung von Nahrung und Kleidung des Banus erinnert stark an das Bild, das die Evangelien von Johannes zeichnen (vgl. Matth 3,4). Die rituellen Reinigungen des Banus haben jedoch mehr mit den Bädern der Essener gemeinsam als mit der Sündenvergebungstaufe des Johannes.

Johannes' messianische Botschaft war vom Bußgedanken er-

füllt. Hierin berührt sie sich stark mit der Gemeindetheologie
der Qumranleute, die sich als Büßer Israels 'der letzten Tage'
ansahen. Auch Johannes rief zur Buße auf (Matth 3,6; Mark 1,4;
Luk 3,3), weil das 'Himmelreich nahe herbeigekommen' sei (Matth
3,2). Johannes ist jedoch nicht als ein Sektengründer anzusehen. Die Qumran-Essener zogen sich ja gerade vom übrigen Volk
zurück, das sie als 'Menge der Verdammten' ansahen, während
sich Johannes mit seinen Bußpredigten an ganz Israel wandte.

So heißt es in Matth 3,5 und Mark 1,5, daß die Menschen aus
Jerusalem, Judäa und dem Jordangebiet zu ihm hinausgingen, um
seine Predigt zu hören und sich von ihm taufen zu lassen. Ganz
im Gegensatz zu Qumran wurden die Pilger, die zu ihm gekommen
waren, meist nach der Taufe wieder entlassen. Nur eine relativ
kleine Zahl von Jüngern dürfte fest mit ihm in der Wüste am
Jordan gelebt haben.

Bei den Essenern gab es ein Noviziat, eine relativ lange
Vorbereitungszeit, um zur Taufe zugelassen zu werden. Die Jo-
hannestaufe stellte demgegenüber offenbar einen einmaligen Akt
der Umkehr dar. Hier liegt also ein deutlicher Unterschied zu
den rituellen Bädern der Essener vor.

Die besondere Art der Taufe muß das Charakteristische dieses
Johannes gewesen sein, was schon der Beiname 'der Täufer' verrät. Wie die rituellen Waschungen der Qumranleute eine Weiterbildung der alttestamentlichen levitischen Reinigungsbräuche
darstellten, so wird es sich bei der Johannes-Taufe um eine Art
Weiterbildung der rituellen Reinigungsbäder der Qumran-Essener
gehandelt haben.

Gemäß Matth 3,11; Mark 1,8; Luk 3,16 verkündete Johannes,
der mit Wasser taufte, daß jemand kommen würde, der stärker sei
als er und mit heiligem Geist und Feuer taufen werde. Man hat
in dieser Ankündigung eine Anspielung auf ein erwartetes Feuer-
gericht am Ende der Tage gesehen, mit dem auch die Qumran-
Essener rechneten.

Johannes teilte mit den Qumran-Essenern die entschiedene
Kritik an den Sadduzäern und Pharisäern, die er als 'Natternge-
zücht' bezeichnete (Matth 3,7; Luk 3,7). Im Zusammenhang mit
dieser Polemik verkündete Johannes die Auffassung, Gott könne

dem Abraham auch aus Steinen Nachkommen erwecken (Matth 3,7-9; Luk 3,7f), eine Auffassung, die dem Erwählungsgedanken der Qumranleute radikal widerspricht, waren doch für sie alle Nichtjuden 'nichtige Heiden', denen das Heil niemals zuteil werde (Kriegsrolle 1QM 9,9; 11,9).

Wir haben schon erwähnt, daß die Qumran-Essener aufgrund ihrer Interpretation der beiden Bibelstellen Dtn 18,15.18 und Mal 3,23 vor der messianischen Zeit noch einen letzten Propheten, den messianischen, erwarteten (vgl. Kap.VIII.5.). Johannes der Täufer wurde von den Anhängern Jesu gemäß Matth 11,9-14; 17,12 als ein solcher messianischer Prophet angesehen. Die Stelle Joh 1,21, nach der Johannes selbst diesen prophetischen Anspruch zurückgewiesen haben soll, wird man wohl nicht als Gegenbeweis anführen können, da ihr historischer Wert in diesem spätesten Evangelium ⁸⁾ zweifelhaft ist.

Die Abschnitte Matth 3,11-17; Mark 1,7-11; Luk 3,16-22; Joh 1,26-34, nach denen Johannes auf jemanden hingewiesen hat, der nach ihm kommen werde und stärker als er selber sei, stehen in enger Beziehung zur Lehre der Qumran-Essener, nach welcher ein priesterlicher und ein davidischer Messias kommen sollen. Hierbei sei der davidische dem priesterlichen Messias in kultischen Belangen untergeordnet.

Wenn also der Davidide Jesus von Nazareth zum Priester Johannes an den Jordan kam und sich dessen Sündenvergebungstaufe unterwarf, mußte dies den Eindruck erwecken, Jesus habe sich dem Johannes unterstellt. Vor dem Hintergrund der essenischen Zweimessiaslehre war somit der deutliche Hinweis des Johannes, er selber sei unwürdiger als der von ihm getaufte Jesus, für die Evangelisten durchaus notwendig.

Schließlich bringt die asketische Haltung des Johannes und seiner Schüler und die wohl berechtigte Annahme, er sei unverheiratet gewesen, ihn wiederum in einen engen Zusammenhang zum mönchisch-asketischen Ideal der Essener.

Zusammenfassend kann man mit großer Sicherheit davon ausgehen, daß Johannes der Täufer die qumran-essenischen Lehren zumindest gekannt und sich mit ihnen auseinandergesetzt haben

muß. Eine direkte vorübergehende Zugehörigkeit zur Qumrangemeinde in seiner Kindheit ist durchaus möglich, aber nicht be-
weisbar. Auf alle Fälle ist er in den weiteren Rahmen der messianischen Bewegungen der damaligen Zeit einzuordnen, und seine
geistige Herkunft von den Essenern im allgemeinen ist wohl unbestritten.

2. Die Qumrantexte und die Jesus-
Überlieferung der Evangelien

2.1. Die akute Endzeiterwartung im Judentum zur Zeit Jesu

Wie Johannes hat auch Jesus den nahen Anbruch des Gottesreiches
verkündet, und seine Anhängerschar war von der messianischen
Naherwartung erfüllt. So heißt es in Luk 4,1, daß Jesus voll
des heiligen Geistes vom Jordan zurückkehrte und vom Geist in
die Wüste geführt wurde (vgl. auch Matth 4,1; Mark 1,12). Hier
soll er dann 40 Tage lang gefastet haben und vom Teufel versucht worden sein. In den drei Versuchungen sollte Jesus sich
als messianischer Wundertäter so offenbaren, daß an seiner Messianität keinerlei Zweifel bestünde. Die Menschen sollten durch
Wundertaten Jesu davon überzeugt werden, daß er der Messias
ihrer messianischen Naherwartungshoffnung war.

Im Anschluß hieran wird im Lukasevangelium über den Zusammenstoß Jesu mit den Bewohnern von Nazareth in der Synagoge
seiner Heimatstadt berichtet (Luk 4,14-30; vgl. Matth 13,54-58;
Mark 6,1-5), wo ihm am Sabbat eine Schriftrolle gereicht wurde.
Er las den Wochenabschnitt vor, zu dem auch die Stelle
Jes 61,1f gehörte. Dort wird den 'Armen', 'Gefangenen' und 'Be-
drückten' die eschatologische Freiheit verkündet.

Nach der Kriegsrolle von Qumran sind die 'Armen' am Ende der
Tage das Heilswerkzeug Gottes, und in ihre Hände wird Gott 'die
Feinde aller Länder ausliefern' (1QM XI,13). Daß Jesus den Vers

Jes 61,1 messianisch verstanden hat, ergibt sich aus Matth 11,5
und Luk 7,22. Danach zitierte er diese Stelle den Johannesjün-
gern, als sie ihn im Auftrage ihres gefangenen Meisters fragten, ob er der verheißene Messias sei.

Wir können also davon ausgehen, daß auch den Nazarethanern
diese Auslegung der Tritojesajastelle vertraut war, so daß sie
wohl anfangs enttäuscht gewesen waren, als Jesus das Buch zu-
sammenrollte, es dem Diener gab und sich niedersetzte (Luk
4,20). Das Lukasevangelium schreibt denn auch an dieser Stelle
sehr anschaulich (Luk 4,20b):

"alle Augen in der Synagoge waren auf ihn gerichtet."

Auf diese erwartungsvollen fragenden Blicke hin deutete Jesus die Stelle akut messianisch:

"Heute ist dieses Schriftwort vor euch in Erfüllung gegangen." (4,21)

Seine Landsleute gerieten darauf in eine messianische Begeisterung (4,22). Als Jesus aber die in ihn gesetzten messianischen Hoffnungen nicht erfüllen wollte oder konnte, wurden die
Nazarethaner zornig (4,28). Ihre Begeisterung schlug um in Haß,
und sie wollten Jesus in ihrer Wut den Stadtberg hinunterstür-
zen.

Die Geschichte zeigt, daß die akute Endzeiterwartung, von
der auch die Qumrantexte mannigfach sprechen, zur Zeit Jesu im
Judentum Palästinas weit verbreitet gewesen sein muß. Obwohl
sich die Ankunft des 'Reiches Gottes' vielfach verzögert hatte,
erwartete man das messianische Ereignis für die allernächste
Zeit.

In dem Zusammenhang wird auch verständlich, daß die Lei-
densankündigungen Jesu (Matth 16,21; 17,22f; 20,17-19; par.)
von seinen Jüngern gar nicht verstanden werden konnten (vgl.
Mark 9,31f u.ö.), denn man erwartete ja vom davidischen Messias, daß er 'das Reich für Israel wieder aufrichten'
(Am 9,11-15; Apg 1,6) [3] werde. An einen leidenden und zum Tode

verurteilten Messias konnte man hierbei gar nicht denken, da er
vollkommen der Vorstellung vom davidischen Messias widersprach.

Auch die Bitte der Söhne des Zebedäus, Jakobus und Johannes,
ist in diesem messianischen Zusammenhang zu verstehen. Sie baten Jesus (Mark 10,35-37; Matth 20,20f):

> "Gewähre uns, daß wir einer zu deiner Rechten und einer zu
> deiner Linken sitzen dürfen in deiner Herrlichkeit." (Mark
> 10,37b)

Beide Zebedäussöhne erstrebten also die besten 'Ministerposten'
im Gottesreich.

Auch der triumphale Einzug Jesu in Jerusalem, der bekanntlich am Kreuz von Golgatha endete, bietet eine gewisse Parallele zur anfänglichen messianischen Begeisterung in der Synagoge
von Nazareth. Auch hier schlug die Begeisterung später in Haß
um.

Jesus wurde nach Matth 21,8-11; par. begeistert empfangen
mit dem Ruf 'Hosanna, dem Sohne Davids'. Aus der Parallelstelle
Mark 11,10 geht deutlich hervor, was hier gemeint ist:

> "Hochgelobt sei das kommende Königtum unseres Vaters David.
> Hosanna in der Höhe!"

'Hosanna' ist die gräzisierte Form des hebräischen 'Ho-
schia-na', welches die Bedeutung von 'Errette doch!' (vgl.
Ps 118,25) hat. Es handelt sich also beim Einzug in Jerusalem
um die Aufforderung an Jesus, sich endlich als der messianische
Davidssohn in seiner ganzen Macht und Herrlichkeit zu offenbaren.

Als dieselben Leute, die ihm bei seinem Einzug in Jerusalem
zugejubelt und ihre ganze Hoffnung auf ihn gesetzt hatten, enttäuscht wurden, weil er sich nicht als der davidisch-
messianische Heerführer im eschatologischen Kampf um das Neue
Israel erwiesen hatte, forderten sie laut seine Kreuzigung
(Matth 27,23; par.).

Wir haben schon in Kap. VIII. 1. 1. auf viele Parallelen zwi-

schen den apokalyptischen Reden Jesu und den Vorstellungen hingewiesen, wie sie in der pseudepigraphischen Literatur, insbesondere in der Henoch-Apokalypse, zum Ausdruck kommen. Es wurde
ferner erwähnt, daß man Teile des Henochbuches unter den Qumranschriften entdeckt hat und daß diese Schrift dem apokalyptischen Geist von Qumran sehr nahesteht und sich in vielem sehr
eng mit der Gemeindetheologie der Qumran-Essener berührt. Diese
Schrift wird demzufolge auch zur 'Literatur im Umfeld von Qumran' gezählt.

Wir wollen hier noch folgende Stellen ergänzen (äth Hen
99,4):

"In jenen Tagen werden die Völker in Aufruhr kommen, und die
Geschlechter der Völker werden sich an dem Tage des Verder-
bens erheben.";

oder äth Hen 100,2b:

"Vom Morgengrauen bis Sonnenuntergang werden sie einander
hinmorden."

Dies ähnelt stark Matth 24,7 (Mark 13,8; Luk 21,10):

"Denn Volk wird sich gegen Volk erheben und Reich gegen
Reich [...]".

Die in diesem Zusammenhang von Jesus gebrauchten Bilder über
Hunger, Erdbeben, Pest, große Ungerechtigkeiten und besondere
Drangsal für die Schwangeren und Stillenden finden sich besonders häufig in den Pseudepigraphen aus dem Umfeld von Qumran. [4] Bei Matth 24,8 und Mark 13,8 wird diese letzte Zeit als
eine Zeit der 'Wehen' bezeichnet. Auch in späteren rabbinischen
Schriften bedeutet der Ausdruck 'messianische Wehen' stets ganz
konkret die Schmerzenszeit, die der messianischen Heilszeit
vorausgehen soll.

Wie schon erwähnt, sollte sich nach der Wüstentheologie der
Qumran-Essener das messianische Heil zuerst in der Wüste offenbaren. So soll nach der Kriegsrolle (1QM I,3) [5] der eschatolo-

gische Krieg beginnen,

> "wenn die Verbannten der Söhne des Lichtes aus der Wüste der
> Völker zurückkehren, um in der Wüste von Jerusalem zu la-
> gern."

Gerade in diesem Zusammenhang bekommt das Wort Jesu über die
falschen Propheten und falschen Messiasse einen besonderen
Klang (Matth 24,26):

> "Wenn man also zu euch sagt: 'Sieh, er [der Messias] ist in
> der Wüste', so geht nicht hinaus [...]."

In Kap. VIII.1.1. wurde schon erwähnt, daß der angelologische
Teil der Henoch-Apokalypse alle Übel dieser Welt letzten Endes
von den gefallenen Engeln und ihren Verführungskünsten herlei-
tet. Das Jubiläenbuch [6'] liefert die gleiche Erklärung für das
Böse in der Welt (Jubil 5,1f), und der Sektenkanon bringt die
Auffassung (1QS III,20bff):

> "Aber in der Hand des Engels der Finsternis liegt alle Herr-
> schaft über die Söhne des Frevels, und auf den Wegen der
> Finsternis wandeln sie. Und durch den Engel der Finsternis
> geschieht Verwirrung aller Söhne der Gerechtigkeit, und alle
> ihre Sünde, Missetaten und Schuld und die Verstöße ihrer
> Taten kommen durch seine Herrschaft."

Diese Herrschaft der gefallenen bösen Engel (Dämonen) dauert
aber nur bis zu einer festgesetzten Zeit, nach der sie für immer entmachtet werden (1QS IV,18f):

> "Aber Gott hat in den Geheimnissen seiner Einsicht und in
> seiner herrlichen Weisheit ein Ende gesetzt für das Bestehen
> des Frevels, und zur festgesetzten Zeit der Heimsuchung wird
> er ihn vernichten auf ewig."

Ganz in diesem Sinn sind auch die Teufelsaustreibungen Jesu
zu verstehen. Die Anhänger der messianischen Bewegung haben sie
offensichtlich im Sinne der Qumran-Theologie dahingehend gedeutet, daß nun die Herrschaft der Dämonen zuende sei, und daher

die erwartete Heilszeit begonnen habe.

Dies wird sehr deutlich bei Matth 12,22f: Nachdem Jesus einen blinden und stummen Besessenen geheilt, also ihn vom krank-
machenden Dämon befreit hatte, gerieten die Volksmassen in eine
messianische Begeisterung und fragten:

"Ist dieser etwa der Sohn Davids?" (12,23)

Im Anschluß hieran kam es zu einem Gespräch mit Pharisäern, die
die Ansicht vertraten, daß die Heilszeit noch nicht angebrochen
sei, weil Jesus die Dämonen lediglich mit Hilfe des Oberteufels
Beelzebul austreibe. Jesus antwortete hierauf, indem er ihnen
zunächst eine Lektion in Logik erteilte (Matth 12,25ff) und
dann noch mit einem Vergleich konterte (Matth 12,29):

"Oder wie kann jemand in das Haus des Starken eindringen und
seine Habe rauben, wenn er nicht zuvor den Starken gefesselt
hat?" (vgl. auch Mark 3,22-27; Luk 11,14-20).

Möglicherweise hat hier Jesus an die Vorstellung gedacht,
die aus dem Henochbuch bekannt ist (äth Hen 10,4.6):

"Zu Raphael sprach der Herr: 'Feßle den Asasel an Händen und
Füßen und wirf ihn in die Finsternis [...]. Aber am Tage des
großen Gerichts soll er in den Feuerpfuhl geworfen werden."

Auch die Geschichte, daß einer der Apostel nach der Verhaftung Jesu einem Knecht des Hohenpriesters das Ohr mit dem
Schwert abhieb (Matth 26,51-53; par.), läßt sich im Lichte der
aus dem Qumranbereich bekannten Endzeiterwartung verstehen.

Offenbar war bis zur Verhaftung Jesu der Apostel- und Jün-
gerkreis der Ansicht, daß sie die Stärkeren wären, wenn es zu
einer gewalttätigen Auseinandersetzung käme. Eine solche werde
nämlich den Beginn des endzeitlichen Entscheidungskampfes aus-
lösen, in dem die Engel Gottes gemäß der Kriegs- und der Hymnenrolle den Sieg erringen würden.

Jesus wies diese Vorstellung, durch Gewaltanwendung das messianische Reich erzwingen zu wollen, mit der rhetorischen Frage

zurück, ob er nicht seinen Vater um mehr als zwölf Legionen Engel zur Unterstützung bitten könne.

2.2. Die Armen im Geiste und die Botschaft der Engel in der Weihnachtsgeschichte nach Lukas

Es ist ein altes Problem der Exegese, welcher Formulierung der ersten Seligpreisung man den Vorzug geben soll, der in Matth 5,3:

"Selig sind die Armen im Geiste"

oder der in Luk 6,20:

"Selig sind die Armen".

Vergleicht man mit den Qumranschriften, so muß man dem Matthäustext den eindeutigen Vorrang geben. Insgesamt kann man feststellen, daß das Matthäusevangelium aufgrund seines apokalyptischen Gedankengutes dem Geist von Qumran teilweise recht nahekommt. [7']

Das hebräische oder aramäische Wort ('ruach' oder 'rucha'), welches ursprünglich im Original der Bergpredigt stand, bedeutet neben 'Wind, Hauch, Geist' auch 'Willen'. Im Sinne eines 'willigen Geistes' wird das Wort in Ex 35,21 und Ps 51,14 gebraucht. Legt man diese Bedeutung zugrunde, so handelt es sich weder um die ökonomisch Verarmten, also um die breite Schicht der geringen und verachteten Leute, noch um die Ungebildeten. Mit den 'Armen im Geiste' wären dann die 'freiwillig Armen' gemeint, d.h. diejenigen, die die Verlockungen des Reichtums und der Diesseitigkeit durchschaut haben und die Bereitschaft zur Armut um des nahen 'Reiches Gottes' willen besitzen. Eine solche Auffassung wurde jedenfalls in Qumran vertreten.

Die Qumranmönche nannten sich 'Arme des Geistes' oder 'Arme der Gnade' oder auch 'Arme Deiner Erlösung'. Es handelt sich hier um ein eschatologisch begründetes Armutsideal, das auch

für Jesus von großer Bedeutung war, wenn man daran denkt, wie
er Jes 61,1 im Zusammenhang mit der Messiasfrage des Täufers
verwendet. So stellte für Jesus - wie für die Qumrangemeinde -
jeglicher Reichtum eine starke Anfechtung dar. Man betrachte
beispielsweise seinen Ausspruch (Matth 6,24; Luk 16,13):

"Niemand kann zwei Herren dienen. [...] Ihr könnt nicht Gott
dienen und dem Mammon."

Auch das Gleichnis vom ungerechten Verwalter (Luk 16,1-8)
wird in diesem Zusammenhang verständlich. Es nimmt die innerweltliche Gesinnung ironisch aufs Korn mit dem Ergebnis, daß
die 'Söhne dieser Welt' - bei Qumran heißen sie 'Söhne der
Finsternis' - klüger sind als die Söhne des Lichts, jedenfalls,
solange diese sündige Welt andauert. Mit dem 'ungerechten Mammon' soll man sich gemäß Luk 16,9 wenigstens Freunde schaffen
und ihn nicht noch auf unredliche Weise vermehren (Luk 16,11).
Im Sektenkanon (1QS X,19) begegnet eine ähnliche Aussage:

"und nach gewaltsam angeeignetem Besitz soll meine Seele
nicht trachten."

Die lateinische Bibelübersetzung, die Vulgata des Hieronymus, übersetzt die Stelle Luk 2,14:

"Ehre sei Gott in der Höhe und Friede den Menschen auf Erden
des Guten Willens."

Diese Übersetzung wird in der Regel so verstanden, daß der
Friede auf Erden jenen Menschen geschenkt werden soll, die
selbst einen guten Willen als innere Bereitschaft besitzen.
Vergleicht man mit den Qumrantexten, so ist die andere Les-
art, die die meisten modernen Bibelübersetzungen auch bringen,
die bessere:

"Ehre sei Gott in der Höhe und Friede auf Erden den Menschen seines Wohlgefallens."

So heißt es beispielsweise im Sektenkanon (1QS VIII, 5f):

"dann ist der Rat der Gemeinschaft [...] ein heiliges Haus
für Israel und eine Gründung des Allerheiligsten für Aaron,
Zeugen der Wahrheit für das Gericht und Auserwählte des
göttlichen Wohlgefallens [...]."

Sehr stark an Luk 2, 14 erinnert folgende Stelle in der Hymnenrolle (1QH IV, 31ff):

"Beim höchsten Gott sind alle Werke der Gerechtigkeit, aber
der Wandel des Menschen steht nicht fest, es sei denn durch
den Geist, den Gott ihm schuf, um den Wandel der Menschenkinder vollkommen zu machen, damit sie alle seine Werke erkennen in der Kraft seiner Stärke und die Fülle seines Erbarmens über alle Söhne seines Wohlgefallens."

Eine ähnliche Aussage begegnet in 1QH XI, 9:

"und dein Erbarmen gilt allen Söhnen deines Wohlgefallens."

Ohne dieses erwählende Wohlgefallen Gottes ist der Mensch
völlig machtlos. Es heißt in 1QH X, 5f:

"Ich bin Staub und Asche. Was soll ich denken, ohne daß du
es willst? Und was soll ich planen ohne deinen Willen?"

Im Sektenkanon (1QS V, 1. 7ff) lesen wir:

"Und dies ist die Ordnung für die Männer der Gemeinschaft,
die sich willig erweisen, umzukehren von allem Bösen und
festzuhalten an allem, was er befohlen hat nach seinem Wohlgefallen [...]. Jeder, der in den Rat der Gemeinschaft
kommt, soll in den Bund Gottes eintreten in Gegenwart aller,
die sich willig erwiesen haben. Und er soll sich durch einen
bindenden Eid verpflichten, umzukehren zum Gesetz Moses gemäß allem, was er befohlen hat, von ganzem Herzen und ganzer
Seele, zu allem, was von ihm offenbart ist den Söhnen Za-
doqs, den Priestern, die den Bund wahren und seinen Willen
erforschen, und der Menge der Männer ihres Bundes, die sich
zusammen willig erwiesen haben zu seiner Wahrheit und zum
Wandel in seinem Willen."

Der Mensch, dem Gott die Gnade seines Wohlgefallens zuteil
werden läßt, erfüllt dann auch seinerseits den Willen Gottes zu
dessen Wohlgefallen.

Deutet man die Stelle Luk 2,14 in diesem Sinn der Qumrantexte, dann kann man sie nur in folgender Weise verstehen:

Friede auf Erden den Menschen, die sich von Gottes erwählen-
der Gnade haben treffen lassen und die somit sein Wohlgefallen
besitzen und daher auch zu seinem Wohlgefallen leben.

2.3. Jesu Kontroverse mit den Pharisäern über Ps 110,1

In Matth 22,41-45 (Mark 12,35-37; Luk 20,41-44) diskutiert Jesus mit pharisäischen Schriftgelehrten über das Problem, wie
der Sohn Davids gleichzeitig der Herr Davids sein kann.

Dieses Problem der Logik - um ein solches handelt es sich -
ergibt sich daraus, daß Jesus Ps 110,1 messianisch deutet und
mit der Natanweissagung an David (2.Sam 7,11-14) konfrontiert,
auf die die Bezeichnung 'Sohn Davids' für den Messias zurückzuführen ist. Die volkstümliche Messiashoffnung, die eine politische Restauration des alten davidischen Großreiches erwartete,
hatte sich an diese Bibelstelle geknüpft. Der 'Sproß Davids',
der 'davidische Fürst', sollte das 'Reich Gottes' aufrichten.
Die Bezeichnung 'Sohn Davids' hat in dem Zusammenhang die Bedeutung von 'neuer David'.

Das messianische Florilegium der vierten Qumranhöhle deutet
- wie Jesus - die Stelle 2.Sam 7,14a im messianischen Sinn, so
daß der Davidmessias am Ende der Tage identisch sein soll mit
dem 'Gottessohn', der - wie der 'Menschensohn' der Henoch-
Apokalypse - schon immer (von Ewigkeit zu Ewigkeit) existiert
hat.

Die Frage Jesu an die Pharisäer mußte ihnen Schwierigkeiten
bereiten, lehnten sie doch - wie schon erwähnt - im 1.Jh.n.Chr.
das apokalyptische Gedankengut ab. Vor dem Hintergrund der Messiaslehre von Qumran wird diese Kontroverse verständlich.

2.4. Jesu Ausführungen über Nächstenliebe und Feindeshaß nach
Matth 5,43f

Bei Matth 5,43f liest man den folgenden Ausspruch Jesu:

"Ihr habt gehört, daß gesagt ist: Liebe deinen Nächsten und
hasse deinen Feind. Ich aber sage euch: Liebet eure Feinde,
tut Gutes denen, die euch hassen, und betet für die, die
euch verfolgen und mißhandeln."

Der erste Teil des Spruches, das Gebot der Nächstenliebe,
ist aus dem AT gut bekannt: Lev 19,18. Dieses alttestamentliche
Gebot der Nächstenliebe, das also keine 'Erfindung Jesu' darstellt, wird durch Lev 19,34 sogar noch auf den Fremdling ausgedehnt. Eine Generation vor Jesus hat der pharisäische Protorabbi Hillel in dem Gebot schon die ganze Thora gesehen. Alles
andere sei nur Erläuterung hierzu (bSchabbat 31a) [8].

Der zweite Teil des Jesusspruches ist jedoch weder im AT an
irgendeiner Stelle belegt noch in der jüdisch-rabbinischen Tra-
ditionsliteratur. Allein in den Qumrantexten wird der Gedanke
des Feindeshasses des öfteren deutlich ausgesprochen. So lesen
wir beispielsweise im Sektenkanon (1QS I,1ff):

"... Buch der Ordnung der Gemeinschaft: Gott zu suchen mit
ganzem Herzen und ganzer Seele, zu tun, was gut und recht
vor ihm ist, wie er durch Mose und durch alle seine Knechte,
die Propheten, befohlen hat; und alles zu lieben, was er
erwählt hat, und alles zu hassen, was er verworfen hat;
[...] und alle Söhne des Lichtes zu lieben, jeden nach seinem Los in der Ratsversammlung Gottes, aber alle Söhne der
Finsternis zu hassen, jeden nach seiner Verschuldung in Gottes Rache."

Weiter in 1QS II,4ff:

"Aber die Leviten sollen verfluchen alle Männer des Loses
Belials, anheben und sprechen: Verflucht seist du in allen
gottlosen Werken deiner Schuld! Möge Gott dir Schrecken geben durch die Hand aller Rächer und dir Vernichtung nachsen-
den durch die Hand aller, die Vergeltung heimzahlen. Verflucht seist du ohne Erbarmen entsprechend der Finsternis

deiner   Taten,   und   verdammt   seist   du in Finsternis ewigen
Feuers.   [...]"

Oder 1QS IV, 21f:

"Dies sind die Bestimmungen des Weges für den Unterweiser in
diesen Zeiten, für sein Lieben wie für sein Hassen: ewigen
Haß gegen die Männer der Grube im Geist des Verbergens *'
[...]."

Der Feindeshaß in den Qumranschriften besitzt einen eindeutig eschatologischen Charakter, denn er ist untrennbar verbunden mit der Vorstellung eines endzeitlichen Rachekrieges, wie
sie auch in der Henoch-Apokalypse begegnet. Da ein derartiges
Gebot im sadduzäischen und pharisäischen Judentum völlig fehlt,
in den Qumranschriften jedoch häufig Thema ist, haben wir hier
einen deutlichen Hinweis dafür, daß die Qumrangemeinde und die
Anhänger und Zuhörer Jesu demselben Milieu entstammen.

Jesu Gebot der Feindesliebe zeigt hingegen, wie stark sich
seine Verkündigung von den Vorstellungen der Qumran-Essener
unterscheidet und über sie hinausführt. Der qumran-essenische
Gedanke eines endzeitlichen Rachekrieges wurde von Jesus jedenfalls entschieden zurückgewiesen, wie aus Matth 26,52 eindeutig
hervorgeht.

2.5. Jesu Heilung durch Handauflegen und sein letztes Abendmahl

In Luk 13,11-13 wird von einer Krankenheilung Jesu folgendermaßen berichtet:

"Und siehe, da war eine Frau, die seit achtzehn Jahren einen
Geist des Siechtums hatte. Sie war verkrümmt und konnte sich
überhaupt nicht aufrichten. Als Jesus sie sah, rief er sie
zu sich und sprach zu ihr: 'Weib, du bist erlöst von deiner
Krankheit.' Er legte ihr die Hände auf, und sogleich richtete sie sich auf und pries Gott."

Diese Art der Heilung durch Handauflegen begegnet auch im
sogenannten Genesisapokryphon aus Qumran. Dort liest man (1Q-

Gen Ap XX,21f) [10]:

> "[...] und wollte von mir, daß ich käme, für den König zu
> beten und ihm meine Hände aufzulegen, auf daß er lebe
> [...]".

Weiter heißt es in 1QGen Ap XX,29:

> "...und legte meine Hände auf sein Haupt und die Plage wich
> von ihm und der böse Geist entfernte sich von ihm und er
> lebte."

Das letzte 'Abendmahl', das Jesus mit seinen Jüngern feierte, hat mancherlei Ähnlichkeiten mit dem rituellen Gemeinschaftsmahl der Qumran-Essener. So wird im Sektenkanon berichtet (1QS VI,4-5) [11]:

> "Wenn sie den Tisch bereiten, um zu essen oder den Wein zu
> trinken, strecke der Priester zuerst die Hand aus, am Anfang
> das Brot zu segnen oder den Wein zum Trinken."

Sehr ähnlich klingt die Stelle Matth 26,26f:

> "Während des Mahles aber nahm Jesus Brot, sprach das Segens-
> gebet und brach es [...]. Und er nahm einen Kelch, sprach
> das Dankgebet und gab ihn ihnen [...]"

Man darf jedoch nicht in den Fehler verfallen, im letzten
'Abendmahl' - es handelt sich eigentlich um ein jüdisches Se-
der-Mahl zum Passafest [12] - lediglich ein rituelles Gemeinschaftsmahl im Sinne der Essener zu sehen. Erstens war Jesus
kein Priester und sprach dennoch die Benediktion über Brot und
Wein, und zweitens führen seine Einsetzungsworte über den Rahmen des Essenermahls weit hinaus.
Der Bericht in Luk 22,7ff zeigt deutlich, wie weit man sich
zu Jesu Lebzeiten bei der Seder-Feier schon vom Gebot Ex 12,11
entfernt hatte, nach welchem das Mahl mit gegürteten Hüften,
den Wanderstab in der Hand und die Schuhe an den Füßen - also

wohl stehend und in Eile - gefeiert werden sollte. Der Bericht
bei Lukas läßt eher an ein Symposion (Gastmahl) in griechisch-
hellenistischer Manier denken, bei dem man sich auf Polster
hingestreckt zum Mahle lagerte. Hierbei wurde - und wird noch
heute - der Bericht vom Auszug aus Ägypten erzählt. Der Ablauf
der Sederfeier zur Zeit des zweiten Tempels ist beschrieben in
der Mischna, im Traktat Pesachim.

Nach der dort gegebenen Schilderung wurden an einem solchen
Sederabend im Zusammenhang mit der Auszugsgeschichte meist noch
lange Gespräche geführt, die oft die ganze Nacht andauerten, so
daß man sehr stark an das Gastmahl bei Platon erinnert wird.
Auch die Beschreibung bei Luk 22,7ff bestärkt diesen Eindruck.

Wir haben hier ein eindrucksvolles Beispiel dafür, wie hebräische Inhalte und griechische Formen zu einer Einheit verschmolzen sind. Ein ähnlicher Vorgang ist für große Teile der
späteren christlichen Liturgie, insbesondere der Eucharistie-
Feier, charakteristisch. [3]

Wir erwähnten schon, daß sich die Qumran-Essener nach dem
Sonnenkalender richteten, der das Jahr in 52 Wochen mit insgesamt 364 Tagen einteilt, so daß alle Feste jeweils auf die
gleichen Wochentage fallen.

Legt man diesen Kalender zugrunde, dann gelingt es, die Differenzen zwischen den Zeitangaben hinsichtlich letztem Abendmahl, Verhaftung, Prozeß und Tod am Kreuz bei den Synoptikern [4] auf der einen und im Johannesevangelium auf der anderen Seite zu beheben.

Folgt man Matth 26,17; Mark 14,12; Luk 22,7, so wurde das
letzte Sedermahl am 14. Nisan abends gefeiert.

Folgt man Joh 19,14, dann fand der Prozeß Jesu unter Vorsitz
des Pontius Pilatus am Rüsttag des Passafestes statt, ungefähr
um die sechste Stunde, d.h. am 14. Nisan um die Mittagszeit.

Nach dem Johannesevangelium hätte also das Sedermahl der
Passafeier schon am 13. Nisan stattfinden müssen. Dann wäre es
jedoch kein Passamahl gewesen, als welches es die Synoptiker
aber ausdrücklich hinstellen. Dieser Widerspruch läßt sich folgendermaßen klären:

Nehmen wir an, Jesus hätte das Sedermahl nach dem Qumranka-
lender gefeiert, so wäre der Rüsttag für das Passafest, an welchem die Juden das Passalamm zu essen pflegen, für ihn ein
Dienstag gewesen. Legen wir für den Rüsttag, den 14. Nisan,
jedoch den offiziellen Mondkalender zugrunde, so wäre er auf
einen Freitag ('Karfreitag') gefallen, an dem dann auch der
Prozeß vor Pilatus und die Kreuzigung stattgefunden hätten.

Datiert man das letzte Sedermahl Jesu nach dem Qumrankalen-
der, so bleibt genügend Zeit zwischen Sederfeier (Dienstag) und
Verhaftung, Prozeß sowie Kreuzigung (Freitag), während die
Chronologie der Ereignisse nach den Synoptikern völlig unverständlich ist. Wäre das Sedermahl wirklich am Freitagabend gefeiert worden, dann hätte sich die Festnahme Jesu, der Prozeß
und die Kreuzigung am Sabbat des Passafestes ereignen müssen
(der Sabbat beginnt am Freitagabend und endet am Samstagabend).
Dies ist aber auszuschließen, da es das Gesetz verletzt hätte.

Mit Hilfe des Qumrankalenders wird also das Problem der
zeitlichen Abfolge zwischen Sedermahl (Abendmahl), Verhaftung,
Prozeß und Kreuzigung auf befriedigende Weise gelöst.[15)]

2.6. Wichtige Unterschiede zwischen Jesus und Qumran

Auf einen wichtigen Unterschied zwischen der Lehre Jesu und der
der Qumran-Essener haben wir schon aufmerksam gemacht im Zusammenhang mit dem essenischen Gebot des Feindeshasses, das von
Jesus in das Gebot der Feindesliebe umgewandelt wurde.

Eine weitere Differenz liegt wohl in der unterschiedlichen
Einschätzung der Thora. Obwohl man keineswegs sagen kann, Jesus
habe die Gültigkeit des Gesetzes angetastet (Matth 5,17ff), so
stehen sein Verhalten und seine Verkündigung doch in einem gewissen Gegensatz zur strengen Gesetzesobservanz der Qumran-
Essener. Bei ihnen wurde die Gesetzeserfüllung sehr rigoros und
noch strenger als bei den Pharisäern durchgeführt. Sie legten
auf strengste Reinhaltung und äußerste Genauigkeit in rituellen
Dingen den größten Wert, während bekanntlich Jesus verkündete,
daß nicht dasjenige den Menschen unrein mache, was in seinen

Körper gelange, sondern allein das, was aus dem Menschen her-
auskomme (Mark 7,14-23).

Überdies wurde der Sabbat von den Qumranleuten noch strenger
beobachtet als von den Pharisäern. Schon die historischen Vorläufer der Qumran-Essener, die Chassidim rischonim, hatten es
seinerzeit abgelehnt, am Sabbat zu kämpfen, auch wenn sie dadurch den Tod erleiden mußten (vgl. 1.Makk 2,29-38).

Gemäß dem Damaskusdokument (CD XI,16f) verboten die Qumranleute sogar die Rettung von Menschenleben am Sabbat, wenn man
hierzu irgendeinen Gegenstand wie eine Leiter oder einen Strick
benötigte.

Jesus heilte dagegen am Sabbat ungeniert in aller öffentlichkeit die verdorrte Hand eines Mannes (Matth 12,9-13; par.).
Hier lag keine Lebensgefahr vor, so daß sich die Heilung problemlos hätte verschieben lassen. Die Kontroverse mit einigen
Pharisäern ist daher verständlich, war es doch laut Mischna
Schabbat XXII,6 verboten, selbst Knochenbrüche am Sabbat zu
behandeln.

Auch das Ährenausraufen am Sabbat (Matth 12,1-7; par.) wäre
für die Qumran-Essener eine größere Herausforderung gewesen als
für die Pharisäer. Gemäß Mark 2,27f wird von Jesus im Rahmen
seiner Streitgespräche mit den Pharisäern über das Problem des
Sabbats folgender Ausspruch überliefert:

"Und er sprach zu ihnen: 'Der Sabbat ist um des Menschen
willen da und nicht der Mensch um des Sabbats willen. Darum
ist der Menschensohn Herr auch über den Sabbat.'"

Mit 'Menschensohn' ist an dieser Stelle offensichtlich weniger ein messianischer Titel gemeint, sondern einfach der Mensch
schlechthin, dem Gott den Sabbat zur Freude gegeben hat und
nicht, um ihn durch vielfache Vorschriften zu knechten.

Der Ausspruch Jesu kann sich durchaus gegen die strikte Sab-
batobservanz der Qumran-Essener gewandt haben. Gegen das Pharisäertum insgesamt kann er nicht gerichtet sein - wie man den
Evangelien zufolge meinen könnte -, da er sich durchaus noch
auf der Linie pharisäischer Argumentation bewegt. So ist der
folgende Ausspruch des Rabbi Jonathan, eines Zeitgenossen Jesu,

im Talmud überliefert (bJoma 85b):

"Der Sabbat ist euch heilig. Er ist in eure Hände gegeben
und nicht ihr seid in seine Hände gegeben" (vgl. auch
Ex 16,29; 31,14; Ez 20,12).

Nach dem Sektenkanon (1QS IX,16f) hatten sich die Qumran-
Essener von allen übrigen Menschen abzusondern:

"Und: nicht zurechtzuweisen oder Auseinandersetzungen zu
haben mit den Männern der Grube und den Rat des Gesetzes zu
verbergen inmitten der Männer des Frevels [...]"

Im Gegensatz zu dieser strengen Absonderungspraxis verkehrte
Jesus bekanntlich in den Häusern der Pharisäer und war mit seinen Jüngern sogar bei 'Zöllnern und Sündern' zu Gast (Luk 7,
34.36-39) [6]. Des weiteren hatte er keinerlei Bedenken, sich
von einer stadtbekannten Prostituierten die Füße küssen zu lassen (Luk 7,37ff).

Bei der Verkündigung Jesu handelt es sich nicht um eine Ge-
heimlehre wie bei der Qumran-Theologie. Obwohl es nach
Matth 13,11; Mark 4,11; Luk 8,10 nur einem kleinen Kreis gegeben ist, die Geheimnisse des 'Himmelreiches' zu verstehen, so
werden sie doch allen Menschen verkündet. Auch achtet das NT an
keiner Stelle auf eine derart strenge Anonymität der Personen
wie die Qumrantexte, bei denen man bis heute große Schwierigkeiten hat, Gestalten wie den 'Lehrer der Gerechtigkeit' und
den 'Frevelpriester' zu identifizieren. Zur Verschleierung ver-
mieden die Qumranmönche auch genaue Zeitangaben, was man vom NT
nicht behaupten kann (vgl. z.B. Luk 3,1f).
     Auch scheint Jesus den Jerusalemer Tempel mit seinem offi-
ziellen Kultus nicht - wie die Qumranleute - abgelehnt und gemieden zu haben. Obwohl er angeblich die Händler und Geldwechs-
ler aus dem Tempel vertrieb (Matth 21,12f; Mark 11,15-17;
Luk 19,45f; Joh 2,14-16), war diese Tat nicht gegen den Tempel
selbst gerichtet, sondern diente nur seiner kultischen Reini-

gung.

Zusamenfassend läßt sich feststellen, daß der Jesus der Evangelientradition [17] zwar vielfältige Berührung mit dem geistig-religiösen Milieu der Qumran-Essener aufweist, seine Lehre und sein Verhalten jedoch in vielen Punkten von der qumran-essenischen Auffassung abweicht und über sie hinausführt.

3. Die Jerusalemer Urgemeinde im Lichte der Qumrantexte

Die Ähnlichkeiten zwischen der Gemeinschaft der Qumranleute und der Jerusalemer Urgemeinde sind auffällig. So praktizierte diese eine strikte Gütergemeinschaft ('Urkommunismus') wie die Qumran-Essener, wenn wir in Apg 2,44f [18] lesen:

"Alle Gläubiggewordenen aber hatten alles miteinander gemeinsam. Sie verkauften ihren Besitz, ihre Habe und verteilten sie an alle, je nachdem einer bedürftig war." (vgl. auch Apg 4,34-37).

Sehr aufschlußreich ist auch die Geschichte von Ananias und Saphira (Apg 5,1-11). Das Ehepaar behielt einen Teil des Erlöses aus seinem verkauften Grundstück zurück und übergab den Aposteln nicht die gesamte Geldsumme. Angeblich durchschaute Petrus diesen 'Betrug', worauf beide - wie vom Blitz getroffen - tot umfielen. Eine für mein Empfinden ziemlich grausame Geschichte im NT!

Auch in Qumran wurden ähnliche Verfehlungen mit Strafe belegt. Im Sektenkanon ist zu lesen (1QS VI,24f):

"Wenn unter ihnen ein Mann gefunden wird, der falsche Angaben macht bezüglich des Besitzes wider sein Wissen, so soll man ihn ausschließen aus der Reinheit der Vielen auf ein Jahr, und er soll bestraft werden mit Entzug von einem Viertel seiner Essensration. "

Interessant an der Geschichte von Ananias und Saphira ist
ferner die Stellung des Petrus, die stark an das Amt des Aufsehers in der Qumrangemeinde erinnert, wie es beispielsweise im
Sektenkanon (1QS VI,12-20) beschrieben wird:

> "Jeden, der sich aus Israel willig zeigt, sich dem Rat der
> Gemeinschaft anzuschließen, soll der Aufseher, der an der
> Spitze der Vielen steht, prüfen auf sein Verständnis und
> seine Werke. Und wenn er Zucht annimmt, dann soll er ihn in
> den Bund bringen, daß er umkehre zur Wahrheit und weiche von
> allem Frevel, und soll ihn belehren in allen Ordnungen der
> Gemeinschaft. [...] Und wenn ihm dann das Los fällt, daß er
> sich dem Rat der Gemeinschaft nähern darf nach Weisung der
> Priester und der Menge der Männer ihres Bundes, dann soll
> man auch seinen Besitz und seine Einkünfte übergeben in die
> Hand des Mannes, der die Aufsicht führt über die Einkünfte
> der Vielen, und es durch ihn auf Rechnung anschreiben
> [...]." (vgl. auch CD IX,17-22)

Das christliche Bischofsamt hat sicherlich in diesem qumran-
essenischen Amt des Aufsehers, der das Vermögen der Novizen in
Empfang nimmt, seinen Vorläufer.

Das monastische Element fehlt jedoch bei den Schilderungen
der Urgemeinde in der Apostelgeschichte, die nichts von Novizen
berichtet oder von gemeinschaftlicher Arbeit und gemeinsamem
Leben nach strengen Regeln. Erst das spätere christliche
Mönchtum wird sich in dieser Weise organisieren.

Wie sich die Vollmitglieder der Qumrangemeinde als 'die Vielen' (die Zahlreichen) bezeichneten, so nennt die Apostelgeschichte eine christliche Gemeinde 'die Menge, die Versammlung'
(griech. 'to plethos') (Apg 6,2.5; 15,12.30).

Die Urgemeinde besaß gemäß Apg 6,2 ein Zwölferkommitee, nämlich die schon von Jesus berufenen Apostel (Luk 6,13-16), als
Zentrum der Gemeinde. Die Zahl Zwölf war von solcher Bedeutung,
daß anstelle des ausgeschiedenen Verräters Judas Ischariot ein
gewisser Matthias zum Apostel gewählt werden mußte, um den
Kreis der Zwölf wieder zu vervollständigen (Apg 1,15-26).

Hierzu gibt es eine deutliche Parallele bei Qumran, wo es im

Sektenkanon (1QS VIII,1) heißt:

> "Im Rat der Gemeinschaft sollen zwölf Männer sein und drei
> Priester, vollkommen in allem, was offenbart ist aus dem
> ganzen Gesetz, um Treue zu üben, Gerechtigkeit, Recht, barm-
> herzige Liebe und demütigen Wandel, ein jeder mit seinem
> Nächsten [...]".

Unklar ist allerdings, ob die drei Priester zu den zwölf
Männern hinzuzurechnen sind oder ob sie in der Zahl 12 inbegriffen sind.

Die Urgemeinde besaß jedenfalls kein priesterliches Zentrum,
so daß die drei bei Qumran erwähnten Priester für die Jerusalemer Gemeinde keine herausgehobene Bedeutung hatten.

Neben dem Apostelamt kannte die judenchristliche Urgemeinde
noch das Amt der 'Ältesten' (griech. 'presbyteroi') - eine Art
Vorläufer der heutigen Kirchenvorsteher (Apg 11,30; 15,2-22).

Diese 'Ältesten' haben bei Qumran ihre Parallele in den sogenannten 'Häuptern der Väter (Familienhäuptern) der Gemeinde',
die in der Kriegsrolle und im Regelbuch (1QM II,1; 1QSa I,16)
erwähnt werden, sowie in den 'Ältesten' aus dem Sektenkanon
(1QS VI,8).

Die Apostelgeschichte nennt die christlichen Gemeindeglieder
'Heilige' (Apg 9,13; 26,10; vgl. auch Röm 15,25.31).

Auch die Qumran-Essener bezeichneten sich selber als 'Männer
der Heiligkeit' (1QS V,13.18; CD XX,2) und ihre Gemeinschaft
wurde bezeichnet als

> "ein heiliges Haus für Israel und eine Gründung des Aller-
> heiligsten für Aaron [...]." (1QS VIII,5).

Es ist auffällig, daß - gemäß der Apostelgeschichte - in der
Jerusalemer Urgemeinde häufig dieselben messianischen Stellen
aus dem AT wie bei den Qumranleuten zitiert wurden. Im Gegensatz zu Qumran wurden sie in der Urgemeinde allerdings auf Jesus als den Christus gedeutet. So spielt Apg 2,30 auf 2.Sam
7,12f an. Diese Stelle wird auch im messianischen Florilegium
(4Q flor I,10ff) aus der 4.Qumranhöhle angeführt zusammen mit
Am 9,11, ein Vers, der auch in Apg 15,16 begegnet (auch CD

VII,16).

Petrus bezog nach Apg 3,22 in seiner Rede vor dem Volk die
Weissagung des kommenden Propheten, der wie Mose sein werde
(Dtn 18,15.18), auf Jesus. Die messianischen Testimonia aus
Höhle 4 (4Q test 5ff) führen die gleichen Verse aus dem Deute-
ronomium an. Hier werden sie wahrscheinlich auf den 'Lehrer der
Gerechtigkeit' gedeutet.

In seiner Verteidigungsrede vor dem Synedrium erklärt Petrus
nach Apg 5,31, Gott habe Jesus in seiner Macht zum Fürsten
(griech. 'archegos') und Erlöser (griech. 'soter') erhöht. Auch
in den Qumrantexten (z.B. 1QM XIII,10 im Anschluß an Ez 34,24;
37,25) ist der 'Fürst' eine Bezeichnung für den davidischen
Messias, der am Ende der Tage - dem messianischen Florilegium
gemäß - Israel erlösen wird.

Es wurde schon erwähnt, daß sich laut Damaskusschrift (CD
XIX,33f) die Qumran-Essener als 'neuen Bund im Lande Damaskus'
bezeichneten. Auch die judenchristliche Urgemeinde glaubte in
einem 'neuen Bund' zu leben. Der entscheidende Unterschied besteht jedoch darin, daß für die Urgemeinde der messianische
Erlöser in Jesus, dem Christus, schon gekommen war (vgl.
Matth 26,28; par.), während die Qumrangemeinde noch auf das
messianische Reich wartete (vgl. auch Apg 2,22-24; 10,40-42).

Die Parallelen zwischen der Urgemeinde und den Qumran-
Essenern sind derart auffällig, daß es sich kaum um einen Zufall handeln kann. Eine Erklärung dürfte darin zu finden sein,
daß die Anhänger Jesu und die Qumran-Essener sich aus demselben
messianischen Milieu rekrutierten.

Ferner ist als sehr wahrscheinlich anzunehmen, daß viele
Glieder der Jerusalemer Urgemeinde einmal Essener gewesen waren, bevor sie sich zu Jesus von Nazareth als dem Christus bekehrten. Glaubt man der Stelle Apg 6,7, so nahm offenbar eine
große Schar von Priestern den christlichen Glauben an. Bei ihnen wird man eher an die Qumran-Priester als an die sadduzäischen des Jerusalemer Tempels zu denken haben, da letztere bekanntlich die Auferstehung leugneten (Matth 22,23-32; Apg 23,8;
Josephus: Bell II,8,14).

Ein wichtiger Unterschied zu Qumran ist allerdings die Of-
fenheit der Urgemeinde. So werden in Apg 15,5 ausdrücklich Pharisäer erwähnt, die den christlichen Glauben angenommen hätten,
und auf dem sogenannten Apostelkonzil (49/50 n.Chr.) wurde beschlossen, auch Heiden ohne vorherige Beschneidung in die
christliche Gemeinde aufzunehmen (Apg 15,10.19; Gal 2,9). Das
letztere wäre bei den Qumranleuten völlig unmöglich gewesen.

Auch das Verhältnis der Urgemeinde dem Tempel gegenüber
scheint unbelasteter gewesen zu sein als das der Qumran-
Essener, denn nach Apg 2,46 hielten sie sich täglich einmütig
im Tempel auf.

4. Die Qumrantexte und das Johannesevangelium einschließlich der Johannesbriefe

Sowohl das Johannesevangelium [9] als auch die Johannesbrie-
fe [20] kann man in gewisser Weise als eine Art Auseinandersetz-
zung mit den theologischen Vorstellungen der Qumran-Essener
verstehen. Es hat den Anschein, daß an vielen Stellen eine
Christologie für Essener geboten wird. Somit ist es ein wichtiges Ergebnis der Qumranforschung, daß sie den jüdischen Ursprung des Johannesevangeliums durch seine Beziehung zu den
Qumranlehren nachweisen konnte. Hierbei wird ein gleichzeitiger
hellenistischer Einfluß, von welchem man lange Zeit allein ausging, keineswegs geleugnet, finden sich doch sogar in den Qumrantexten Ansätze für einen solchen.

Es ist heute wohl nicht mehr möglich zu behaupten, das dualistische Weltbild und die johanneische Licht-Finsternis-Lehre
seien einzig und allein auf hellenistische Beeinflussung zurückzuführen.

In Joh 1,3 liest man:

"Alles ist durch den Logos gemacht worden, und ohne ihn wurde nichts gemacht, was gemacht worden ist."

Ähnlich heißt es im Sektenkanon (1QS XI,11):

"[...] und durch sein Wissen ist alles entstanden. Alles,
was ist, lenkt er nach seinem Plan, und ohne ihn geschieht
nichts."

Im Unterschied zur Lehre der Qumran-Essener meint das Johannesevangelium mit 'Logos' (= 'Wort, Geist') den in die Welt
gekommenen Christus (Joh 1,9ff).

Die qumran-essenische Lehre ist von einem deutlichen Dualismus geprägt, der wahrscheinlich aus dem Parsismus (Zarathustra-
Religion) seinen Weg in die Gedankenwelt der Essener gefunden
hat.

So hat Gott nach dem Sektenkanon (1QS III,25)

"die Geister des Lichtes und der Finsternis geschaffen, und
auf sie hat er jedes Werk gegründet."

Ein ähnlicher Dualismus liegt dem gesamten Johannesevangelium und den Johannesbriefen zugrunde. Während für die Qumranleute noch die Finsternis regiert, und die 'festgesetzte Zeit
seiner Heimsuchung', da Gott das Böse für immer vernichten wird
(1QS IV,18f), noch nicht gekommen ist, scheint nach Joh 1,5
schon jetzt 'das Licht in der Finsternis', und nach 1.Joh 2,8
'schwindet die Finsternis und leuchtet bereits das wahre
Licht'. Für den Verfasser des Johannesevangeliums - er ist mit
dem Autor des 1.Johannesbriefes wahrscheinlich identisch - ist
der Kampf zwischen Licht und Finsternis durch Jesus als das
'Licht der Welt' (Joh 8,12; 9,5) bereits entschieden.

Schon die sprachlichen Gemeinsamkeiten zwischen dem Johannesevangelium und den Qumrantexten sind so auffällig, daß ein
enger Zusammenhang zwischen beiden kaum zu leugnen ist. Man
vergleiche folgende Stelle aus dem Sektenkanon mit Joh 8,12;
12,35.

1QS III, 20f:

> "In der Hand des Fürsten des Lichtes liegt die Herrschaft
> über alle Söhne der Gerechtigkeit, auf den Wegen des Lichtes
> wandeln sie. Aber in der Hand des Engels der Finsternis
> liegt alle Herrschaft über die Söhne des Frevels, und auf
> den Wegen der Finsternis wandeln sie."

Joh 8, 12; 12, 35f:

> "Ich bin das Licht der Welt. Wer mir folgt, wird nimmermehr
> in der Finsternis wandeln, sondern das Licht des Lebens ha-
> ben." (8, 12);

und

> "Noch eine kleine Weile ist das Licht unter euch. Wandelt,
> solange ihr das Licht habt, damit euch nicht Finsternis
> überfalle. Wer in der Finsternis wandelt, weiß nicht, wohin
> er geht. Solange ihr das Licht habt, glaubt an das Licht,
> damit ihr Kinder des Lichtes werdet." (12, 35f; vgl. auch
> 1. Joh 1, 5-7).

Wie hier das Johannesevangelium von den 'Kindern des Lichtes' (vgl. auch Luk 16, 8) spricht, so ist auch im Sektenkanon
(1QS I, 9f) von den 'Söhnen des Lichtes' und den 'Söhnen der
Finsternis' die Rede.

Bei den Qumranschriften als auch im johanneischen Schrift-
werk können die beiden dualistischen Gegensatzpaare 'Licht-
Finsternis' und 'Wahrheit - Unrecht/Böses/Irrtum' gegeneinander
ausgetauscht werden, da sie offenbar gleichen Bedeutungsgehalt
besitzen:

Joh 3, 19-21:

> "Darin aber besteht das Gericht, daß das Licht in die Welt
> gekommen ist und die Menschen die Finsternis mehr liebten
> als das Licht; denn ihre Werke waren böse. Denn jeder, der
> Schlechtes tut, haßt das Licht und kommt nicht zum Licht,
> damit seine Werke nicht aufgedeckt werden. Wer aber die
> Wahrheit tut, der kommt zum Licht, damit seine Werke offen-
> bar werden, daß sie in Gott getan sind."

Oder 1.Joh 4,6:

> "Wir sind aus Gott. Wer Gott kennt, hört auf uns. Wer nicht
> aus Gott ist, hört nicht auf uns. Daran erkennen wir den
> Geist der Wahrheit und den Geist des Irrtums."

Oder auch Joh 14,16f:

> "und ich werde den Vater bitten, und er wird euch einen an-
> deren Helfer geben, damit er in Ewigkeit bei euch bleibe,
> den Geist der Wahrheit, den die Welt nicht empfangen kann,
> weil sie ihn nicht sieht und nicht kennt." (vgl. Joh 16,13).

Hiermit zu vergleichen sind: 1QS III,18f:

> "Das sind die Geister der Wahrheit und des Frevels. An der
> Quelle des Lichtes ist der Ursprung der Wahrheit, aber aus
> der Quelle der Finsternis kommt der Ursprung des Frevels."

und 1QS IV,21:

> "Und er [Gott] wird über sie sprengen den Geist der Wahrheit
> wie Reinigungswasser zur Reinigung von allen Greueln der
> Lüge."

Die oben aufgeführten Verse Joh 3,20f über diejenigen, die
das Licht hassen und die, die zum Licht kommen, haben ihre Parallele im Sektenkanon (1QS IV,24f):

> "und entsprechend dem Erbteil eines Menschen an Wahrheit und
> Gerechtigkeit haßt er den Frevel, und entsprechend seinem
> Anteil am Lose des Frevels handelt er gottlos in ihm und
> verabscheut die Wahrheit."

Wie nach Auffassung der Qumranschriften der Geist (Engel)
des Lichtes gegen den Geist (Engel) der Finsternis zu kämpfen
hat (1QS III,24f), so muß Christus nach dem Johannesevangelium
gegen den 'Fürsten dieser Welt' kämpfen (Joh 12,31; 14,30;
16,11).

Die hier genannten Beispiele stellen nur einen kleinen Aus-

schnitt dar aus der umfangreichen Liste sprachlicher und in-
haltlicher Ähnlichkeiten beider Lehren. Anhand der aufgeführten
Stellen ist schon klar zu erkennen, daß die johanneische Literatur eine theologische Auseinandersetzung mit den essenischen
Lehren bietet.

5. Die Qumrantexte und die Lehre des Paulus

Auch die Theologie des Paulus weist viele Ähnlichkeiten mit den
Lehren der Qumran-Essener auf. Beiden gemeinsam ist beispielsweise ein tiefes Sündenbewußtsein, nach dem der Mensch von sich
aus nicht in der Lage ist, vor Gott gerecht zu werden. Die Pharisäer, zu denen Paulus ja ursprünglich gehörte, vertrauten
hingegen auf die Werke der Gesetzeserfüllung. In Röm 3,23f
schreibt Paulus aber:

> "Denn alle haben gesündigt und ermangeln der Herrlichkeit
> Gottes. Sie werden nun durch seine Gnade auf Grund der Erlö-
> sung in Christus Jesus geschenkweise gerechtfertigt."

Die paulinische Rechtfertigungslehre ist hier in wenigen Worten
zusammengefaßt.

Bei Qumran begegnet ein ähnliches Sündenbewußtsein, wenn man
in der Hymnenrolle (1QH IV,29ff) liest:

> "[Der Mensch] ist in Sünde von Mutterleib an und bis zum
> Alter in der Schuld der Treulosigkeit. Und ich erkannte, daß
> beim Menschen keine Gerechtigkeit ist und nicht beim Men-
> schenkind vollkommener Wandel. Beim höchsten Gott sind alle
> Werke der Gerechtigkeit, aber der Wandel des Menschen steht
> nicht fest [...]."

Natürlich ist auch bei Paulus der gewichtige Unterschied zur
Qumran-Lehre der Glaube an Jesus als den Christus. Für Paulus

verliert das Gesetz im Zusammenhang mit der eigenen Rechtfertigungslehre seine Bedeutung. Es zählt für ihn allein der Glaube
an Jesus als den Christus, durch den auch die gläubigen Heiden
Anteil am Reich Gottes erlangen können. Dies widerspricht völlig der Auffassung der Qumran-Essener. So legt Paulus die Stelle Hab 2,4 ganz anders aus als die Qumran-Theologie. Er
schreibt in Gal 3,11:

"Daß aber durch das Gesetz niemand bei Gott gerechtfertigt
wird, ist daraus ersichtlich, daß es heißt: 'Der Gerechte
wird aus dem Glauben leben.'"

Der Habakukkommentar (1QpHab VIII,1-3) deutet die gleiche
Stelle hingegen:

"Seine Deutung bezieht sich auf alle Täter des Gesetzes [1]
im Hause Juda, die Gott erretten wird aus dem Hause des Gerichtes um ihrer Mühsal und ihrer Treue willen zum Lehrer
der Gerechtigkeit."

Die Thora als Heilsweg wird bei den Qumranleuten nicht ange-
tastet wie bei Paulus. Der von ihnen geforderte Glaube an den
'Lehrer der Gerechtigkeit' ist nicht vergleichbar mit dem von
Paulus geforderten Glauben an Jesus als den Christus, der zur
Rechtfertigung des Menschen vor Gott genügt.

Nach qumran-essenischer Auffassung rechtfertigt nicht allein
der Glaube an den 'Lehrer der Gerechtigkeit' den sündigen Menschen vor Gott, sondern die Werke der Gesetzeserfüllung entsprechend der besonderen Interpretation des Gesetzes, die -
möglicherweise - von diesem 'Lehrer' stammt.

Für Paulus hingegen stehen die Werke des Gesetzes dem Glauben an Jesus als den Christus entgegen.

Auch für die Theologie des Paulus spielt der Licht-
Finsternis-Dualismus von Qumran eine gewisse Rolle. So schreibt
der Völkerapostel in seinem Römerbrief (Röm 13,12):

"Laßt uns die Werke der Finsternis ablegen und anlegen die
Waffen des Lichts."

In seiner Verteidigungsrede vor dem König Agrippa (41-44
n.Chr.) spricht Paulus von einer Umkehr aus der Finsternis zum
Licht (Apg 26,18):

> Du sollst ihnen die Augen öffnen, daß sie sich aus der Fin-
> sternis zum Lichte, aus der Gewalt Satans zu Gott bekehren."
> (vgl. auch 2.Kor 6,14ff)

Das von Paulus in Gal 5,19-26 aufgelistete Sünden- und Ver-
dienstregister hat große Ähnlichkeit mit einer Stelle aus dem
Sektenkanon (1QS IV,2-14).
In Gal 5,19-26 lesen wir:

> "Offenkundig sind die Werke des Fleisches, nämlich Unzucht,
> Unlauterkeit, Ausschweifung, Götzendienst, Zauberei, Feind-
> schaft, Zank, Eifersucht, Zorn, Hader, Zwistigkeiten, Par-
> teiungen, Neid, Mord, Trunkenheit, Schlemmerei und derglei-
> chen. [...] Die Frucht des Geistes aber ist: Liebe, Freude,
> Friede, Langmut, Milde, Güte, Treue, Sanftmut, Enthaltsam-
> keit. [...]"

Hiermit ist 1QS IV,2-14 zu vergleichen:

> "Und das sind ihre Wege in der Welt: das Herz des Menschen
> zu erleuchten und alle Wege wahrer Gerechtigkeit vor ihm zu
> ebnen und sein Herz in Furcht zu versetzen vor den Gerichten
> Gottes; und einen Geist der Demut und Langmut und reiches
> Erbarmen und ewige Güte und Klugheit und Einsicht und mäch-
> tige Weisheit, die vertraut auf alle Werke Gottes und sich
> stützt auf seine reiche Gnade, und einen Geist der Erkennt-
> nis in jedem Plan eines Werkes, Eifer um die gerechten Ge-
> richte [...]. Aber zum Geist des Frevels gehören Habgier und
> Trägheit der Hände im Dienst der Gerechtigkeit, Bosheit und
> Lüge, Stolz und Hochmut des Herzens, Betrug und Täuschung,
> Grausamkeit und große Gottlosigkeit, Jähzorn und Übermaß an
> Torheit und stolze Eifersucht, Greueltaten im Geist der Hu-
> rerei und Wege des Schmutzes im Dienst der Unreinheit und
> eine Lästerzunge, Blindheit der Augen und Taubheit der Oh-
> ren, Halsstarrigkeit und Hartherzigkeit, um zu wandeln auf
> allen Wegen der Finsternis und böser List. [...]."

Wir wollen es bei diesen Beispielen für die Parallelität
zwischen paulinischer Theologie und dem Gedankengut von Qumran
bewenden lassen.

6.   D e r   H e b r ä e r b r i e f   u n d   d i e
          M e s s i a s l e h r e   v o n   Q u m r a n

Der Inhalt des Hebräerbriefes [221] zeigt deutlich, daß dieser
an judenchristliche Kreise gerichtet war, die den Qumran-
Essenern nahestanden oder ihnen sogar angehört hatten, bevor
sie sich zu Christus bekehrten. Man kann den Inhalt des Briefes
als eine Auseinandersetzung mit der Messiaslehre der Qumranleute betrachten. Die Einleitung schlägt sogleich das messianische
Zentralthema an:

> "Vielmals und auf mancherlei Art hatte Gott von alters her
> zu den Vätern gesprochen durch die Propheten. In der Endzeit
> dieser Tage hat er zu uns gesprochen durch den Sohn, den er
> zum Erben des Alls eingesetzt, durch den er die Welten ge-
> schaffen hat. Er, der da Abglanz seiner Herrlichkeit und
> Ausprägung seines Wesens ist, der auch das All trägt durch
> sein machtvolles Wort, hat Reinigung von den Sünden voll-
> bracht und sich zur Rechten der Majestät in der Höhe ge-
> setzt. " (Heb 1, 1-3).

Man erkennt schon hier, daß der unbekannte Verfasser des
Hebräerbriefes eine andere Messiaslehre als die Qumran-Essener
vertritt, die - wie schon mehrfach erwähnt - vor den beiden
Messiassen noch einen messianischen Propheten erwarteten, der -
in Anspielung auf Dtn 18, 15. 18 - wie Mose sein werde (4Q
test 5ff). Nach der soeben zitierten Stelle (Heb 1, 2) ist für
den Hebräerbrief hingegen Jesus als Sohn Gottes zugleich der
letzte messianische Prophet. Daher wird ihm konsequenterweise
auch die Vorrangstellung vor Mose eingeräumt (Heb 3, 1-6).
    Wie Jesus über den Propheten steht, so steht er für den Ver-
fasser dieses Briefes auch über den Engeln, was Heb 1, 5 durch
einen Schriftbeweis unter Berufung auf Ps 2, 7 und 2. Sam 7, 14
darlegt:

"Denn zu welchem von den Engeln hat er je gesagt: 'Mein Sohn
bist du, heute habe ich dich gezeugt' [83]? Und ferner: 'Ich
will ihm Vater sein, und er wird mir Sohn sein'?"

Bei Qumran wurde die Weissagung von 2. Sam 7, 14 gemäß dem
messianischen Florilegium aus Höhle 4 auf den erwarteten Davidmessias am Ende der Zeiten gedeutet, der den messianischen
Kampf zu führen habe. Wie in der Kriegsrolle ausführlich beschrieben ist, werden die Engel an diesem Kampf in entscheidender Weise teilnehmen. Von ihrer Unterordnung unter die Messiasse ist in den Qumranschriften nirgends die Rede.

Als sein Hauptanliegen legt der Hebräerbrief dar, daß der
Davidide Jesus gleichzeitig Hoherpriester nach der Ordnung des
Melchisedek ist (Heb 7, 14-17). In Heb 7 wird dem mit esseni-
schem Gedankengut vertrauten Leser eine recht konsequente Be-
weisführung demonstriert - die übrigens durchaus auch als kleines Exerzitium in logischer Schlußweise angesehen werden kann.
Die Argumentation läuft wie folgt:
    Zunächst wird Gen 14, 17-20 wiederholt, wo Melchisedek ohne
jeglichen Stammbaum eingeführt wird, so daß er Priester auf
ewig, d. h. ohne Anfang und Ende ist (7, 1-3). Abraham hatte dem
Melchisedek den Zehnten von seiner Beute gegeben, worauf der
Patriarch vom ewigen Priester gesegnet wurde (Gen 14, 19). Da
nun - so die Argumentation - stets das Geringere vom Höheren
gesegnet werde (7, 7), wurde der geringere Abraham einschließlich Levi und seiner Nachfahren, die ja noch in seiner 'Lende
verborgen' waren, vom höheren Melchisedek gesegnet.
    Hieraus ergibt sich, daß das Priestertum des Melchisedek
über dem levitischen Priestertum der Aaroniden steht, auf deren
reine zadokidische Linie die Qumran-Essener den größten Wert
legten (7, 4-9). Wenn nun - so wird weiter folgerichtig argumentiert - Jesus Hoherpriester nach der Art des Melchisedek ist,
so muß er nach dem Vorhergehenden über dem aaronidischen Hohenpriester stehen (7, 11. 14-17). Hieraus ergibt sich ferner, daß
Jesus über der Thora steht (7, 11-13. 18-19), die ja mit dem levitischen Priestertum verbunden ist.
    Es ist ganz offenkundig, daß der Verfasser des Hebräerbrie-

fes nachweisen wollte, in Jesus seien alle drei messianischen
Aspekte der qumranischen Messiaslehre vereint.

Der Hebräerbrief erteilt somit der hierarchischen Messiaslehre von Qumran eine deutliche Absage.

X. JESUS, PAULUS UND DIE URGEMEINDE AUS EINER JÜDISCHEN SICHT

In diesem letzten Kapitel soll dem Leser noch gezeigt werden, wie man die Entstehung des Christentums aus jüdischer Perspektive betrachten und auch verstehen kann. Ich werde mich hier im wesentlichen auf die knappe, aber sehr gut zusammengefaßte Darlegung des jüdischen Religionswissenschaftlers Phillip Sigal beziehen, die er in seinem Buch 'Judentum, Stuttgart 1986, S. 74ff' bringt.

Auch auf jüdischer Seite gibt es verschiedene, im einzelnen durchaus unterschiedliche Auffassungen über Jesus, Paulus und das Urchristentum. Ich möchte in diesem Zusammenhang auf die kleine Literaturauswahl jüdischer Autoren, die sich zum Thema 'Christentum' geäußert haben, in der folgenden Anmerkung hinweisen. Besonders die Lektüre der Trilogie von Schalom Ben-Chorin möchte ich dem Leser sehr empfehlen. Sie dürfte gerade im Anschluß an dieses Buch mit großem Gewinn gelesen werden. [1]

Nach meiner Ansicht ist die 'theologische Wende' vom historischen Jesus zum kerygmatischen Christus der Urgemeinde, die der Marburger Neutestamentler Rudolf Bultmann mit seinem Buch 'Jesus'; Tübingen 1926 ausgelöst hat, zu radikal. Ich meine - mit einer Reihe jüdischer und auch christlicher Autoren [2] -, daß doch eine gewisse Rehistorisierung der Gestalt des Jesus von Nazareth möglich ist, wie sie vornehmlich in den synoptischen Evangelien gezeichnet wird.

Ich halte es für wichtig, nicht nur das Christuskerygma des NT, das im wesentlichen durch die Theologie des Paulus bestimmt ist, als das allein Entscheidende anzusehen. Ein christlicher Glaube, der sich auf die Person des Jesus von Nazareth zurückführt, kann meines Erachtens unmöglich das Wissen über diesen historischen Jesus unberücksichtigt lassen, das sich eben doch rekonstruieren läßt, sofern man nur das notwendige Hintergrundwissen über das Judentum zu Lebzeiten Jesu gebührend bedenkt.

So bin ich mit David Flusser der Ansicht ('Jesus'; S.8):

"Die urchristlichen Berichte über Jesus sind nicht so un-
glaubwürdig, wie man heute vielfach annimmt. Nicht nur, daß
in den ersten drei Evangelien Jesus als ein Jude seiner Zeit
ziemlich treu geschildert ist: sogar seine Art, über den
Heiland in dritter Person zu sprechen, ist dort noch überall
bewahrt."

Im folgenden soll in knapper und summarischer Weise der Versuch unternommen werden, das Urchristentum als eine der zahlreichen Zweige des Judentums im ersten nachchristlichen Jahrhundert zu charakterisieren. Da der Schwerpunkt dieses Buches
auf der Darstellung der Entwicklung der alttestamentlich-
jüdischen Glaubensvielfalt liegt, wollen wir uns hier nur auf
einige zentrale Punkte beschränken.

1. Das frühe Christentum als ein Zweig des Judentums

Wie der Glaube der Samaritaner und der Qumran-Essener ein jüdischer Glaube - mit einer speziellen Ausprägung - war, so war
auch der Glaube der ersten Christen ein jüdischer; und wie die
Gruppe der Samaritaner in hellenistischer Zeit aus dem Judentum
im wesentlichen aus politischen Gründen ausgegrenzt wurde (vgl.
Kap.VII.3.1.), so läßt sich auch die spätere Ausgrenzung des
Christentums unter anderem als eine Folge der politischen Gege-
benheiten verstehen.

Sicherlich muß es für die frühen Christen, die an Jesus von
Nazareth als den verheißenen Erlöser und Messias glaubten, zunehmend schwer geworden sein, zusammen mit den anderen Juden,
die nicht an diesen Jesus glaubten, in der gleichen Synagoge
den Gottesdienst zu feiern. Dennoch hätte man sich wohl arran-
gieren können, wenn die politische Konstellation eine andere
gewesen wäre.

Seit Palästina sich unter römischer Herrschaft (63 v. Chr.   -
135 n. Chr.) befand, bestimmten Unterdrückung, Aufstände, Bür-
gerkrieg, Terrorismus und Rebellion die innenpolitische Situation im Land, die noch zusätzlich angeheizt wurde durch die
weit verbreiteten messianischen und apokalyptischen Träume und
Visionen. In einer solch turbulenten Situation ist es verständlich, wenn die verhältnismäßig kleine Gruppe christlicher Juden, die nach der Kreuzigung Jesu einem messianischen Glauben
anhing, welcher völlig unpolitisch war, aufgrund ihres Desinte-
resses an der nationalen Sache von der jüdischen Gemeinschaft
nicht besonders geachtet wurde.

Da sich diese 'christlichen Juden' nicht für das nationale
Interesse engagieren und in den Widerstand gegen Rom hineinziehen lassen wollten, wurden sie von der Mehrheit zwangsläufig
als außerhalb der jüdischen Volksgemeinschaft stehend betrachtet, die den Kampf gegen die römische Besatzung spätestens seit
dem Jüdischen Krieg (66-73 n. Chr.) als ihre 'heilige Sache'
ansah.

Auch die schon erwähnte Friedenspartei des Jochanan ben Zakkai (vgl. Kap. VIII.3.) wurde in ähnlicher Weise von der stark
nationalistisch ausgeprägten Richtung des Rabbinentums in der
Zeit zwischen 80 und 130 n. Chr. völlig an die Seite gedrängt.

Dieser Nationalismus nahm zu Beginn des 1. Jh. n. Chr. in der
Aufstandsbewegung eines Judas des Galiläers - er wurde schon
erwähnt - konkrete Gestalt an. Josephus bezeichnet ihn als 'Ge-
lehrten' (griech. 'sophistes': Bell II,8,1). Er war also ein
'Proto-Rabbi', der an der Spitze einer Gruppe von Extremisten
stand, die verschiedene guerillaartige Aktionen gegen die Römer
unternahmen. Aus ihnen entwickelte sich die Bewegung der Zeloten ('Eiferer') und Sikarier ('Dolchmänner', 'Meuchelmörder').

Für Flavius Josephus tragen diese Extremisten die Haupt-
schuld an den folgenden katastrophalen Ereignissen.
Er schreibt (Bell II,8,1):

"Während seiner [3] Amtsperiode verführte ein Galiläer namens Judas die Einwohner zum Abfall; er behauptete nämlich,
es sei ein Frevel, wenn sie es bei der Steuerzahlung an die
Römer bewenden ließen und nächst Gott auch Sterbliche als

ihre Herren duldeten."

In seinen Jüdischen Altertümern berichtet Josephus etwas
ausführlicher (Ant XVIII,1,1):

"Der Gaulaniter Judas dagegen, der aus der Stadt Gamala ge-
bürtig war, reizte in Gemeinschaft mit dem Pharisäer Sadduk
das Volk durch die Vorstellung zum Aufruhr, die Schätzung '`
bringe nichts anderes als offenbare Knechtschaft mit sich,
und so forderten sie das gesamte Volk auf, seine Freiheit zu
schützen. Denn jetzt sei die beste Gelegenheit gegeben, sich
Ruhe, Sicherheit und dazu auch noch Ruhm zu verschaffen.
Gott aber werde nur dann bereit sein, ihnen zu helfen, wenn
sie ihre Entschlüsse thatkräftig ins Werk setzten [...].
Derartige Reden wurden mit größtem Beifall aufgenommen, und
so dehnte sich das tollkühne Unternehmen bald ins Ungeheuer-
liche aus. Kein Leid gab es, von dem infolge der Hetzarbeit
jener beiden Männer unser Volk nicht heimgesucht worden wäre. Ein Krieg nach dem anderen brach aus, und es konnte
nicht fehlen, daß die Juden unter den beständigen Angriffen
schwer litten. Ihre wahren Freunde, die ihnen hätten beiste-
hen können, hatten sie verloren; Räuber machten das Land
unsicher und viele der edelsten Männer wurden ermordet, angeblich um der Freiheit willen, in Wahrheit aber nur aus
Beutegier. So kam es zu Aufständen und öffentlichem Blutvergießen, wobei bald die Bürger in der Sucht, keinen von der
Gegenpartei am Leben zu lassen, sich gegenseitig mordeten,
bald die Feinde niedergemacht wurden. Um das Elend voll zu
machen, entstand dann auch noch Hungersnot, die zu allen
möglichen Freveln die Wege ebnet, sodass ganze Städte verwüstet wurden und endlich sogar der Tempel infolge des Auf-
ruhrs in Flammen aufging. So wurde die Neuerungssucht und
das Rütteln an den althergebrachten Einrichtungen den Übel-
thätern selbst zum Verderben."

So weit dieser anschauliche römerfreundliche Bericht der politischen Unruhen zur Zeit des Jesus von Nazareth und später.

Die bekannte Stelle in den synoptischen Evangelien, nach
welcher Jesus gesagt haben soll, daß man dem Kaiser das zu geben habe, was ihm zukomme (Matth 22,15-22; par.), beweist, daß
nicht alle Juden der Auffassung der Zeloten und Sikarier anhingen. Offensichtlich waren die Pharisäer und Herodianer von Jesu
Antwort überrascht, wollten sie ihm doch eine Falle stellen,
damit er sich ihnen als politischer Rebell im Sinne der Zeloten
offenbare. Die hier erwähnten Herodianer waren Anhänger der

Herodianischen Dynastie und damit am besten geeignet, der römischen Obrigkeit das kaiserfeindliche Wort zu überbringen, das man von Jesus zu hören hoffte.

Jesus gab durch seine Antwort deutlich zu erkennen, daß seine eschatologische Einstellung unpolitisch war und damit große Ähnlichkeiten mit der seines älteren Zeitgenossen Jochanan ben Zakkai aufwies. Dieser trat wahrscheinlich zwischen 20 und 30 n. Chr. wie Jesus in Galiläa auf und scharte eine Friedenspartei um sich. Später, nach dem Jüdischen Krieg, gründete er den Rabbinismus .

Diese protorabbinische Friedenspartei hielt sich ebenso vom Aufstand gegen die Römer im Jahre 66 n. Chr. fern wie die christlichen Juden und ihre heidnischen Konvertiten. Nach der furchtbaren Niederlage des jüdischen Aufstandes 73 n. Chr. versuchte die Friedenspartei eine neue Welle des militanten Nationalismus zu verhindern, was ihr jedoch nicht gelang. Jochanan ben Zakkai wurde daraufhin als Führer der rabbinischen Akademie in Jabne abgesetzt. Die radikale nationalistische Richtung hatte sich durchgesetzt.

Hiermit war auch das Schicksal des christlichen Judentums [5] als einer möglichen jüdischen Variante besiegelt. Unter Rabbi Gamaliel II. - ein Enkel ausgerechnet jenes Gamaliels, der Petrus vor dem Synedrium vor dem Tod bewahrt hatte (Apg 5,34f) - vertrieb man die Christen aus den Synagogen und nahm in das tägliche Achtzehnbittengebet (=Achtzehngebet) die Ketzerformel als 12. Bitte auf, ein Fluch, der sich u.a. gegen die Christen richtete:

"Den Abtrünnigen sei keine Hoffnung, und die freche Regierung [= Rom] mögest du [= Jahwe] eilends ausrotten in unseren Tagen, und die Nazarener und die Ketzer mögen umkommen in einem Augenblick, ausgelöscht werden aus dem Buch des Lebens und mit den Gerechten nicht aufgeschrieben werden. Gepriesen seist du, Jahwe, der Freche beugt!" [6]

Dem palästinischen Talmud [7] ('Talmud Jeruschalmi') kann man entnehmen, daß es im Jahre 70 n. Chr., als der Tempel zerstört wurde, vierundzwanzig Zweige des Judentums gegeben haben soll (jSanhedrin 29c). So ist es nicht sehr erstaunlich, wenn es seinerzeit auch eine jüdische Bewegung gab, die der Überzeugung war, daß in Jeschua von Nazareth die langersehnte messianische Erlösergestalt des Judentums gekommen sei.

Diese Gruppe von Juden begann nach der Kreuzigung Jesu, in ihrer Liturgie messianische Riten zu vollziehen und zusätzlich zu den überkommenen alten jüdischen Festen neue zu feiern. Der Kern ihres Glaubens war die Überzeugung, daß der Messias (griech. 'Christos') in der Person des Jesus von Nazareth gekommen war, so daß man sie und die Heiden, die sich ihnen angeschlossen hatten, bald als 'Christianoi', als Christen, bezeichnete (vgl. Apg 11,26) [*].

Über die verschiedenen messianischen Vorstellungen, die seinerzeit im Umlauf waren, wurde schon ausführlich berichtet. Man kann sie jedoch alle auf zwei Grundvorstellungen reduzieren.

Die erste und vorherrschende Überzeugung war die nationalistische Vorstellung, der Messias würde in dieser Welt das vereinigte alte davidisch-salomonische Königreich Israels wiederherstellen, worauf eine lange Zeit des Friedens und Überflusses folgen werde, die von einer universalen Harmonie zwischen Natur und Mensch und zwischen den Völkern bestimmt wäre.

Die zweite Auffassung bestand in einem unpolitischen Glauben an eine geistige Erneuerung Israels, die mit der Errichtung der Herrschaft Gottes durch eine göttliche Neuschöpfung des gesamten Kosmos einherging (vgl. Jes 65,17ff; 66,22ff; Apk 21,1ff).

Jesus von Nazareth und Johannes der Täufer sind in eine Gesellschaft hineingeboren, die von solchen komplexen apokalyptischen Messiasvorstellungen geprägt war.

Wahrscheinlich hatte es ursprünglich einen Johannes- und einen Jesuskreis gegeben, wobei die Schüler des Johannes sich später teilweise der christlichen Bewegung anschlossen, so daß die übergetretenen Johannesjünger ihren Meister dann als den wiedergekommenen Elia verehrten, eine Überlieferung, die sich z.B. in Matth 11,14; 17,10ff widerspiegelt. Neben der Bußtaufe war für den Johanneskreis eine asketische Lebensweise einschließlich des Fastens charakteristisch, die von Jesus und seiner Anhängerschar nicht in diesem Maße berichtet wird.

Die Glaubensauffassung Jesu scheint dagegen weniger rituali-

stisch, als vielmehr ethisch orientiert gewesen zu sein. Auch
Paulus hielt die alten jüdischen Bräuche für überholt, nachdem
ihm Jesus als der Christus bei seinem Damaskuserlebnis erschienen war. In dem Maße, wie Johannesschüler und ehemalige Essener
der frühen Kirche beitraten (vgl. Kap. IX. 3.), gewann dann auch
ein neuer - jetzt christianisierter - Ritualismus einschließlich des Fastens und anderer Frömmigkeitsübungen mehr und mehr
an Gewicht in der frühchristlichen Kirche.

2.   J e s u s   v o n   N a z a r e t h

Von Hillel, dem älteren frührabbinischen Zeitgenossen Jesu, ist
folgendes Wort überliefert (Mischna Abot II, 5):

> "Hillel sagte: Sondere dich nicht von der Gemeinde ab, und
> vertraue nicht auf dich selber bis zum Tage deines Todes.
> Richte deinen Gefährten nicht, ehe du nicht in seine Lage
> gekommen bist. Sage kein Wort, das man nicht hören soll,
> denn schließlich wird es doch gehört."

Dieser Ausspruch könnte durchaus von Jesus von Nazareth [9]
stammen (vgl. Matth 7, 1f; Matth 15, 11).

Auf jeden Fall lehnte auch Jesus die vorherrschende Absonde-
rungstendenz der Pharisäer (peruschim) ab. Ebenso wandte er
sich gegen ihr übertriebenes Speise- und Reinheitsbrauchtum.
Auch mit der Jerusalemer Priesterschaft und den Sadduzäern geriet er in Konflikt. All dies spiegelt sich relativ deutlich in
den Evangelien wider. Wie man seiner berühmten Antwort auf die
an ihn herangetragene Frage, ob man dem Kaiser Steuern zahlen
dürfe (Matth 22, 15-22), entnimmt, verabscheute Jesus alle Formen der Gewalt und distanzierte sich von der Richtung der Zeloten und Sikarier [10].

Obwohl er gelegentlich auf kosmische Endzeiterwartungen anspielte, wird man ihn nicht als einen radikalen eschatolo-

gischen Verkündiger bezeichnen können - wie es zu seiner Zeit
nicht wenige gab (vgl. z.B. Apg 5,36; 21,38) -, sondern eher
als einen charismatischen Lehrer (Protorabbi), dessen Lehre
eschatologische Elemente enthielt, und der wie andere Protorabbinen durch die Kraft des Glaubens Heilungen und Dämonen-
austreibungen sowie andere Wundertaten vollbrachte.

So berichtet der Talmud von einem Rabbi Hanina bar Dosa, der
eine Generation nach Jesus lebte und für seine Wunderheilungen
berühmt war. Über ihn heißt es in bTaanit 24b:

> "Tag für Tag geht eine Art Stimme hervor, die spricht: Die
> gesamte Welt wird um meines Sohnes Hanina willen ernährt,
> und mein Sohn Hanina begnügt sich von Schabbatvorabend zu
> Schabbatvorabend mit einem Doppelliter Johannisbrot."

Also auch in diesem Fall wird ein rabbinischer Wundertäter
von einer himmlischen Stimme - ähnlich wie Jesus bei seiner
Taufe (Matth 3,16f) - als 'mein Sohn' bezeichnet.

Über eine Wunderheilung dieses Rabbi Hanina liest man im
Talmud folgendes (bBerakot 34b):

> "Unsere Meister lehrten: Es geschah einmal, daß der Sohn
> Rabban Gamaliels [Gamaliel II.] [1] erkrankte. Er schickte
> zwei Gelehrte zu Rabbi Hanina, Dosas Sohn, damit er für ihn
> um Erbarmen bitte. Sobald er diese sah, stieg er zum Oberge-
> mach hinauf und bat für ihn um Erbarmen. Indem er herunter-
> kam, sagte er zu ihnen: Gehet, denn das Fieber hat ihn ver-
> lassen. Sie sagten zu ihm: Bist du denn ein Prophet? Er sag-
> te zu ihnen: Nicht Prophet bin ich, auch nicht eines Prophe-
> ten Sohn bin ich [Am 7,14], sondern so habe ich es empfan-
> gen: Wenn das Gebet meinem Munde geläufig ist, so weiß ich,
> daß er [daß der Kranke von Gott] angenommen wurde, wenn aber
> nicht, so weiß ich, daß er verworfen wurde. Da setzten sie
> sich und schrieben, indem sie die Stunde genau angaben. Als
> sie zu Rabban Gamaliel kamen, sagte er zu ihnen: Beim Kult!
> Nichts habt ihr abgezogen und nichts habt ihr hinzugefügt,
> sondern genau so ist es geschehen: in ebendieser Stunde hat
> ihn das Fieber verlassen, und bat er uns um Wasser zum Trin-
> ken."

Als besagter Rabbi Hanina auch den Sohn des Rabbi Jochanan
ben Zakkai durch Gebet geheilt hatte, fragte die Frau des Jochanan ihn erstaunt, ob denn Hanina größer sei als er selber,
worauf er zur Antwort gab (bBerakot 34b):

"Nein, sondern er gleicht einem Diener vor dem König, aber
ich gleiche einem Fürsten vor dem König."

Obwohl der Diener oder Knecht unbedeutender ist als der
Fürst, hat er doch einen direkteren Zugang zum König als dieser. Ein Gott nahestehender Wundertäter ist also wie ein Haus-
genosse Gottes, wie ein Sohn Gottes.

In ähnlicher Weise ist im Talmud die Erinnerung an einen
anderen Wundertäter bewahrt, an Honi, 'den Kreiszieher', der
nach dem Bericht des Flavius Josephus (Ant XIV, 2, 1) im Jahre 65
v. Chr. getötet wurde, als er sich geweigert haben soll, vom
Lager des Hyrkan aus dessen Bruder Aristobul zu verfluchen, der
sich in Jerusalem auf dem Tempelberg verschanzt hatte (vgl.
Kap. VII. 3. 2. 1.).

Dieser Honi wurde einmal um Regen gebeten, worauf er einen
Kreis um sich zog und betete (bTaanit 23a):

"Herr der Welt, deine Kinder richten ihr Angesicht auf mich,
weil ich wie ein Kind des Hauses [!] vor dir sei. Ich schwö-
re bei deinem großen Namen, daß ich nicht von hier weiche,
bis du dich über deine Kinder erbarmst."

Als es dann wirklich regnete, wurde er vom damaligen Haupt
der Pharisäer, von Schimon ben Schetach [8], wegen seiner Got-
tesversuchung getadelt mit den Worten (bTaanit 23a):

"Wenn du nicht Honi wärest, würde ich über dich den Bann
verhängen. [...] Aber was soll ich dir tun, wo du dich vor
dem Allgegenwärtigen verfehlst und er dir doch deinen Willen
tut, wie einem Kind, das sich gegen seinen Vater verfehlt
und er ihm doch seinen Willen tut? Wenn er zu ihm sagt: Vater (Abba), laß mich warm baden! übergieße mich kalt! gib
mir Nüsse, Mandeln, Aprikosen und Granatäpfel! so gibt er's
ihm.

Auch hier wird das Verhältnis zwischen Gott und dem Gott
nahestehenden Wundertäter wie das zwischen einem Vater und seinem Sohn beschrieben. Sogar die zärtliche Anrede 'Abba' (=
'liebes Väterchen'), die später auch Jesus benutzt (Mark
14, 36), wird hier verwendet. Aus Matth 23, 7-9 ist ersichtlich,

daß damals 'Abba' (Väterchen) einen Ehrentitel darstellte.

In diesem Sinne wird das 'Abba' auch von Hanan, 'dem Ver-
steckten' ('dem Verborgenen') gebraucht, der ein Enkel des Honi
war und sich nach Sitte der Wundertäter vor der öffentlichkeit
verborgen hielt, wie ja auch später Jesus von Nazareth seine
Heilungswunder im Verborgenen vollbrachte und den Geheilten
befahl, nicht öffentlich über ihre Heilung zu sprechen.
über diesen Hanan lesen wir im Talmud (bTaanit 23b):

"Hanan, der Versteckte, war ein Sohn der Tochter Honis, des
Kreisziehers. Wenn die Welt Regen nötig hatte, schickten
unsere Meister Schulkinder zu ihm. Die packten ihn am Saum
seines Gewandes [vgl. Matth 9,20; 14,36] und sagten zu ihm:
Vater, Vater [Abba, Abba], gib uns Regen! Da sagte er vor
dem Heiligen, gelobt sei er: Herr der Welt, mach es um dieser willen, die nicht unterscheiden können zwischen einem
Vater [Abba], der Regen geben kann, und einem Vater [Abba],
der keinen Regen geben kann."

Man sieht also, daß zur Zeit des zweiten Tempels von Wunder-
tätern berichtet wird, deren Beziehung zu Gott wie die zwischen
Sohn und Vater (Abba) beschrieben wird. Nach dem Bericht der
Evangelien hatte bekanntlich auch Jesus zu Gott ein Verhältnis
wie ein Sohn zu seinem Vater.

Die Parallelen sind auffällig: Honi 'der Kreiszieher' betete
zu Gott wie zu einem Hausgenossen (Kind des Hauses) und wird
mit einem Sohn verglichen, der sich beim Vater einzuschmeicheln
versteht. Hanina steht vor Gott wie sein persönlicher Diener
und wird von der himmlischen Stimme als 'mein Sohn' angesprochen, und Hanan, 'der Versteckte' nimmt das 'Abba, Abba' der
Schulkinder auf und bezeichnet im Gebet Gott als 'den Abba, der
Regen geben kann'. Daß heilige Männer zu Gott wie ein Sohn zu
seinem Vater standen, den sie mit 'Abba' anredeten, trifft also
nicht nur auf Jesus von Nazareth zu, sondern ist im Judentum
seiner Zeit mehrfach auch von anderen überliefert.

Wenn man von Jesus von Nazareth redet, sollte man stets
beachten, daß sein Leben und Wirken als charismatischer Protorabbi im 1. Jahrhundert der christlichen Zeitrechnung bis zu
seinem Tod am Kreuz auf einer völlig anderen Ebene zu beurtei-

len ist als die Bedeutung, die Jesus nach seiner Kreuzigung für
den christlichen Glauben bekam. Der sogenannte nachösterliche
(kerygmatische) Christus hat in der Tradition der christlichen
Kirchen bis heute den sogenannten vorösterlichen (historischen)
Jesus von Nazareth weitgehend überdeckt.

Bei sorgfältiger und unvoreingenommener Lektüre des NT wird
man feststellen, daß dieser Jesus keineswegs die mündliche Thora abschaffen und an ihre Stelle seine eigenen Ansichten setzen
wollte, und erst recht wollte er nicht die schriftliche Thora
und die anderen Bücher der hebräischen Bibel außer Kraft setzen. Ähnlich wie andere Protorabbinen seiner Zeit hat er lediglich alternative Interpretationen nach den traditionellen
hermeneutischen Auslegungsregeln der Pharisäer vorgelegt. Mittels dieser Regeln wird auch im gesamten NT überwiegend argumentiert. [3]

Alle vier Evangelien berichten übereinstimmend von der mystischen Erfahrung, die Jesus bei seiner Taufe zu Beginn seiner öffentlichen Wirksamkeit gemacht hatte:

> "Da kam Jesus von Galiläa zu Johannes an den Jordan, um sich
> von ihm taufen zu lassen. [...] Als aber Jesus getauft war,
> stieg er sogleich aus dem Wasser, und siehe, die Himmel ta-
> ten sich auf, und er sah den Geist Gottes herabschweben wie
> eine Taube und auf ihn kommen. Und siehe, eine Stimme aus
> den Himmeln sprach: 'Dieser ist mein einziger [4] Sohn, an
> dem ich Wohlgefallen habe.'" (Matth 3,13-17; par.).

Daß alle vier Evangelien in diesem Punkt übereinstimmen, ist
ein starker Hinweis darauf, daß es zu ihrer Abfassungszeit eine
weit verbreitete Tradition hierüber gegeben haben muß, die ohne
einen entsprechenden historischen Hintergrund kaum denkbar ist.

Derartige Hallstimmen, wie Jesus sie gehört haben mag, waren
damals im Judentum keine ungewöhnlichen Erscheinungen, und häufig konnte man eine derartige Hallstimme einen Bibelvers sprechen hören. [5]

Das griechische Wort 'pais', das gewöhnlich an dieser Stelle
mit 'Sohn' übersetzt wird, kann jedoch auch 'Knecht' bedeuten. [6]. Manche Wissenschaftler [7] vertreten daher die plau-

sible These, daß in dem ursprünglichen Bericht die Hallstimme
Jesus folgendes Wort aus dem ersten Knecht-Jahwe-Lied bei Deuterojesaja verkündet hat (Jes 42,1):

> "Seht, mein Knecht, den ich stütze, mein Erwählter, an dem
> ich mein Wohlgefallen habe! Ich lege meinen Geist auf ihn,
> daß er den Völkern die Wahrheit verkünde."

Dieses Prophetenwort, in dem von der Gabe des prophetischen
Geistes die Rede ist, entspricht genau der von den Evangelien
geschilderten Situation. Offenbar waren solche mit einem ekstatischen Erlebnis verbundenen Geistesgaben unter den Erregten,
die sich von Johannes im Jordan taufen ließen, nichts Ungewöhnliches (Luk 3,15ff.21f).

Jedenfalls mußte Jesus dieses Prophetenwort der himmlischen
Stimme so verstanden haben, daß er zum Knecht Gottes, also zu
seinem Erwählten, erkoren sei.

Auch wenn wir die in den Evangelien überlieferte Form der
himmlischen Stimme annehmen, die Jesus als 'meinen Sohn' bezeichnet, wird hierdurch die besondere Beziehung ausgedrückt,
in der Jesus zu Gott steht. Durch die Stimme wird Jesus zum
'Sohn' berufen, d.h. er hat einen göttlichen Plan zur Ausfüh-
rung zu bringen.

Die Sohnschaft als Folge seiner Erwählung durch die Himmels-
stimme bei der Taufe bedeutet also doch mehr als nur die Got-
tesnähe des Wundertäters, für die ja auch der Sohnestitel benutzt wurde.

Man muß bei der Sohn-Bezeichnung jedoch nicht sogleich an
einen messianischen Titel denken wie in Ps 2,7. So wird beispielsweise nach Ex 4,22 auch Israel genannt, aus dem Gott seinem Plan zufolge ein Königreich von Priestern und ein heiliges
Volk machen will (Ex 19,6).

Gemäß Weish 2,18 ist es aber auch möglich, unter 'Sohn Gottes' einen Menschen zu verstehen, der in Gottes Augen gerecht
ist. Man kann auch an einen König aus dem Geschlecht Davids
denken nach 2.Sam 7,14-16, eine Stelle, die man nicht unbedingt
messianisch deuten muß.

Es ist also keineswegs gewiß, daß Jesus sich selbst schon

bei seiner Taufe für den verheißenen Gesalbten, den Messias,
angesehen hatte. Durch das mystische Erlebnis der Hallstimme,
die das Prophetenwort Jes 42,1 ertönen ließ, wußte er jedoch,
daß er als ein 'Knecht Gottes' dazu ausersehen war, einen bestimmten göttlichen Plan auszuführen.

Wenn die Vermutung stimmt, Jesus sei bei seiner Taufe nur
als erwählter Knecht Gottes bezeichnet worden, so hat die Hallstimme bei der Verklärung auf dem Berge ihn wahrscheinlich erst
wirklich einen 'Sohn' genannt. Durch die zusätzliche Mose- und
Eliaerscheinung erhält der Sohnestitel an dieser Stelle, wenn
nicht einen messianischen (vgl. Kap.VIII.5.), so doch sicherlich einen prophetischen Sinn:

> "Es begab sich aber [...], da nahm er Petrus, Jakobus und
> Johannes mit sich und stieg auf den Berg, um zu beten. [...]
> Petrus aber und seine Gefährten waren vom Schlaf übermannt.
> Als sie dennoch wachend blieben [18], sahen sie seinen Licht-
> glanz und die zwei Männer, die bei ihm standen. Und es begab
> sich, als diese von ihm scheiden wollten, sprach Petrus zu
> Jesus: 'Meister, es ist gut, daß wir hier sind; wir wollen
> drei Hütten bauen, dir eine und Mose eine und Elia eine' -
> er wußte nicht, was er sagte. Während er dies sagte, kam
> eine Wolke und überschattete sie, und sie fürchteten sich,
> als jene in die Wolke hineingingen. Da erscholl eine Stimme
> aus der Wolke: 'Dieser ist mein einziger [19] (auserwählter)
> Sohn, auf ihn sollt ihr hören!' Und während die Stimme er-
> scholl, fand es sich, daß Jesus allein war." (Luk 9,28-36).

Diese Verklärungsgeschichte ist in der theologischen Wissenschaft sehr kontrovers diskutiert worden. [20] Daß es durchaus
möglich ist, in ihr einen historischen Vorgang zu sehen, wurde
schon von E.Meyer (Ursprung und Anfänge des Christentums I;
Stuttgart 1921, S.152-157) unter Hinweis auf ähnliche Vorgänge
bei der Entstehung des Mormonentums und an anderen Stellen der
Religionsgeschichte nachgewiesen. Für ihn handelt es sich im
Anschluß an A.v.Harnack [21] um eine Petrus-Vision.

Aus dem geschichtlichen Verklärungsereignis - so E.Meyer -
seien "die Auferstehung und die Erscheinungen des Auferstandenen erwachsen" (a.a.O.).

Die Worte der Hallstimme, die Petrus bei dieser Verklärungsvision in einem halbschlafähnlichen Trance-Zustand tatsächlich

gehört haben mag, werden verständlich, wenn man sie mit
Dtn 18,15 in Verbindung bringt (vgl. auch das in Kap.VIII.5.
über den messianischen Propheten Qumrans im Zusammenhang mit
dieser Bibelstelle Gesagte), wo es heißt, Mose habe verkündet:

"Einen Propheten wie mich wird dir Jahwe, dein Gott, aus der
Mitte deiner Brüder erstehen lassen, auf ihn sollt ihr hören."

Jesus wird in der Petrus-Vision als ein prophetischer Verkündiger erkannt, auf den schon das AT hingewiesen hat. Es ist
aber zu beachten, daß man den Bezug auf Dtn 18,15 nicht unbedingt messianisch deuten muß, wie das die apokalyptisch orientierten Qumran-Essener getan haben.

Auf jeden Fall können wir aus diesen Stellen nicht mit Sicherheit schließen, Jesus habe sich selber als den Messias gesehen.

In dem Zusammenhang ist auch das hohe Selbstbewußtsein Jesu
zu betrachten, das aus der Gewißheit seiner Gottessohnschaft
resultieren mochte, wenn er folgendes Jubellied anstimmte
(Matth 11,25-27):

"Ich preise dich, Vater, Herr des Himmels und der Erde, daß
du dieses vor Weisen und Klugen verborgen, Unmündigen aber
geoffenbart hast. Ja, Vater, so war es wohlgefällig vor dir.
Alles ist mir von meinem Vater übergeben. Und niemand kennt
den Sohn als der Vater; und den Vater kennt niemand als nur
der Sohn und wem der Sohn es offenbaren will."

Bis zur Entdeckung der Qumranschriften glaubte man, ein
solch hohes Selbstbewußtsein, wie es Jesus hier zeigt, sei etwas Einmaliges im antiken Judentum. Jetzt weiß man jedoch, daß
dieser Jubelhymnus Jesu starke Ähnlichkeiten mit den Gebeten
der Hymnenrolle von Qumran aufweist. Sowohl die Wahl der Worte
als auch der rhythmische Aufbau dieser Gebete zeigt eine ver-
blüffende Ähnlichkeit mit obigem Lied. So behauptet der essenische Autor (vielleicht der 'Lehrer der Gerechtigkeit') von
sich (1QH II,8f):

"Und ich wurde [...] zur Klugheit für die Einfältigen und

zum festen Sinn für alle, die bestürzten Herzens sind."

Mit der Klugheit ist das Wissen um die göttlichen Mysterien gemeint. Die folgende Stelle aus der Hymnenrolle (1QH IV, 27-29) verrät ein ähnlich hohes Selbstbewußtsein des charismatischen Apokalyptikers:

"Und durch mich hast du das Angesicht vieler erleuchtet und dich stark erwiesen zu unzähligen Malen. Denn du hattest mich unterwiesen in deinen wunderbaren Geheimnissen, und durch dein wunderbares Geheimnis hast du dich stark an mir erwiesen, wunderbar zu handeln vor vielen um deiner Ehre willen und kundzutun deine Machttaten allen Lebendigen."

Kommen wir noch einmal kurz zurück auf die Taufszene, bei der vom 'Aufreißen der Himmel' und dem Herabkommen des Geistes die Rede ist. Eine beachtenswerte Parallele hierzu findet sich innerhalb der Testamente der Zwölf Patriarchen, einer schon kurz behandelten pseudepigraphischen Schrift aus dem Umfeld von Qumran. In Test III, Levi 18 lesen wir über den priesterlichen Messias:

"[...] wird dann der Herr dem Priestertum einen neuen Priester erwecken, welchem alle Worte des Herrn werden enthüllt werden. [...] Die Himmel werden sich öffnen, und aus dem Tempel der Herrlichkeit wird über ihn Heiligkeit kommen mit väterlicher Stimme wie von Abraham, dem Vater Isaaks. Und die Herrlichkeit des Höchsten wird über ihn gesprochen werden, und der Geist des Verstandes und der Heiligung wird auf ihm ruhen."

Hier ist ein Zusammenhang hergestellt zu Abraham und seinen Sohn Isaak, der ja auch als 'einziger Sohn' bezeichnet wird, wenn Gott zu Abraham spricht (Gen 22,2):

"Nimm deinen einzigen Sohn, den du liebhast, den Isaak, [...] und bringe ihn auf einem der Berge, den ich dir sagen werde, als Brandopfer dar!"

Ferner erinnert der Satz 'mein einziger (geliebter) Sohn, an dem ich Wohlgefallen habe' (Matth 3,17), den die Hallstimme bei der Taufe Jesu gesprochen hat, deutlich an eine Stelle aus dem pseudepigraphischen Buch der Jubiläen (Jubil 17,16):

"Abraham liebt seinen Sohn Isaak und findet an ihm über alles Gefallen."

Nimmt man all dies zusammen, so wird schon bei der Taufszene
Jesu seine Sohnschaft verbunden mit der Vorausahnung seines
künftigen Leidens, das mit der Fesselung Isaaks durch dessen
Vater Abraham (Gen 22,9) in einen Zusammenhang gebracht wird.
Auch bei der Verklärungsvision, die Jesus als den prophetischen Künder ausweist, indem sie ihn auf eine Stufe mit den
großen alten Propheten Mose und Elia stellt, wird im Bericht
des Lukas zugleich auf seinen Leidensweg hingewiesen (Luk
9,31).
Im Gleichnis von den Weingärtnern [88] verbindet Jesus dieses
Bewußtsein von seiner Sohnschaft und seiner Bestimmung als prophetischer Künder mit der Ahnung um sein tragisches Ende. Er
richtete dieses Gleichnis am Ende seiner Wirksamkeit an die
Hohenpriester im Tempel (Luk 20,9-19):

"Ein Mann pflanzte einen Weinberg und verpachtete ihn an
Winzer und reiste für lange Zeit in die Fremde. Und als es
an der Zeit war, sandte er einen Knecht zu den Winzern, damit sie ihm von der Frucht des Weinbergs geben sollten. Die
Winzer aber schlugen ihn und schickten ihn leer fort. Und er
sandte nochmals einen anderen Knecht; sie aber schlugen und
beschimpften auch den und schickten ihn leer davon. Darauf
sandte er einen dritten; sie verwundeten auch den und warfen
ihn hinaus. Da sprach der Herr des Weinberges: 'Was soll ich
tun? Ich will meinen geliebten Sohn senden; vor ihm werden
sie wohl Achtung haben.' Als ihn aber die Winzer sahen,
überlegten sie miteinander und sagten: 'Das ist der Erbe;
wir wollen ihn töten, damit das Erbe unser werde.' Sie warfen ihn aus dem Weinberg hinaus und töteten ihn. Was wird
nun der Herr des Weinberges ihnen tun? Er wird kommen und
diese Winzer zugrunde richten und den Weinberg anderen geben."

Durch das Gleichnis wird der Zusammenstoß mit der sadduzä-
ischen Tempelaristokratie eingeleitet, der zum Tod Jesu am
Kreuz führen sollte. Offenbar verstanden die Hohenpriester das
Gleichnis richtig (Luk 20,19). Sie selbst waren mit den bösen
Weingärtnern gemeint. Der Weinberg stellt das Volk Israel dar,

dessen Pflege in die Hand der Priester gelegt war.

Jesus spielt mit dem Bild auf Jes 5,1-7 an. Die Tempelprie-
sterklasse, die sich als 'böse Winzer' erwiesen hatte, werde
umkommen - so die Prophezeiung - und der Weinberg werde anderen
gegeben. Dieses prophetische Wort ist nach der Tempelzerstörung
70 n. Chr. dann tatsächlich in Erfüllung gegangen, als die
Schicht der Sadduzäer unterging. Mit den Knechten des Gleich-
nisses, die zu den Winzern geschickt wurden, sind die prophetischen Gottesboten gemeint, welche verfolgt und getötet wurden
- galt doch Jerusalem als 'Prophetenmörderin' (vgl. Matth
23,29-36; par.). Auch der Sohn Jesus gehörte zu ihnen. [83] Er
wird wohl geahnt haben, daß seine Sohnschaft nicht zum Leben,
sondern zum Tode führen sollte, den schon manche Propheten vor
ihm erleiden mußten.

Gemäß Luk 19,47-48 (Mark 11,18-19) lehrte er kurz vor seiner
Festnahme täglich im Tempel, und

> "die Hohenpriester aber und die Schriftgelehrten und die
> Vornehmen suchten ihn zu vernichten, wußten aber nicht, was
> sie tun sollten, denn das ganze Volk, das ihn hörte, hing an
> ihm." (Luk 19,47f).

Mit den hier erwähnten Schriftgelehrten sind sehr wahrscheinlich keine Pharisäer gemeint, sondern die Schriftgelehrten des Tempels [84], und die 'Vornehmen' waren die Mitglieder
der sadduzäischen Priesterpartei. Daß diese Kreise den 'prophetischen Unruhestifter' Jesus von Nazareth zu vernichten suchten, erscheint nur allzu verständlich, hatte er ihnen doch in
seinem Gleichnis von den Weingärtnern den Untergang verkündet.
Auch seine Prophezeiung von der Zerstörung des Jerusalemer
Tempels mußten ihm die Hohenpriester und Sadduzäer übelnehmen
(Luk 21,5-6):

> "Und als einige vom Tempel sagten, daß er mit schönen Stei-
> nen und Weihegeschenken geschmückt sei, sprach er: 'Was ihr
> da anschaut - es werden Tage kommen, da kein Stein auf dem
> anderen bleiben wird, der nicht weggerissen wird.'"

Wir wissen, daß ungefähr vierzig Jahre später der Tempel tatsächlich in Flammen aufging. Die unerträglich gewordene römische Unterdrückung führte - wie schon berichtet - 66 n.Chr. zu einer großen von den Zeloten angezettelten Aufstandsbewegung gegen Rom, bei welcher der Jerusalemer Tempel den Sadduzäern, die beim Volk sehr verhaßt waren und anfänglich mit Rom paktierten, als Bollwerk diente.

Jesus war übrigens nicht der einzige, der die Zerstörung des Tempels in einer politisch sehr unruhigen Lage vorausgesehen hat. So schreibt Josephus (Bell VI,5,3) über ein Ereignis, das im Jahre 62 n.Chr. am Laubhüttenfest stattfand:

"Noch unheimlicher aber war folgendes: Ein Mann namens Jesus, der Sohn des Ananus, kam vier Jahre vor Beginn des Krieges - die Stadt lag in tiefstem Frieden, und überall herrschte großer Wohlstand - zu jenem Fest, an dem nach altem Brauch alle Juden zur Ehre Gottes nahe beim Tempel Laubhütten aufschlagen; da mit einem Male begann er laut aufzuschreien: 'Wehe vom Aufgang, wehe vom Untergang, wehe von den vier Winden, wehe über Jerusalem und über den Tempel, wehe über alle, die Bräutigam und Braut sind, wehe über das ganze Volk!' Und er schrie es Tag und Nacht und lief dabei in der ganzen Stadt umher. Einige angesehene Bürger ärgerten sich über das Wehgeschrei, ergriffen den Mann und schlugen ihn heftig. [...] Die verantwortlichen Führer des Volkes vermuteten zu Recht, der Mann fühle sich bei seinem Tun von einer höheren Macht getrieben, und so führten sie ihn zum römischen Statthalter. Dort wurde er gegeißelt, bis ihm das Fleisch von den Knochen gerissen war, aber er bat nicht um Milde und vergoß keine Träne, sondern antwortete auf jeden Schlag nur, indem er - freilich mit kläglichen Lauten - den Ruf hervorpreßte: 'Wehe über Jerusalem!'. Als Albinus, das war der Name des Statthalters, ihn fragte, wer er sei und woher er komme, beantwortete er die Frage nicht, sondern setzte nur seine Klagerufe über die Stadt fort, bis Albinus überzeugt war, daß er es mit einem Verrückten zu tun habe, und ihn freiließ."

Also auch hier, ungefähr dreißig Jahre nach der Tempelprophezeiung des Jesus von Nazareth, sagte ein anderer Jesus den Untergang des Tempels voraus und wurde deshalb - wie dieser - an den römischen Prokurator ausgeliefert.

Auch die berühmte Szene der Tempelreinigung, die alle vier Evangelien überliefern und der sicherlich ein historisches

Ereignis zugrundeliegt, mußte den Unmut der Priesterschaft und
ihrer Anhänger noch weiter schüren (Luk 19,45f) [25] :

"Und als er in den Tempel eingetreten war, fing er an, die
Verkäufer hinauszutreiben. Und sprach zu ihnen: 'Es steht
geschrieben [Jes 56,7]: 'Mein Haus soll ein Haus des Gebetes
sein; ihr aber habt es zu einer Räuberhöhle gemacht.
[Jer 7,11].'"

Das Tempelwort (vgl. auch Luk 13,35) und die Vertreibung der
Händler stellt wohl den Gipfel der prophetischen Verkündigung
Jesu in Jerusalem dar. Als Jesus später in das Haus des Hohenpriesters gebracht wurde und sich dort die Herren der Tempel-
leitung versammelten, war es gerade dieses gefährliche Wort vom
Sturz des Tempels, weswegen Jesus vor das Synedrium gebracht
werden sollte. Man suchte daher - zunächst offenbar vergeblich
- nach Zeugen, die die Aussage Jesu beglaubigen konnten und die
man schließlich - nach dem Bericht des Matthäus - auch fand
(Matth 26,57-61).

Aus dem Bisherigen folgt aber keineswegs, daß Jesus zu seinen Lebzeiten bewußt sterben wollte, um den - angeblichen -
Willen seines göttlichen Vaters zu erfüllen, nämlich durch sein
kurzes Leiden die Sünden der anderen zu sühnen. Auch erscheint
die Vorstellung absurd, Jesus hätte seinen Tod selber derart
konstelliert, daß er in akribischer Weise die alten Prophetentexte erfüllen wollte. [26] Überdies wird sich Jesus selber kaum
zu seinen Lebzeiten so deutlich als der leidende und sühnende
Gottesknecht aus Deuterojesaja verstanden haben. Erst nach seiner Kreuzigung hat die junge Kirche sein Leiden und Sterben
unter Bezug auf die Knecht-Jahwe-Sprüche und die an Gen 22,8ff
anschließende 'Opferlamm-Theologie' (Joh 1,29-34) gedeutet.

Aufschlußreich hinsichtlich des Selbstverständnisses Jesu
ist folgende Stelle der synoptischen Evangelien, die wir nach
Markus (Mark 8,27-30) zitieren wollen, da diese Fassung wohl
die ursprüngliche ist:

"Und Jesus ging mit seinen Jüngern weiter in die Dörfer bei

Cäsarea Philippi. Unterwegs fragte er seine Jünger: 'Für wen
halten mich die Leute?' Sie antworteten ihm: 'Für Johannes
den Täufer, andere für Elia, wieder andere für sonst einen
der Propheten.' Da fragte er sie: 'Ihr aber, für wen haltet
ihr mich?' Petrus antwortete ihm und sprach: 'Du bist der
Messias.' Da schärfte er ihnen aufs strengste ein, niemandem
etwas von ihm zu sagen."

Die Menschen hielten nach diesem Bericht Jesus also für einen Propheten. Im Volk war der Glaube, Johannes der Täufer sei
der wiedergekommene Prophet Elia gewesen, weit verbreitet. Nach
dem Bericht des AT ist Elia nicht gestorben, sondern auf einem
'Feuerwagen' in den Himmel entrückt worden (2.Kön 2,11), so daß
er - nach der damals gängigen Vorstellung - durchaus irgendwann
auf Erden wieder erscheinen konnte. Er sollte dann den Weg für
das messianische Reich bereiten (vgl. Matth 11,7-15; 17,10-13).
Somit war schwer vorstellbar, daß dieser wiedergekommene Elia-
Johannes nach seiner Hinrichtung durch Herodes Antipas unwiderruflich gestorben sein sollte.

Viele Menschen glaubten daher, Johannes sei nach seiner
Enthauptung in Jesus von Nazareth wieder auferstanden; sogar
Herodes selber scheint dies gedacht zu haben (Mark 6,14-16).

Wir haben schon ausgeführt, daß sich Jesus seit seinem
Tauferlebnis wahrscheinlich als einen prophetischen Verkündiger
verstanden hat. Dem entspricht folgende Aussage, die er anläßlich eines Auftritts in der Synagoge seiner Vaterstadt gemacht
haben soll (Luk 4,24):

"Wahrlich, ich sage euch: Kein Prophet ist willkommen in
seiner Vaterstadt."

Oder seine Antwort an die Pharisäer, die ihn vor den Nachstellungen des Herodes Antipas warnen wollten (Luk 13,33):

"denn es geht nicht an, daß ein Prophet außerhalb Jerusalems
umkomme."

Auch an anderen Stellen des NT findet man Spuren einer solchen Auffassung, und die späteren judenchristlichen Sekten der
Ebioniten (vgl. 4.) und Nazarener haben stets die prophetische

Würde Jesu betont. [27] Man kann aber aus den Evangelien nicht herauslesen, daß Jesus sich als den endzeitlichen messianischen Propheten im Sinne der essenischen Messiaslehre verstanden hat; dies gehört sehr wahrscheinlich zur Christologie der frühen Kirche. [28]

Sicherlich wurde Jesus jedoch schon zu seinen Lebzeiten von einigen für den Messias gehalten. Petrus dürfte hier nicht der einzige gewesen sein, da sonst Pilatus wohl schwerlich auf das Kreuz Jesu 'König der Juden' hätte schreiben lassen (Mark 15,26). Wir haben auch schon bei unserer Erörterung des apokalyptischen Menschensohn-Titels ausgeführt (vgl. Kap. VIII. 1.1.(2)), daß Jesus den Ps 110 messianisch gedeutet hat (vgl. Mark 12,35-37) und auf diesen Psalm vor dem Hohenpriester anspielte, der ihn vor seiner Auslieferung an die Römer fragte, ob er der Messias sei. Nach Lukas soll Jesus geantwortet haben (Luk 22,69) [29]:

"Doch von nun an wird der Menschensohn zur Rechten der Kraft Gottes sitzen",

so daß alle Anwesenden diese Aussage als ein indirektes Bekenntnis Jesu zu seiner messianischen Würde ansehen mußten.

Hier scheint sich Jesus also - wenn auch indirekt - mit dem Menschensohn gleichgesetzt zu haben.

Wenn man versucht, aus den obigen Ausführungen etwas über Jesu Selbstverständnis herauszukristallisieren, so kann man vermuten, er habe sich zunächst - aufgrund seines Tauferlebnisses - nur für den Erwählten Gottes, für seinen einzigen Sohn, gehalten, der Zugang zu den göttlichen Mysterien besitzt und daher ein Werkzeug in Gottes Heilsplan ist. Auch als einen prophetischen Verkünder wird er sich angesehen haben. Möglicherweise hat er zunächst auf einen anderen gewartet, wurde dann aber wohl gegen Ende seines Auftretens mehr und mehr davon überzeugt, daß er selbst der kommende Menschensohn sein müsse, da andernfalls das Gespräch bei Cäsarea und Jesu Worte an Petrus (Matth 16,17) - wenn sie denn echt sind - sowie seine Antwort an den Hohenpriester schwer verständlich wären. [30]

Wir wollen nun kurz auf die jüdischen Voraussetzungen und
den jüdischen Hintergrund der christologischen [311] Deutung des
Kreuzestodes Jesu eingehen, wie sie von der frühen Kirche ausgearbeitet wurde.

Wir haben schon gesehen, daß man die Worte der Hallstimme
bei der Taufe Jesu (Matth 3,17) als eine Verbindung des Themas
vom leidenden, sterbenden und sühnenden Knecht Jahwes
(Jes 42,1) mit dem von Isaaks 'Fesselung' (Gen 22,9) interpretieren kann.

Auch das Thema des heiligen Geistes ist in Jes 42,1 und damit in Matth 3,17 angesprochen. Bei ihrer 'nachösterlichen'
Deutung sahen die ersten Christen - quasi im Rückblick - das
künftige Schicksal Jesu durch den Verweis auf Isaak bei der
Taufe schon vorweggenommen.

So nimmt der Evangelist Johannes ausdrücklich diese drei Motive
(Jahwe-Knecht, Isaaks 'Fesselung', heiliger Geist) zusammen, um
das Taufereignis am Jordan zu deuten. In Joh 1,29-34 bezeichnet
er Jesus als 'Lamm Gottes, das die Sünde der Welt wegnimmt' und
damit an Isaak erinnert, der als Opferlamm geschlachtet werden
sollte (Gen 22,8). Wie der Jahwe-Knecht aus dem Deuterojesaja-
Buch den heiligen (göttlichen) Geist empfing (Jes 42,1) und die
Zusicherung, daß sein Opfer eine erlösende Wirkung für Israel
habe (Jes 53,5.8.11f), so empfing auch Jesus die Gabe des heiligen Geistes bei seiner Taufe; und dieser trieb Jesus dazu -
so die christologische Deutung nach dem Tod Jesu am Kreuz -,
genau das zu erfüllen, was der Gottesknecht des Deuterojesaja
symbolisierte, welcher 'sein Leben als Schuldopfer hingibt für
die vielen' (Jes 53,10-12; vgl. auch Matth 20,28 und Röm 5,6-
21). Hierdurch wird Jesus zum geliebten (einzigen) Sohn Gottes,
wie auch Isaak der geliebte Sohn Abrahams war und sich willig
zum Opferaltar führen ließ.

Über Isaaks Gehorsam gab es eine alte Tradition, die Josephus in seinen Jüdischen Altertümern mit folgenden Worten wiedergibt (Ant I,13,4):

"Isaak aber, edelmütig, da er von einem solchen Vater ab-
stammte, nahm die Rede gutwillig auf und sprach: Er wäre
nicht wert geboren zu sein, wenn er nicht dem folgen würde,
was Gott und sein Vater über ihn beschlossen hätten, da es
doch schon unrecht sei, den Gehorsam zu versagen, wenn sein
Vater allein befehlen würde. Darauf trat er zum Altare hin,
um sich schlachten zu lassen."

Die Taufe Jesu geht also - folgt man dieser christologischen
Deutung - schon in seine 'Fesselung' (Gen 22,9), d.h. in seine
Kreuzigung, über. So haben sich auch die Gläubigen der frühchristlichen Gemeinden bei ihrer eigenen Taufe mit dem Sühneopfer Jesu identifiziert und wurden hierdurch zu 'Kindern Gottes'. Paulus spricht daher auch von einer Taufe 'in den Tod
Jesu hinein' (vgl. Röm 6,1-11).

Wir haben schon gesehen, daß sowohl die Täufer- als auch die
Jesusbewegung zunächst nicht außerhalb des Judentums standen.
So lehnten die ersten Christen auch weder den Tempel noch die
Synagogen ab. Der Cäsarea-Philippi-Episode (Matth 16,13-20;
vgl. auch Matth 22,41-45) ist zu entnehmen, daß die Jünger Jesu
keine klare Vorstellung darüber hatten, wer Jesus wirklich war
und wie sein Auftrag aussah. Daher ist anzunehmen, daß auch die
große Masse, die ihn predigen hörte, dies nicht viel deutlicher
wußte. Daß man aus den synoptischen Evangelien nicht herauslesen kann, Jesus habe sich während seines öffentlichen Auftretens in direkter Weise als den 'Gesalbten' bezeichnet, wurde
schon ausgeführt; ebenso läßt sich anhand der Evangelien nicht
beweisen, daß er sich für einen König aus Davids Geschlecht
hielt oder von sich selbst glaubte, er sei der in Qumran erwartete priesterliche Messias. So berichtet das Matthäusevangelium, Jesus habe, nachdem er sich zustimmend von Petrus als den
Messias (christos) hatte bezeichnen lassen (16,16f), hinzuge-
fügt (16,21; par.):

"Von da an begann Jesus seinen Jüngern zu zeigen, er müsse
nach Jerusalem gehen und von den Ältesten und Hohenpriestern
und Schriftgelehrten [38] vieles leiden und getötet werden
und am dritten Tage auferweckt werden."

Hier wird die nur im Matthäusevangelium von Jesus ausdrück-
lich bestätigte Messianität seiner Person - vgl. Mark 8,30;
Luk 9,21 - sogleich verbunden mit dem schmerzlichen Auftrag,
der leidende Gottesknecht zu sein. Es ist durchaus plausibel,
wenn Petrus dies nicht verstehen will (Matth 16,22f;
Mark 8,32f), da er offensichtlich der im Volk vorherrschenden
Messiasvorstellung anhing, nach welcher der Gesalbte als ein
König aus dem Geschlecht Davids ein heldenhafter politischer
Befreier sein sollte. Solch eine politische Messiasvorstellung
vertrug sich in keiner Weise mit der Leidensankündigung Jesu,
derzufolge er viel leiden und schließlich sterben müsse, um am
dritten Tage auferweckt zu werden.

Die politische Messiasvorstellung des Petrus weist Jesus
gemäß Matth 16,23 (Mark 8,33) ausdrücklich zurück und spricht
daraufhin vom 'Menschensohn' als von einer Erlösergestalt
(Matth 16,27f). Er gebraucht hierbei Worte, die an die Bilderreden der Henoch-Apokalypse erinnern, wobei deutlich wird, daß
das Kommen dieses apokalyptischen Menschensohnes etwas völlig
anderes sein wird als das Kommen eines davidischen politischen
Befreiers. Entsprechend unterscheidet sich auch das Leben und
Auftreten Jesu deutlich vom Erscheinen des Menschensohnes 'in
Herrlichkeit' (Matth 16,24-28).

Nach der Verklärungsszene, beim Abstieg vom Berg, wird der
Menschensohn bei Markus und Matthäus mit der Gestalt des leidenden und sterbenden Gottesknechtes identifiziert (Matth
17,9.12; Mark 9,9.12), der als Erlöser jedoch erst zu einer
späteren Zeit in Erscheinung treten werde (vgl. Matth 24).

Weder seine Jünger noch die große Masse wird zu Jesu Lebzeiten verstanden haben, daß Jesus - wenn überhaupt - nur in einem
übertragenen Sinn der 'Messias' war, denn er sollte das Volk
nicht durch politische Machtentfaltung, sondern allein durch
seinen Tod erlösen.

Es ist auch kein Zufall, daß die drei synoptischen Evangelien die soeben besprochene Stelle (Matth 16,21-28; par.) mit
der Verklärung Jesu (Matth 17,1-8; par.) verbunden haben, bei
der Jesus mit den beiden alten prophetischen Verkündern Mose

und Elia gleichgesetzt wird. Beide Gestalten wurden von den
Qumran-Essenern bekanntlich als Repräsentanten des eschatologi-
schen Propheten betrachtet, der die apokalyptische Heilszeit
anzukündigen habe. Nach den Synoptikern kommt diese Funktion
Jesus zu, aber nicht im Sinne eines politischen Befreiers wie
David, sondern als Sohn Gottes, welcher zum Sühneopfer, zum
Opferlamm (Gen 22,9), auserkoren wurde.

Die Verbindung von Opferlamm und Sohn Gottes war im damaligen Judentum nichts völlig Neues. Schon Philo von Alexandrien [33] (ca. 25 v.Chr.-50 n.Chr.) hatte in seinen Schriften
Isaak als Sohn Gottes bezeichnet, und es gab zu Jesu Zeiten
eine Überlieferung, nach der Isaaks 'Fesselung' gerade am Passa-Fest stattgefunden habe. Isaak war also das Urbild des Passalammes, wie Jesus dann im Christentum als das endgültige Passalamm (Osterlamm) galt. Isaaks 'Fesselung' besaß somit für
Israel die Bedeutung eines erlösenden Todes. Durch Jesu Sühnetod am Kreuz wurde diese Erlösungstat Gottes schließlich auf
die Heidenwelt ausgedehnt. [34]

Soviel zum jüdischen Hintergrund der Christologie, die sich
in der frühen Kirche herausbildete und die den Kreuzestod Jesu
als eine die gesamte Menschheit erlösende Heilstat zu deuten
versuchte. Es sei noch einmal betont, daß dies keineswegs bedeutet, Jesus wäre das alles während seines Auftretens so deutlich bewußt gewesen, wie wir es hier darstellen. Noch weniger
dürften - wie schon gesagt - die Menschen, die ihm zuhörten,
verstanden haben, daß er sein Leben hinzugeben habe 'als Löse-
geld für viele' (Matth 20,28).

Das Auftreten und Denken des charismatischen Wanderpredigers
und Lehrers Jesus von Nazareth ähnelt stark dem aller anderen
Protorabbinen seiner Zeit. Sicherlich kann man Unterschiede
feststellen sowohl zwischen seiner Halacha (Auslegung des Gesetzes) und der der Qumran-Essener als auch zwischen ihm und
dem Jerusalemer Priesterestablishment sowie zwischen ihm und
seinen protorabbinischen Kollegen. Man hat jedoch zu bedenken,
daß auch diese Protorabbinen untereinander sowie gegenüber den
religiösen Bewegungen ihrer Zeit häufig unterschiedlicher Mei-

nung waren; andererseits gab es viele Übereinstimmungen zwischen ihnen und Jesus.

Es ist wichtig festzustellen, daß Jesus in keiner Weise das
System der Halacha, also die gesamte mündliche Tradition der
schriftgelehrten Auslegung der Thora, als solches angegriffen
hat. In diesem Sinne ist auch sein bei Matthäus überliefertes
Wort (Matth 5,18f) zu verstehen:

> "Denn wahrlich, ich sage euch: bis Himmel und Erde vergehen,
> wird nicht ein Jota oder Häkchen vom Gesetze vergehen
> [...] [35]. Wer also eines dieser geringsten Gebote aufhebt
> und die Menschen so lehrt, wird der Geringste heißen im Him-
> melreich, wer sie aber tut und lehrt, wird groß heißen im
> Himmelreich."

Wogegen sich Jesus jedoch stets wandte, waren Heuchelei und
mangelndes menschliches Mitgefühl.

So hat Jesus auch niemals die Tradition des Sabbats verworfen. Dies wird ganz deutlich durch ein Jesuswort, das sich im
apokryphen Thomasevangelium [36] erhalten hat (Thom 27):

> "[...] und wenn ihr nicht sabbatlich heiligt den Sabbat,
> werdet ihr nicht sehen den Vater."

Obwohl man dieses Thomasevangelium - wegen der gnostischen
Elemente, die es zum Teil enthält - nicht in den Kanon des NT
aufgenommen hat, ist hier in einigen Fällen eine Tradition bewahrt, die älter als die der synoptischen Evangelien ist.

Jesus griff zwar zuweilen eine allzu strenge Thorainterpre-
tation an, dies aber nur, um hervorzuheben, daß dem Liebesgebot
der Primat allen anderen Geboten gegenüber gebührt.

Besonders klar formuliert Matth 12,7 diesen Sachverhalt,
indem Jesus den Propheten Hosea (Hos 6,6) zitiert, um zu verdeutlichen, daß Gott die Liebe dem Kult vorzieht:

> "Hättet ihr aber erkannt, was das heißt, 'Erbarmen will ich
> und nicht Opfer', dann hättet ihr die Schuldlosen nicht
> verurteilt."

Ähnliches hatten aber auch schon andere Protorabbinen vor Jesus geäußert. So wird im Talmud vom Protorabbi Hillel, der - wie schon mehrfach erwähnt - eine Generation vor Jesus lebte und im Gegensatz zu seinem Kollegen Schammai eine i. a. 'sanftmütigere Halacha' vertrat - folgendes berichtet (bSchabbat 31a):

> "Wiederum geschah es, daß einer aus den Völkern vor Schammai kam und zu ihm sagte: Mache mich zum Proselyten, unter der Bedingung, daß du mich die Weisung [= Thora] ganz und gar lehrst, während ich auf einem Bein stehe! Da stieß er ihn mit dem Meßbrett weg, das er gerade in der Hand hatte. Er kam vor Hillel, der machte ihn zum Proselyten und sagte zu ihm: Was dir verhaßt ist, das tue deinem Genossen nicht an! Das ist die Weisung ganz und gar, das andere ist ihre Auslegung. Gehe und lerne!"

In dem Zusammenhang ist auch der Hillel'sche Prosbul zu erwähnen. Nach Dtn 15,1-6 sollten in Israel jeweils nach sieben Jahren alle ausstehenden Schulden erlassen werden. Dieser Schuldenerlaß führte dazu, daß es gegen Ende der Frist für Arme sehr schwer wurde, Anleihen zu bekommen. Hillel sah also, daß die Befolgung des Gebots, das ursprünglich als eine soziale Maßnahme gedacht war, in seiner Zeit zu völlig unsozialen Verhältnissen führen konnte.

Um den Armen aber weiterhin die für sie lebensnotwendige Möglichkeit des Borgens zu bewahren, führte Hillel seinen Prosbul (= griech. 'für das Gericht') ein. In diesem Falle wurde ein Gebot der Thora aufgehoben und dem Liebesgebot der Vorrang gegeben - Dtn 15,9 legt ein derartiges Verhalten allerdings auch schon nahe -, um auf diese Weise die soziale Ordnung aufrechtzuerhalten. So berichtet die rabbinische Literatur über den Prosbul (Mischna Schebiit X,3f):

> "Der Prosbul bewirkt, daß nicht erlassen wird. Das ist eines von den Dingen, die Hillel, der Ältere, angeordnet hat. Als er sah, daß das Volk sich abhalten ließ, einander zu leihen, und sie damit übertraten, was in der Weisung geschrieben steht [Dtn 15,9]: 'Hüte dich, daß in deinem Herzen kein nichtswürdiger Gedanke sei...', da ordnete er den Prosbul an.
> Dies ist der Text des Prosbul: 'Ich übergebe euch, dem Soundso und dem Soundso, Richtern in dem und dem Ort, die

Erklärung, daß ich jede Schuld, die ich ausstehen habe, von
dem Schuldner zu jeder Zeit, zu der ich will, erheben kann.'
Dann unterschreiben die Richter oder die Zeugen."

Rabbi   Akiba   (ca. 40-135 n. Chr.) schließlich formulierte die
Priorität des Liebesgebots mit folgeden Worten, die in einem
alten Midrasch bewahrt sind (Sifra Lev 19,18; Strack-Billerbeck, S.358):

"'Du   sollst   deinen Nächsten lieben wie dich selbst'
Lev 19,18. R. Akiba sagte: Das ist ein großer allgemeiner
Grundsatz der Thora."

Auch wenn es Jesus - nach dem Zeugnis der Evangelien - in
erster Linie um das Verhalten von Menschen untereinander ging,
kann man keineswegs behaupten, ihm sei das religiöse Brauchtum
des Judentums seiner Zeit mitsamt seinen Riten unwichtig gewesen. So liest man beispielsweise (Matth 23,23; par Luk 11,42):

"Wehe euch, Schriftgelehrte und Pharisäer, ihr Heuchler! Ihr
gebt den Zehnten von Minze und Dill und Kümmel [Dtn 14,22],
aber das Wichtigste im Gesetz schiebt ihr beiseite: die Gerechtigkeit und das Erbarmen und die Treue. Dies aber sollte
man tun und jenes nicht lassen [!]."

Da in den synoptischen Evangelien von einigen wenigen Bräuchen ausdrücklich gesagt wird, Jesus oder seine Jünger hätten
sie nicht befolgt (Luk 6,1-5), kann man vielleicht annehmen,
Jesus habe sich tatsächlich nach einem großen Teil des jüdischen Brauchtums seiner Zeit, das die Festtage, den Kult und
die Speisevorschriften betrifft,   gerichtet   ('ex-silentio-
Schluß').

Eigentlich ist das Ährenausraufen am Sabbat (Luk 6,1-5) der
einzige Verstoß gegen das Gesetz, dem man noch nicht einmal
Jesus, sondern nur seinen Jüngern vorhalten konnte. Nach damaliger allgemeiner Auffassung durfte man abgefallene Ähren am
Sabbat nur mit den Fingern zerreiben. Dagegen vertrat ein Rabbi
Jehuda, der wie Jesus aus Galiläa kam, die Ansicht, man dürfe
die Ähren auch mit der ganzen Hand zerreiben. [37]

Die Jünger Jesu handelten offenbar nach ihrer galiläischen

Gesetzestradition, die etliche der Pharisäer, welche die Jünger
tadelten, nicht gekannt haben dürften. Das Lukasevangelium berichtet hier also genauer als Matthäus und Markus.

Die neutestamentliche Wissenschaft nimmt allgemein an, daß
der Hauptstoff der synoptischen Evangelien aus zwei Quellen
stammt, nämlich aus einem alten Bericht, den man bei Markus
wiederfindet, und der sogenannten Spruchquelle (Logienquelle
Q), eine Sammlung der Sprüche Jesu, die Matthäus als auch Lukas
neben dem alten Bericht gekannt und benutzt haben. Diese beiden
Hauptquellen sind in der - wie Jesus - aramäisch sprechenden
urchristlichen Gemeinde in Jerusalem entstanden und wurden ins
Griechische übersetzt. Daneben hat es noch sekundäre judenchristliche Überlieferungsstücke gegeben, die in Auseinandersetzung mit den palästinischen und syrischen Gemeinden und dem
nichtchristlichen Judentum entstanden sind. Dieses 'Sondergut'
hat seinen Niederschlag hauptsächlich im Matthäus-Evangelium
gefunden. [38]

Der griechische Übersetzer und Redaktor des aramäischen Ur-
berichtes war nun sicherlich nicht mehr mit den Sitten und Ge-
bräuchen des jüdischen Volkes vertraut, so daß er zur Veran-
schaulichung seines Berichtes das Abreißen der Ähren hinzuge-
fügt hat. Der auf diese Weise erweiterte Urbericht hat dann
seinen Weg ins Matthäus- und Markusevangelium gefunden
(Matth 12,1-8; Mark 2,23-28). So entstand der einzige Verstoß
gegen das Gesetz innerhalb der synoptischen Tradition.

Wie steht es mit dem Gebot des Händewaschens vor dem Essen
(Matth 15,1-9; Mark 7,1-13)?

Zur Zeit Jesu gehörte dieses Gebot weder zur schriftlichen
noch zur mündlichen Lehre. Es galt folgender Satz (Tosefta Be-
rakot V,13) [39]:

"Das Händewaschen vor der Mahlzeit ist Sache des freien Be-
liebens, aber das Wasser nach der Mahlzeit ist Pflicht."

Bei der Sitte des Händewaschens vor der Mahlzeit handelte es
sich um eine rabbinische Bestimmung, die vielleicht erst eine
Generation vor Jesus festgelegt worden war und die zu Jesu Zeit

- wie obiges Zitat beweist - keineswegs unbestritten war. Dies
spiegelt sich sogar in den beiden Evangelien (Matth; Mark) wider, wenn die Schriftgelehrten Jesus fragen (Mark 7,5;
Matth 15,2):

> "Warum wandeln deine Jünger nicht nach der Überlieferung der
> Alten, sondern nehmen ihre Mahlzeit mit unreinen Händen
> ein?"

Sie reden hier also nur von 'der Überlieferung der Alten'
und nicht von den Geboten Gottes, die nach rabbinischem Verständnis sowohl in der schriftlichen wie mündlichen Lehre enthalten sind. Die Vorschrift des Händewaschens hat also auch
schon für die fragenden Pharisäer einen geringeren Rang als die
Gebote Gottes, die schriftliche und mündliche Thora. Dieses
greift Jesus auf, wenn er sagt (Mark 7,8):

> "Gottes Gebote laßt ihr außer acht und haltet Menschenüber-
> lieferung fest."

Wenn Jesus bei dieser Debatte über das Händewaschen mit einer allgemeinen moralischen Volksweisheit antwortet (Matth
15,11):

> "Nicht das, was in den Mund hineinkommt, macht den Menschen
> unrein, sondern was aus dem Munde herauskommt, das macht den
> Menschen unrein",

dann hat es den Anschein, als sei dieses Wort eher gegen die in
rituellen Dingen viel strengeren Essener gerichtet als gegen
die Genossenschaft der Pharisäer (vgl. Kap. VII.5).

Auch die Speisevorschriften wird Jesus - trotz des unklaren
Zusatzes in Mark 7,19 - nicht abgeschafft haben, da sonst Petrus nach seinem eigenen Zeugnis (Apg 10,14) nicht länger an
ihnen festgehalten hätte mit den Worten:

> "O nein, Herr! Noch nie habe ich etwas Unheiliges und Unrei-
> nes gegessen."

Überdies wäre andernfalls keine besondere Offenbarung notwendig gewesen darüber, daß er die Speisevorschriften aufgeben
durfte (Apg 10,10-13; 11,4-9).

Was nun noch die Heilungen betrifft, die Jesus am Sabbat
vorgenommen hat, so sei daran erinnert, daß - wie schon in Kap.
IX.2.6. dargelegt - auch im Talmud eine pharisäische Tradition
überliefert ist, nach welcher der Sabbat um des Menschen willen
geschaffen sei und nicht umgekehrt (bJoma 85b).

Es gibt in der rabbinischen Literatur ferner das bei Qumran
unbekannte Prinzip, daß die Rettung des Lebens über den Sabbat
geht. Dieses Prinzip war zur Zeit Jesu sehr wohl bekannt. Hiernach dürfen auch die Beschneidung und andere Dinge erledigt
werden, die nicht aufschiebbar sind. Es ist noch nicht einmal
notwendig, daß die Lebensgefahr offen und unmittelbar vorliegt.

Obwohl also keineswegs sicher feststehen muß, daß sich aus
einer bestimmten Lage wirklich etwas Schlimmes entwickeln kann,
sofern man jegliches Handeln unterläßt, ist es nach dieser Halacha stets erlaubt, etwas zur Schadensabwehr am Sabbat zu unternehmen. So heißt es in Mischna Joma VIII,6 über den Sabbat [40]:

"Wenn jemand von Heißhunger befallen wird, so gebe man ihm
zu essen, selbst unreine Gegenstände, bis seine Augen wieder
Sehkraft erlangen. Wenn jemand von einem tollen Hund gebis-
sen wird, so darf man ihm nicht von dem Leberlappen desselben zu essen geben [41]; R. Mathja ben Heres erlaubt dies.
Ferner lehrte R. Mathja ben Heres: Wenn jemand Halsschmerzen
hat, so darf man für ihn am Sabbat eine Medizin bereiten,
weil bei diesem Zweifel Lebensgefahr vorliegt, und die zwei-
felhafte Lebensgefahr verdrängt den Sabbat. Wenn auf einen
ein Trumm [Singular von 'Trümmer'] einstürzt und es zweifelhaft ist, ob er sich unten befindet oder nicht, ob er lebendig oder tot ist, ob es ein Nichtjude oder ein Israelit ist,
so lege man seinetwegen den Trumm frei, findet man ihn le-
bend, so trage man ihn ab, wenn aber tot, so lasse man ihn."

Man kann also keineswegs behaupten, Jesus hätte auch nur ein
einziges Gesetz der schriftlichen oder mündlichen Thora abgeschafft. Er trug lediglich zuweilen eine alternative Halacha

vor; dies taten zu seiner Zeit aber - wie wir gesehen haben -
viele Protorabbinen. Hierbei bediente er sich der hermeneutischen Auslegungsregeln seiner Zeit (vgl. Anm.13), so zum Beispiel des A-fortiori-Arguments ('Um-wieviel-mehr-Argument')
oder des Analogieschlusses ('Gleich-wie-Argument') usw. Auch
wenn man wirklich nachweisen sollte, daß Jesus zuweilen eine
Halacha abgeschafft hat, so nahm er damit nur ein Recht für
sich in Anspruch, das es seit der Zeit des Schriftgelehrten
Jose ben Joeser (ca. 170 v.Chr.) stets in frührabbinischen und
rabbinischen Kreisen gab (Mischna Edujjot VIII,4):

> "R. Jose ben Joeser aus Cereda bekundete, daß die Widderheu-
> schrecke rein sei, daß die Flüssigkeiten im Schlachthaus
> rein seien, und daß, [nur] wer einen Toten berührt, unrein
> sei; und man nannte ihn Jose den Erlaubenden."

Wenn Jesus also nach dem Zeugnis der Evangelien bestimmte
Pharsäer und Schriftgelehrte kritisierte, kann er nie das gesamte Pharisäertum gemeint haben, sondern nur eine bestimmte
heuchlerische Sorte desselben.

So hat sich ein palästinischer Zeitgenosse Jesu in seinem
Buch 'Die Himmelfahrt Moses' gegen bestimmte Pharisäer ganz
ähnlich wie Jesus geäußert (7,3ff) [8]:

> "Und über sie werden verderbliche und gottlose Menschen
> herrschen, die lehren, sie seien gerecht. Die werden den
> Zorn ihrer Freunde erregen, da sie betrügerische Leute sein
> werden, nur sich selbst zu Gefallen lebend, verstellt in
> all' ihrem Wandel und zu jeder Stunde des Tags gern schmau-
> send und mit der Kehle schlingend ... der Armen Güter fres-
> send und behauptend, sie täten das aus Mitleid ..., Vertrei-
> ber von anderen, Streitsüchtige, Trügerische, die sich doch
> verstecken, um nicht erkannt werden zu können, Gottlose,
> voller Verbrechen und Ungerechtigkeit, vom Morgen bis zum
> Abend sprechend: Wir wollen Gelage und Überfluß haben, es-
> send und trinkend,... und wollen uns einbilden, wir wären
> Fürsten! Ihre Hände und Herzen werden Unreines treiben, ihr
> Mund groß prahlen, - und doch werden sie dabei sagen: Rühre
> mich nicht an, damit du mich nicht verunreinigst ..."

Ähnlich klingen die Worte Jesu über diese ganz bestimmte
Gruppe heuchlerischer Pharisäer, wenn er ihnen - gemäß Matthäus
- folgendes Zorneswort entgegenschleudert (Matth 23,24-28):

"Ihr blinden Führer, die ihr die Mücken seiht, das Kamel
aber verschluckt! Wehe euch, Schriftgelehrte und Pharisäer,
ihr Heuchler! Ihr reinigt das Äußere von Becher und Schüssel, innen aber seid ihr voll von Raub und Unmäßigkeit.
Blinder Pharisäer, reinige zuerst, was im Becher ist, damit
auch sein Äußeres rein werde. Wehe euch, Schriftgelehrte und
Pharisäer, ihr Heuchler! Ihr gleicht getünchten Gräbern, die
von außen schön aussehen, innen aber voll sind von Totenge-
beinen und aller Unreinheit. So erscheint auch ihr äußerlich
den Menschen als Gerechte, innerlich aber seid ihr voll von
Heuchelei und Gesetzlosigkeit. "

Nach einem Traktat des babylonischen Talmud warnte der has-
monäische König Alexander Jannäus (103-77 v.Chr.) kurz vor seinem Tode seine Frau vor dieser besonders heuchlerischen Gruppe
unter den Pharisäern mit den Worten (bSota 22b):

"Der König Jannai sprach zu seiner Frau: fürchte dich nicht
vor den Pharisäern und nicht vor denen, die keine Pharisäer
sind, sondern vor den Gefärbten [!], die den Pharisäern
gleich scheinen, deren Werke aber wie das Werk des Simri
sind und die Lohn verlangen wie Pinchas. "

Hier wird auf die skandalöse Geschichte Num 25,6-15 angespielt. Die 'gefärbten Pharisäer' entsprechen genau den 'getünchten Gräbern', von denen Jesus spricht.

Auch die Qumran-Essener haben diese besonderen Sorte von
Pharisäern im Auge, wenn sie von den 'Tüncheschmierern' in ihrer Damaskusschrift sprechen (CD VIII,12f; XIX,25f) [43]:

"Aber alles dies sahen die 'Mauerbauer' und 'Tünchestrei-
cher' [Ez 13,10] nicht ein, denn der 'Windwäger' und Lügen-
träufler' [Mi 2,11] predigte ihnen, gegen dessen ganze Rotte
der Zorn Gottes entbrannt ist. "

Auch aus einer Stelle der Hymnenrolle geht hervor, wie sehr
die Essener in Qumran die heuchlerischen Taten dieser 'gefärbten Pharisäer' verurteilten (1QH IV,6-8) [44]:

"Aber sie verführen Dein Volk, denn glatte Reden führen sie
ihnen. Trugdeuter haben sie verleitet und einsichtslos kommen sie zu Fall, denn in Verblendung geschehen ihre Taten
[...]. "

Folgende Stelle in der Hymnenrolle erinnert an das Wort Jesu
in Luk 11,52 (Matth 23,13) [45] :

"Sie verschließen vor den Dürstenden den Trank der Erkenntnis und tränken sie mit Essig gegen ihren Durst, damit man
auf ihren Irrtum blicke, sich verblenden lasse durch ihre
Festzeiten, sich verfange in ihren Netzen." (1QH IV,11f)

Bei Lukas sagt Jesus sehr ähnlich (Luk 11,52):

"Wehe euch Gesetzeslehrern! Ihr habt den Schlüssel der Erkenntnis weggenommen; ihr selbst seid nicht hineingegangen,
und die, welche hineingehen wollten, habt ihr abgehalten."

Wahrscheinlich ist es kein Zufall, daß Jesus in seiner großen Rede gegen die Pharisäer (Matth 23,1-36) gerade siebenmal
seinen Weheruf gegen sie erschallen läßt, denn auch der Talmud
Jeruschalmi kennt sieben verschiedene Arten von Pharisäern,
wobei aber nur die ersten fünf für verschiedene Arten der Heuchelei stehen. Die letzten beiden Typen, die Gottesfürchtigen
nach Art des Hiob und die Liebespharisäer nach Art des Abraham,
sind die positiven und auch für Jesus vorbildlichen Beispiele
der Pharisäer. Der palästinische Talmud beschreibt die Phari-
säerliste folgendermaßen (jBerakot 14b,48-55) [46] :

"Sieben Arten von Pharisäern gibt es: den Pharisäer der
Schulter, den Pharisäer des Leihens, den Pharisäer der Verrechnung, den Pharisäer der Sparsamkeit, den Pharisäer des
'ich möchte meine Schuld wissen und etwas gegen sie tun!',
den Pharisäer der Furcht, den Pharisäer der Liebe.
Der Pharisäer der Schulter trägt seine Gebotserfüllung für
jeden sichtbar auf der Schulter. Der Pharisäer des Leihens
sagt zu seinem Gläubiger: leih mir Zeit, ich will vor der
Bezahlung meiner Schuld noch ein Gebot erfüllen! Der Pharisäer der Verrechnung begeht diese Sünde und jene Gebotserfüllung und verrechnet diese mit jener. Der Pharisäer der
Sparsamkeit sagt: von dem, was ich habe, spare ich etwas ab
und erfülle ein Gebot. Der Pharisäer des 'ich möchte meine
Schuld wissen und etwas gegen sie tun!' sagt: welche Sünde
habe ich getan, daß ich ein Gebot wie sie (= von gleichem
Rang) erfülle!? Der Pharisäer der Furcht: wie Hiob. Der Pharisäer der Liebe: wie Abraham. Und von ihnen allen beliebt
ist nur der Pharisäer der Liebe wie Abraham."

Die 'Schulterpharisäer', die in obiger Liste der pharisäischen Selbstkritik an erster Stelle stehen, werden auch von
Jesus getadelt, wenn er sagt (Matth 23,4-6):

"Sie binden schwere Lasten zusammen und laden sie den Menschen auf die Schultern, selbst aber wollen sie keinen Fin-
ger krümmen, um sie zu bewegen. Alle ihre Werke tun sie, um
von den Menschen gesehen zu werden. Sie machen ihre Gebetsriemen breit und ihre Mantelquasten lang [47], lieben den
Ehrenplatz bei den Gastmählern und die ersten Sitze in den
Synagogen und die Begrüßungen auf den Marktpätzen und daß
sie von den Leuten Rabbi genannt werden."

Auch der 'Pharisäer des Leihens' wird von Jesus in seiner
Scheltrede getadelt und mit denen gleichgesetzt, die das Äußere
von Becher und Schüssel reinigen, aber nicht auf die innere
(ethische) Reinheit achten und sogar noch wertlose Küchenkräu-
ter verzehnten (Matth 23,23-28).

Die Sparsamkeitspharisäer nimmt Jesus beispielsweise in
Matth 15,3-9 aufs Korn.

Die wenigen positiv gezeichneten Pharisäer im NT sind Niko-
demus, der aus mangelnder Zivilcourage Jesus nur des nachts
aufsuchte (Joh 3,1f) und Rabban Gamaliel, der Lehrer des Paulus
(Apg 5,34-39).

Wenn Jesus auch die zum Teil heuchlerische Praxis der Pharisäer verworfen hat, so akzeptierte er doch deren Theologie
(Matth 23,2-3):

"Auf den Lehrstuhl des Mose haben sich die Schriftgelehrten
und Pharisäer gesetzt. Alles nun, was sie euch sagen, das
tut und befolgt, nach ihren Werken aber handelt nicht, denn
sie reden zwar, handeln aber nicht."

Jesu Antwort auf die Frage der Sadduzäer nach der Auferstehung (Matth 22,23-33; par.) zeigt sehr deutlich, wie tief der
Protorabbi Jeschua von Nazareth, den seine Jünger 'Rabbi' nannten - ein ausschließlich pharisäischer Würdename, der eine Generation nach Jesus ein offizieller Titel der Schriftgelehrsamkeit wurde -, in der pharisäischen Lehrtradition stand. Auch

die Kunst der Gleichnisrede, derer er sich bediente, um das
unwissende Volk zu belehren (Matth 13,11) - denn nur im inneren
Kreis der Jünger legte er die Thora aus - , ist in der pharisäisch-rabbinischen Tradition bezeugt (z.B. bSchabbat 152b;
153a; bTaanit 5b-6a; bBerakot 13a; 61b; bBaba Batra 10a; bSanhedrin 91a; bAboda Zara 54b-55a; bBaba Qamma 60b usw.).

Daß in späterer Zeit das Rabbinentum Jesus nicht zu den großen Gestalten des Judentums zählte, liegt einzig und allein an
seiner Bedeutung, die er im Christentum erhielt. Man betrachte-
te ihn ursprünglich im Judentum einfach als einen abgelehnten
Messiasprätendenten. In dem Maße, in dem sich das Christentum
zu einer eigenen großen Religion entwickelte, wurde auch das
Judentum gezwungen, sich mit dem religiösen Stellenwert aus-
einanderzusetzen, den die Alten Kirche und ihre Konzilien Jesus
mehr und mehr zusprach (Trinität, Gottgleichheit, Zweinaturen-
lehre usw.).

Hierdurch entwickelte sich eine Polemik zwischen beiden Religionen, die in rudimentärer Form schon im NT begegnet und
die sich während des zweiten und dritten Jahrhunderts noch sehr
verschärfen sollte.

Die frühkirchliche Dogmenbildung läßt sich am Barnabasbrief [48], an den Schriften der apostolischen Väter [49] sowie
denen des Justinus Martyr [50] und an den Werken des Origenes
und Irenäus ablesen.

In ihnen wird die Inkarnationslehre, d.h. die Lehre von der
Fleischwerdung (Menschwerdung) Gottes in Jesus (vgl. Joh 1,14),
entwickelt, wodurch Jesus in Anlehnung an Philo von Alexandrien
und dessen 'logos' die Funktion einer zweiten Gottheit zuge-
schrieben wurde. Spätestens an dieser Stelle war es dem Judentum verwehrt, eine positive Einstellung Jesus gegenüber zu entwickeln.

Schließlich wurde Jesus von der christlichen Theologie mit
dem philonischen logos voll identifiziert und erhielt in der
christlichen Liturgie eine göttliche Stellung neben Gott, so
daß er dem streng monotheistischen Judentum völlig aus dem
Blick schwinden mußte.

3.   P a u l u s   v o n   T a r s u s

Auch der sogenannte Völkerapostel Paulus [51] war - wie Jesus -
tief im Judentum seiner Zeit verwurzelt und hat sich von seinem
jüdischen Glauben im Grunde genommen niemals entfernt.

So kann man auch nicht sagen, er habe bewußt eine neue Religion begründen wollen. Viele, die sich von seiner Lehre und
seiner Ausstrahlung überzeugen ließen, blieben ihren synagoga-
len Gemeinden treu, obwohl zu seiner Zeit neben den Synagogen
auch neue konkurrierende Gemeinden entstanden durch Juden und
Heiden, welche sich zum Christentum bekehrt hatten und ihren
Gottesdienst in den traditionellen Synagogen nicht mehr feiern
mochten.

Die Theologie des Paulus ist durchaus nicht als gegen das
Judentum gerichtet aufzufassen (vgl. Röm 11). Obwohl er stets
die 'Rechtfertigung allein aus dem Glauben' (Röm 3, 28; 4, 5;
5, 1f; Gal 2, 16; 3, 8; 3, 23-29 u. ö.) betonte, war ihm - ähnlich
wie Jesus - das Handeln sehr wichtig (Röm 2, 13; Röm 12-15).
Röm 12 ist ein deutliches Beispiel für die Auffassung, daß der
Glaube nur dann im Leben seine Erfüllung findet, wenn er auf
das richtige mitmenschliche Verhalten ausgerichtet ist.

Paulus war ein Schüler Rabban Gamaliels I., eines der führenden Protorabbinen seiner Zeit, bei dem er in Jerusalem stu-
dierte. Die Schriftauslegung des Paulus und seine Theologie
zeigen eine starke Verwurzelung in der frührabbinischen und
nachalttestamentlichen Zeit des Judentums.

Aus den paulinischen Briefen spricht eine engagierte und
energische Persönlichkeit.

Zunächst beteiligte Paulus sich an den Christenverfolgungen
im Gegensatz zu seinem Lehrer Gamaliel I., der Petrus und seine
Begleiter vor dem Synedrium vor dem Tod retten konnte
(Apg 5, 33-39). Diese charakterliche Neigung zum Rigorosen blieb
Paulus auch nach seinem 'Damaskuserlebnis' erhalten.

Er hatte eine mystische Erfahrung gemacht, durch die er zu
der Überzeugung kam, daß der Protorabbi Jesus von Nazareth tatsächlich der Sohn Gottes und der Messias sei (vgl. Apg 9, 1-19;

auch 1.Kor 15,1-8 [56]). Von nun an wurde aus Paulus ein Apostel
des Christentums und ein führender Verkündiger der neuen Lehre.

Es ist wichtig zu erwähnen, daß das Christentum während seiner Lebenszeit nicht aus den Synagogen ausgegrenzt wurde. Dies
geschah erst später unter Rabbi Gamaliel II. Ein Zeitgenosse
des Paulus, der 'Herrenbruder' Jakobus, bezeichnete entsprechend das Haus, in dem sich die Christen zum Gottesdienst versammelten, noch als Synagoge (Jak 2,2) [53]. Als die Christen
sich später an einer anderen Stelle trafen, die man 'ecclesia'
(Ort der Versammlung) nannte, beschrieb Paulus diese neue Bewegung noch als 'Israel' (Röm 9,6ff; Gal 6,16).

In den vorangegangenen Kapiteln haben wir gesehen, wie vielfältig die religiösen Strömungen im Judentum der nachalttestamentlichen Zeit waren. Bei einer sorgfältigen Analyse der
Schriften des Paulus läßt sich zeigen, daß er sich der verschiedensten Elemente dieser religiösen Vielfalt seiner Zeit
bediente, sei es der apokryphen oder pseudepigraphischen
Schriften, des pharisäisch-rabbinischen Lehrguts, der qumranischen Gedankenwelt, bestimmter halachischer und apokalyptischer Schriften oder theologisch-philosophischer Gedankengänge eines Philo von Alexandrien. Allerdings ist Paulus mit
diesen vielfältigen Elementen durchaus kreativ umgegangen und
hat mit ihrer Hilfe neue Gedanken formuliert und neue Perspek-
tiven aufgezeigt.

Zentral für seine Theologie ist der Glaube, daß in Jesus der
Messias erschienen ist, der die gesamte Menschheit durch seinen
Sühnetod mit Gott ausgesöhnt hat, so daß der Mensch allein
durch den Glauben und nicht mehr durch des Gesetzes Werke gerechtfertigt ist.

Paulus starb lange bevor sich Judentum und Christentum als
zwei verschiedene Religionen endgültig voneinander trennten.
Diese Trennung wurde jedoch nicht durch die paulinische Theologie verursacht, sie war vielmehr die notwendige Folge der politischen Zurückhaltung der christlichen Juden (Judenchristen) im
messianisch-nationalistischen Befreiungskampf nach 70 n.Chr.

Eine solche politische Abstinenz liegt auf der Hand, da die
jüdischen Christen, die zwar mit einer baldigen Wiederkehr

('Parusie') ihres Messias rechneten, das zweite Kommen des Menschensohnes aber in keiner Weise im Sinne einer politischen
Befreiung verstanden. Für sie sollte in Anknüpfung an Ps 110,1
(vgl. Matth 26,64) Jesus in der apokalyptischen Engelsgestalt
des Menschensohnes (vgl. Henoch-Apokalypse) aus den Himmelswol-
ken erscheinen, um die Heilszeit zu bringen und Gericht zu halten über die Lebenden und Toten. [54]

Auch am Bar-Kochba-Krieg haben sie sich verständlicherweise
nicht beteiligt, da sie - im Gegensatz zu großen Teilen des
jüdischen Volkes und seiner rabbinischen Führung unter Rabbi
Akiba - in Bar Kochba natürlich nicht den messianischen Befreier sehen konnten, war er doch für sie in Jesus von Nazareth
schon längst erschienen.

Paulus äußert sich in seinen Briefen (1.Thess; Gal; 1.Kor;
2.Kor; Röm; Phil; Philem) zuweilen recht negativ über bestimmte
traditionelle Bräuche des Judentums, die aber allesamt nur das
Ritualgesetz betreffen. Diese Abstinenz ist jedoch nicht unbedingt als ein direkter Angriff auf das pharisäische Judentum
seiner Zeit zu deuten, wie es von christlicher Seite häufig
geschehen ist. Sie läßt sich durchaus völlig aus der pharisäischen Lehrtradition heraus verstehen.

So führt Leo Baeck in seinem Buch 'Paulus, die Pharisäer und
das Neue Testament; Frankfurt 1961, S.24ff' die sogenannte Äonentheologie [55] der Rabbinen an, nach der es drei Epochen (Äonen) für die Weltzeit gibt: Zunächst herrscht zweitausend Jahre
das Chaos ('tohu wabohu'), dann folgt für zweitausend Jahre die
Zeit des Gesetzes, die mit der Offenbarung am Sinai beginnt,
und schließlich kommt das messianische Reich, das auch 'nur'
zweitausend Jahre dauert. Danach ist die Welt nur noch 'Sabbat,
die Ruhe im ewigen Leben'. In bSanhedrin 97a heißt es:

"Im Lehrhaus Elias [56] wurde gelehrt: Sechstausend Jahre
währt die Welt: zweitausend Jahre Wirrung, zweitausend Jahre
Weisung und zweitausend Jahre Messias-Zeit."

Hiernach geht also die Epoche der Thora zuende, wenn das
messianische Zeitalter anbricht. Da nun Paulus überzeugt war,

daß in Jesus von Nazareth der Messias schon gekommen war, war
die Epoche des Gesetzes für ihn zuende gegangen, und er konnte
sagen (1.Kor 6,12):

"Alle Dinge stehen mir von Gesetz wegen frei."

Paulus hat sich niemals gegen ein Leben der 'guten Werke'
und gegen ein hiermit verbundenes richtiges Verhalten gewandt
(z.B. 2.Kor 5,10). Er polemisiert nur gegen die Vorstellung,
daß das richtige Verhalten allein schon ausreicht, um von Gott
gerettet zu werden.

Ähnlich wie sein Lehrer Gamaliel I. betonte er in seiner
'Rechtfertigungslehre', daß stets eine Lücke bleibt zwischen
dem, was Gott von den Menschen verlangt und den begrenzten Fähigkeiten der Menschen, dem göttlichen Willen gerecht zu werden. Der Mensch ist daher - nach Paulus - notwendig auf die
Gnade Gottes angewiesen. Der zentrale Unterschied zwischen seiner Lehre und der seiner protorabbinischen Kollegen lag darin,
daß Gott diese Gnade allen denen gewährt, die an den Tod Jesu
als ein Sühneopfer glauben.

Hiermit hörte die Thora für Paulus jedoch keineswegs auf,
eine Richtschnur für das Verhalten zu sein, sie war jedoch für
ihn nicht mehr das Zeichen des Bundes und der Erlösung. Der
neue Bund Gottes mit Israel wurde für ihn durch den Tod Jesu
besiegelt, den er als ein Sühneopfer im Sinne von Isaaks 'Fesselung' (Gen 22,9) und im Sinne des Passalamm-Opfers betrachte-
te. Paulus wird den targumischen Midrasch gekannt haben, der
das täglich vorgeschriebene Brandopfer damit erklärte, daß es
ursprünglich Gott an das Selbstopfer Isaaks erinnern sollte, so
daß die Nutznießer dieses Opfers

"[...] Heide und Israelit, Mann und Frau, Knecht und Magd
[...] " (Levitikus Rabba 2,11)

wären. Dieser Midrasch bildet eine deutliche Parallele zu dem
bekannten Pauluswort (Gal 3,26-29):

"Ihr seid also alle Kinder Gottes durch den Glauben in Christus Jesus. Denn ihr alle, die ihr auf Christus getauft seid, habt Christus angezogen. Da gibt es nicht mehr Juden und Griechen, Sklaven und Freie, Mann und Weib. Denn ihr alle seid einer in Christus Jesus. Folglich: Wenn ihr Christus angehört, so seid ihr Abrahams Nachkommenschaft, Erben nach der Verheißung. "

Durch die Taufe werden - so Paulus - die Getauften in den erlösenden Tod Jesu ('Fesselung') - symbolisch - mit hineingenommen. Hierdurch werden sie zu den Nachkommen Abrahams gezählt, d. h. in den Bund der Verheißung mit aufgenommen.

Paulus interpretiert also den Sühnetod Jesu durch Hinweis auf Isaak (vgl. Gal 4, 28; Röm 9, 6-13), von dem alle 'Kinder der Verheißung' abstammen. Allerdings benutzt er auch das Symbol des Passalammes zur Erklärung seiner Sühnetod-Theologie (vgl. 1. Kor 5, 7).

Die paulinische Ausdeutung von Jesu Kreuzestod geht aber noch weiter: Der Getaufte identifiziert sich mit dem Tod Jesu dadurch, daß er ins Wasser steigt und untertaucht. Durch sein Wiederauftauchen und Heraussteigen aus dem Wasser identifiziert er sich dann mit Jesu Auferstehung (Röm 6, 1-11). Auf diese Weise erhält nun der an Jesus Glaubende die gleiche Freiheit dem Gesetz gegenüber wie nach rabbinischer Tradition ein Jude, der gestorben und wiederauferstanden ist. Im babylonischen Talmud heißt es (bNidda 61b):

"Unsere Meister lehrten: Ein Gewand, in dem sich Mischgewebe verloren hat, [57] siehe, das soll man nicht einem aus den Völkern verkaufen [58], auch nicht zu einer Packtasche für einen Esel machen. [59] Aber man macht aus ihm Totenkleider. Raw Joseph sagte: Das besagt: In der Zukunft, die da kommt, hören die Gebote auf. "

Wenn also - so die Argumentation - die Toten bei der Auferstehung Mischgewebe tragen dürfen, so ist das ein Hinweis darauf, daß die Gebote des Gesetzes in der zukünftigen Welt ihre Bedeutung verloren haben.

Interessanterweise übersetzt die Septuaginta Ps 88, 6 durch

"unter den Toten, frei [...]",

so daß offenbar schon in vorrabinischer und vorchristlicher
Zeit im hellenistischen Judentum die Vorstellung einer Freiheit
der Toten bestand. Wie auch immer dieser Psalmvers zu übersetzen
ist, auf jeden Fall wurde diese 'Freiheit' in der frührabbinischen
Tradition als eine Freiheit von den religiösen Verpflichtungen
nach dem Ritualgesetz verstanden; und genau diese
Auffassung, die er deutlich in Röm 7, 1-6 formulierte, vertrat
auch Paulus.

Man sieht, wie Paulus jüdisches eschatologisches Gedankengut
benutzte, um Jesu Keuzestod als einen die gesamte Menschheit
erlösenden Sieg zu deuten: Der Tod befreit nach jüdischer Tradition
von der Verpflichtung zu kultischen Riten. Ferner bedeutet
der Tod - dies ist auch eine jüdische Tradition - den Sieg
über die Sünde, gibt es doch im kommenden Leben weder Verdienst
noch Schuld. So heißt es im babylonischen Talmud (bSchabbat
151b):

> "Und es wird gelehrt: Rabbi Schimon, Elasars Sohn, sagt: Tue
> Gutes, solange du Gelegenheit findest und du die Mittel dazu
> vorfindest und es noch in deiner Macht liegt! Auch Salomo
> sagte in seiner Weisheit [Pred 12, 1]: Gedenke deines Schöpfers
> in den Tagen deiner Jugend, solange die Tage des Übels
> nicht kommen - das sind die Tage des Alters; und anlangen
> die Jahre, da du sagst: Ich habe an ihnen kein Begehren mehr
> - das sind die Tage des Messias, denn in ihnen gibt es nicht
> Verdienst und nicht Schuld."

Paulus lehrte also keinesfalls die Abschaffung der Thora.
Für ihn stand allerdings fest, daß die messianische Zeit mit
Jesus von Nazareth schon angebrochen war und daher - nach der
Vorstellung der drei aufeinanderfolgenden Äonen - die Epoche
des Gesetzes zur Vergangenheit gehörte. Paulus unterschied sich
somit von seinen protorabbinischen Kollegen nur darin, daß er
die Frage: 'In welcher Periode leben wir, in der der Thora oder
schon in der des Messias?' anders als jene beantwortete. [60]

Da für Paulus der messianische Äon schon angebrochen war,
mußte er sich natürlich mit der Frage auseinandersetzen, welche
Bedeutung dem Judentum noch verbleibe. In Röm 9-11 ringt er mit

dieser Frage, wobei man den Kapiteln sein emotionales Engage-
ment deutlich anmerken kann.

Er kommt zu der Schlußfolgerung, daß Israel noch immer das
Bundesvolk sei, wobei nun aber eine Zugehörigkeit 'dem Flei-
sche nach' nicht mehr notwenig ist. Auch der sich zu Jesus als
dem Christus bekehrte Heide gehört zum 'Israel Gottes', ohne
daß er sich zuvor beschneiden lassen müßte (Gal 6,15f). Dies
bedeutet aber nicht, daß hierdurch die Erwählung Israels hinfällig geworden wäre. Im Gegenteil gilt sie - so Paulus in
Röm 9,8f - weiterhin dadurch, daß es diejenigen gibt, die aufgrund der Verheißung Abrahams Kinder sind.

In Röm 9,10-12 ist vom freien Ratschluß Gottes die Rede,
wonach es dem Allmächtigen gefallen habe, daß der ältere Esau
dem jüngeren Jakob dienen solle. Paulus möchte mit dem Beispiel
wohl verdeutlichen, daß es seiner Ansicht nach allein auf die
Gnade Gottes ankommt (Röm 9,14-18). Auf jeden Fall ist eine Art
Prädestinationslehre des Paulus an dieser Stelle nicht zu leugnen.

Der Autor des Barnabasbriefes deutet die Stelle Röm 9,10-12
jedoch in einer Weise, die wahrscheinlich nicht dem entspricht,
was Paulus gemeint hat. Justinus Martyr und andere frühchristliche Apologeten haben das Pauluszitat in ähnlicher Weise verstanden wie der Barnabasbrief, in dem es heißt (13) [1]:

"Betrachten wir aber, ob dieses Volk erbt oder das erste und
ob das Testament uns [den Christen] gilt oder jenen [den
Juden]. Hört also, was die Schrift über das Volk sagt: Isaak
aber bat für Rebekka, seine Frau, weil sie unfruchtbar war;
und sie empfing. Dann: Rebekka ging hinaus, um vom Herrn
Auskunft zu erhalten; und der Herr sprach zu ihr: Zwei Nationen sind in deinem Leib und zwei Völker in deinem Schoß;
und ein Volk wird das andere übertreffen, und das ältere
wird dem jüngeren dienen [Gen 25,21-23; Röm 9,12]. Verstehen
müßt ihr, wer Isaak und wer Rebekka ist und an welchen er
gezeigt hat, daß dieses Volk größer ist als jenes [vgl. auch
Gal 4,21-31].
Und in einer anderen Prophetie [Gen 48,9-19] spricht Jakob
deutlicher zu Josef, seinem Sohn, mit den Worten: Siehe, der
Herr hat mich deiner Gegenwart nicht beraubt. Bringe deine
Söhne zu mir, damit ich sie segne. Und er brachte Efraim und
Manasse her in der Absicht, daß Manasse gesegnet würde, weil
er älter war. Josef führte ihn nämlich zur rechten Hand des
Vaters Jakob. Jakob aber sah durch den Geist das Vorbild des
späteren Volkes. [2] Und wie heißt es? Und Jakob kreuzte

seine Hände und legte die Rechte auf den Kopf Efraims, des
zweiten und jüngeren; und er segnete ihn [!] ⁶³' Und Josef
sprach zu Jakob: Lege deine Rechte hinüber auf den Kopf Manasses; denn er ist mein erstgeborener Sohn. Und Jakob
sprach zu Josef: Ich weiß, ich weiß; aber der ältere soll
dem jüngeren dienen, und dieser soll eben gesegnet werden.
Seht, an welchen Personen er es festgelegt hat, daß dieses
Volk erster ist und des Testamentes Erbe!
Wenn es nun auch noch durch Abraham in Erinnerung gebracht
ist, haben wir vollkommene Erkenntnis empfangen. ⁶⁴' Was
sagt er also zu Abraham, als der, allein weil er glaubte,
zur Gerechtigkeit bestimmt würde [vgl. Gen 15,6; Röm 4,11]?
Siehe, Abraham, ich habe dich zum Vater der Völker bestimmt,
die an Gott als Unbeschnittene glauben. ⁶⁵' "

Noch judenfeindlicher ist folgende Stelle formuliert (14,4-5):

"Zwar hatte Mose es [das Gesetz] empfangen, sie [die Juden]
aber erwiesen sich nicht als würdig. Wie aber haben wir [die
Christen] es empfangen? Lernt es! Mose empfing es als Diener
[Num 12,7; Jos 1,2], der Herr selbst aber gab es uns, damit
wir das Erbvolk sind, indem er unseretwegen duldete. Er ist
aber dazu erschienen, damit einerseits jene das Sündenmaß
erfüllt bekämen und andererseits wir durch den Herrn Jesus,
der Erbe des Testamentes ist, es empfingen."

Diese antijudaistische Linie, die auch schon im Johannesevangelium begegnet und hier im Barnabasbrief sehr deutlich formuliert wird, sollte sich im Verlauf der Kirchengeschichte immer mehr verstärken. Man kann ohne Übertreibung sagen, daß die
christliche Kirche im Verlauf ihrer Geschichte - ganz im Widerspruch zu ihrer Botschaft der Versöhnung und Erlösung - un-
glaubliches Leid über die Juden gebracht hat.

Sehr wahrscheinlich würde man Röm 9,10-12 fehlinterpretie-
ren, unterstellte man Paulus in diesen Versen die gleiche anti-
jüdische Tendenz, wie sie diejenigen deutlich aussprechen, die
sich seiner Argumentation an dieser Stelle bedienen.

Auf jeden Fall hielt Paulus an der Gültigkeit der Erwäh-
lungszusage an das jüdische Volk fest und bestritt, daß Gott
sie rückgängig gemacht hätte, wie er es ganz klar in Röm 9,4f;
11,1-6.16-24.25-36 formuliert. Für Paulus war die Kirche genau-
so der 'gerettete Rest' Israels, wie dies Juda nach der Zerstörung des Nordreiches durch die Assyrer war. Gottes Gnade und
Berufung sind für Paulus - hier unterscheidet er sich von den

frühchristlichen Apologeten - unwiderruflich, d.h. Gott bereut
sie nicht (Röm 11,29).

Als tröstlich empfinde ich, daß Paulus offenbar selber seine
theologischen Gedankengänge für derart kompliziert hielt, daß
er am Ende dieses Abschnittes über die Bedeutung Israels
(Röm 9-11) das persönliche Bekenntnis hinzufügte (Röm 11,33-
36):

> "O Tiefe des Reichtums und der Weisheit und der Erkenntnis
> Gottes! Wie unerforschlich sind seine Entscheidungen und wie
> unaufspürbar seine Wege! Denn wer hat den Sinn des Herrn
> erkannt? Oder wer ist sein Ratgeber gewesen? Oder wer hat
> ihm zuerst gegeben, daß er es ihm vergelten müßte? Denn aus
> ihm und durch ihn und für ihn ist alles. Ihm sei Ehre in
> Ewigkeit! Amen."

Paulus lehrte somit keineswegs die Abschaffung der Thora,
auch wandte er sich nicht gegen das staatsbürgerliche Recht,
wie man aus Röm 13,1-2.7 ersieht. Er betonte, daß trotz der
Gnade, die mit dem Glauben gegeben wird, auch das richtige Verhalten wichtig ist, um unter dem Bund Gottes zu leben.

So läßt Paulus unmittelbar auf Röm 11 seine Ratschläge für
ein christliches Leben in Röm 12 folgen. Sogar die Unterordnung
unter die heidnische Obrigkeit (Rom), und damit unter heidnische Gesetze, empfiehlt er und stellt sich hiermit - wie Jesus
auch (Matth 22,21) - in die Tradition des Jeremia und des Esra,
die seinerzeit das Gleiche verkündet haben (vgl. z.B. Jer 27,6;
29; Esr 7,26).

Hinsichtlich der Argumentationsweise bedient sich Paulus in
seinen Briefen der protorabbinischen Hermeneutik (vgl. Anm.13
über die Hillel'schen Regeln) und geht hierbei von den Grundsätzen und Wertvorstellungen der Halacha und der Midraschim
aus. Besonders die moralischen Forderungen aus dem pharisäisch-
rabbinischen Erbe wurden von ihm betont. Er übernahm die jüdische Theologie von Schöpfung, Erwählung, Offenbarung und Erlösung sowie von der Auferstehung, vom freien Willen des Menschen, von Gottes Gericht und von Lohn und Strafe, um sie in
seinem christlichen Kontext neu zu interpretieren. Paulus hatte
sich als Schüler des Rabban Gamaliel wesentliche Aspekte der

reichhaltigen jüdischen Tradition seiner Zeit angeeignet und
diese nach seinem mystischen Erlebnis bei Damaskus benutzt, um
seine Heilsbotschaft von der Rechtfertigung allein durch den
Glauben an Jesus als den Messias (Christus) zu formulieren und
zu begründen.

Bedenken wir, daß es seinerzeit im Judentum sehr verschiedene Strömungen und Richtungen gab und eine zentrale staatliche
Autorität fehlte, die eine Orthodoxie hätte durchsetzen können,
besteht kein Grund zu der Annahme, die Lehre des Paulus in den
Jahren 45 bis 65 n. Chr. sei als unjüdische Ketzerei anzusehen.

Als dann jedoch einige Zeit später das Christentum sich vom
Judentum löste, lag dies nicht etwa an der Theologie des Paulus
oder an seiner alternativen Halacha, sondern allein daran, daß
die christliche Gemeinschaft inzwischen überwiegend zu einer
heidenchristlichen Kirche geworden war und etwa um 90 n. Chr.
auch die christlichen Juden ('Judenchristen') durch die Rabbinen von Jabne - wie schon erwähnt - aus politischen Gründen aus
der Volksgemeinschaft ausgeschlossen wurden.

4.   D e r   H e r r e n b r u d e r   J a k o b u s   u n d
      d a s   c h r i s t l i c h e   J u d e n t u m

Wie Jerusalem mit seinem Tempel und seiner Priesterschaft im
Judentum eine beherrschende Stellung einnahm, so versuchten
auch Jakobus und seine Jerusalemer Gemeinde, ihre Vormachtstel-
lung über alle Christen - die überwiegend heidenchristlichen
Kirchen in der Diaspora eingeschlossen - zu sichern. Dies miß-
lang ihnen allerdings, so daß sich schon recht bald zwei verschiedene Richtungen im Christentum abzeichneten: einmal die
Christen, die als Juden geboren waren, die 'Christenjuden',
welche man gewöhnlich als Judenchristen bezeichnet, zum anderen
die Christen, die zuvor Heiden gewesen waren, und die man als
Heidenchristen zu bezeichnen pflegt.

Der Jakobusbrief betont nun den jüdischen Grundsatz, daß für alle Christen die 'Werke' sehr wichtig seien (Jak 2,14-26). Offensichtlich war dies notwendig geworden, da Jakobus den Eindruck gewonnen haben muß, daß Paulus in der Diaspora eine allzu freizügige Lehre verkündete. Zumindest kam ihm dergleichen zu Ohren, was aber durchaus auch darin begründet sein kann, daß man die Lehre des Paulus in verzerrter Weise darstellte und weitergab.

Die harmonisierende Apostelgeschichte des Lukas erweckt den Anschein, als hätte sich die Jerusalemer Urgemeinde zunächst vor Paulus gefürchtet, was ja auch nicht verwunderlich ist, da doch Paulus seinerzeit der Steinigung des Stephanus zugestimmt hatte (Apg 7,58; 8,1). Nachdem sich aber Barnabas seiner angenommen hätte, wäre er dann 'in Jerusalem bei ihnen aus- und eingegangen'. Erstaunlicherweise endete aber der Besuch des Paulus in Jerusalem mit einem unschönen Mißklang, denn offenbar geriet er mit der Urgemeinde in Streit, so daß er fliehen mußte, da sie 'beschlossen hatten, ihn zu töten'. Nachdem er dann eilends nach Tarsus in Sicherheit gebracht worden war, hatten - wie die Apostelgeschichte harmonisierend und über diesen schweren Konflikt hinweggleitend schreibt - 'die Kirchen nun in ganz Judäa, Galiläa und Samaria Frieden' (Apg 9,26-31).
So 'friedlich' wird es wohl sicher nicht gewesen sein.
Paulus jedenfalls erinnert sich an seinen relativ kurzen Aufenthalt in Jerusalem im Galaterbrief folgendermaßen (Gal 1,17-20):

> "ich reiste auch nicht hinauf nach Jerusalem zu denen, die vor mir Apostel waren, sondern ich ging nach Arabien und kehrte dann wieder nach Damaskus zurück. Drei Jahre später zog ich nach Jerusalem hinauf, um Kephas [= Petrus] kennenzulernen, und blieb fünfzehn Tage bei ihm. Einen anderen von den Aposteln aber sah ich nicht, nur den Jakobus, den Bruder des Herrn. Was ich euch da schreibe - fürwahr, bei Gott! ich lüge nicht."

Man wundert sich über diese 'Gedächtnislücken' des Paulus. Wenn er tatsächlich nur den Petrus und den Jakobus gesehen hat,

warum trachtete man ihm dann nach dem Leben? Außerdem: Warum
betont Paulus an dieser Stelle seines Galaterbriefes so eigen-
artig, daß er nicht lüge? Auf jeden Fall wird man als aufmerk-
samer Bibelleser hier mißtrauisch. Es ist doch wohl naheliegend, daß Paulus mit seinem Eid irgendwelchen Gerüchten und
schlechten Reden, die über ihn im Umlauf gewesen sein müssen,
begegnen wollte.

In Wirklichkeit dürfte Paulus eher ein stark gestörtes Verhältnis zur Jerusalemer Urgemeinde gehabt haben. In den sogenannten Pseudoklementinen, einer Reihe von apokryphen Schriften
zum NT, sind überlieferungen der Ebioniten (judenchristliche
Nachfahren der Jerusalemer Urgemeinde) bewahrt. [66]

Hier erfahren wir von einem 'feindlichen Menschen', womit
Paulus gemeint ist, [67] der angeblich eine gesetzlose Lehre den
Heiden verkündet habe. In der Epistula Petri heißt es über Pau-
lus und seine Missionshelfer (2) [68]:

"Damit nun das gleiche [Num 11,25] auch bei uns geschehe,
übergib unseren siebzig Brüdern [Luk 10,1] die Bücher meiner
Predigten in derselben geheimnisvollen Weise, damit sie die
Bewerber um das Lehramt wohl zurüsten. Denn wenn wir nicht
in dieser Weise vorgehen, wird unser Wort der Wahrheit in
viele Meinungen zerspalten werden. Dies weiß ich nicht als
Prophet, sondern ich habe schon den Anfang des Übels vor
Augen. Haben doch einige von den Heiden meine gesetzliche
Verkündigung verworfen und eine gesetzlose und unsinnige
Lehre des feindlichen Menschen [!] vorgezogen. Und zwar haben einige noch zu meinen Lebzeiten versucht, durch mancherlei Deutungen meine Worte zu verdrehen, als ob ich die Auflösung des Gesetzes lehrte und, obwohl ich dieser Ansicht
sei, dies nicht freimütig äußerte [Gal 2,11-14]. Aber das
sei ferne! Denn solches hieße dem Gesetz Gottes zuwiderhan-
deln, das durch Moses kundgetan und durch unseren Herrn in
seiner ewigen Dauer bestätigt worden ist. Denn er sprach
[Matth 24,35; 5,18]: 'Der Himmel und die Erde werden vergehen, aber ein Jota oder ein Häkchen vom Gesetz soll nicht
vergehen'. Dies sagte er, damit alles geschehe. Jene aber,
die, ich weiß nicht wie, vorgeben, sich auf meine Gedanken
zu verstehen, wollen die Worte, die von mir gehört haben, besser auslegen als ich selbst, der sie doch gesprochen
hat. Denen, die sie unterrichten, sagen sie, das sei meine
Ansicht, woran ich nicht einmal gedacht habe. Wenn sie aber
noch zu meinen Lebzeiten solches fälschlich behaupten, um
wieviel mehr werden nach meinem Tod die Späteren dies zu tun
wagen. "

Wie richtig ist dies vorausgesehen worden, möchte man hinzufügen.

In den Kerygmata Petrou können wir ferner die folgende -
sicherlich in dieser Form erfundene, dafür aber gleichwohl die
alten judenchristlichen Argumente gegen Paulus bewahrende -
Auseinandersetzung zwischen Petrus und Paulus lesen, die dem
Leser nicht vorenthalten sei (Homilien (H) XVII 13-19):

"Als Simon [= Paulus!] dies hörte, unterbrach er mit den
Worten: '... Du hattest behauptet, die Lehre deines Meisters
genau kennengelernt zu haben, weil du ihn unmittelbar gegenwärtig gehört und gesehen hast, dagegen sei es einem anderen
nicht möglich, mittels eines Traumes oder einer Vision das
gleiche zu erfahren. Daß dies falsch ist, will ich anzeigen:
Wem etwas unmittelbar zu Gehör kommt, der hat keineswegs
Sicherheit betreffs des Gesagten. Denn er muß prüfen, ob er
nicht getäuscht wird, weil das, was ihm begegnet, nur ein
Mensch ist. Die Vision erzeugt dagegen zugleich mit der Erscheinung die Gewißheit, da man etwas Göttliches sieht. Darauf antworte mir zuerst.'
Und Petrus sagte: '...Uns ist bekannt..., daß viele Götzen-
anbeter, Ehebrecher und andere Sünder Gesichte und wahre
Träume geschaut haben, daß einige aber auch Visionen hatten,
die von Dämonen gewirkt waren. Denn ich behaupte, daß die
Augen der Sterblichen das unfleischliche Wesen des Vaters
oder des Sohnes nicht sehen können, weil es von einem uner-
träglichen Licht umstrahlt wird. Deswegen ist es ein Zeichen
des Erbarmens Gottes, nicht seines bösen Willens, daß er für
die im Fleisch lebenden Menschen unsichtar ist. Denn wer ihn
schaut, muß sterben. [...] Wer aber eine Vision hat, der
möge erkennen, daß dies das Werk eines bösen Dämons ist.
...Denn einem frommen, natürlichen und reinen Sinn er-
schließt sich das Wahre, nicht erworben durch einen Traum,
sondern den Guten durch Einsicht verliehen. Denn auf diese
Weise wurde auch mir der Sohn vom Vater offenbart
[Matth 16,17]. Deswegen kenne ich die Kraft der Offenbarung,
habe ich dies doch von ihm selbst gelernt. Denn zugleich als
der Herr fragte, wie ihn die Leute nennten [Matth 16,13f] -
obwohl ich gehört hatte, daß andere ihm einen anderen Namen
gaben -, stieg es in meinem Herzen auf, nicht weiß ich, wie
ich sagte: 'Du bist der Sohn des lebendigen Gottes
[Matth 16,16].' Du siehst nun, wie es Ausdruck des Zornes
ist, durch Gesichte und Träume zu handeln, freundschaftliche
Begegnung findet sich dagegen dort, wo von Mund zu Mund, in
äußerer Erscheinung geredet wird, und nicht durch Rätsel,
Gesichte und Träume, wie gegenüber einem Feind. Und wenn dir
auch unser Jesus in einem Gesicht erschienen und bekannt
geworden und dir wie einem Gegner zürnend begegnet wäre, so
hätte er doch nur durch Gesichte und Träume oder durch äu-
ßerliche Offenbarungen geredet. Ob aber jemand auf Grund
einer Vision zur Lehre tüchtig gemacht werden kann? Und wenn
du meinst: 'Das ist möglich', weswegen hat dann der Lehrer

bei uns, die wir wachend waren, ein ganzes Jahr ‘’' zuge-
bracht? Wie kannst du nun bei uns Gauben finden, selbst wenn
er dir erschienen ist, und wie kann er dir erschienen sein,
wenn du das Gegenteil von dem willst, was du gelernt hast?
Wenn du aber von ihm eine Stunde lang besucht, unterwiesen
und dadurch zum Apostel geworden bist [Apg 9,3ff; 1.Kor
15,8], dann verkündige seine Worte, lege aus, was er gelehrt
hat, sei seinen Aposteln freund und bekämpfe nicht mich, der
ich sein Vertrauter bin; denn mir, der ich ein standhafter
Fels, der Kirche Grundstein bin [Matth 16,18], hast du
feindselig widerstanden [Gal 2,11]. Wenn du nicht ein Feind
wärest, dann hättest du nicht mich verleumdet und meine Predigt geschmäht, damit ich bei der Verkündigung dessen, was
ich in eigener Person von dem Herrn gehört habe, keinen
Glauben finde, als ob ich unzweifelhaft verurteilt, du aber
anerkannt seist. Und wenn du mich 'verurteilt' [Gal 2,11]
nennst, so beschuldigst du Gott, der mir den Christus offen-
barte, und setzt den herab, der mich der Offenbarung wegen
selig gepriesen hat [Matth 16,17]. Willst du aber wirklich
mit der Wahrheit zusammenarbeiten, dann lerne zuerst von
uns, was wir von jenem gelernt haben, und werde als ein
Schüler der Wahrheit unser Mitarbeiter."

Mir persönlich erscheint die Argumentation des 'klementinischen Petrus' als sehr einleuchtend. Historisch durchgesetzt
hat sich aber die Theologie des Paulus, der nur eine Vision bei
Damaskus hatte und der sich für die menschliche Person des Jeschua von Nazareth offenbar überhaupt nicht interessierte, da
er in seinen Briefen an keiner Stelle hierauf Bezug nimmt.

Im Gegensatz hierzu wurden die judenchristlichen Ebioniten,
die leiblichen Nachfahren derjenigen, die Jesus zu seinen Lebzeiten noch gesehen und gehört hatten, mit ihrer Lehre von der
Alten Kirche als 'besonders schreckliche Ketzersekte' ('haere-
sis soleratissima': Irenäus) verurteilt. Die Gründe: Sie leugneten u.a. die jungfäuliche Geburt Jesu - was man ihnen nicht
verübeln kann, da sich ja Verwandte Jesu unter ihnen befunden
haben sollen - sowie die Deutung seines Kreuzestodes als stell-
vertretendes Sühneopfer.

Die Ebioniten haben daher auch das Abendmahl als bloßes
Erinnerungsmahl an die Tischgemeinschaft mit Jesus gefeiert und
den Blutkelch durch den Wasserkelch ersetzt. Für sie war also
Jesus 'nur' ein Mensch, allerdings einer, der das Gesetz voll-
kommen erfüllt hat und der während seiner Taufe im Jordan von
Gott als sein Sohn 'adoptiert' wurde. Da also für die Ebioniten

Jesus zwar ein besonders erwählter, aber eben doch nur ein
Mensch war, stand für sie nicht einmal die - für die Großkirche
selbstverständliche - Freiheit Jesu von Irrtümern und Unwissen-
heitssünden fest. [70]

Zurück zu Paulus und seinem Verhältnis zur judenchristlichen Urgemeinde in Jerusalem, das man nach obiger Beschreibung
keinesfalls als harmonisch bezeichnen kann, sondern eher als
feindselig anzusehen hat.

Dies wird noch verständlicher, wenn wir - auch aus den Pseudoklementinen (Recognitiones (R) I, 43-71) [71] - erfahren, daß
am Osterfest des 7. Jahres nach Jesu Tod - vielleicht war es das
Sabbatjahr 40/41? - in Jerusalem eine Art Generalversammlung
der Urgemeinde unter dem Präsidium des Jakobus abgehalten wurde. Bei dieser Versammlung soll es zu einer Schaudiskussion mit
den verschiedenen jüdischen Lehrrichtungen (Essener, Samaritaner, Pharisäer, Johannesjünger) und Standesgruppen (Schriftgelehrte, Sadduzäer, Priesterschaft) gekommen sein. Die Streit-
frage war, ob Jesus wirklich der laut Dtn 18, 15 verheißene Prophet sei oder nicht (R I, 43). Interessant ist, daß hierbei die
Johannesjünger als geschlossene Gruppe aufgetreten seien
(R 1, 60), die ebenfalls für ihren Meister einen Messiasanspruch
erhoben und die Jesusgemeinde heftig bekämpft hätte. [72] Die
Schriftgelehrten vertraten die Ansicht, Jesus sei ein Magier
gewesen (R I, 58).

An diese Dispute schließt sich nun ein selbständiges Stück
an (R 1, 66-71), in dem berichtet wird, daß Jakobus mit den
Aposteln und seiner ganzen Gemeinde zum Tempel hinaufgestiegen
sei, wo sie schon eine riesige Menschenmenge seit Mitternacht
erwartet hätte. Es kommt zu einer Schaudiskussion zwischen Jakobus und dem Hohenpriester Kaiphas, wobei Rabban Gamaliel als
eine Art Versammlungsleiter fungiert. Die Rede, die Jakobus
gehalten hat, scheint eine gewisse Parallelität zu der des Stephanus (Apg 7) aufgewiesen zu haben. [73] Während dieser Rede
dringt nun der 'gewisse feindliche Mensch' Paulus [74] mit einigen Leuten in den Tempel ein und beschimpft Jakobus als Jünger
eines Magiers (!). Nachdem er das Volk aufgehetzt hat, wird er
selber handgreiflich und stürzt das Gemeindehaupt Jakobus, den

Herrenbruder, die Tempelstufen hinunter. Dieser hätte hierbei
beinahe den Tod gefunden und mußte schwerverletzt weggetragen
werden. Nach dem Mordanschlag entschlossen sich viele Christen
der Urgemeinde panikartig zur vorübergehenden Flucht nach Jericho, während Petrus sogar bis nach Damaskus weiterflüchtete.

Man versteht jetzt nur allzu gut, daß Paulus nach diesem
dramatischen Vorfall eines versuchten Mordes ein unwillkommener
Gast in der Jerusalemer Urgemeinde gewesen ist - angeblich hat
er sie nur zweimal besucht (Gal 1,18; 2,1; Apg 9,2-31; 15,1-2).
Es ist auch klar, daß nach diesem Geschehen Paulus sein Heil
nur noch fern von Jerusalem in der Diaspora bei den Heiden suchen konnte.

Für Jakobus nimmt das Liebesgebot eine zentrale Stellung im
Gesetz ein (Jak 2,13; 3,17; 4,11). Auch das Matthäusevangelium,
das in judenchristlichen Kreisen entstanden ist, betont dieses
Gebot in ähnlicher Weise (z.B. Matth 7,1-5). Bei einer genauen
Analyse des Jakobusbriefes lassen sich viele Anspielungen auf
die Texte der Protorabbinen und der Qumran-Essener finden. [75]

Da die Jerusalemer Gemeinde glaubte, in Jesus sei der Messias schon gekommen, hat sie sich nicht am Kampf gegen Rom beteiligt, der ja von der Mehrheit der Juden als ein messianischer betrachtet wurde. Wegen dieser politischen Verweigerung
wurde dann auch Jakobus ca. 62/63 n.Chr. als Märtyrer hinge-
richtet. Josephus berichtet hierüber (Ant XX,9,1):

"Bald darauf gelangte die Nachricht vom Tode des Festus nach
Rom, und nun schickte der Caesar den Albinus als Landpfleger
nach Judäa. Der König aber entsetzte den Joseph wieder des
Hohepriesteramtes und übertrug dasselbe dem Sohne des Ananus, der gleichfalls Ananus hieß. Dieser ältere Ananus soll
einer der glücklichsten Menschen gewesen sein. Er hatte nämlich fünf Söhne, die alle dem Herrn als Hohepriester dienten, nachdem er auch selbst diese Würde lange Zeit hindurch
bekleidet hatte, und so etwas war noch bei keinem unserer
Hohepriester der Fall gewesen. Der jüngere Ananus jedoch,
dessen Ernennung zum Hohepriester ich soeben erwähnt habe,
war von heftiger und verwegener Gemütsart und gehörte zur
Sekte der Sadduzäer, die, wie schon früher bemerkt, im Ge-
richte härter und liebloser sind als alle anderen Juden. Zur
Befriedigung dieser seiner Hartherzigkeit glaubte Ananus

auch jetzt, da Festus gestorben, Albinus aber noch nicht
angekommen war, eine günstige Gelegenheit gefunden zu haben.
Er versammelte daher den hohen Rat zum Gericht und stellte
vor dasselbe den Bruder des Jesus, der Christus genannt
wird, ⁷⁶' mit Namen Jakobus, sowie noch einige andere, die
er der Gesetzesübertretung anklagte und zur Steinigung führen ließ. Das aber erbitterte auch die eifrigsten Beobachter
des Gesetzes, und sie schickten deshalb insgeheim Abgeordne-
te an den König mit der Bitte, den Ananus schriftlich aufzu-
fordern, daß er für die Folge sich ein ähnliches Unterfangen
nicht mehr beifallen lasse, wie er auch jetzt durchaus im
Unrecht gewesen sei. [...] Agrippa aber entsetzte ihn infolge dieses Vorfalls schon nach dreimonatlicher Amtsführung
seiner Würde und ernannte Jesus, den Sohn des Damnäus, zum
Hohepriester. "

Als dann 66 n. Chr. der Kampf gegen Rom tatsächlich begann,
verweigerten sich die christlichen Juden der Front, so daß sie
aus Jerusalem wegziehen mußten, wie sich ja auch die Friedenspartei des Jochanan ben Zakkai nach Jabne zurückgezogen hatte.
Der Zufluchtsort der christlichen Juden war Pella in Ostjor-
danien. ⁷⁷'. Diese Abwanderung führte schließlich zur Abspaltung der christlichen Juden vom Hauptstrang des Judentums, da
die Widerstandsgruppen, die nach dem Jüdischen Krieg den Kampf
gegen Rom weiterführen wollten, Jochanan ben Zakkai in Jabne
absetzten und die christliche Gemeinde mit dem Bannfluch (12.
Bitte des Achtzehngebets) belegten.

Dies bedeutete jedoch noch nicht das Ende der judenchristlichen Kirche in Jerusalem, denn nach dem Jüdischen Krieg kehrte
ein Teil der christlichen Juden in das von 'heiligen Männern'
entblößte Land zurück. ⁷⁸' Sie sahen in Jakobus ihren Schutz-
heiligen, während sie Paulus als einen Verräter und Abtrünnigen
betrachteten, weil er das Christentum in eine heidnische Religion umgewandelt hatte.

Da mit der Zeit die Missionsreisen des Petrus, Paulus und
Johannes in der Diaspora zu einer wachsenden Kirche führten,
die sich im wesentlichen aus bekehrten Heiden zusammensetzte,
ging das Gewicht Jerusalems und der christlichen Juden mehr und
mehr zurück. Die Feindseligkeiten der Juden ihnen gegenüber
hatte zu ihrem Ausschluß aus der jüdischen Gemeinschaft geführt, und der Gegensatz zur heidnischen Christenheit führte
schließlich dazu, daß sie - wie schon erwähnt - den Status ei-

ner häretischen Gruppe bekamen.

Das christliche Diasporajudentum in Babylon, in Nordafrika, in Ägypten und auf Zypern konnte aufgrund der Bekämpfung durch Heidenchristen und Juden nicht lange überleben. Als nach der Niederschlagung des Bar-Kochba-Aufstandes Kaiser Hadrian 135 n.Chr. alle Juden aus Jerusalem vertrieben und die Stadt zur heidnischen Metropole Aelia Capitolina wiederaufgebaut hatte, mußte die dortige judenchristliche Kirche der heidnischen Christenheit endgültig weichen.

Für längere Zeit gelang es dem christlichen Judentum nur im Ostjordangebiet sowie südlich und östlich des Toten Meeres in Form verschiedener Sekten zu überleben, über die die patristischen Schriftsteller auch berichten, wobei vor allem von den Ebioniten die Rede ist.

Während sich die christliche Kirche im Westen hauptsächlich auf Paulus und im Osten auf Johannes berief, betrachteten die Ebioniten allein den Herrenbruder Jakobus als den legitimen Führer der Kirche Jesu. Eine entsprechend herausragende Rolle spielt Jakobus denn auch in der apokryphern judenchristlichen Literatur, die die heidenchristliche Großkirche nicht in ihren Kanon aufgenommen hat.

Für die Ebioniten war Jeschua von Nazareth aus einer normalen ehelichen Beziehung zwischen Josef und Maria hervorgegangen, und daher ein wirklicher Mensch gewesen.

Ferner glaubten sie, daß er der letzte und größte Prophet Israels sei, der als einziger das Gesetz vollkommen erfüllt und der Thora ihren ursprünglichen Sinn wiedergegeben habe. Diese Aufassung berührt sich mit dem, was der Islam über Mohammed lehrt, der ja auch als großer Prophet und Vollender der Werke des Mose und des Jesus von Nazareth betrachtet wird.

Weiter glaubten die Ebioniten, daß Jesus der Menschensohn der jüdischen Apokalyptik (Daniel, Henoch) sei. So lehrt Jakobus in den Kerygmata Petrou (R 1,63) eine doppelte Erscheinung des Menschensohn-Messias, eine in Niedrigkeit - es war das irdische Leben des Jesus von Nazareth - und eine noch ausstehende im Glanz des zukünftigen Reiches, bei der er zu Gericht sitzen werde über Fromme und Gottlose. Weil sich die Ebioniten stark

auf den Menschensohn-Titel beriefen, der - ihrer Auffassung
nach - Jesus von Gott durch den Adoptionsakt bei seiner Taufe
verliehen worden war, scheint der Titel für die offizielle
Großkirche entsprechend unbrauchbar geworden zu sein; zudem hat
ja die Kirche, je länger, je mehr die apokalyptische Naherwartung - die die Ebioniten offensichtlich noch längere Zeit wachhielten - abgelehnt und sogar verurteilt.

Man kann geradezu sagen, daß das Ausbleiben der Wiederkehr
des Messias, die sogenannte Parusieverzögerung, zur Stabilisie-
rung der Institution der griechisch-römischen Kirche führte,
während diese Parusieverzögerung andererseits den Untergang des
Judenchristentums beschleunigen mußte in dem Maße, wie die
eschatologischen Spannungen im 4. und 5. Jahrhundert mehr und
mehr abflauten.

Der Grund ist verständlich: Die katholische Kirche hatte die
ausbleibende Parusie des Menschensohnes durch eine reichhaltig
ausgebildete Christologie kompensieren können, während die
Ebioniten eben auf einer - vergleichsweise - primitiveren Stufe
der Christologie, nämlich der Menschensohnerwartung, bewußt
stehengeblieben waren.

Allerdings haben die Menschheit Jesu und die Menschensohnerwartung keineswegs vollständig den ebionitischen Begriff der
Heilsperson bestimmt.

Die Ebioniten vertraten nämlich noch ein prophetisches Mes-
siasbild (der 'neue Mose'), das sich aus Dtn 18,15-22 herlei-
tet: Er ist der 'wahre Prophet, dem Gott seine Worte in den
Mund legt' und auf den 'alle hören sollen'. Er ist mit unbe-
dingter göttlicher Vollmacht ausgestattet (vgl. Apg 3,22-24;
7,35-37).

Die judenchristliche Quellenschrift 'Kerygmata Petrou' der
Pseudoklementinen bringt in großer Breite ein Lehrstück über
den 'wahren Propheten'. Hierin wird ausgeführt (R I,15f), daß
Jesus als der angekündigte wahre Prophet der einzige gewesen
sei, der die Seelen der Menschen erleuchten konnte. Die Welt
sei zuvor ein Haus gewesen, das ganz vom Rauch der Unwissen-
heit, des Irrtums und der Laster erfüllt gewesen sei, bis Jesus
als der wahre Prophet eingetreten sei, um die Tür aufzustoßen,

damit   das   Sonnenlicht   wieder   hineinscheinen   könne
(H I,18f). [79]

Die Ebioniten hielten an der Beschneidung fest, an der jüdischen Prozedur der Ehescheidung sowie an der Feier des Passa
und der anderen im Pentateuch aufgeführten Feste. Auch befolgten sie weiterhin den Sabbat und das Reinheitsbrauchtum, wie
beispielsweise das Baden nach dem Geschlechtsakt. Ferner aßen
sie kein Fleisch, und für ihre Abendmahls-Gedächtnisfeier nahmen sie ungesäuertes Brot, Salz und Wasser, aber keinen Wein.
Wahrscheinlich war der Verzicht auf Fleisch und Wein ein Symbol
für die Trauer um den Tod Jesu.

Aufschlußreich ist in diesem Zusammenhang folgende Stelle
aus dem babylonischen Talmud (bBaba Batra 60b):

"Unsere Meister lehrten: Als der Tempel zum zweitenmal zerstört wurde, mehrten sich die Abgesonderten in Israel, die
kein Fleisch aßen und keinen Wein tranken. Da gesellte sich
Rabbi Jehoschua zu ihnen und sagte zu ihnen: Meine Söhne,
warum eßt ihr kein Fleisch und trinkt ihr keinen Wein? Da
sagten sie zu ihm: Sollen wir Fleisch essen, von dem man
beständig auf dem Altar geopfert hat - und jetzt hat das
aufgehört! Sollen wir Wein trinken, von dem man beständig
auf dem Altar geopfert hat - und jetzt hat das aufgehört!"

Neben diesem jüdischen Brauchtum, welches sie beibehielten,
befolgten sie den Ritus der Taufe und den der Eucharistie; ferner feierten sie noch den Sonntag als Tag des Herrn. Auch der
Zölibat und das Ideal der Armut war bei ihnen geachtet und verbreitet. Dies weist vielleicht auf einen Zusammenhang zwischen
den Ebioniten und früheren essenischen Gruppen hin.

Auf jeden Fall besteht hier ein gewisser Unterschied zwischen dem asketischen christlichen und dem rabbinischen Judentum. Letzterem stand Jesus in dieser Beziehung näher, hatte er
sich doch nach den Berichten der Synoptiker von jeder strengen
Askese distanziert. Von den Pharisäern wurde ihm bekanntlich
sogar vorgeworfen, er sei 'ein Fresser und Weinsäufer'
(Matth 11,19; Luk 7,34) gewesen. Das christliche Judentum hat
in dieser Hinsicht also nicht die Auffassung ihres Meisters,
sondern eher die asketische Tendenz des Johannes des Täufers
tradiert.

Verschiedene christliche Juden wandten sich später dem Ka-
räertum zu, einer bedeutenden jüdischen Sekte seit dem 8. Jahrhundert. Andere traten zum Islam über, der in manchen Punkten
durchaus Ähnlichkeiten mit dem christlichen Judentum aufweist.
Wieder andere werden wohl zum rabbinischen oder samaritanischen
Judentum zurückgefunden haben; und schließlich wird es auch
solche gegeben haben, die sich dem heidnischen Christentum anschlossen.

Auch wenn das christliche Judentum auf diese Weise letztlich
in anderen Bewegungen aufging, übte es doch noch einen gewissen
Einfluß auf das Christentum und seine weitere Geschichte aus
sowie auch auf andere Bewegungen, wie die Gnostiker, die Mandäer [80], die Manichäer [81], auf die nestorianische Christenheit [82] und auch - wie gesagt - auf den Islam.

Zum Schluß kommen wir noch einmal kurz zurück zur ebionitischen Theologie, die Jesus als den 'novus Moses', den 'neuen
Mose', ansieht. Jesus steht in den klementinischen Kerygmata
Petrou im allgemeinen nicht über Mose, sondern ist ihm gleich-
geordnet. Jesus hat nach ebionitischer Vorstellung die Gesetze
des Mose, die im Verlauf der jüdischen Geschichte verfälscht
worden seien, wieder 'gereinigt'. Er hat also ihren 'ursprünglichen Zustand' wiederhergestellt und auch vollendet (R I,39).

Beide, Mose und Jesus, haben aber die Befolgung der gleichen
Thora gelehrt, weshalb bei den Ebioniten die Nachfolge Jesu mit
der Erfüllung des Gesetzes Mosis geradezu gleichgesetzt wurde. [83] Auf diese Weise war von ihnen die Lehre des Mose und
die Jesu unter der - wie ich meine, genialen - Idee einer Urreligion zusammengeschlossen worden:

Beide Propheten waren von Gott gesandt worden, um einen Bund
mit der Menschheit zu schließen. Mose wurde der Lehrmeister der
Juden und Jesus der Lehrer für die Heiden (H II,52). Da aber
letzten Endes beide Lehren identisch sind, werde Gott jeden
Menschen annehmen, der einem von beiden glaubt - wirklich eine
nach meiner Meinung bemerkenswerte Religionstoleranz (H VIII,
5,3-7,5) [84]:

"Da es also den Hebräern und den aus der Schar der Heiden
Berufenen geschenkt worden ist, den Lehrern der Wahrheit zu

glauben, während es der persönlichen Entscheidung jedes einzelnen überlassen bleibt, ob er gute Taten vollbringen will,
so fällt der Lohn mit Recht denen zu, die gut handeln. Denn
weder Moses, noch Jesus hätten zu kommen brauchen, wenn die
Menschen aus sich selbst heraus den vernünftigen Weg hätten
erkennen wollen, und darin, daß einer an Lehrer glaubt und
sie seine Herren nennt, liegt noch kein Heil [!].Darum wird
vor den Hebräern, die Moses als ihren Lehrer empfangen haben, Jesus verhüllt und vor den Jesusgläubigen Moses verborgen. Da nämlich durch beide ein und dieselbe Lehre offenbar
wird, so nimmt Gott den Menschen an, der an einen von ihnen
glaubt. Doch der Glaube an einen Lehrer zielt auf das Tun
dessen ab, was von Gott angeordnet wird. Daß dem so ist,
spricht unser Herr selbst aus: 'Ich bekenne dir, Vater des
Himmels und der Erde, daß du das vor den Weisen und Alten
verborgen, es aber den Toren und Unmündigen enthüllt hast
[Matth 11,25; Luk 10,21]. So hat Gott selber den einen den
Lehrer verborgen, weil sie zuvor wußten, was zu tun nötig
ist, und ihn den anderen enthüllt, weil sie nicht wissen,
was sie zu tun haben. Also werden die Hebräer nicht verurteilt, weil sie Jesus nicht kannten..., wenn sie nur nach
den Weisungen des Moses handeln und so den nicht verletzen,
den sie nicht kennengelernt haben, und wiederum werden die
Abkömmlinge der Heiden nicht verurteilt werden, die... Moses
nicht kennengelernt haben, wenn sie nur nach Jesu Worten
handeln und so den nicht verletzen, den sie nicht kennengelernt haben. Auch nützt es nichts, wenn manche ihre Lehrer
als ihre Herren bezeichnen, aber das nicht tun, was Knechten
zukommt. Darum äußerte sich unser Herr Jesus zu einem, der
ihn immer wieder Herr nannte, dabei aber sich an keines seiner Gebote hielt: 'Was sprichst du zu mir Herr und tust doch
nicht, was ich sage [vgl. Matth 7,21; Luk 6,46]?' Denn nicht
das Reden wird jemandem nützen, sondern das Handeln. Unter
allen Umständen bedarf es guter Werke, es sei denn, daß einer gewürdigt werde, beide Lehrer als Verkünder einer einzigen Lehre kennenzulernen; denn dieser Mann gilt als reich in
Gott..."

Für die ebionitischen Judenchristen hat also Jesus von Nazareth den Bund am Sinai reformiert - nicht aber abgeschafft -,
und so zu einer Heilsgrundlage für die gesamte Völkerwelt gemacht. Gegen diese Auffassung, für die die Ebioniten auch Mis-
sion getrieben haben und die voll zwischen den Fronten von Kirche und Synagoge stand, wurde offenbar schon zur Abfassungszeit
des Barnabasbriefes (4,6) von seiten der Großkirche polemisiert **'):

"Auch das noch bitte ich euch als einer euresgleichen, der
euch einzeln und alle zusammen mehr als sich selbst liebt,
auf euch achtzugeben und euch nicht gewissen Leuten gleich-

zumachen, indem ihr ihren Sünden weitere hinzufügt und sagt:
Das Testament jener ist auch das unsrige. "

Für den Autor des Barnabasbriefes ist es also eine Sünde zu
behaupten, Judentum und Christentum gehörten in denselben Bund.
An der Stelle 12,10 seines Briefes agitiert der Verfasser
nicht gegen das Judentum, sondern gegen die judenchristliche
Front, die es für ihn zu bekämpfen gilt:

> "Siehe, wiederum Jesus, nicht Menschensohn, sondern Gottes-
> sohn, als Vorbild aber im Fleisch erschienen. Da nun zu er-
> warten ist, daß sie sagen, der Christus sei ein Sohn Davids
> [vgl. Mark 12, 35-37; par.], prophezeit David selbst, weil er
> den Irrtum der Sünder befürchtete und erkannte: Es sprach
> der Herr zu meinem Herrn: Setze dich zu meiner Rechten, bis
> ich deine Feinde zum Schemel deiner Füße gemacht habe
> [Ps 110,1]. [...] Siehe, wie David ihn Herrn nennt, und Sohn
> nennt er ihn nicht. "

Offensichtlich hatte das Judenchristentum der Spätantike die
Erwartung, daß sich die beiden großen Religionen in einer Moral
der guten Werke zu einer Urreligion vereinigen werden. [86]
Dieses nach meiner Ansicht bemerkenswerte Beispiel eines
spätantiken Religionsuniversalismus konnte sich jedoch nicht
durchsetzen: Der Christus der heidenchristlichen Großkirche war
eben für diese nicht nur der wahre Prophet, sondern der Herr
und Heiland, während gleichzeitig das rabbinische Judentum über
eine Reform des mosaischen Gesetzes nicht mit sich reden lassen
wollte.

Hiermit sind wir am Ende unseres weiten Weges durch das 'jüdische Wurzelgeflecht' des Christentums angelangt. Die Entwicklung der heidenchristlichen Kirche nachzuzeichnen hieße,
sich nun der anderen großen Wurzel, der griechisch-hellenistischen im Christentum, zuzuwenden. Dies ist aber nicht mehr
das Thema des vorliegenden Buches.

ANMERKUNGEN

EINLEITUNG

1) Mit "du vom wilden Ölbaum" meint Paulus den zu Christus bekehrten Heiden, mit "Wurzel" und "Saft des Ölbaums" das
Judentum als Mutter des Christentums.

2) Wir verwenden die Bezeichnung 'Jesusbewegung' im gleichen
Sinn wie der Heidelberger Neutestamentler Gerd Theißen
(1985, S.9):
"Das Urchristentum begann als eine von Jesus hervorgerufene innerjüdische Erneuerungsbewegung: Übergänge zum
hellenistischen Urchristentum und zum Judenchristentum
sind fließend. Als grobes Abgrenzungskriterium dient ein
geographisches und chronologisches Datum: Das hellenistische Urchristentum breitete sich vorwiegend außerhalb
Palästinas aus, während die Jesusbewegung eine palästinische Erscheinung mit Ausstrahlung auf syrische Nach-
bargebiete war. Sie verselbständigte sich zum Judenchristentum nach 70 n.Chr. Zuvor hatte sie mit anderen
innerjüdischen Erneuerungsbewegungen konkurriert; danach
setzte sich der Pharisäismus durch, während die Christen
exkommuniziert wurden. Die Jesusbewegung ist also die
von Jesus hervorgerufene innerjüdische Erneuerungsbewegung im syrisch-palästinischen Bereich ca. 30 bis 70
n.Chr."

3) Unter dem Begriff 'Einleitungswissenschaft' versteht die
Theologie eine Teildisziplin, deren Aufgabe die historische
Einordnung eines Bibeltextes ist, indem sie die Frage nach
dem Verfasser, dem Empfänger, der geschichtlichen Situation
zur Abfassungszeit und der literarischen Einheit des Textes
stellt.

I. JAHWE, DER GOTT ISRAELS

1) Aus diesen Stellen ergeben sich drei verschiedene genealo-
gische Systeme, die alle die Zahl Zwölf gemeinsam haben.
Die drei unterschiedlichen Systeme gliedern sich jeweils in
vier Gruppen nach den Frauen Jakobs und ihren Sklavinnen:

1.System: I.Lea: 1.Ruben, 2.Simeon, 3.Levi, 4.Juda, 5.Issa-
char, 6.Sebulon, 7.Dina; II.Bilha: 8.Dan, 9.Naphtali;
III.Silpa: 10.Gad, 11.Asser; IV.Rahel: 12.Joseph.

2.System: I.Lea: Ruben, 2.Simeon, 3.Levi, 4.Juda, 5.Issa-
char, 6.Sebulon; II.Bilha: 7.Dan, 8.Naphtali; III.Silpa:
9.Gad, 10.Asser; IV.Rahel: 11.Joseph, 12.Benjamin.

3. System: I. Lea: 1. Ruben, 2. Simeon, 3. Juda, 4. Issachar,
5. Sebulon; II. Bilha: 6. Dan, 7. Naphtali; III. Silpa: 8. Gad,
9. Asser; IV. Rahel: 10. Ephraim, 11. Manasse, 12. Benjamin.

Die drei Systeme sind in ihrer chronologischen Reihenfolge
angegeben.

2) Vgl. Georg Fohrer: Geschichte Israels; Heidelberg 1985⁴,
   S. 23.

3) Dekalog =griech. 'Zehnwort'. Wir sind es in christlicher
   Tradition gewohnt, von den 'Zehn Geboten' zu sprechen, was
   aber nicht ganz korrekt ist. Schalom Ben-Chorin erklärt in
   'Die Tafeln des Bundes'; Tübingen 1987, S. 13:

   "Die Zehn Gebote sind keine zehn Gebote, denn das erste
   Gebot kann in strengem Sinne nicht als solches angesehen
   werden. Es stellt die Selbstaussage des sich offenbaren-
   den Gottes dar und ist damit die Begründung der nun folgenden neun Gebote, deren Zählung uneinheitlich ist.
   Augustinus hat eine Zählung vorgenommen, die von der
   Katholischen Kirche und von Luther übernommen wurde.
   Nach dieser Zählung werden die Verse Ex 20,2-6 als erstes Gebot registriert; 17a als neuntes und 17b als
   zehntes Gebot.
   Im Judentum ist hingegen eine andere Zählung üblich geworden: sie faßt Vers 2 als erstes, die Verse 3-6 als
   zweites und Vers 17 als zehntes Gebot auf; eine Eintei-
   lung, die wir ähnlich bereits bei Philo von Alexandrien
   und Josephus Flavius finden."

4) Andere Autoren - wie z. B. Georg Fohrer (Einleitung in das
   Alte Testament; Heidelberg 1979, S. 165f) - datieren J in
   die Jahrzehnte von 850-800 v. Chr. nach der antikanaanäi-
   schen Religionspolitik der judäischen Könige Asa und Josaphat und mit der einsetzenden Restauration der national-
   religiösen und - politisch hiermit zusammengehend - der
   großisraelitischen Ideale unter König Amazja.
   Es sei hier noch erwähnt, daß Fohrer und einige andere Alttestamentler J noch einmal aufteilen in ein restringiertes
   J und ein N, die sogenannte Nomadenschrift, da das gewöhnliche J keine einheitliche literarische Struktur aufweist.
   In der Literatur sind des weiteren für N die Bezeichnungen
   J¹ und L (Laienquelle) zu finden (vgl. Fohrer, a. a. O.,
   S. 173ff).

5) Die Jerusalemer Bibel bemerkt zu dieser Stelle:
   "Die gewöhnliche Übersetzung 'Gott der Allmächtige' ist
   ungenau; wahrscheinlich bedeutet El Schaddai 'Gott des
   Gebirges'."

6) Vgl. Martin Noth: Geschichte Israels; Göttingen 1969⁷,
   S. 122ff.

7) Vgl. Antonius H. J. Gunneweg: Geschichte Israels bis Bar

Kochba; Stuttgart 1979³, S.31f.

8) Vgl. Georg Fohrer: Geschichte Israels, S.56ff.

9) Der Ausdruck stammt ursprünglich aus dem Akkadischen und bezeichnet Menschen, die sich für bestimmte Dienste verdingten. Nach außerbiblischen Urkunden hat es diesen Menschentyp in Mesopotamien, Palästina und Ägypten gegeben. Es wird gemeinhin angenommen, daß sich das Wort 'Hebräer' hiervon ableitet.

10) Der im wesentlichen elohistische Verfasser (E) redet hier in abfälliger Weise von einem Kalb als Götzen. Gemeint ist wohl eher ein Stierbild, welches im Alten Orient eine Gottheit symbolisierte.

11) Das sogenante Bundesbuch Ex 20,22 - 23,33 wird von den meisten Alttestamentlern E zugewiesen. Sein Name rührt von der Stelle Ex 24,7 her. Es stellt die Auslegung und Entfaltung des Dekalogs dar, der hier auf das Zivil- und Strafrecht angewandt wird und schon das Leben einer bereits seßhaft gewordenen Gemeinschaft voraussetzt, das durch dieses Bundesbuch juristisch geregelt wird. Es enthält deutliche Berührungspunkte mit den Rechtssatzungen anderer orientalischer Völker wie dem mesopotamischen 'Codex Hammurabi', den Gesetzestexten der Hethiter und dem in sumerischer Sprache verfaßten Recht von Lipit-Ischtar (vgl. F. Heiler: Die Religionen der Menschheit; Stuttgart 1982⁴, S.124). Die Vorschriften des Bundesbuches lassen sich in drei Gruppen einteilen: 1. Zivil- und Strafrecht: 21,1 - 22,20; 2. Kultvorschriften: 20,22-26; 22,28-30; 23,10-19; 3. Soziale Vorschriften: 22,21-27; 23,1-9, die für die damalige Zeit als außergewöhnlich fortschrittlich erscheinen.

12) a.a.O., S.85ff.

13) Z.B. Fohrer: Das Alte Testament, Teil I; Gütersloh 1969, S.73.

14) Vgl. a.a.O., S.86f.

15) Bei den Patriarchen Abraham, Isaak, Jakob usw. dürfte es sich möglicherweise um historische Gestalten gehandelt haben, die sich als 'inspirierte Stammesführer' hervortaten. Ihnen hatte sich die Sippengottheit offenbart, so daß man sie als Offenbarungsempfänger und Kultstifter der Frühzeit Israels bezeichnen kann. Wahrscheinlich sind sie auch als eine Art Vorläufer der späteren Seher und Propheten anzusehen. Insgesamt wird man die Patriarchen einer umfassenden Wanderbewegung zurechnen, deren Weg zunächst von der Steppe und Wüste in das kanaanäische Kulturland und dort von einem zum anderen Weideland geführt hat. Die Schilderungen in den Genesiserzählungen entsprechen diesem Bild der hin- und herziehenden Halbnomaden, die sich auf dem Weg zum Seßhaftwerden im Kulturland befanden.

16) Bileam ist ein Seher oder Prophet aus Mesopotamien, der
    erstaunlicherweise Jahwe hier als seinen Gott anerkennt.
    Diese Stelle ist interessant, weil sie das älteste Zeugnis
    im AT für die Existenz von nichtisraelitischen Propheten
    darstellt. In 1.Kön 18 ist von sogenannten Baalspropheten
    die Rede, mit denen es der Prophet Elia auf dem Berg Karmel
    zu tun bekommt. Sogar in der Bibel sind also Propheten au-
    ßerhalb Israels bezeugt.

17) Vgl. Fohrer: Geschichte Israels, S.28

18) Die Lokalisierung dieses 'Schilfmeeres' ist schwierig und
    nicht eindeutig geklärt. Auf Grund von Ex 14,2 hat man an
    den Sirbonischen See an der Mittelmeerküste östlich des
    Nildeltas beim Heiligtum Baal-Zephon gedacht. Es gibt aber
    auch andere Stellen, wie 1.Kön 9,26, die den Golf von Akaba
    als Schilfmeer nahelegen.

19) Vgl. auch Gunneweg, a.a.O., S.25

II. DER JAHWEGLAUBE UND SEIN VERHÄLTNIS ZUR KANAANÄISCHEN RELIGION

1) Ascheren sind rituelle Holzpfähle. Wahrscheinlich handelt
   es sich um Phallussymbole.

2) Vgl. Johann Maier: Das Judentum. Von der biblischen Zeit
   bis zur Moderne; München 1980[2], S.25.

3) Baal ist also einer der vielen Göttergestalten des Alten
   Orients, bei denen man an eine Totenauferstehung glaubte.

III. ÜBERBLICK ÜBER DIE FRÜHE KÖNIGSZEIT

1) Der Name 'Saul' bedeutet 'der (von Gott) Erbetene'.

2) Vgl. 'Die Religion in Geschichte und Gegenwart (RGG)', V.;
   S.1095

3) Diese Bibelstelle bezieht sich eigentlich auf Salomo. In
   der späteren Überlieferung ist das 'davidisch-salomonische
   Großreich' jedoch als eine Art Einheit betrachtet und seine
   Wiederherstellung sehnlichst erwünscht worden.

4) Vgl. Gunneweg, a.a.O., S.72f.

5) Nach den biblischen Berichten war es der böse Geist, der
   über Saul kam, so daß er völlig grundlos dem edelmütigen
   und tapferen David nach dem Leben trachtete. Die historische Wirklichkeit dürfte jedoch komplexer gewesen sein.

In Wahrheit war David Saul militärisch zu mächtig geworden
(vgl. 1.Sam 18,7ff). Das überlieferte Sprichwort
    "Saul hat Tausend besiegt, David aber Zehntausend"
wird man als echtes zeitgenössisches geflügeltes Wort ansehen dürfen. Es bringt sehr bildhaft zum Ausdruck, daß David
militärisch mit seiner Söldnertruppe mehr Erfolg hatte als
Saul mit seinem Heerbann.

6) Der Begriff der 'Zwölf-Stämme-Amphiktyonie' wurde von Mar-
   tin Noth geprägt. Er verstand darunter den sakralen Verband
   der 12 Stämme Israels, von denen jedem einzelnen für einen
   Monat des Jahres die Pflicht zukam, die zentrale Jahwe-
   Kultstätte zu versorgen, die Noth in der Nähe von Sichem
   lokalisierte. Diese Amphiktyonie-These wird von der neueren
   Forschung allerdings wieder in Zweifel gezogen (vgl. z.B.
   J.Maier: Das Judentum, S.39f).

7) Offensichtlich hatte David die Stadt ohne Blutvergießen im
   Handstreich erobert, ohne die Bewohner auszurotten oder zu
   vertreiben. David respektierte auch ihre religiösen Traditionen und anerkannte Zadok als zweiten Oberpriester. Man
   hat in diesem Zadok ein Mitglied des ehemaligen Priesterkö-
   nigsgeschlechts vermutet, das sich auf den sagenumwobenen
   Melchisedek (= Melchi-Zadok) zurückführen soll (Gen 14,18;
   vgl. auch Ps 110,4). Später unter Salomo wurde Zadok alleiniger Priesterfürst, so daß im folgenden das Geschlecht der
   Zadokiden in Jerusalem den Oberpriester stellte.

8) Die 'Tenne Araunas' war wahrscheinlich eine alte kanaanäische Kultstätte.

9) Man darf sich den Salomonischen Tempel kaum größer vorstellen als etwa eine Dorfkirche unserer Zeit gemäß den Angaben
   in 1.Kön 6; man weiß jedoch durch Ausgrabungen, daß dieser
   Tempel im Verhältnis zu anderen Tempeln und heiligen Stätten Palästinas noch relativ groß gewesen sein muß. Archäologische Grabungen, die Reste des alten Tempels zutage för-
   dern würden, sind zur Zeit nicht gestattet, da sich auf
   diesem Areal heilige Stätten des Islam befinden, wie die
   Felsenkuppel und die Aksa-Moschee.

10) Es erscheint uns heute als schwer verständlich, daß das
    Gold in solchen Massen einfach nur im Libanonwaldhaus
    'herumlag', ohne daß es in irgendeiner Weise sinnvoll für
    Staat oder Volk eingesetzt wurde, so daß es schließlich
    auch eine Generation später von dem Pharao Sisak bei dessen
    Palästinafeldzug einkassiert werden konnte.
    Wahrscheinlich ist Salomos Unsicherheit dem Gold gegenüber
    darin begründet, daß der Übergang von der Naturalwirtschaft
    zur Geldwirtschaft noch nicht umfassend vollzogen war.

11) Vgl. RGG; V.,S.1337. Interessant ist noch folgende Bemer-
    kung aus 'Martinus Adrianus Beek: Geschichte Israels;
    Stuttgart 1983⁵', S.64:
        "Bei Ausgrabungen hat man Dinge gefunden, von denen die
        Bibel nichts erwähnt, die aber für die Wirtschaftsge-

schichte jener Zeit bedeutsam sind: König Salomo hat im
Timnatal große Kupferröstereien bauen lassen, in denen
Kupfererze gebrannt wurden. Das in den Röstereien gewon-
nene Material (Rohkupfer) wurde zum Teil nach Ezon-
Geber, zum anderen Teil wohl auch nach Norden, ins Jor-
dantal, zur Weiterverarbeitung gesandt."

12) Die Jerusalemer Bibel kommentiert diesen Bericht über die
Thronfolge folgendermaßen:
"Dieser große Abschnitt stammt aus einer alten Darstel-
lung aus der Zeit Salomos, die der Verfasser von Sm [Sa-
muelbücher] fast ohne Bearbeitung aufgenommen hat. Ihr
Sinn für geschichtliche Zusammenhänge steht in jener
Zeit einzigartig da und wird in der Bibel später kaum
wieder erreicht. [...] Inhalt der Erzählung war, wie die
Thronfolge Davids an Salomo fiel - obschon noch ein
Nachkomme Sauls, Meribbaal, lebte, 9, und Israel unter
Scheba revoltierte, 20; obschon ältere Söhne Davids den
Vorrang gehabt hätten: Amnon, 13; Absalom, 15-18; Adoni-
ja, 1.Kön 1-2, und außerdem David die Mutter Salomos nur
durch ein schweres Vergehen zur Frau genommen hatte
(10-12)."

13) Bevor Salomo nach dem Tod Davids den Thron besteigen konnte, war sein Hauptproblem, alle seine Mitbewerber auszu-
schalten. Der salomonische Chronist deutet dieses Problem
der Herrschaftssicherung sehr fein durch den ersten und
letzten Satz seines Berichtes an:
2.Sam 9,1:
"David fragte: 'Gibt es noch jemand, der vom Hause Sauls
übriggeblieben ist?'"
und 1.Kön 2,46:
"So ward das Königtum in der Hand Salomos befestigt."
Zur Verdeutlichung sei eine kleine Tabelle aller für die
Nachfolge wichtigen Personen der Familie Davids angegeben:
Die Kronprätendenten unter Davids Söhnen:
AMNON: getötet durch Absalom: 2.Sam 13,19
ABSALOM: getötet durch Joab: 2.Sam 18,14
ADONIA: getötet auf Befehl Salomos: 1.Kön 2,25
SALOMO: einzig überlebender Thronanwärter
Die Kronprätendenten unter Salomos Vettern:
JOAB: getötet auf Befehl Salomos: 1.Kön 2,34
AMASA: getötet durch Joab: 2.Sam 20,10

Der biblische Bericht suggeriert in geschickter Weise, daß
alle diese Todesfälle sich notwendigerweise durch die geschichtlichen Begebenheiten ereignen mußten und ohne jeden
Bezug zur Nachfolge Davids seien.

14) Die Geschichte des Absalom lesen wir in 2.Sam 13,1-20,26.
Es handelt sich um die Erzählung einer menschlichen Tragödie in der Familie Davids. Amnon hatte seine Halbschwester
Thamar vergewaltigt, worauf ihn eine Abneigung gegen sie
erfüllte, die stärker war als die Leidenschaft vor seiner
Tat (13,15). Thamars Bruder Absalom fühlte sich bemüßigt,
die verlorene Ehre seiner Schwester zu rächen und ließ Am-

non zwei Jahre später bei einem Gelage ermorden. Wegen der hiermit in Kraft getretenen Blutrache mußte er fliehen. Später gelang es Absalom durch Vermittlung seines Vetters Joab und einer weisen Frau aus Tekoa aus der Verbannung nach Jerusalem zurückzukehren.

15) Gunneweg schreibt hierzu (a. a. O., S. 86):
   "Bemerkenswerter Weise wird überliefert, daß Absalom sich speziell um Rechtshändel von Angehörigen der Nordstämme kümmerte (2. Sam 15, 2-4). Als König der Amphiktyonie war David der Rechtsnachfolger der kleinen Richter Israels geworden. Daß David sich faktisch über altes Bundesrecht hinweggesetzt hatte, statt ein Hüter und Pfleger des Bundesrechtes zu sein, war bekannt. Absalom hingegen nutzte offenbar die hierüber entstandene Unzufriedenheit und griff bewußt alte amphiktyonische Gedanken wieder auf und stellte in Aussicht, für den Fall, daß er König würde an Davids Statt, gewisse israelitische Freiheiten und Rechte wieder aufleben zu lassen. Solche Zusagen sicherten ihm einen starken Anhang bei den Stämmen des Nordreiches, wo der israelitische Gedanke am tiefsten verwurzelt war (2. Sam 15, 10)."

16) Die Bezeichnung 'alle Krethi und Plethi' (2. Sam 15, 18) weist wahrscheinlich auf Kreter und Philister hin. Es handelt sich wohl um ausländische Söldner, die als solche wenig Kontakt zur Bevölkerung hatten, so daß von ihrer Seite David vor Verschwörungen sicher sein konnte.

17) Es sei hier auf den üblichen Doppelgebrauch der Bezeichnung 'Israel' hingewiesen: Bis zur Zeit der Reichstrennung 931 v. Chr. wird die gesamte Volksgemeinschaft des Bundes, von der das AT spricht, 'Israel' genannt. Danach gebraucht die Bibel diese Bezeichnung in doppelter Bedeutung. Zum einen bezeichnet sie im geographisch-politischen Sinn das Nordreich im Gegensatz zum Südreich Juda; zum anderen meint das AT mit 'Israel' häufig auch die Gesamtheit des Bundesvolkes, das mit Jahwe in einer besonderen Beziehung steht. Vornehmlich im nachexilischen Sprachgebrauch bis zur Zeit des NT erhält dieses Wort mehr und mehr eine religiöse Bedeutung.

18) Zitiert nach: Michel Clevenot: So kennen wir die Bibel nicht; München 1980², S. 39f.

19) Pharao Sisaks Feldzug ist auf dem Siegesrelief des großen Amontempels von Karnak in Oberägypten abgebildet. Man kann der Abbildung entnehmen, daß ganz Palästina Sisaks Angriff zum Opfer gefallen ist.

20) Vgl. M. A. Beek, a. a. O., S. 73.

IV. GRUNDLINIEN DER WEITEREN GESCHICHTE NACH DER REICHSTRENNUNG

1) Für die Einleitungswissenschaft sind die Königsbücher im
   wesentlichen das Werk der sogenannten 'deuteronomistischen
   Schule' (Dtr), die aus der deuteronomischen Reformbewegung
   unter dem judäischen König Josia (639-609) hervorgegangen
   ist. Sie war während mehrerer Jahrzehnte über den Untergang
   des Südreiches hinaus bis in die Zeit des babylonischen
   Exils am Werk und hat neben der Bearbeitung des Deuterono-
   miums ein großes Geschichtswerk geschaffen durch mehr oder
   weniger starke Bearbeitungen schon vorhandener Überlieferungen. So sind folgende Bücher des AT deutlich von deuteronomistischer Hand geprägt: Jos, Ri, 1.+2. Sam (geringere
   Spuren von Dtr) sowie wesentlich das Rahmenwerk der beiden
   Königsbücher mit ihren - meist schlechten - Beurteilungen
   der einzelnen Könige. Den Königsbüchern kommt durchaus ein
   historischer Wert zu, da sie sich ausdrücklich auf drei
   Geschichtsquellen beziehen: Auf die 'Geschichte Salomos',
   die 'Geschichte der Könige von Juda' und die 'Geschichte
   der Könige von Israel', die alle drei leider verlorengegan-
   gen sind.
   Das 'chronistische Geschichtswerk', das in den beiden Chro-
   nikbüchern vorliegt, ist dagegen wesentlich später entstanden, um 300 v. Chr. Sein historischer Wert ist nach allgemeiner theologischer Auffassung sehr begrenzt, da es viel
   Eigengut enthält und die vorexilische Geschichte stark ver-
   zeichnet aus seinem Interesse heraus, das Reich Juda mit
   der davidischen Dynastie und dem Jerusalemer Tempel gegenüber dem gottlosen Nordreich als das wahre Bundesvolk Jahwes
   herauszustreichen.
   So werden wir uns also im wesentlichen auf die Königsbücher
   und weniger auf die Bücher der Chronik beziehen.

2) Vgl. J. Maier, a. a. O., S. 81ff.

3) Vgl. J. Maier, a. a. O., S. 83f.

4) Es handelt sich um Gewichtsmaße, und zwar bedeuten:
   1 Talent = 34, 272 kg
   1 Schekel = 11, 4   g.
   Geld in Form geprägter Münzen erscheint erst im 7. Jh. v. Chr.
   in Anatolien und Griechenland, vorher wog man lediglich das
   Edelmetall.

5) Mit 'Großkönig' wird auf den Tribut angespielt, den Menachem dem assyrischen König Tiglatpileser III. 738 v. Chr.
   leistet (2. Kön 15, 19), und auf den Hilferuf des Ahas an den
   gleichen König 735 v. Chr. (2. Kön 16, 7-9).

6) Die Stelle Jes 7, 14 wird im NT von Matthäus zitiert,
   Matth 1, 23, wo aber von einer 'Jungfrau' die Rede ist. Dem
   Verfasser des Matthäusevangeliums mag die Septuaginta, die
   griechische Übersetzung der hebräischen Bücher des AT, vor-
   gelegen haben, die an dieser Stelle tatsächlich 'parthenos'
   = 'Jungfrau' übersetzt. Im ursprünglichen hebräischen Text

steht der Ausdruck 'alma', der sowohl ein junges Mädchen
als auch eine jung verheiratete Frau bzw. verheiratete junge Frau bezeichnen kann. Das hebräische Wort für 'Jungfrau'
lautet dagegen 'betula'. Beide Ausdrücke haben völlig verschiedene Wortstämme und können daher nicht verwechselt
worden sein. Es ergibt sich also hieraus, daß es unmöglich
ist, das Dogma der Jungfrauengeburt Jesu aus dieser Jesaja-
stelle abzuleiten.

7) Sargon II (721-705), der sich diesen Sieg zuschrieb, hat
   ihn in einer großen Prunkinschrift am Eingangstor seiner
   Residenz Dur-Scharukin (= Chorsabad heute) beschrieben. Sie
   hatte gemäß ANET, S.284f folgenden Wortlaut:
   "Ich belagerte und eroberte Sa-me-ri-na [=Samaria]. Ich
   führte 27 290 Menschen, die da wohnten als Gefangene
   weg. Ich ergriff Besitz von 50 Streitwagen, die sich
   dort befanden. Den übrigen gab ich ihren Anteil zurück.
   Ich machte meinen Feldherrn zu ihrem Gebieter und legte
   ihnen den gleichen Tribut auf wie der vorige König."

8) Vgl. J.Maier, a.a.O., S.85f.

9) Asa kann auch der Sohn Abias gewesen sein. Die übersetzung
   ist nicht eindeutig: Vgl. 1.Kön 15,2.10 mit 15,8.

10) Die Jerusalemer Bibel interpretiert besagtes 'Schandbild'
    als "Baldachin, unter dem das Bild der Göttin stand".

11) Später hat der judäische König Ahas genau diese - zweifel-
    hafte - Politik der Verbrüderung mit einer fremden Macht,
    nun mit Assyrien, wiederholt. Auch hier gab es Kritik,
    diesmal von seiten Jesajas (Jes 7).

12) Man muß hierbei bedenken, daß seinerzeit die Heilkunst zu
    einem erheblichen Teil mit Magie verbunden war. Die Jerusa-
    lemer Bibel erklärt, daß das gleiche hebräische Wort, das
    'Arzt' bedeutet, auch auf unterirdische Gottheiten ange-
    wandt wurde, die man bei Gefahren zu befragen pflegte (vgl.
    1.Sam 28,6ff oder 2.Kön 1,2ff).

13) Vgl. z.B. Gunneweg, a.a.O., S.103f.

14) Von einer Art Feindesliebe wie im NT ist hier also wahrhaf-
    tig noch nicht die Rede!

15) Nach 2.Kön 3 tat sich Josaphat mit dem König Joram aus
    Israel zusammen, was aber der Chronologie in den Chronik-
    büchern widerspricht. Dieser ist hier der Vorzug zu geben,
    da sich das Kapitel 2.Kön 3 im sog. Elisa-Zyklus (2.Kön 2-
    13) befindet, der eine eigenständige Quelle stark legenda-
    rischen Inhalts darstellt und vom deuteronomistischen Re-
    daktor später an dieser Stelle eingefügt wurde.

16) Mit 'Leviten' werden die Priesterfamilien der Kultheiligtü-
    mer auf dem Lande bezeichnet im Gegensatz zu den Jerusale-
    mer Priestergeschlecht der Zadokiden bzw. Aaroniden (Lev

8-9;   Num   3,2ff;   2.Sam 8,17;   1.Kön 1,8;   1.Chron 5,27-41).
Später, zur Zeit Esras und Nehemias, waren die Leviten   den
Aaroniden untergeordnete Tempeldiener in Jerusalem

17) Das Bundesbuch dürfte zum Teil vom nordisraelitischen   Jah-
    wekult   geprägt   sein, der sich in entschiedener Jahwefröm-
    migkeit gegen den liberaleren städtischen Kult wandte,   wie
    er im salomonischen Tempel gepflegt wurde (vgl. Ex 20,24-27
    mit   2.Kön 5,17:   Erdaltar;   Ex 22,19:   Todesstrafe (!) für
    jeden, der anderen Göttern als Jahwe opfert usw.)

18) Vgl. auch J.Maier, a.a.O., S.90 und G.H.J.Gunneweg, a.a.O.,
    S.90.

19) 'Kusch' ist der alte Name für Äthiopien, mit dem   hier   bei
    Jes 18 aber Ägypten gemeint ist, das zu jener Zeit unter
    der Herrschaft des Pharao Schabaka (711-696) aus einer   nu-
    bischen (äthiopischen) Pharaonen-Dynastie stand.

20) Was die politischen Ereignisse unter König Hiskia anlangen,
    so   sind   sie in den biblischen Berichten nur recht mangel-
    haft überliefert.

21) Folgendes zur Erklärung des Textes: 18,26: Die   assyrischen
    Gesandten   sprechen absichtlich nicht die aramäische Diplo-
    matensprache, sondern   die   Umgangssprache 'Judäisch'   der
    Jerusalemer Bürger, damit diese alles verstehen können.
    18,27:
        "[...]   um   mit   euch ihren eigenen Kot zu verzehren und
        ihren eigenen Harn zu trinken?"
    Diese   drastische   Ausdrucksweise   soll   auf die Hungersnot
    anspielen, in die eine Belagerung der Stadt   ihre   Bewohner
    stürzen würde.

22) Laut ANET, S.287f sind es folgende Staaten, die Sanherib in
    diesem gigantischen   Feldzug   geschlagen   bzw.   unterworfen
    hat: Babylon,   das   nördliche und mittlere Syrien, welches
    sich aber schon vor einer längeren   Zeit   von   Assur   hatte
    annektieren   lassen, die Küstenebene bei Sidon und die süd-
    licheren Küsten-Kleinstaaten, die   sich   bereits   beim   Er-
    scheinen   des assyrischen Heeres freiwillig unterwarfen. Zu
    den Staaten, die sofort kapitulierten, gehören auch   Ammon,
    Edom, Moab und Asdod. Askalon wurde erobert und die gesamte
    Königsfamilie   wurde   verschleppt. Auch das renitente Ekron
    wurde eingenommen, wo die Assyrer 'zur   Strafe'   zahlreiche
    Hinrichtungen   vollstreckten. Überdies schlugen die Assyrer
    auch noch das ägyptische Heer, das in der Nähe   Ekrons   la-
    gerte.
    Bedenkt man all dies, so ist es wirklich sehr   erstaunlich,
    daß Jerusalem   noch   einmal   mit heiler Haut davongekommen
    ist. In späteren Zeiten wurde dieses Wunder der gescheiter-
    ten   Belagerung Jerusalems durch Sanherib als wichtiger Be-
    weis dafür angesehen, daß Jerusalem unbesiegbar sei.   Daher
    konnten   die Heilspropheten zur Zeit Jeremias denn auch die
    babylonische Gefahr für Jerusalem verharmlosen, da ja - wie
    das Ereignis 701 angeblich ein für   allemal   zeigte -   der

Zion mit seinem Tempel uneinnehmbar schien.

23) Die christliche Kirche hat später diese Verse, die von Jesaja eindeutig auf Juda bezogen sind, in ihrer Liturgie auf
den leidenden Messias übertragen.

24) Unter Sanherib wurde Ninive anstelle von Dur-Scharrukin
Hauptstadt des assyrischen Reiches. Zu ihrem Ausbau setzte
er Legionen von Zwangsarbeitern ein, die u. a. eine 25 m
hohe Doppelmauer mit 15 Toren um die Stadt bauen mußten
sowie einen 50 km langen Kanal, der über einen 280 m langen
und 22 m breiten Aquädukt führte. Man beachte hierbei die
begrenzten technischen Möglichkeiten der damaligen Zeit.

25) Der griechische Historiker Herodot (484-425 v. Chr.) berichtet von einer ähnlichen Wundergeschichte. Er weiß nach einer ägyptischen Überlieferung vom Pharao Sethos zu erzählen, der in seinem aussichtslosen Kampf gegen Sanherib eine
Vision seines Gottes Hephaistos hat, der ihm Hilfe ver-
spricht. In der Nacht wird dann das assyrische Heer von
Schwärmen von Feldmäusen überfallen, die die Waffen der
assyrischen Soldaten vernichtet haben sollen, worauf eine
Massenflucht der assyrischen Heeresmacht einsetzt.
Es ist durchaus möglich, in diesem Zusammenhang die Maus
als Symbol der Pest zu deuten, die im Heer der Assyrer ausgebrochen sein mag (vgl. auch 1. Sam 5, 9ff + 6, 1ff).

26) So z. B. J. Maier, a. a. O., S. 95.

27) Da eine lange Lebenszeit für den nach-exilischen Chronisten
der Chronikbücher stets ein Zeichen für die Gunst Jahwes
ist, hat er in seinem Parallelbericht 2. Chron 33, 1-20 das
Problem zu lösen, wieso gerade dieser König, der in 'fre-
velhafter Weise' von Jahwe abgefallen war und "tat, was in
den Augen Jahwes böse war", so alt hat werden können. Er
löst dieses Problem, indem er eine Geschichte von einer
vermeintlichen Bekehrung Manasses in Babylon erzählt, die
wahrscheinlich erfunden ist (2. Chron 33, 11-17). So bestätigt die Jerusalemer Bibel in ihrem Kommentar zu dieser
Stelle denn auch:
"Die Erzählung gehört zum Eigengut des Chronisten."

28) Mit 'Dienern' sind die Minister des Königs gemeint.

29) Vgl. G. Fohrer: Geschichte Israels, S. 168.

30) R. Smend sagt über diesen Propheten (1978, S. 182):
"Für Zefanja [...] gibt die Überschrift 1, 1 eine Genea-
logie bis zu seinem Urgroßvater Hiskija (dem König?).
Daß er, wie dort gesagt, unter Joschija [= Josia] (639-
609) aufgetreten sei, läßt sich nicht beanstanden. Man
pflegt aus der Erwähnung der Prinzen (und nicht des Königs) in 1, 8 und des noch vorhandenen Götzendienstes in
1, 4f auf die Zeit der Minderjährigkeit Joschijas und vor
seiner Reform, also etwa 630 v. Chr. zu schließen. Eine
Veranlassung durch den Skythensturm läßt sich höchstens

vermuten. In der Ansage des Tages Jahwes folgt Zef   Amos
(5, 18-20) und Jes (2, 12-17)."

31) Über diese alten Ortslisten schreibet A. H. J. Gunneweg
(a. a. O., S. 36):
"Die den Angaben von Jos 13ff ebenfalls zugrunde liegen-
de [...] Ortsliste ist eine Auflistung der Orte des
Staates Juda, welche späteren Datums ist, vermutlich der
Zeit des Königs Josia (7. Jahrh.) entstammt, oder auch
noch etwas früher angesetzt werden muß."
Vgl. auch O. Kaiser: Einleitung in das Alte   Testament;   Gütersloh 1975³, S. 133f.

32) Die Übersetzung der Lutherbibel ist völlig mißverständlich,
wenn es dort heißt:
"Zu seiner Zeit zog der Pharao [...] herauf gegen [!]
den König von Assyrien [...]".
Necho zog nicht gegen den König von Assyrien, sondern hatte
sich mit ihm gegen die Babylonier verbündet.

33) Zu den Klageliedern Jeremias zählt man insgesamt die Stellen: Jer 11, 18-23;   12, 1-6;   15, 10;   17, 14-18;   18, 18-23;
20, 7-13. 14-18 und als letzten Spruch Jer 15, 15-20. Diese
Konfessionen werden von vielen Alttestamentlern als authentisch angesehen. Gerhard von Rad erklärte sie sogar als
'Jeremias Eigenstes'. Sie erinnern an manche Klagepsalmen.
Nachdem die alttestamentliche Wissenschaft erkannt hat, daß
der Psalter größtenteils nach-exilisch ist,   nehmen   manche
Theologen sogar an, daß Jeremia einen Teil der Klagepsalmen, wenn nicht selbst verfaßt, so doch beeinflußt haben
könnte.

34) Vgl. z. B. G. Fohrer: Das Alte Testament II, S. 51.

35) Zitiert nach: Flavius Josephus: Der Jüdische Krieg. Aus dem
Griechischen von H. Endrös. München 1987⁴.

36) Konjahu = anderer Name für Jojachin

37) Begründer des altbabylonischen Reiches um 1700 v. Chr. Er
ist berühmt wegen seines 'Codex Hammurabi', einer Sammlung
von Gesetzen und Verwaltungsvorschriften, die zum bedeutendsten Rechtsbuch des Alten Orients wurde und aus der
mancherlei in das sog. mosaische Gesetz der Bibel eingeflossen ist.

38) So meint A. H. J. Gunneweg (a. a. O., S. 124):
"Solche Urteile [Verurteilung der Bündnispolitik Zede-
kias] werden aber aus der Rückschau, die den Ausgang
schon kennt, gefällt und werden der Wirklichkeit kaum
gerecht. Allzu langer Bestand war dem babylonischen
Reich nicht beschieden. Wer hätte damals im voraus seine
innere Kraft richtig abschätzen können?"

39) Die Mehrheit der Alttestamentler datiert den Spruch in die
Zeit des Zedekia aufgrund der chronologischen Reihenfolge

der Königssprüche (Jer 22,13ff.20ff) und vor allem der Anspielung auf den Namen Zedekia = 'Jahwe meine Gerechtigkeit' in 23,6. Die messianische Deutung dieses Verses, die
die Jerusalemer Bibel gibt, ist an dieser Stelle sicherlich
verfehlt (Vgl. Artur Weiser: Das Buch Jeremia, Kap.1-25,
14, ATD, Göttingen 1967[7], S.196).

40) Ezechiel war verheiratet gewesen, wie aus der Erwähnung des
Todes seiner Frau folgt (Ez 24,18).

41) Jer 52 ist ein späterer geschichtlicher Anhang an das Jeremia-Buch, der in einer Bearbeitung von 2.Kön 24,18-
25,21.27-30 besteht. Vgl. R.Smend, a.a.O., S.156.

V. JAHWEBILD UND JAHWEGLAUBE IN DER KöNIGSZEIT

1) Vgl. G.Fohrer, 1969, S.162ff.

2) Das Heiligkeitsgesetz ist wie das sog. Bundesbuch seinem
    Wesen nach ein Rechtsbuch, das allerdings nicht nur Rechts-
    sätze, sondern auch Lebensregeln und priesterliches Berufs-
    wissen enthält. In ihm sind - wie es auch auf das Bundes-
    buch zutrifft - eine Reihe von alten Bestimmungen jeweils
    durch neue ergänzt oder geändert worden. Man nimmt an, daß
    es als Ganzes erst während der Zeit des babylonischen Exils
    kodifiziert wurde.

3) Die Bezeichnung 'Deuterojesaja' (= 2.Jesaja) für Jes 40-55
    wurde von der Theologie mehr aus Verlegenheit gewählt, da
    sie den Propheten, auf den diese Schrift zurückgeht, nicht
    kennt. Wahrscheinlich hat der Redaktor die Schrift an den
    ersten Teil des Jesajabuches deshalb angeschlossen, weil in
    Jes 1-39,8 ohnehin mehr Sprüche von unbekannten Propheten
    eingestreut sind als in allen anderen Prophetenbüchern.
    Vielleicht beziehen sich die berühmten 'Knecht-Jahwe-
    Sprüche' auf diesen unbekannten Propheten (Jes 42,1-4.5-7;
    49,1-6; 50,4-9.10-11; 52,13-53,12). Deuterojesaja hat in
    der letzten Zeit des babylonischen Exils gewirkt, als der
    Untergang des babylonischen Reiches schon abzusehen war und
    der Perserkönig Kyros als Retter erwartet wurde. Deuteroje-
    saja bezeichnet ihn sogar als den 'Gesalbten Jahwes'
    (Jes 45,1). Von Jesus von Nazareth ist hier noch nicht die
    Rede.

4) Gemäß Mi 1,1 stammte der Prophet Micha aus Moreschet-Gat
    südwestlich von Jerusalem, wo er wohl als freier Bauer leb-
    te und die Mißstände, die von Jerusalem ausgingen, genau
    gekannt haben dürfte. Seine Tätigkeit fällt in die Regie-
    rungszeit Hiskias (715-687). Da er ein jüngerer Zeitgenosse
    Jesajas war, wird man von einer Beeinflussung Michas durch
    diesen großen Jerusalemer Einzelpropheten ausgehen können
    (vgl. Mi 1,10-15 mit Jes 10,27b-32 und Mi 2,1-3 mit Jes

5,8-10). In den ungewöhnlich scharfen Worten Michas klingt
viel Mitgefühl für die Leiden der kleinen Bauern mit
(Mi 2,1-5; 3,1-4).

5) Interessanterweise kommt in diesem alten jahwistischen
Schöpfungsbericht noch nicht die bekannte Formel 'und macht
euch die Erde untertan' des späteren priesterschriftlichen
Schöpfungsberichtes Gen 1,1-2,4a (P) vor. Man hat überhaupt
den Eindruck, daß die jahwistische Schöpfungsgeschichte
nicht so anthropozentrisch wie die priesterschriftliche
ist, in der die gesamte Schöpfung auf den Menschen als Krone zusteuert (am letzten Schöpfungstag geschaffen). In
Gen 1,1-2,4a wird der Mensch als Herr über die gesamte Natur dargestellt (1,28-31), wohingegen in der alten Erzählung Gen 2,4b-25 der Mensch eine harmonische Einheit mit
der Natur zu bilden scheint. Es hat den Anschein, als werde
im jahwistischen Schöpfungsbericht schon der Ansatz eines
ökologischen Denkens sichtbar (vgl. z.B. E.Drewermann:
Strukturen des Bösen; Bd.I. Die jahwistische Urgeschichte
in exegetischer Sicht. Paderborn 1988⁶).

6) Die Übersetzung von Ps 73,25 der Lutherbibel ist im christlichen Sinn derart 'geglättet', daß sie die Aussage des
Psalmisten an dieser Stelle sehr unpräzise wiedergibt, wenn
sie den hebräischen Text auf folgende Weise liest:
     "Wenn ich nur dich habe, so frage ich nichts nach Himmel
     und Erde."

7) Die Urgeschichte Gen 1-11 ist im sog. Epos von Atrachasis,
dem 'überaus Weisen' vorgebildet. In diesem alten mesopotamischen Gedicht begegnet auch die ursprüngliche Version der
Sintfluterzählung. Die Bibliothek Assurbanipals (668-626),
des letzten bedeutenden assyrischen Herrschers, bevor sich
das neubabylonische Reich unter Nabopolassar durchsetzen
konnte (vgl. Kap.IV), enthielt mehrere Exemplare dieses
Epos, welches sich über eine altbabylonische Version (um
1550 v.Chr.) bis auf eine älteste und kürzeste sumerische
Version (um 1700 v.Chr.) zurückverfolgen läßt (vgl. z.B.
W.Beyerlin (Hrg.): Religionsgeschichtliches Textbuch zum
Alten Testament, Berlin 1978, S.115ff).
Man beachte, daß Assurbanipals Bibliothek in Ninive natürlich noch nicht aus Büchern in unserem modernen Sinne bestand, da man die Papyri erst in späterer Zeit zum Beschreiben benutzte, sondern aus recht unvergänglichen Tontafeln, in die die Texte in Keilschrift eingeritzt waren.
Der Bestand der Bibliothek soll sich auf etwa 5000 Tontafeln belaufen haben, eine für damalige Zeiten unvorstellbar
große Menge.

8) Sogar das AT erwähnt mehrere berühmte lokale Baalsgötter:
Baal-Berith (='Herr des Bundes') in Sichem (Ri 8,33; 9,4);
Baal von Peor. (Num 25,3-5); Baal-Sebub (='Herr der Flie-
gen') in Ekron (2.Kön 1,2) - Luther übersetzt in Matth
10,25 'Beelzebub'; sowie Baal von Sidon (1.Kön 16,31).

VI. GRUNDZÜGE DES ISRAELITISCHEN PROPHETENTUMS

1) Z. B. Rudolf Smend: Die Entstehung des Alten Testaments,
    Stuttgart 1978, S. 110-187; Otto Kaiser: Einleitung in das
    Alte Testament, Gütersloh 1975³, S. 189-289; Georg Fohrer:
    Einleitung in das Alte Testament, Heidelberg 1979¹²,
    S. 374-517; Rolf Rendtorff: Das Alte Testament, Eine Einfüh-
    rung, Neukirchen-Vluyn 1985², S. 174-257; Das Alte Testament
    Deutsch (ATD), neues Göttinger Bibelwerk, Teilbände 17-25.

2) Vgl. G. Fohrer: Das Alte Testament II, S. 13ff.

3) Das hebräische Wort 'nabi' wird von der Septuaginta, der
    ältesten griechischen Übersetzung des AT (um 200 v. Chr.),
    stets durch das griechische 'prophetes' wiedergegeben, wel-
    ches ursprünglich nicht 'Vorhersager', 'Weissager der Zu-
    kunft' bedeutet, sondern eher 'Sprecher im Namen eines Got-
    tes, der göttlichen Willen offen heraus verkündet und öf-
    fentlich bekannt macht'. Das hebräische 'nabi' wird - zieht
    man die vergleichbaren akkadischen und arabischen Wurzeln
    'nabu' und 'naba-a' heran, in etwa 'nennen, benennen, ru-
    fen, mitteilen, verkünden' bedeuten (vgl. S. Herrmann: Ur-
    sprung und Funktion der Prophetie im alten Israel, Rhei-
    nisch-Westfälische Akademie der Wissenschaften, Vorträge G
    208 , Opladen 1976, S. 10. 14).

4) Die Entstehung der Bileamgeschichte Num 22-24 ist sehr ver-
    wickelt. Die Einleitungswissenschaft unterscheidet zwischen
    den Liedern (Sprüchen Bileams) und der Erzählung. Man kann
    davon ausgehen, daß es eine mündlich überlieferte Bileamsa-
    ge gegeben hat, die in den Liedern von Num 24 (und davon
    abhängig in denen von Num 23) sowie in Num 31, 8. 15-17 und
    Jos 13, 22 ihren schriftlichen Niederschlag gefunden hat.
    Sie war ursprünglich nicht mit der jetzigen Erzählung
    verknüpft, in der eine Balaküberlieferung hinzugetreten
    ist, bei der es um eine Auseinandersetzung zwischen Israe-
    liten und Moabitern geht. In dieser Bileamsage scheint man
    von Bileam als einem Charismatiker erzählt zu haben, der am
    ostjordanischen Heiligtum des Baal zu Peor mit wirkmächti-
    gem Wort in der frühen Zeit der 'Landnahme' Israels aufge-
    treten ist.
        Man vgl. auch die Stellen Dtn 23, 5b-6; Neh 13, 2, in de-
    nen - abweichend von der auf eine ältere Version zurückge-
    hende Stelle Num 22-24 - davon die Rede ist, daß Bileam
    Israel auftragsgemäß verflucht habe und nur Jahwe diesen
    Fluch nicht habe hören wollen, sondern ihn in einen Segen
    verwandelt habe. Um eine sehr junge Überlieferung handelt
    es sich in Num 31, 8. 15-17 (P). In diesem priesterschriftli-
    chen Text wird berichtet, daß Bileam im 'heiligen Krieg'
    gegen Midian von den Israeliten getötet wurde, weil er -
    angeblich - seinerzeit Israel, als es im Land der Moabiter
    (=Schittim) weilte, dazu verführte, mit den Moabiterinnen
    Unzucht zu treiben und dem Baal von Peor zu opfern
    (Num 25, 1ff).

In diesem Zusammenhang sei noch die folgende schreckliche
Stelle Num 31,14ff aus der Priesterschrift angeführt:
"Mose ward über die Heeresführer und die Hauptleute der
Tausend- und Hundertschaften, die vom Kriegszug heim-
kehrten, zornig. Mose fuhr sie an: 'Habt ihr wirklich
alle Weiber am Leben gelassen? Sie waren doch gerade für
die Israeliten auf den Rat Bileams hin der Anlaß, um
Peors willen von Jahwe abzufallen, so daß die Seuche
über die Gemeinde Jahwes kam. Tötet sofort alle männlichen Kinder, ebenso tötet jedes Weib, das bereits mit
einem Manne geschlechtlich verkehrt hat! Alle jungen
Mädchen aber, die mit einem Manne noch nicht geschlechtlich zu tun hatten, laßt für euch am Leben!"
In der literarisch ältesten Fassung Num 22-24 (J+E) ist
noch keineswegs davon die Rede, daß Bileam ein 'Bösewicht
des schnöden Mammons wegen' (Dtn 23,5b) gewesen ist, ganz
im Gegenteil.

5)   Vgl. ANET, S.25-29.

6)   Durch einen Zufallsfund wurde 1933 das Interesse franzö-
     sischer Archäologen auf den Tell Hariti am mittleren Euph-
     rat gelenkt, wo man dann teilweise das alte Mari (Stadt-
     staat zur altbabylonischen Zeit Hammurabis, ca.1728-1686
     v.Chr.) wieder ausgraben konnte. Aus der Zeit des Mari-
     Herrschers Zimrilim stammt der berühmte Palast von Mari,
     dessen Archiv mit ca. 20 000 Tontafeln man bei den Ausgra-
     bungen mit zutage fördern konnte.

7)   Vgl. z.B. C.Westermann: Die Mari-Briefe und die Prophetie
     in Israel, in: Forschung am Alten Testament, 1964, S.171-
     188.

8)   Elia ist während der Regierung der Könige Ahab und Ahasja
     in der Zeit zwischen 870 und 850 v.Chr. aufgetreten (vgl.
     den 'Elia-Zyklus' 1.Kön 17-2.Kön 1, der aus Erzählungen und
     Legenden besteht, die der Deuteronomist an dieser Stelle in
     seine Königsbücher eingebaut hat). Er war ein Wanderpro-
     phet, der weder mit einem Heiligtum verbunden war noch in-
     nerhalb einer Prophetengemeinschaft lebte, wie beispiels-
     weise Elisa. Elia war stärker vom Sehertum als vom Prophe-
     tentum des Kulturlandes bestimmt. Er wollte den Jahweglau-
     ben gegenüber dem kanaanäischen Vitalismus stärken, indem
     er den alleinigen Herrschaftsanspruch Jahwes herausstrich,
     sowie die Bewahrung der Rechte der Untertanen auch gegen-
     über dem König betonte und von den Israeliten forderte,
     sich auch in der Sorge um Gesundheit und Leben Jahwe anzu-
     vertrauen. Ferner hat Elia ein neues theologisches Element
     im Jahweglauben eingeführt, indem er erstmalig für Jahwe in
     Anspruch nimmt, den Regen und damit die Fruchtbarkeit des
     Ackerlandes zu spenden oder zu versagen. Damit erweist sich
     für Elia Jahwe und nicht der Gott Baal als Herr auch über
     die Vegetation, wobei sich Jahwes Wirken nicht in kriege-
     rischen Ausbrüchen oder gewitterhaftem Wüten, sondern im
     stillen Walten - einem leisen Windhauch vergleichbar - er-
     weist (1.Kön 19,11ff). Im Unterschied zu den späteren Ein-

zelpropheten war Elia noch der Auffassung, daß für Israel
eine grundsätzliche 'Heilssituation' bestehe, die nach einer Störung (!) jederzeit durch entsprechende Sühnemaßnahmen wiederherstellbar sei.
Über den Propheten Elisa wird im sog. Elisa-Zyklus, 2.Kön
2-13, in sehr legendarischer Weise berichtet. Auch diese
Erzählungen dürfte der Deuteronomist schon vorgefunden haben. Elisa hat - anders als Elia - in einer 'hippie-haften'
Prophetenkommune gelebt. 2.Kön 9 zeigt, daß Elisa zu den
geistigen Wegbereitern der blutigen Revolution des Jehu
gehörte. In der Gruppe der 'Jahwe-Fanatiker', die der um-
sichtigen und klugen Politik der Omriden feindlich gesinnt
waren, dürfte er eine führende Rolle gespielt haben. Dies
läßt ihn als recht zwielichtig erscheinen. Die Jehu-
Dynastie hat ihm den Ehrennamen 'Mein Vater, Wagen Israels
und sein Gespann' (2.Kön 13,14) verliehen. Immerhin scheint
Elisa seinen politischen Einfluß auch zur Hilfe für Notlei-
dende geltend gemacht zu haben (2.Kön 4,13ff). Leider ist
die historische Elisa-Gestalt durch das legendarische Bild
des Wundertäters in der biblischen Überlieferung sehr stark
übermalt worden.
Vgl. Fohrer: Erzähler und Propheten im Alten Testament;
Heidelberg 1988 , S.88ff.

9) Weitere Beispiele für Symbolhandlungen späterer Propheten
   sind: Jes 8,1ff; 20,1ff; Hos 1,2ff; 3,1ff; Jer 13,1ff;
   32,9ff; Ez 4; 5; 12. Zur magischen Deutung all dieser Symbolhandlungen vgl. auch das lesenswerte Buch: Georg Fohrer:
   Die symbolischen Handlungen der Propheten, Abhandlungen zur
   Theologie des Alten Testaments 54, Zürich 1968[2].

10) Nebi'im = Pluralform von 'Nabi'.

11) Man denke beispielsweise an die 'tanzenden Derwische' im
    Islam.

12) Vgl. auch K.Jaspers: Allgemeine Psychopathologie, Berlin
    1965[8], S.614 u. 618ff.

13) Die hier wiedergegebene Gliederung des Prophetenwortes nach
    vier verschiedenen Entwicklungsstadien geht zurück auf
    J.Hempel: Die althebräische Literatur und ihr helleni-
    stisch-jüdisches Nachleben, in: Handbuch der Literaturwis-
    senschaft, Hrg.: O.Walzel, 1930/34, Neudruck 1968.
    Ich lehne mich in der Darstellung an G.Fohrer: Das Alte
    Testament II, S.23ff an.

14) Zur Erinnerung: Zu den großen Einzelpropheten (Schriftpro-
    pheten) zählt man in der Reihenfolge ihres Auftretens:
    Amos, Hosea, Jesaja, Micha, Zephania, Jeremia und Ezechiel.

15) Das Orakel Jes 21,1-10 stammt wahrscheinlich nicht von Je-
    saja, sondern von einem unbekannten Propheten aus dem Exil,
    so daß es sich auf die babylonische Gefangenschaft bezieht.
    Der spätere Redaktor hat es an dieser Stelle ins Jesajabuch
    eingefügt.

16) Eine rühmliche Ausnahme bildet die sehr zu empfehlende 'Bu-
   ber-Rosenzweig-Verdeutschung': Bücher der Kündung, Heidelberg 1985⁸. Diese Übersetzung kommt - nach Meinung der
   Fachleute - wie keine andere dem hebräischen Urtext nahe
   durch die Genauigkeit ihrer Übertragung ins Deutsche.

17) Vgl. z. B. G. Fohrer: Das Alte Testament II, 1970, S. 29ff.

18) Vgl. z. B. R. Fey: Amos und Jesaja, 1963.

19) Zur magischen Wirkmächtigkeit des Wortes bei den alten
   Völkern mythischer Kulturstufe, bei denen die Worte und
   Sätze nicht einfach nur als Bezeichnung von Gegenständen/
   Personen und Sachverhalten aufgefaßt wurden, sondern eine
   eigenständige beschwörende Macht besaßen, vergleiche man
   die sehr eindrücklichen Ausführungen Gerhard von Rads in
   TAT, II, S. 89ff.

20) Eschatologie = Lehre von den 'letzten Dingen', vom Ende der
   Zeiten.

21) In der Zeit der sogenannten Schriftprophetie hatte sich aus
   den älteren Formen der Prophetie ein zahlenmäßig nicht geringer Prophetenstand herausgebildet, den man unter der
   Bezeichnung 'kultische Berufsprophetie' zusammenfaßt. Hierzu zählt man - von den ungebundenen Propheten, die im Lande
   umherzogen einmal abgesehen - die Kultpropheten, die neben
   den levitischen Priestern an den Landesheiligtümern tätig
   waren und von deren Worten ein Teil in einzelnen Abschnitten der Prophetenbücher und verschiedenen Psalmen aufbewahrt sind (so z. B. Ps 2, 7ff; 50, 7ff; 89, 20ff; 108, 8ff).
   Ferner werden die von den Königen als Berater herangezoge-
   nen Hofpropheten hierzu gerechnet, die an den königlichen
   Heiligtümern auftraten, was man sich anhand folgender Bibelstellen verdeutlichen kann: Am 7, 10ff; Jer 7, 1ff;
   19, 14ff; 20, 1ff; 26, 1ff. Von den Kultpropheten ist des weiteren die Rede in Jes 28, 7ff; Mi 3, 5ff; Jer 23, 9ff; 28, 1ff.
   Interessant ist ferner die Mitteilung in Jer 20, 1f;
   29, 26ff, daß am Jerusalemer Tempel ein Priester zur Beauf-
   sichtigung der Propheten eingesetzt war. Die kultischen
   Berufspropheten erteilten an den Heiligtümern göttliche
   Orakel oder übten Fürbitte bei Jahwe. Sie vertraten die
   kultisch-nationale Ausprägung des Jahweglaubens (vgl.
   Kap. V), die - wie schon mehrfach erwähnt - dadurch bestimmt
   war, daß sie glaubte, Israel sei das auserwählte Volk Jahwes und lebe in einem grundsätzlichen 'Heilszustand', der
   allenfalls vorübergehend, aber nicht auf Dauer gestört werden könne.
   Die alttestamentliche Wissenschaft ist sich heute darin
   einig, daß auch einige der Schriftpropheten ganz oder zumindest teilweise zu den Kultpropheten zu zählen sind, so
   NAHUM: Er wirkte wahrscheinlich am Jerusalemer Tempel in
   der Zeit zwischen dem Tod Assurbanipals 626 und Josias Reformen 622 v. Chr. HABAKUK: Sein Auftritt am Jerusalemer
   Tempel dürfte etwas später als der Nahums gewesen sein,

aber sicher noch vor dem Reformjahr 622 v.Chr. Vgl. auch
Kap.IV. OBADJA: Der Name bedeutet 'Knecht Jahwes'.
Er war also wohl ein anonymer Prophet, der wahrscheinlich während
der babylonischen Gefangenschaft unter der judäischen Bevölkerung gewirkt hat, die nach der Deportation als 'Rest'
in Palästina verblieben war. Seine Sprüche gegen Edom haben
einen gewissen Eindruck hinterlassen, so daß sie in
Jer 49,7ff noch einmal verwendet wurden. HAGGAI: Dieser
Prophet wird im Esrabuch als einer der Heimkehrer aus dem
babylonischen Exil genannt. Er war dann in Jerusalem um 520
v.Chr. tätig. SACHARJA: Nach Sach 1-8 gehört Sacharja in
die gleiche Zeit wie Haggai. Seinen öffentlichen Auftritt
als Prophet hatte er in den Jahren 520-518 v.Chr. in Jerusalem. Die atl. Wissenschaft teilt das Sacharjabuch in 3
Teile ein: SACHARJA (Sach 1-8): Hier sind die authentischen
Sprüche dieses Kultpropheten enthalten, der wahrscheinlich
am Jerusalemer Tempel gewirkt hat. DEUTEROSACHARJA
(Sach 9-11): Eschatologische Prophetie aus der Zeit Alexanders des Großen ca. 332 v.Chr. mit Sprüchen gegen das Pto-
lemäer- und Seleukidenreich (10,3-12). TRITOSACHARJA
(Sach 12-14): Eschatologische Spruchreihen, wahrscheinlich
aus der ersten Hälfte des 3.Jh.v.Chr.; sie sind epigonen-
haft und nur noch schwerlich mit der großen prophetischen
Tradition vergleichbar. In ihnen kommt die Erwartung der
Gottesherrschaft zum Ausdruck, die die Form eines israelitischen Weltreiches mit Jerusalem als Mittelpunkt annehmen
soll, nachdem Jahwe zuvor alle Feinde Israels ausgerottet
hat. JOEL: Ein Kultprophet der nachexilischen Zeit (erste
Hälfte des 4.Jh.v.Chr.), der auch am Jerusalemer Tempel
tätig war und dort den 'Tag Jahwes' verkündete, der Israel
das Heil, seinen Feinden aber Unheil bringen sollte.

22) Jesaja stammte wahrscheinlich aus einer vornehmen, in Jerusalem ansässigen Familie, so daß er ohne Probleme den dor-
tigen König ansprechen und für seine symbolischen Handlun-
gen Leute der Oberschicht als Zeugen heranziehen konnte
(Jes 7,3; 8,2). Da er gelegentlich Redewendungen der sog.
Weisheitslehre gebrauchte, wird er eine Ausbildung an der
Jerusalemer Schule erhalten haben, wie sie für das höhere
Beamtentum vorgesehen war. Er war mit einer Prophetin verheiratet (Jes 8,3), mit der er zwei Söhne hatte, die - nach
guter Prophetensitte - symbolische Namen erhielten:
'Schear-jaschub' ('Der Rest, der umkehrt': Jes 7,3) und
'Maher-schalal chas-bas' ('Eilebeute-Raubebald': Jes 8,3).
Die Tätigkeit dieses Propheten, die sich ganz auf Jerusalem
beschränkte, läßt sich in vier Perioden einteilen:
1.Periode: Von seiner Berufung bis zum Beginn des syrisch-
ephraimitischen Krieges (740-736). Sprüche aus dieser Zeit
in Jes 1-3; 2.Periode: Die Zeit des syrisch-ephraimitischen
Krieges (736-735). Sprüche aus jener Zeit: Jes 7-8; 9,7-20
+ 5,25-29; 17,1-6; 28,1-4. Als sein Reden gegen die Abhängigkeit Judas vom Assyrerkönig erfolglos bleibt, hat er
sich fast 20 Jahre lang resigniert zurückgezogen (Jes
8,16-18). 3.Periode: Erst als schließlich Hiskia versucht,
sich wieder aus der Vasallität zu lösen, tritt Jesaja erneut auf, und zwar dieses Mal für die Abhängigkeit von As-

syrien und gegen Hiskias Versuch der Lösung vom Großreich
(ca. 715). Sprüche aus dieser Zeit: Jes 14,28-32; 18; 20;
28,7-22; 29,1-14; 30,8-17. Wieder folgt eine längere Zeit
des Schweigens. 4.Periode: Es ist die Zeit, in der Hiskia
erneut versucht, die Selbständigkeit zu erringen (705-701).
Jesajas Ansicht über die Assyrer scheint sich gewandelt zu
haben. Er erkennt, daß sie als Werkzeug in der Hand Jahwes,
als welches er sie bisher betrachtet hat, doch nicht geeignet sind, da sie eine egoistische Großmachtpolitik betreiben. So wird diese Nation von ihm verworfen, und sein ganz-
zer Zorn richtet sich jetzt gegen sie. Sprüche aus dieser
Zeit: Jes 1,4-9; 10,5-15.27b-32; 14,24-27 sowie die noch
nicht genannten Abschnitte aus Jes 28-32.

23) Die Zeit der Wirksamkeit dieses ersten Schriftpropheten
     wird zwischen 760 und 750 v.Chr., gegen Ende der Regierung
     Jerobeams II., angesetzt, einer Zeit des relativen Auf-
     schwungs und der Blüte. AMOS stammte aus Juda und war von
     Beruf Kleinvieh- (Am 1,1) oder Maulbeerfeigenzüchter
     (Am 7,14). Sein Berufungsauftrag wies ihn in das Nordreich,
     wo er wahrscheinlich zunächst in der Hauptstadt Samaria
     aufgetreten ist (Am 3,9f; 4,1ff; 6,1ff); danach hat er in
     Bethel gewirkt, dem wichtigsten Heiligtum des Nordreiches.
     Seine Worte müssen bei den Menschen, die wohl anläßlich
     eines Festes nach Bethel geströmt kamen, einen großen Ein-
     druck hinterlassen haben. Seine Tätigkeit am Heiligtum war
     allerdings nur von kurzer Dauer - nur wenige Tage! -, da er
     vom Oberpriester beim König wegen Aufruhrs angezeigt wurde
     und darauf das Land verlassen mußte. Er wird dann wohl in
     seiner judäischen Heimat wieder seinem Beruf nachgegangen
     sein.

24) Hosea ist wie Amos im Nordreich aufgetreten, wo er auch
     beheimatet war. Als Zeit seiner Wirksamkeit nimmt man die
     Jahre 755/50 bis 725 v.Chr. an, also im Gegensatz zu Amos
     wirklich einen längeren Zeitraum. Der Anfang des Hosea-
     Buches liest sich wie ein Eheroman. Offenbar hat Hosea, der
     zur Schicht des gebildeten königlichen Beamtentums gehört
     haben dürfte, nacheinander zwei Ehen mit zwei verschiedenen
     Frauen geführt. Nach Hos 1 war er mit einer unzüchtigen
     Frau namens Gomer bat-Diblaim verheiratet, mit der er drei
     Kinder zeugte, die die symbolischen Namen 'Jesreel' - in
     Anspielung auf die Bluttaten Jehus, der in der Stadt Jes-
     reel eine Residenz besaß -, 'Unbegnadete' und 'Nicht-mein-
     Volk' erhielten. Nach Hos 3 hat er später eine zweite ehe-
     brecherische Frau geheiratet, die er zwecks Läuterung und
     Besserung lange Zeit vor der Umwelt verborgen hielt, eine
     Symbolhandlung, die die Heilsverküdigung Hoseas einleitet,
     nach der Israel sich 'am Ende der Tage' doch noch bekehren
     werde.

25) Weitere Stellen mit ähnlicher Intention - das NT einge-
     schlossen - sind: 1.Sam 15,22; Jes 1,10-16; 58,1-8; Hos
     6,6; Mi 6,5-8; Jer 6,20; Joel 2,13; Sach 7,4-6; Ps 40,7-9;
     50,5-15; 51,18-19; Matth 7,21; Luk 11,41-42; Joh 4,21-24.

26) 1 Malter (chomer) = 450 Liter; 1 Scheffel (se'a) = 15 Liter.

27) Zur Erklärung: Baschan im Ostjordanland war berühmt wegen seiner Weiden und Herden. Gemäß Ps 22,13 sind Baschans Stiere Symbol großer Kraft. Die 'Baschanskühe' sind hier Sinnbild für die genußsüchtigen Frauen von Samaria, gegen die Amos seine Zornesrede führt.

28) Bez. des gesamten Kapitels 2.1. vgl. G.Forer: Das Alte Testament II, S.85ff.
Vgl. auch das lesenswerte Buch: W.Zimmerli: Das Gesetz und die Propheten, Göttingen 1963, S.63ff.

29) Wir folgen in diesem Abschnitt wieder im wesentlichen G. Fohrer: Das Alte Testament II, S.93ff.

30) 'Tritojesaja' (Jes 56-66) bezeichnet den letzten Teil des Jesajabuches, welcher ursprünglich eine eigene Schrift bildete und aus einer Sammlung von anonymen Sprüchen verschiedener Propheten bestand. Entstanden ist die Sammlung in dem - verhältnismäßig langen - Zeitraum vom 6. bis zum 3.Jh.v. Chr.

31) 'Maleachi' ist kein Name, sondern bedeutet 'Bote'. Es handelt sich um einen anonymen Propheten, der - wie allgemein angenommen wird - in der ersten Hälfte des 5.Jh.v.Chr., also nach Haggai und Sacharja und der Wiedereinweihung des Tempels, aber noch vor der Wirksamkeit Nehemias und Esras, in Jerusalem aufgetreten ist.

32) Das Jesaja-Buch enthält eine ganze Reihe von Sprüchen, die von unbekannten Propheten der nachexilischen Zeit herrühren. So auch die sogenannte 'Jesaja-Apokalypse' (Jes 24-27), bei der es sich in Wirklichkeit nicht um eine Apokalypse handelt, sondern um eschatologische Sprüche und Lieder. Weitere Sprüche anonymer nachexilischer Propheten sind beispielsweise: Jes 15-16; 19,1-15; 23,1-14. Jes 33,1-6.7-24 sind zwei weitere Liturgien über die eschatologische Heilszeit; Jes 34-35 ist von Deuterojesaja abhängig. Mehrere kürzere eschatologische Sprüche, die an verschiedenen Stellen eingestreut sind, liegen z.B. vor in: Jes 2,2-4; 4,2-6; 9,1-6; 11,1-9.
Es sei noch einmal ausdrücklich darauf hingewiesen, daß diese nachexilischen unbekannten Propheten an Jesus von Nazareth in ihren Sprüchen natürlich nicht gedacht haben. Eine solche Verbindung hat erst die spätere christliche Tradition 'konstruiert'.
Der Vollständigkeit halber seien hier noch drei Stellen angeführt, die weder dem spätexilischen Deutero- noch dem nachexilischen Tritojesaja zuzuordnen sind: 1) Jes 63,7-64,11: Dieser Text stammt wahrscheinlich von einem Kultpropheten aus den ersten oder mittleren Jahrzehnten des Exils. Es handelt sich um ein Volksklagelied, das sich inhaltlich an die deuteronomistische Theologie anschließt. 2) Jes 21,1-10: Es handelt sich um die Schilderung einer Vision

und Audition, wobei die Beschreibung der körperlichen Merk-
male des ekstatischen Zustandes interessant ist. Man nimmt
gemeinhin an, daß es sich hier um einen anonymen Propheten
handelt, der am Ende der Exilszeit Babylons Untergang 'geschaut' hat, sofern man hier nicht an die Eroberung Babels
durch Sanherib 689 v.Chr. denken will. 3) Jes 13: Auch diese Unheilssprüche gegen Babylon werden einem unbekannten
Propheten des Exils zugesprochen.

33) Mi 4-7 stammt nicht vom Propheten Micha (ca.725-711
    v.Chr.). Hier handelt es sich um Liturgien und anonyme
    Spruchsammlungen des nachexilischen eschatologischen Pro-
    phetentums.

34) O.Kaiser vermutet in 'ATD 17, S.208', daß diese Weissagung
    der nachexilischen Zeit aus dem Kreis der Sängergilden des
    zweiten Jerusalemer Tempels stammt. Man kann - diese Bemer-
    kung sei hier angefügt - die Sänger als Nachfolger der
    Kultpropheten ansehen, was sich aus 2.Chron 20,14ff und
    1.Chron 25,1ff erschließen läßt. Hier erscheinen die Namen
    Asaph, Jeduthun, Korach, Heman und Ethan, die jeweils für
    eine Sängergilde stehen. Bei den Korachiten hat es sich um
    eine levitische Sängergilde gehandelt (2.Chron 20,19). Sie
    gehörte nach 1.Chron 9,19 zu den sog. Schwellenhütern des
    Tempels. Aus Num 16 (hauptsächlich P) entnehmen wir ferner,
    daß diese Sängergilde vergeblich das Priesteramt erstrebt
    hat. Gemäß Ps 88,1; 89,1 und 1.Kön 5,11 galten Heman und
    Ethan als Weise. Daß sie aber allesamt als Tempelsänger und
    Musikanten anzusehen sind, belegt 1.Chron 15,16ff. Die ent-
    sprechenden Psalmüberschriften können in diesem Kontext als
    Registraturvermerke der Bibliothek des zweiten Tempels ge-
    deutet werden, die angeben, welche Psalmen im Tempelgottes-
    dienst durch welche Sängergilde jeweils zum Vortrag gelan-
    gen sollten.

35) Die Luther-übersetzung 'Ewig-Vater', die von der Weih-
    nachtsliturgie her sehr geläufig ist, scheint nicht die
    einzig mögliche zu sein. In der Buber-Rosenzweig-
    Verdeutschung heißt es nämlich ('Bücher der Kündung'): 'Va-
    ter des Siegesgewinns'!

36) Vgl. z.B. Walter Grundmann: Das Evangelium nach Matthäus,
    Berlin 1967, S.447ff.

37) Man sollte dies bedenken auch im Hinblick auf die Messias-
    erwartung zur Zeit Jesu, die deutlich von der hier darge-
    stellten eschatologischen Tradition geprägt ist. Dies gilt
    auch für die Messiaserwartung der Qumran-Gemeinde. Vgl.
    z.B. Herbert Braun: Der Mann aus Nazareth und seine Zeit,
    Stuttgart 1973, S.13ff.

38) Man beachte, daß auch Jesus und seine Jünger sowie noch
    Paulus und die ersten christlichen Gemeinden in einer Nah-
    erwartung gelebt haben.

VII. GRUNDLINIEN DER WEITEREN GESCHICHTE ISRAELS WÄHREND UND
NACH DEM EXIL

1) Es sei hier noch einmal an den üblichen Doppelgebrauch der
   Bezeichnung 'Israel' erinnert: Bis zur Zeit der Reichstre-
   nung 930 v. Chr. wird die gesamte Volksgemeinschaft des Bundes, von der das AT spricht, 'Israel' genannt. Danach gebraucht die Bibel diese Bezeichnung in doppelter Bedeutung.
   Zum einen bezeichnet sie im geographisch-politischen Sinn
   das Nordreich im Gegensatz zum Südreich Juda; zum anderen
   meint das AT mit 'Israel' stets auch die Gesamtheit des
   Bundesvolkes, das mit Jahwe in einer besonderen Beziehung
   steht. Vornehmlich im nachexilischen Sprachgebrauch bis zur
   Zeit des NT erhält dieses Wort mehr und mehr eine religiöse
   Bedeutung (vgl. z. B. Matth 2, 6; 8, 10; 19, 18; Luk 1, 54;
   24, 21; Apg 1, 6; Röm 9, 4 usw.). Ähnlich verhält es sich mit
   dem Wort 'Judäer' bzw. 'Jude', das von 'Juda' abgeleitet ist
   und in nachexilischer Zeit zur Bezeichnung der Angehörigen
   des Gottesvolkes verwendet wird (vgl. Esr 4-6; Sach 8, 23).
   Der Begriff 'Jude' begegnet auch an zahlreichen Stellen im
   NT, besonders häufig im Johannes-Evangelium, wo er allerdings meist in recht abfälliger Weise verwendet wird. Ein
   deutlicher Antijudaismus gerade dieses spätesten Evange-
   liums (Abfassungszeit: ca. 90-125 n. Chr.) ist unverkennbar.

2) Vgl. G. Fohrer: Geschichte Israels, S. 190ff.

3) Dieser Psalm, ein Volksklagelied, wird als nachexilisch
   angesehen, da er das Ende des Exils bereits voraussetzt. Es
   handet sich um ein nichtkultisches Lied, das - in der Erinnerung - die persönlichen Empfindungen der Diasporajudäer
   zum Ausdruck bringt.

4) Nach Jerusalem durfte Jojachin allerdings nicht zurückkehren. In zeitgenössischen babylonischen Texten wird dieser
   zunächst gefangengehaltene König namentlich erwähnt und als
   König des Landes Juda bezeichnet (ANET, S. 308), obwohl faktisch Zedekia in Jerusalem regierte. Aus dem Ezechiel-Buch
   wissen wir ferner, daß die Exilierten ihre Jahre nach dem
   Deportationsjahr Jojachins zu zählen pflegten (Ez 1, 2
   u. ö.). Hieraus läßt sich erschließen, daß Zedekia sowohl in
   den Augen der Babylonier als auch für die Exulanten lediglich das Amt eines Reichsverwesers innehatte. Hierin dürfte
   vielleicht auch eine Erklärung dafür liegen, daß die Babylonier ihn wegen seines Abfallens von der Großmacht derart
   hart bestraft haben (vgl. Kap. IV).

5) Krösos ist der letzte Lyderkönig. Er eroberte die gesamte
   Westhälfte Kleinasiens bis an den Fluß Halys. Krösos wird
   als einer der reichsten Herrscher des Altertums angesehen.
   Noch heute ist der Spruch 'bin ich denn ein Krösos?' ge-
   bräuchlich. Bekannt sind seine Befragungen der Orakel von
   Delphi und Amphiaraos. Beide Orakel verkündeten auf die
   Frage, ob er gegen die Perser kämpfen solle, daß er ein

großes Reich zerstören werde, wenn er dies täte. Krösos
kämpfte dann tatsächlich gegen die Perser und zerstörte
wirklich ein großes Reich, nämlich sein eigenes!

6) Vgl. G.Fohrer, Einleitung in das Alte Testament, S.450.

7) Wer an detaillierteren Informationen über dieses Prophetenbuch interessiert ist, zu dem es eine recht große Zahl unterschiedlicher theologischer Auffassungen gibt, greife zu
den Standardkommentaren, z.B. W.Zimmerli in: Biblischer
Kommentar, Neukirchen 1956ff; W.Eichrodt in ATD 22/23, Göttingen 1959; G.Fohrer - K.Galling in: Handbuch zum Alten
Testament, Tübingen 1955; usw.

8) Es seien folgende Bemerkungen über das Schicksal Israels
nach der Eroberung Babylons 538 durch die Perser unter
Kyros - dem Abschnitt VII.2 vorgreifend - hier angeführt:
Nach längeren Vorbereitungen machte sich im Jahre 537
v.Chr. eine Karawane von Heimkehrern nach Palästina auf den
Weg. Wir haben sowohl in Esr 2 und Neh 7 eine Heimkehrer-
liste vorliegen. Addiert man alle angegebenen Zahlen, kommt
man auf rund 42 000 Menschen. In den folgenden Jahren sind
weitere kleinere Karawanen gefolgt. Dennoch sind auch Tausende in Babylonien zurückgeblieben. Man vermutet, daß die
Zahl der Heimgekehrten in etwa der Zahl der in Babylonien
Verbliebenen entspricht. Sie waren in dem fremden Land hei-
misch geworden und bekleideten gute Stellungen, so daß es
für diese Leute nicht sehr attraktiv gewesen sein dürfte,
ihr gutes Auskommen für eine ungewisse Zukunft und einen
völligen Neuanfang in Palästina aufzugeben. Seit dieser
Zeit gab es also eine jüdische Diaspora in Mesopotamien,
die späterhin erhebliche Bedeutung gewinnen sollte. Hier
ist z.B. auch P entstanden.

9) Man vgl. für das Folgende G.Fohrer: Das Alte Testament II,
S.104ff.

10) Marduk war ursprünglich ein Frühlingsgott aus dem sumerischen Pantheon - sein Name leitet sich ab vom sumer.
'Amer-Utuk' = 'Sonnenkind' -, bevor er in der Hammurabi-
Dynastie zum Stadtgott von Babel avancierte und schließlich
zum universalen Weltgott erhoben wurde, der als 'Herr' (='-
Bel') schlechthin angesprochen wurde. Es handelt sich also
um eine 'steile Götterkarriere'.

11) Wie das sog. Bundesbuch Ex 20,24-23,9 ist das Heiligkeitsgesetz seinem Wesen nach ein Rechtsbuch, obwohl es neben
den Rechtssätzen auch Lebensregeln und priesterliches Be-
rufswissen enthält. Es stellt eine Art Rechtsreformbuch
dar. Einige seiner Einzelsammlungen - wie Lev 21-23; 25,1-
26,2 - sind in der exilischen Zeit entstanden, so daß das
Rechtsbuch als Ganzes ebenfalls erst in dieser Zeit fixiert
worden sein kann. Später wurde es der Quellenschicht P eingefügt.
Auf recht alte Sittenregeln, die noch aus Israels Nomadenzeit stammen dürften und sich auf die nomadische Großfami-

lie beziehen, gehen die Bestimmungen über den Geschlechtsverkehr in Lev 18 zurück.

12) An diesen Stellen begegnet zum ersten Mal im AT der Gedanke, daß Jahwe nicht allein der Gott Israels, sondern auch
der ganzen Welt ist.

13) Das apokalyptische Daseinsverständnis ist eine Weiterentwicklung der eschatologischen Naherwartung, die in der
spätnachexilischen Zeit gescheitert ist, denn die bald erwartete Heilszeit ließ auf sich warten und man erlebte
neues Unheil - vor allem unter Antiochus Epiphanes (vgl.
VII.3.2.). Von daher entwickelte die sog. Apokalyptik eine
dualistische Weltsicht, die auch noch zur Zeit Jesu vorherrschend war und einen wichtigen Hintergrund zu ihrem
Verständnis bildet: auf der einen Seite steht die Weltgeschichte, die eines mehr oder weniger fernen Tages aufhören
und durch eine Art Weltgericht beendet wird, um dann - auf
der anderen Seite - durch ein ewiges Gottesreich abgelöst
zu werden, das in einer völligen Neuschöpfung aller Kreatur
beginnen soll.
Also, vereinfacht auf eine Formel gebracht: 'Welt-Zeit contra göttliche Heils-Zeit'.

14) Seine genaue Datierung schwankt in der Wissenschaft von ca.
1000 v.Chr. bis zum 6.Jh.v.Chr.
Vgl. z.B. F.Heiler: a.a.O., S.265ff.

15) Ahura-Mazda = 'Weiser Herr'. Er wurde von Zarathustra bild-
los verehrt als Schöpfer des gesamten Kosmos. Interessanterweise ist dieser Gott in keine Mythologie verwoben und
besitzt auch keine Göttergemahlin. Einen zu verehrenden
Götterpantheon gab es also für Zarathustra nicht. Ahura-
Mazda besaß aber einen Gegenspieler, den bösen Geist (Teufel), den Gott Ahriman. Die christliche Teufelsvorstellung
hat hier ihren frühen Ursprung.

16) Angelologie = Lehre von den Engeln, den göttlichen Boten.

17) Es sei darauf hingewiesen, daß Matth 3,3b (par. Joh 1,23)
die Prophetenstelle Jes 40,3 nach der Septuaginta zitiert:
      "Eine Stimme ruft in der Wüste: Bereitet den Weg des
      Herrn! Macht seine Straße eben!"
Der hebräische Urtext von Jes 40,3 ist jedoch - dies ist
theologisch unbestritten - folgendermaßen zu übersetzen:
      "Eine Stimme ruft: 'Bahnt in der Wüste eine Straße für
      Jahwe, macht in der Steppe einen ebenen Weg für unseren
      Gott!'"
Von einem 'Rufer in der Wüste', den Jesaja - so suggerieren
das Matthäus- und Johannesevangelium - angeblich vorherge-
sagt hat und der nach NT-Meinung Johannes der Täufer sein
soll, ist also im hebräischen Urtext keineswegs die Rede.

18) Vgl. G.Fohrer: Das Alte Testament II, S.67f.

19) Vgl. W.Beyerlin (Hrg.): Religionsgeschichtliches Textbuch

zum Alten Testament, Göttingen 1975, S.196f.

20) Vgl. G.Fohrer: Geschichte Israels, S.188ff.

21) Das Buch der Klagelieder geht - entgegen den meisten
Bibelübersetzungen - nicht auf Jeremia zurück. Es stammt
aus der Zeit nach der Eroberung Jerusalems 587 v.Chr. von
einem Dichter, der offensichtlich Augenzeuge der Katastrophe gewesen war. Vielleicht kann man in Klgl 4,17-20 die
persönlichen Erlebnisse und Ansichten des Dichters erkennen. Dann darf man annehmen, daß er zu den Kreisen des Königshofes gehörte, die ja bis zum bitteren Ende auf eine
Rettung Jerusalems gehofft hatten. Er wird sich - gemäß
unserer Annahme - wohl unter den Personen befunden haben,
die mit dem König Zedekia bei Nacht und Nebel aus der Stadt
geflohen sind. Die Klagelieder hatten wahrscheinlich bei
den gottesdienstlichen Feiern in Jerusalem ihren 'Sitz im
Leben'. Auch bei Ps 74 und Jes 63,7-64,11 (vgl. Kap.VI,
Anm.32) handelt es sich um Volksklagelieder, die bei den
Klagegottesdiensten gesungen wurden. Sie geben recht anschaulich die Ungeduld der Trauernden in Jerusalem wieder,
wenn es beispielsweise in Jes 63,19bff heißt:
"O daß du die Himmel zerrissest und herabstiegest - vor
deinem Angesicht würden die Berge erbeben, wie Feuer
Reisig entzündet, Feuer Wasser in Wallung bringt -, um
deinen Namen deinen Feinden kundzutun und die Völker vor
deinem Angesicht erzittern zu lassen, indem du Wundertaten vollbringst, die keiner erwartet und von denen seit
Urzeit niemand gehört hat."

22) Die Bücher Esra und Nehemia werden neben den beiden Chro-
nikbüchern dem chronistischen Geschichtswerk zugerechnet
(vgl. Kap.IV, Anm.1).

23) Vgl. zur hier gegebenen historischen Darstellung G.Fohrer:
Das Alte Testament II, S.103ff.

24) Die Identität der Person des Scheschbazzar ist historisch
nicht sicher geklärt; mit einer gewissen Wahrscheinlichkeit
ist aber anzunehmen, daß es sich um einen Sohn Jojachins
handelt, der mit dem in 1.Chron 3,18 erwähnten Schenazzar
gleichzusetzen ist.

25) Es sei noch einmal daran erinnert, daß anstelle 'Josua'
hier ursprünglich der Name 'Serubbabel' gestanden haben
muß, wie man den Versen 12-13 entnehmen kann. Die späteren
Redaktoren haben die ursprüngliche Weissagung nachträglich
den Tatsachen angepaßt (vgl. Kap.VI).

26) Es erübrigt sich fast hinzuzufügen, daß im späteren Judentum die vermeintlichen Messiasse, deren Zahl in die Hunderte geht, nach anfänglichem 'himmelstürmenden Hoffen' stets
bitterste Enttäuschung hervorgerufen haben.

27) Ich lehne mich an die Darstellung G.Fohrers (Das Alte Testament II, S.111ff) an.

28) Dieser anonyme Prophet (Maleachi = mein Bote) wird um 465
v. Chr. angesetzt, und seine Verkündigung ist an eine Gemeinde gerichtet, die für eine gewisse Zeit in einer eschatologischen Naherwartung lebte, dann jedoch, als diese
sich nicht erfüllte, in eine tiefe Enttäuschung und Resig-
nation fiel, die sich in Zweifeln am Jahweglauben und einer
Vernachlässigung des Kultus äußerte. Deshalb verkündet der
Prophet das kommende Endgericht, das den Frommen belohnen
und den Frevler bestrafen werde. Wann dieser 'Tag Jahwes'
sich ereignen werde, läßt der Prophet offen. Es könne jeden
Tag geschehen, so daß man die kultischen und ethischen
Pflichten nicht vernachlässigen dürfe.

29) Zu den folgenden Ausführungen vgl. G. Fohrer, a. a. O.,
S. 112ff.

30) Für die - endgültige - jüdische Kanonisation der Bücher des
AT nimmt man ungefähr den Zeitraum 70 bis 100 n. Chr. an.

31) Sephardim = Bezeichnung für die spanisch-portugiesischen
Juden und ihre Nachkommen.

32) Vgl. G. Fohrer: Geschichte Israels, S. 217.

33) Bez. der folgenden Darstellung vgl. wieder G. Fohrer:
Das Alte Testament II, S. 114ff.

34) Zu den folgenden Ausführungen vgl. A. H. J. Gunneweg, 1979,
S. 156ff.

35) In der hellenistischen Zeit lebten viele Juden in der
Diaspora, so daß man von einem beginnenden Weltjudentum
sprechen kann. So war in Babylonien noch immer seit den
Tagen des Exils eine beträchtliche Zahl von Juden ansässig.
Gemäß Josephus (Ant. XII) waren seit Antiochus III. (223-
187) etwa 2000 jüdische Familien in Kleinasien (Lydien und
Phrygien) wohnhaft. Auf der griechischen Insel Delos gab es
eine Synagogengemeinde, und auch in Sparta existierte eine
jüdische Gemeinschaft. Hier fand sogar ein Hoherpriester
Asyl, der unter Antiochus IV. (175-164) aus Jerusalem geflohen war (1. Makk 12, 5ff). Auch von Sardes, Damaskus und
Antiochia ist die Existenz jüdischer Gemeinden überliefert.
Besondere Bedeutung erlangte die Judenschaft in Ägypten, wo
bereits vor 587 v. Chr. Judäer ansässig waren. Man denke in
diesem Zusammenhang auch an die Flüchtlingskarawane, die
mit Jeremia nach Ägypten gezogen ist. Herausragende Bedeutung besaß die jüdische Siedlung in Alexandria, wo die
griechische Übersetzung des AT, die Septuaginta, entstanden
ist (vgl. Text).

36) Man vgl. z. B. die deutschsprachige Ausgabe: Flavius Josephus: Jüdische Altertümer, Wiesbaden 1987[7].

37) Die Stoa wurde als eigene philosophische Richtung um 300
v. Chr. von Zenon aus Kition begründet. Von Kleanthes, einem

berühmten Vertreter der älteren Stoa, stammt der Ausspruch:'In ihm [Gott = Kosmos] leben, weben und sind wir',
der sogar von Paulus in Athen zitiert wird (Apg 17,28), wo
er - gemäß der lukanischen Apostelgeschichte - seine philosophische Bildung meinte demonstrieren zu müssen, um den
'Griechen ein Grieche' zu sein (vgl. 1.Kor 9,19ff.). Für
die Stoa sind Gott und Natur eins und der Mensch ein Teil
dieser Gott-Natur, die sich deterministisch verhält, indem
alles in ihr aufgrund vorhergehender Ursachen (causae ante-
cedentes), d.h. nach einer inneren Notwendigkeit abläuft,
die zugleich das absolut Zweckmäßige darstellt. Die stoische Ethik fordert, dieses Geschick des Menschen, das für
ihn zugleich zweckmäßig und gut ist, sofern er nur in
Übereinstimmung mit der Natur lebt, gelassen und gleichmü-
tig hinzunehmen ('stoische Ruhe'). In der römischen Kaiser-
zeit war die Stoa zu einer Art ethischer Religion der Gebildeten geworden. Vertreter dieser jüngeren Stoa sind:
Seneca, Musonius, Epiktet und Marc Aurel.

38) In manchen Handschriften - so auch in der, die Luther vor-
lag -, heißt es unter Versumstellung 'Jesus, der Sohn Sirachs ' (Sir 50,29).

39) Vgl. G.Fohrer: Das Alte Testament II, S.116ff.

40) 'Epiphanes' bedeutet: 'Der sichtbare Gott'. Es wird jedoch
erzählt, daß seine unehrerbietigen Untertanen ihn 'Epima-
nes' = 'Der Verrückte' genannt haben.

41) Vgl. A.H.J.Gunneweg, a.a.O., S.161ff.

42) Zitiert wird nach der deutschen Übersetzung von Heinrich
Clementz ('Des Flavius Josephus Jüdische Altertümer', Wiesbaden 1987⁷).

43) Kostbares zartes Leinen- oder Seidengewebe des Altertums.

44) Vgl. G.Fohrer, a.a.O., S.116ff.

45) Wiedergegeben nach: B.Russell: Philosophie des Abendlandes,
S.27.

46) Zitiert nach: E.Kautzsch (Hrg.): Die Apokryphen und Pseudepigraphen des Alten Testaments, II, Tübingen 1900.

VIII. DIE GEISTIG-RELIGIÖSEN STRÖMUNGEN UND IHRE GRUPPIERUNGEN
      IN SPÄTHELLENISTISCH-RÖMISCHER ZEIT

1) Es sei noch einmal darauf hingewiesen, daß auch in der
   späthellenistisch-römischen Zeit der religiöse und politische Bereich im Judentum zusammengesehen werden muß.

2) Vgl. A. H. J. Gunneweg, a. a. O., S. 171ff.

3) Bertrand Russell: Philosophie des Abendlandes, Frankfurt
   1950, S. 269.

4) Mit dem 'Horn' ist hier Antiochus IV. Epiphanes gemeint. In
   Dan 7, 1-8, der Tiervision, ist von vier großen Tieren die
   Rede, die die untergehenden Weltreiche symbolisieren:
   1. Tier = Das babylonische Reich (7, 4);
   2. Tier = Das Reich der Meder, das angeblich auf die Babylo-
             nier gefolgt ist (7, 5);
   3. Tier = Das Perserreich (7, 6);
   4. Tier = Das Reich Alexanders des Großen und seiner Nach-
             folger. Die zehn Hörner sind Könige der seleukidi-
             schen Dynastie (7, 7).
             Mit dem kleinen Horn in 7, 8, das vermessene Reden
             führte, wird auf Antiochus IV. angespielt, der
             sehr redegewandt gewesen sein soll.
   Man kann sich gut vorstellen, daß das Danielbuch ohne diese
   Verschlüsselungen recht bald von der syrischen Besatzung in
   Jerusalem konfisziert worden wäre.

5) Ich würde vorsichtiger formulieren: 'Der Begriff 'Menschensohn' wird von den Evangelisten auf Jesus bezogen.' Ob Jesus den Titel 'Menschensohn' wirklich jemals auf sich
   selbst angewandt hat, bleibt dahingestellt. Gemäß den Evangelien hat er vom Menschensohn immer in der dritten Person
   gesprochen, als wäre er nicht mit ihm identisch.

6) Vgl. z. B. O. Eissfeldt: El im ugaritischen Pantheon, 1951.

7) Man beachte die Zahlenmystik, die hier im Spiel ist:
   24 = 2*12 = 1*2*3*4.
   Die Zahl 24 bringt die Vollständigkeit und Abgeschlossen-
   heit des Kanons zum Ausdruck gemäß einem rabbinischen Text:

        "Wer mehr als 24 Bücher in sein Haus bringt, bringt Ver-
        wirrung in sein Haus" (Midrasch Kohelet 12, 12).

8) Kirchenlehrer, der um 200 n. Chr. an der sog. alexandrini-
   schen Katechetenschule wirkte und eine gnostische Lehre mit
   stark hellenistischem Einschlag unterrichtete. Sein bedeutendster Schüler war Origenes, der vor allem wegen seines
   umfangreichen Werkes 'Contra Celsum' ('Gegen Celsus') bekannt ist. Hier versucht er, das heute verlorengegangene
   Buch dieses Celsus, das sich gegen das Christentum richtete, Punkt für Punkt zu widerlegen. Das Buch von Celsus,

welches sich aus der Schrift des Origenes - allerdings in
einer durch die Polemik verzerrten Form - teilweise rekonstruieren läßt, bildet übrigens den ersten Versuch einer
prinzipiellen Widerlegung des Christentums von einem plato-
nisierenden Standpunkt aus. So ist interessant, daß er Jesu
übernatürliche Geburt rationalistisch zu erklären versucht
durch Anführung der jüdischen Schmählegende, nach der Jesus
durch ein ehebrecherisches Verhältnis der Maria mit dem
römischen Soldaten Pantera gezeugt wurde. Ferner hält er
die christlichen Dogmen von Inkarnation, Auferstehung,
Weltgericht usw. für 'monströs', 'absurd' und für einen
'orientalischen Wahnsinn'. Die christlichen Wunder werden
von ihm in den Bereich der Magie verwiesen, wie er auch
Jesus selbst für einen Magier und Betrüger hält.

9) Tertullian (150/55-222/23 n. Chr.) wirkte als Jurist in Rom
    und Karthago. Er ist als Bekämpfer des Gnostizismus be-
    kannt, jener geheimnisvollen religiösen Bewegung, die Ele-
    mente orientalischer Kulte und Religionen mit spätantiker
    Philosophie und Mythologie verschmolz und die in den ersten
    nachchristlichen Jahrhunderten sehr stark mit dem
    Christentum rivalisierte. Tertullians Bedeutung liegt vor
    allem in seiner Virtuosität, scharfe und originelle dogma-
    tische Formeln geprägt und auf diese Weise viele Fachaus-
    drücke der lateinischen Kirchensprache geschaffen zu haben,
    z. B. gratia (Gnade), religio (Religion = Rückbindung; auch
    die Ableitung vom lateinischen Verb 'religere' = 'wieder
    und wieder lesen' ist möglich), trinitas (Dreieinigkeit),
    meritum (Verdienst), sacramentum (Sakrament) usw.

10) Hieronymus (ca. 345-420 n. Chr.) ist einer der berühmten Kir-
    chenlehrer des Altertums. Er ist hauptsächlich wegen seiner
    lateinischen Bibelübersetzung, der Vulgata, wichtig, die
    bis zum heutigen Tag die offizielle katholische Bibeltext
    geblieben ist. Kurz zu seiner Vita: Er entstammt einer
    wohlhabenden Familie aus der Nähe von Aquileia in Dalma-
    tien. 363 geht er nach Rom, wo er Rhetorik studiert und
    nebenbei mit den jungen Damen der Stadt allerhand 'Sünde
    treibt'. Nach mehreren Bildungsreisen durch Gallien läßt er
    sich in Aquileia als Asket nieder. Hiernach verbringt er
    fünf Jahre lang sein Leben als Eremit in der syrischen
    Wildnis, worüber eine alte Quelle berichtet ('Select Li-
    brary of Nicene and Post-Nicene Fathers', Bd. 6, S. 17. Zi-
    tiert nach B. Russell: Philosophie des Abendlandes, S. 289):
        "In der Wüste führte er ein Leben harter Buße, der Trä-
        nen und der von geistiger Ekstase unterbrochenen Zer-
        knirschung und der Versuchungen, die ihn bei der Erinne-
        rung an seine römischen Tage heimsuchten; er lebte in
        einer Zelle oder Höhle, erntete selbst sein täglich Brot
        und kleidete sich in Sackleinwand."
    Nach dieser Zeit wird er dann später in Rom der Freund und
    Ratgeber des Papstes Damasus, der ihn zu seiner Bibelüber-
    setzung anregt. Während jener Phase seines Lebens schreibt
    er auch unzählige Briefe, von denen uns viele erhalten
    sind, und zwar vorzugsweise an vornehme römische Damen, und
    erteilt ihnen darin ausführliche Ratschläge, wie sie ihre

Jungfräulichkeit erhalten können. Nach dem Tod des Papstes
reist er nach Jerusalem und lebt seit 386 mit seiner patri-
zischen Freundin Paula und ihrer Tochter Eustochium in
Bethlehem, wo er sich der Leitung der von Paula gegründeten
Nonnen-(!)-Klöster widmet.
Über den Charakter dieses berühmten Kirchenlehrers schreibt
die RGG:
        "H. ist ein schwieriger Charakter, eitel, kleinlich,
        nachtragend."

11) Interessant ist in diesem Zusammenhang die Meinung des sy-
    stematischen Theologen Rudolf Otto (1869 in Peine/Hannover
    geboren; gest. 1937 in Marburg), die er in seinem Buch
    'Reich Gottes und Menschensohn, München 1940⁸', S.186 ver-
    tritt:
        "Nicht der Tod und eine nach dem Tode erfolgende körper-
        liche Wiederbelebung und Auferstehung hat ihm [Jesus]
        vor Augen gestanden, sondern eine Hinwegnahme und Erhö-
        hung wie die des Henoch, und von der Zeit an, da er er-
        kannte, daß der Menschensohn leiden muß, der Tod selbst
        als direkter Durchgang zur Erhöhung."

12) E. Kautzsch (Hrg.): Die Apokryphen und Pseudepigraphen des
    Alten Testaments, Tübingen 1900, Bd. 2, S. 217-310.

13) Vgl. Weish 3,9; 4,15; Matth 20,16; 22,14; 24,24.31; 1. Petr
    2,9; Apk 17,14.

14) Die Trübsal ist die letzte Not, die der Endzeit vorangehen
    soll. Vgl. Luk 21,22f; Mark 13,19; 1. Kr 7,26.

15) Vgl. z. B. Gustav Schwab: Die schönsten Sagen des klas-
    sischen Altertums, Bayreuth 1974, S. 22.

16) Man beachte, daß seinerzeit Armspangen und Schmucksachen
    z. B. als Amulette, also der Zauberei dienten. Auch die
    Schminke diente ursprünglich dem 'Verzaubern'.

17) Zu den 'gefallenen Sternen' vgl. Matth 24,29; Jud 13.

18) Von sog. 'Hadesfahrten' erzählen übrigens viele alte Völker.
    Die älteste derartige Schilderung ist wohl die Höllenfahrt
    der babylonischen Göttin Ischtar (vgl. Kap. II). Auch die
    Griechen berichten über dergleichen. Auch von Jesus behaup-
    tet die christliche Dogmatik bekanntlich eine 'Höllenfahrt'
    - so heißt es ja im kirchlichen 'Glaubensbekenntnis':
        "...niedergefahren zur Hölle..." (alte Version);
        "... hinabgestiegen in das Reich des Todes..."
    (neue Version).
    Man vgl. auch 1.Petr 3,19ff, die viele Ausleger als direkt
    vom Henoch-Buch beeinflußt ansehen. Manche korrigieren gar
    den Text und schreiben diese Predigt im 1.Petr-Brief nicht
    Jesus, sondern dem Henoch des Henochbuches zu. Diese Stelle
    hat unser kirchliches Glaubensbekenntnis maßgeblich beein-
    flußt. Man vgl. auch noch Apg 2,24.31 sowie Röm 10,7.

19) Zur Vorstellung des 'Höllenfeuers' vgl. auch die folgenden
    Stellen im NT (synoptische Parallelstellen werden hier und
    im folgenden nicht mit angegeben): Matth 3,10-12; 5,22;
    18,8-10; 25,41 und Jud 7.

20) Wie wichtig eine gewisse Kenntnis der Henoch-Apokalypse für
    ein rechtes Verständnis vieler Stellen des NT ist, zeigt
    sich zum Beispiel sehr schön bei Luk 16,22ff, einer Stelle,
    die sich adäquat nur deuten läßt, wenn man die hier bei
    äth Hen 22,9 beschriebene Vorstellung von der Scheol kennt,
    und zur Zeit Jesu und auch noch später kannte man sie na-
    türlich genauestens. Im Luk-Text bittet der reiche Mann,
    als er in den für die Verdammten bestimmten Raum gelangt
    ist, daß der arme Lazarus, der sich im 'Frommenabteil' (=
    Abrahams Schoß) befindet, seine Finger in das dort befind-
    liche Wasserbassin tauche und die Zunge des Reichen kühle,
    da dieser in der Feuersglut große Pein erleide.
    Daß die Toten in der Unterwelt von Durst gepeinigt werden,
    ist übrigens auch sonst im Altertum eine verbreitete Vor-
    stellung, die schon bei der Höllenfahrt der Ischtar begeg-
    net.

21) Matth 25,41ff ist von dieser 'Verdammnis-Vorstellung' her
    zu verstehen.

22) Vgl. den Kommentar bei Kautzsch (Bd.2, S.252).

23) Wie rachedurstig von den sog. 'Frommen'!

24) Vgl. die Anmerkung p bei Kautzsch (II, S.255).

25) a.a.O.

26) Es sei - zur Erinnerung - noch einmal ins Gedächtnis geru-
    fen, daß das Henochbuch von Jesus noch nichts wußte, son-
    dern den Messias hier nur in seinen 'allgemeinen Zügen'
    beschreibt. Die Autoren des NT haben dann allerdings viele
    Aussagen des Messiasbuches auf Jesus von Nazareth gedeutet,
    um eben - und dies ist, wie schon mehrmals gesagt, eine
    ihrer vordringlichsten Absichten gewesen - die Messianität
    Jesu ('Christus' = 'Messias') zu bezeugen und zu belegen.

27) Dieses Sichtbarwerden des zukünftigen Gottesreiches soll
    vom Himmel her geschehen, wo es - so die hier vertretene
    apokalyptische Auffassung - bis zum Anbruch der messiani-
    schen Zeit verborgen ist. Man vgl. hierzu auch Matth 25,34.
    Gerade der ntl. Abschnitt Matth 25,31-46 über das Jüngste
    Gericht ist deutlich von den Vorstellungen der Henoch'schen
    Bilderreden beeinflußt. Die hier erwähnte 'Gemeinde der
    Gerechten' ist mit dem himmlischen Jerusalem aus Gal 4,26;
    Hebr 12,22 und Apk 21,2 identisch.
    Nebenbei bemerkt: Die ntl. Wissenschaft zählt den Galater-
    brief - etwa 53-55 n.Chr. entstanden - zu den authentischen
    Paulusbriefen, zu denen man ferner folgende Briefe rechnet:
    1.Thess (50 n.Chr.); 1.Kor (55 n.Chr.); 2.Kor (55/56
    n.Chr.); Röm (56 n.Chr.); Phil (ca.55/56 n.Chr.); Philem

(ca. 55/56 n. Chr.).

28) In diesem Sinne ist von 'dem Gerechten' auch beispielsweise in folgenden NT-Texten die Rede, die den Begriff natürlich auf Jesus deuten: Apg 3,14; 7,52; 22,14 und 1.Joh 2,1.

29) Hier liegt wieder eine Beeinflussung folgender NT-Stellen vor: Matth 26,24; Mark 14,21.

30) Man vgl. die folgenden NT-Stellen: Matth 13,11ff; Mark 4,11f; Luk 8,10.

31) Zu dieser Vorstellung von den Engellegionen vgl. auch Matth 26,53 und Apk 5,11 sowie auch Matth 18,10.

32) Die bei Ezechiel beschriebenen seltsamen Lebewesen erinnern an die assyrischen Karibu (vgl. Ex 25,18). Diese Kerube waren Mischgestalten aus Menschenkopf, Löwenleib, Stierfüßen und Adlerflügeln, deren Statuen als Schutzwesen an den babylonischen Palästen standen. Solche 'Dienstboten' heidnischer Götter sind hier in der Vision Ezechiels an den Thronwagen Jahwes gespannt.

33) Irenäus (ca. 142-? n. Chr.) soll der bedeutendste der sog. altkatholischen Väter sein. Im wesentlichen ist er durch seinen Kampf gegen den Gnostizismus bekannt. Das Hauptwerk dieses Bischofs von Lyon trägt den Titel: 'Entlarvung und Widerlegung der angeblichen Gnosis' (Adversus haereses, ca. 180)

34) a. a. O. , S. 260, Anm. 1.

35) Vgl. Jes 33,7.

36) Michael = 'Wer ist wie Gott?'

37) Bei den späteren Juden ist Raphael der Patron der Mediziner.

38) Der Name Phanuel wird gemäß Jes 45,22 als 'Wendet euch zu Gott' gedeutet.

39) Vgl. Dan 7,9.

40) Vgl. Apk 1,13ff; Apg 6,15. Beim Henoch'schen Menschensohn ist also noch nicht die Rede vom 'leidenden Menschensohn', von dem das NT spricht (z. B. Matth 17,12). Die neutestamentlichen Autoren haben zur Deutung der Messianität Jesu und seines Kreuzestodes die apokalyptische Vorstellung vom Menschensohn mit der Vorstellung vom leidenden Gottesknecht, die bei Deuterojesaja begegnet, verschmolzen.

41) Vgl. Jes 11,3ff; Jer 23,5; 33,15; Sach 9,9; Ps 72.

42) Vgl. Kol 2,3.9.

43) Vgl. das Magnifikat der Maria Luk 1,51f und das vierte Got-
    tesknechtslied Jes 52,15.

44) Vgl. Röm 13,1.

45) Vgl. Apg 12,23

46) Vgl. Apk 6,11: Die bestimmte Zahl der Märtyrer, die vorhan-
    den sein muß, bevor das Gericht kommen kann.

47) Vgl. Anm. bei Kautzsch, a.a.O., S.263, Anm.o.

48) Vgl. Joh 4,6ff; 7,37f; Apk 7,16f.

49) Vgl. Jes 42,6; 49,6 (aus dem 1. und 2. Gottesknechtslied);
    Joh 8,12.

50) Vgl. Matth 11,28.

51) Jahwe ist der universale Gott aller Völker: Jes 45,20ff;
    Phil 2,10.

52) Vgl. Eph 1,4; Kol 1,12.

53) Vgl. Gal 1,4.

54) Vgl. 1.Kor 6,11; Matth 1,21; Apg 4,12.

55) Vgl. David Flusser: Jesus; Hamburg 1968; S.97ff.

56) The Testament of Abraham; ed. M.R.James, Cambridge 1892,
    Kap.12-13 (s.90-92). Diese Schrift ist wohl im 2.Jh.n.Chr.
    in judenchristlichen Kreisen entstanden.

57) M.de Jonge; A.S.van der Woude: 11Q Melchizedek and the New
    Testament. In: New Testament Studies 1966, S.301-326.
    D.Flusser: Melchizedek and the Son of Man. In: Christian
    News from Israel 1966, S.23-29.

58) Gen 14 gehört keiner Quellenschicht des Pentateuchs an,
    sondern ist als ein Einzelstück anzusehen, das erst sehr
    spät eingefügt worden ist. Viele Theologen deuten Gen 14
    als einen jungen Midrasch (Auslegung von AT-Texten nach den
    Regeln der jüdischen Schriftgelehrten), der seine Paralle-
    len in den Daniellegenden und im Buch Judith hat und zur
    Verherrlichung Abrahams und der Anerkennung des Jerusalemer
    Hohenpriesters dienen soll (Salem = Deckname für Jerusalem,
    der durch Ps 76,3 und Kolonne 22,13 des Genesis-Apokryphons
    (1QGen Ap, 22,13) der ersten Qumranhöhle gesichert ist).
    Mit dem Namen Melchizedek verbindet sich wahrscheinlich
    eine alte Erinnerung an einen kanaanäischen Stadtkönig von
    Jerusalem, dessen priesterliche Funktionen gemäß Ps 110,4
    auf die Davididen übergegangen ist. Dies läßt auch vermu-
    ten, daß David die Stadt gerade während der Regierungszeit
    dieses Melchizedek erobert hat.

59) Auch M. Buber deutet diese Stelle in der gleichen Weise auf
     Melchisedek, wenn er übersetzt:
        "Du bist Priester auf Weltzeit, um meine Sache,   'Bewäh-
     rungskönig', Malki-Zedek."

60) Ob es sich bei dieser Stelle, Luk 22, 69, um eine spätere
     'Gemeindebildung' handelt, ist in unserem Zusammenhang
     unerheblich.

61) Vgl. die Seligpreisungen im NT: Matth 5, 3ff, i. B. 5, 10.

62) Zum 'ewigen Leben' vgl. folgende NT-Stellen: Matth 19, 29;
     Mark 10, 17 par.   Luk 10, 25;   18, 18;   oder   Matth 25, 46;
     Mark 10, 30;   Luk 18, 30;   Joh 3, 15. 16. 36;   5, 24; 6, 40. 47. 54;
     1. Joh 5, 13 usw. ; oder Apg 13, 46; Röm 6, 23; Gal 6, 8;   1. Tim
     1, 16;   6, 12;   2. Tim 2, 10; Tit 1, 2; 3, 7; 1. Petr 5, 10; 2. Petr
     1, 11; 1. Joh 1, 2; 2, 25; 5, 11. 20; Hebr 5, 9;   9, 12. 15;   Jud 21
     usw.

63) Vgl. 1. Joh 2, 8.

64) Vgl. Jes 4, 5;   60, 17ff; Zeph 3, 15ff;   Sach 2, 9; 9, 8;   auch
     und gerade: Luk 22, 29f; Apk 3, 20.

65) Vgl. Dtn 8, 4; 29, 4.

66) Vgl. auch noch Apk 19, 7-9.

67) Vgl. Dan 12, 2. 3.

68) Vgl. Leonhard Rost: Einleitung in die alttestamentlichen
     Apokryphen und Pseudepigraphen einschließlich der großen
     Qumranhandschriften, Wiesbaden 1985[3] ; S. 108f.

69) The Apocrypha and Pseudepigrapha of the Old Testament in
     English. With introductions and critical and explanatory
     notes to the several books. Vol. II, Oxford 1913. Reprint
     1968.

70) Wir zitieren wieder nach Kautzsch, a. a. O.

71) Vgl. 1. Kor 13, 4.

72) Zitiert nach: Flavius Josephus: Der Jüdische Krieg, München
     1987[4].

73) Epikur (342/41-271/70 v. Chr.) lebte als griechischer Philo-
     soph auf der Insel Samos und begründete um 306 die 'Schule
     der Epikureer', deren Hauptanliegen die Ethik und weniger
     die 'Physik' und Logik war. Er glaubte an den demokriti-
     schen Atomismus, demzufolge die Atome sich im leeren Raum
     in unendlicher zeitlicher Folge zusammenballen und wieder
     auflösen, so daß eine Folge von 'pulsierenden Welten' ent-
     steht. In ihren Zwischenräumen wohnen die Götter ewig und
     selig, ohne sich auch nur 'einen Deut' um die Menschen zu
     kümmern, die mitsamt ihrer - aus Atomen bestehenden - Seele

vergänglich sind. Epikur fordert zu dieser Naturerkenntnis
auf, die angeblich den Menschen von den Schrecknissen des
Aberglaubens befreien kann, wozu für den Philosophen auch
die Religion gehört sowie die Furcht vor dem Tode. Diese
Befreiung verschafft dem Menschen - so Epikur - eine Art
'geistiger Lust', mit der es sich angeblich gut leben läßt,
und die zur Gemütsruhe und Leidenschaftslosigkeit (Atara-
xie) führt. Epikurs hauptsächlicher Rat soll gelautet haben:
        "Lebe zurückgezogen!"

74) Vgl. auch Eduard Lohse: Umwelt des Neuen Testaments, Göt-
    tingen 1986[7], S. 51ff.

75) Für das Folgende vgl. Johann Maier: Das Judentum, 1980[8],
    S. 214ff.

76) Herodes wurde 41 v. Chr. vom römischen Kaiser Antonius (41-
    30 v. Chr.) in Judäa als ein Tetrarch (= Viertelfürst) ein-
    gesetzt. Später wurde er regierender König in Judäa unter
    dem Namen Herodes der Große (37-4 v. Chr.). Er baute in Je-
    rusalem die Burg Antonia und den Palast in der Oberen Stadt
    (23); ferner ließ er den Tempel zu einem Prachtbau aus-
    bauen, wenn auch im hellenistischen Stil mit korinthischen
    Säulenreihen; über dem Hauptportal ließ er jedoch einen
    goldenen Adler anbringen, womit er gegen das Zweite Gebot
    verstieß. Als sich eines Tages das Gerücht verbreitete, er
    liege im Sterben, holten die Pharisäer den Adler herunter;
    später rächte sich Herodes hierfür durch zahlreiche Hin-
    richtungen. Er starb im Jahre 4 v. Chr. Nach seinem Tod wur-
    de das Reich unter seine Söhne aufgeteilt: Archelaos, Eth-
    narch von Judäa, Samaria und Idumäa (4 v. Chr. -6 n. Chr.);
    Herodes Antipas, Tetrarch von Galiläa und Paräa (4 v. Chr. -
    39 n. Chr.); Philippos, der Gatte der Salome (vgl.
    Matth 14, 3ff), Tetrarch des Nordostens (4 v. Chr. -34
    n. Chr.). 26 n. Chr. unterstellten die Römer Judäa einem Pro-
    kurator (Luther hat hier das nette deutsche Wort 'Landpfle-
    ger' geprägt) namens Pontius Pilatus, der jedoch 36 n. Chr.
    wieder abberufen wurde, da er sich als zu selbstherrlich
    erwiesen hatte.

77) Vgl. E. Lohse: Umwelt des Neuen Testaments, a. a. O., S. 53ff.

78) Vgl. Johann Maier, a. a. O.

79) Der Titel 'Rabbi', der so etwas wie eine Art 'Doktortitel'
    der pharisäischen Schriftgelehrsamkeit bedeutete, wurde
    erst eine Generation nach Jesus offiziell gebraucht, so daß
    man zu Jesu Zeiten nur von einem Quasi-Titel sprechen kann.
    Daher: 'Proto-Rabbi'.

80) Zitiert nach: Reinhold Mayer: Der Talmud, München 1980[5],
    S. 289f. Im folgenden werden wir - sofern nichts anderes
    gesagt wird - Texte nach dieser Ausgabe wiedergeben.

81) Gemeint ist: Er ließ nichts übrig, was er nicht studiert

hätte.

82) Philo von Alexandria: Quod omnis probus liber sit 75-91.

83) Für das Folgende vgl. wieder Johann Maier, a. a. O.

84) Wer an der Fundgeschichte dieser Rollen vom Toten Meer
    (Qumranschriften) interessiert ist, die sich übrigens wie
    ein Kriminalroman liest, sei z. B. verwiesen auf John M.
    Allegro: Die Botschaft vom Toten Meer. Das Geheimnis der
    Schriftrollen. Frankfurt 1957.

85) Für das Folgende vgl. wieder J. Maier: a. a. O. und F. Heiler:
    Die Religionen der Menschheit; Stuttgart 1982[4]; S. 383ff.

86) Die Texte der wichtigen Qumranhandschriften sind veröffent-
    licht in deutscher übersetzung in: Eduard Lohse: Texte aus
    Qumran. Hebräisch und Deutsch; München 1971[2]; und: Johann
    Maier - Kurt Schubert: Die Qumran-Essener, Texte der
    Schriftrollen und Lebensbild der Gemeinde, München 1982.

87) Der Vollständigkeit halber seien hier noch folgende Schrif-
    ten ergänzt: Das Genesisapokryphon (1QGen Ap); Michakommen-
    tar (1Q14); Worte des Mose (1Q22); Buch der Geheimnisse
    (1Q27); Regelbuch (= Gemeinschaftsregel = Entwurf für das
    Israel der Endzeit) (1QSa (1Q 28a)); Segensformeln (1Q
    28b); Nahumkommentar (4QpNah); Kommentar zu Ps 37 (4QpPs
    37); Patriarchensegen (4Qpatr); Testimonia (4Qtest); Flori-
    legium. Sammlung eschatologischer Midraschim (4Qflor). Die-
    se Liste ist nicht vollständig. Es sind auch noch nicht
    alle gefundenen Fragmente ausgewertet.

88) In der Septuaginta ist von 390 Tagen (Jahren) die Rede. In
    anderen Handschriften dagegen nur von 190 Tagen (Jahren).

89) Eine sehr sorgfältige und gründliche Analyse aller Theorien
    über diesen rätselhaften 'Lehrer der Gerechtigkeit' (=
    'Wahrer Lehrer') bietet Gert Jeremias in seinem fundierten
    Buch: 'Der Lehrer der Gerechtigkeit, Göttingen 1963'. Le-
    senswert ist in dem Zusammenhang auch das Buch: Millar Bur-
    rows: 'Mehr Klarheit über die Schriftrollen. Neue Rollen
    und neue Deutungen nebst übersetzung wichtiger jüngst ent-
    deckter Texte. München 1958'.

90) Vgl. J. Maier, a. a. O., an den wir uns in diesem Abschnitt
    wieder anlehnen.

91) Vgl. z. B. das lesenswerte Büchlein des Heidelberger Neu-
    testamentlers Gerd Theißen: Der Schatten des Galiläers.
    Historische Jesusforschung in erzählender Form; München
    1987[2]; Kap. 18; oder ders.: Soziologie der Jesusbewegung,
    Entstehungsgeschichte des Urchristentums; München 1977.
    Vgl. auch: Wilhelm Schneemelcher: Das Urchristentum; Stutt-
    gart 1981.

92) Vgl. E. Lohse: Umwelt des Neuen Testaments, a. a. O., S. 138f.

93) Ergibt sich aus dem Kontext.

94) Vgl. G. Theißen: Soziologie der Jesusbewegung, a. a. O.

IX. DER EINFLUSS DER LEHREN DER QUMRAN-ESSENER AUF DAS NT

1) In diesem Kapitel sollen auch die Parallelstellen jeweils
    mit angegeben werden, damit sichtbar wird, welche Evange-
    lien vom qumran-essenischen Gedankengut beeinflußt sind. In
    Bezug auf Matth 3, 1-3; par. sei noch einmal auf folgendes
    hingewiesen: Das NT benutzt die Septuaginta für ihre Zitie-
    rung, in der Jes 40, 3 durch "Die Stimme eines Rufenden in
    der Wüste ruft [...]" übersetzt ist und deutet diesen Vers
    auf Johannes den Täufer, der in der Wüste auftrat und dort
    gepredigt hat. Im ursprünglichen hebräischen Text heißt es
    dagegen: "Eine Stimme ruft: 'Bahnt in der Wüste eine Straße
    für Jahwe [...]'". So verstanden auch die Qumranleute die
    Stelle, weswegen sie sich in die Wüste und ihre Höhlen am
    Toten Meer zurückzogen, um hier die Ankunft des messia-
    nischen Reiches zu erwarten.

2) Das Johannesevangelium wurde um ca. 100 n. Chr., wahrschein-
    lich in Syrien, verfaßt. Der Autor ist sicherlich nicht der
    Apostel Johannes. Vgl. E. Lohse: Entstehung des Neuen Testa-
    ments, Stuttgart 1975²; S. 111ff.

3) Am 9, 11-15: Eschatologischer Text aus nachexilischer Zeit;
    Apg 1, 6: Diese Stelle kommentiert die Jerusalemer Bibel
    folgendermaßen:
        "Die Errichtung des messianischen Reiches erscheint noch
        den Aposteln als eine irdische Wiederherstellung des
        davidischen Königtums."

4) Hierzu zählt man neben der Henoch-Apopkalypse folgende
    Schriften: Das Martyrium Jesajas - Die Testamente der Zwölf
    Patriarchen - Das Jubiläenbuch - Das Leben Adams und Evas -
    Die Himmelfahrt Moses (vgl. L. Rost, a. a. O., S. 98-116).

5) Wir zitieren die Qumranschriften nach: Eduard Lohse: Die
    Texte aus Qumran, Darmstadt 1971².

6) Der Verfasser des pseudepigraphischen Jubiläenbuches stand
    der Qumrangemeinde nahe, wenn er ihr nicht sogar angehörte.
    Er schrieb das Buch im letzten Jahrzehnt des 2. Jh. v. Chr.,
    wohl im Zeitraum 109-105 v. Chr. - d. h. am Ende der Regie-
    rungszeit des Hasmonäers Hyrkan -, wie man aus seinem In-
    halt erschließen kann. Das Buch ist eine biblische Nacher-
    zählung der Geschichte vom Beginn der Schöpfung bis zum
    Empfang der Gesetzestafeln durch Mose, wobei es sich stär-
    ker an P als an die anderen Quellenschichten anlehnt. Ins-
    besondere war dieses Buch für die Qumran-Essener wichtig

wegen seines Sonnenkalenders, der das Jahr in 364 Tagen
einteilt, so daß die jährlichen Feste immer auf den gleichen Wochentag fixiert wurden. Die Qumrangemeinde hat diesen Sonnenkalender benutzt im Gegensatz zur Jerusalemer
Priesterschaft, die den offiziellen Mondkalender anwandte.

7) Vgl. z. B. Ethelbert Stauffer: Jesus, Gestalt und Geschichte, Bern 1957.

8) Vgl. Reinhold Mayer: Der Talmud, a. a. O., S. 227f.

9) Der Ausdruck 'im Geist des Verbergens' bedeutet 'mit der
   Bereitschaft zur Absonderung allen Männern der Verderbnis
   (der Grube) gegenüber'.

10) Wir zitieren diese Stelle nach J. Maier/K. Schubert: Die Qum-
    ran-Essener, a. a. O., S. 283.

11) Auch diese Stelle sei wegen der verständlicheren Überset-
    zung nach J. Maier/K. Schubert, a. a. O., S. 154 zitiert.

12) Vgl. z. B. Schalom Ben-Chorin: Bruder Jesus, München 1987[10],
    S. 127ff. Das Sedermahl ist das häusliche Festmahl zur Pas-
    safeier.

13) Vgl. a. a. O., S. 132f.

14) Wegen ihrer vielen Parallelstellen nennt man die drei Evan-
    gelien Matthäus, Markus und Lukas die 'synoptischen Evange-
    lien'.

15) Die These, daß Jesus bei der Seder-Feier den Sonnenkalender
    von Qumran benutzt hat, ist recht überzeugend. Sie klärt
    die chronologischen Schwierigkeiten der Berichte bei den
    Synoptikern. Auch die Tatsache, daß nur die zwölf Jünger an
    diesem Mahl teilgenommen haben - entsprechend der Mahlregel
    von Qumran -, kann als ein weiteres Indiz für den qumrani-
    schen Einfluß auf den letzten Seder Jesu in Jerusalem ange-
    sehen werden. In der Regel war es nämlich durchaus üblich,
    auch Frauen an der Seder-Feier teilnehmen zu lassen, und
    die Mischna erörtert sogar die Frage, ob eine Frau im Hause
    ihres Ehemannes oder ihres Vaters der Passa-Feier beizuwoh-
    nen habe. Von den Frauen um Jesus, die gemäß den Evange-
    lienberichten recht zahlreich gewesen sein müssen und die
    später als die ersten Zeugen der Auferstehung genannt wer-
    den, hören wir nichts mehr im Zusammenhang mit der Seder-
    Feier. Es erscheint daher als wahrscheinlich, daß Jesus,
    der wohl schon einige Tage vor seiner Verhaftung seine
    Festnahme geahnt haben dürfte, sich die Freiheit nahm, das
    Mahl nach dem Ritus und dem Kalender von Qumran zu feiern.
    Vgl. auch Schalom Ben-Chorin: Bruder Jesus, a. a. O., S. 132.

16) Luk 7,34: "Der Menschensohn ist gekommen, ißt und trinkt;
    so sagt ihr: Siehe, der Mensch ist ein Fresser und Weinsäu-
    fer [...]" (Lutherübersetzung). Mit Sicherheit ist diese
    Stelle - wegen ihrer Peinlichkeit - keine frühe 'Gemeinde-

bildung'. Sie hat einen echten Klang und wird die Erinnerung an einen Jesus von Nazareth bewahrt haben, der den
frohen und geselligen Genüssen des Lebens nicht abgeneigt
war.

17) Es sei noch einmal daran erinnert, daß in diesem Zusammenhang nicht zwischen dem historischen Jesus von Nazareth und
dem Jesus Christus der Verkündigung, wie er vom NT überliefert ist, unterschieden wird.

18) Nach altkirchlicher Tradition sind das Lukasevangelium und
die Apostelgeschichte von demselben Verfasser, nämlich vom
Arzt und Reisebegleiter des Paulus (Philem 24; Kol 4,14;
2.Tim 4,11), geschrieben worden. Man spricht daher auch
häufig vom 'lukanischen Doppelwerk'. Da aber weder das Lukasevangelium noch die Apostelgeschichte Spuren paulinischer Theologie aufweisen, wird diese altkirchliche Verfas-
ser-Theorie in der neutestamentlichen Wissenschaft bezweifelt. Es läßt sich lediglich feststellen, daß der Verfasser
des Lukasevangeliums und der Apostelgeschichte - beide Bücher sind aufgrund ihrer Prologe und ihrer literarischen
Verwandschaft wahrscheinlich als ein einheitliches Werk
desselben Autors anzusehen - ein hellenistisch gebildeter
Heidenchrist war, der durch seine 'Geschichte der Anfänge
des Christentums' die christliche Botschaft der hellenistischen Heidenwelt nahebringen wollte. Die Abfassungszeit des
'lukanischen Doppelwerkes' wird auf ca. 90 n.Chr. angesetzt. Die Apg ist historisch nicht sehr zuverlässig.
Vgl. E.Lohse: Entstehung des Neuen Testaments, 1975[e],
S.95ff.

19) Das Johannesevangelium ist um ca. 100 n.Chr. wahrscheinlich
in Syrien verfaßt. Der Autor ist sicherlich nicht der Apostel Johannes. Vgl. E.Lohse: a.a.O.,S.111ff.

20) Nach E.Lohse (a.a.O., S.118ff.121) liegt die Annahme nahe,
daß der Verfasser des 1.Joh mit dem Joh-Ev. identisch ist.
Ort und Zeit der Entstehung: Wahrscheinlich in Syrien am
Anfang des 2.Jh.n.Chr. 2.Joh und 3.Joh sind dagegen wohl
von anderen Verfassern geschrieben, stehen inhaltlich und
sprachlich jedoch Joh-Ev. und 1.Joh nahe, so daß man annehmen kann, sie entstammen derselben theologischen Schule zu
Beginn des 2.Jh.n.Chr. in Syrien.

21) Mit 'Täter des Gesetzes' sind alle diejenigen gemeint, die
nach der Thora leben.

22) Der Verfasser dieses Briefes ist nicht bekannt. Schon Origenes soll die Feststellung getroffen haben, Gott allein
wisse, wer den Hebräerbrief geschrieben habe. Er wird in
die Zeit zwischen 80 und 90 n.Chr. datiert. Vgl. E.Lohse:
a.a.O., S.127.

23) Bei dem hier zitierten Ps 2,7 handelt es sich um eine Formel, die man im Alten Orient zur Inthronisation des Königs
benutzte. Der Psalm verwendet sie bei seiner Beschreibung

des eschatologischen Dramas, um den Ratschluß Jahwes zu
verkünden, daß der Messiaskönig auf dem Zion zum Herrscher
über die Welt eingesetzt ist.

X. JESUS, PAULUS UND DIE URGEMEINDE AUS EINER JÜDISCHEN SICHT

1) Schalom Ben-Chorin: Bruder Jesus. Der Nazarener in jü-
   discher Sicht; München 1987[10]; ders.: Paulus. Der Völkera-
   postel in jüdischer Sicht; München 1986[5]; ders.: Mutter
   Mirjam. Maria in jüdischer Sicht; München 1986[4].
   David Flusser: Jesus mit Selbstzeugnissen und Bilddokumen-
   ten; Reinbeck bei Hamburg 1968; ders.: Entdeckungen im
   Neuen Testament, Bd.1, Jesusworte und ihre Überlieferung;
   Neukirchen-Vluyn 1987.
   Joseph Klausner: Jesus von Nazareth; Berlin 1934.
   Martin Buber: Zwei Glaubensweisen; Zürich 1950.
   Hans Joachim Schoeps: Jesus. In: Gottheit und Menschheit.
   Die großen Religionsstifter und ihre Lehren; Stuttgart
   1950.

2) Den in Anm.1 aufgelisteten jüdischen Autoren gelingt es mit
   ihren Schriften, diese Möglichkeit einer Rehistorisierung
   der historischen Gestalt des 'Ur- und Nur-Juden' Jeschua
   von Nazareth wenigstens in Umrissen nachzuweisen. In Ergänzung zu den angegebenen jüdischen Autoren seien noch drei
   christliche Theologen angegeben, die - von christlicher
   Seite kommend - auch mit ihren Büchern gezeigt haben, daß
   es bei hinreichender Kenntnis der jüdischen Umwelt zu Jesu
   Lebzeiten in aller Vorsicht eben doch möglich ist, eine Art
   'Leben Jesu' zu rekonstruieren trotz der negativen Feststellung, die Albert Schweitzer in der Schlußbetrachtung
   seiner 'Geschichte der Leben-Jesu-Forschung' (Tübingen
   1977[3]; zuerst 1906 erschienen) äußert:
       "Diejenigen, die gerne von negativer Theologie reden,
       haben es im Hinblick auf den Ertrag der Leben-Jesu-
       Forschung nicht schwer. Er ist negativ."
   Heutigentags weiß man über das Judentum in Palästina - allein durch die Qumranfunde - in den beiden vor- und nachchristlichen Jahrhunderten erheblich mehr als zu Beginn
   unseres Jahrhunderts.
   Günther Bornkamm: Jesus von Nazareth; Stuttgart 1975[10].
   Herbert Braun: Jesus. Der Mann aus Nazareth und seine Zeit;
   Stuttgart 1973.
   Gerd Theißen: Der Schatten des Galiläers; München 1987[2].

3) Gemeint ist die Amtsperiode des Prokurators Coponius

4) Vgl. Luk 2,1ff.

5) Ich werde im folgenden diese Bezeichnung benutzen, da sie
   mir sinnvoller erscheint als die übliche Bezeichnung 'Ju-

denchristentum'. Da die Christianoi (Christen) sich ja anfangs noch voll innerhalb des Judentums befanden, also eine
spezielle jüdische Sekte bildeten, ist der Begriff 'Christenjuden' folgerichtiger als der in der Kirchengeschichte
übliche Terminus 'Judenchristen'.

6) Zitiert nach: H. G. Kippenberg-G. A. Wewers (Hrg.): Textbuch
   zur neutestamentlichen Zeitgeschichte; Göttingen 1979,
   S. 142.

7) Es sei an dieser Stelle kurz das jüdische Schrifttum erläu-
   tert, das sich wie eine Auslegungskette an die Thora als
   ihr erstes Glied anhängt.
   Zur 'schriftlichen Thora' trat die 'mündliche Thora', die
   Überlieferung über die rabbinische Auslegung der schriftlichen Thora. Diese mündliche Überlieferung erfolgte durch
   die Thoralehrer, die sog. Tannaiten (= 'Überlieferer'), die
   bestimmte Überlieferungskomplexe auswendig gelernt hatten
   und wie ein lebendes Buch zitieren konnten. Bis etwa 200
   n. Chr. wurde auf diese Weise die mündliche Überlieferung
   weitergegeben.
   Dann wurde eine offizielle Auswahl dieser mündlichen Thora
   in der Mischna in Form von Sprüchen schriftlich niedergelegt, die dann als Grundlage für die weiteren Diskussionen
   der Rabbinen und für den späteren Talmud diente. Die Mischna erhielt noch ein nicht in den Talmud aufgenommenes
   Ergänzungswerk, die Tosefta.
   Andere Traditionen haben zu den Targumen und Midraschim
   geführt. Es handelt sich hier um eine Auslegungsliteratur
   zum AT. Das Targum ist eine Art 'Verdolmetschung', eine
   Übersetzung von Texten des hebräischen AT ins Aramäische.
   Eine solche Übersetzung geht meist in einen 'Midrasch'
   über, d. h. in eine Interpretation und Deutung des entsprechenden AT-Textes, für die die Rabbinen bestimmte hermeneutische Auslegungsregeln entwickelten. Auch die auf diese
   Art entstandene Auslegungsliteratur trägt die Bezeichnung
   'Midraschim'.
   Auf dieser Grundlage wurden in den palästinischen und babylonischen Schulen weiterhin unterschiedliche Lehrmeinungen
   diskutiert. Die hierdurch entstehende ergänzende Überlieferung zur mündlichen Thora wurde 'Gemara' (= 'Ergänzung')
   genannt. Die Gemara betrifft jedoch nicht die ganze Mischna, sondern nur Teile daraus. Schließlich haben die
   'Amoräer', die Rabbinen, die zur Zeit der Gemara in Tibe-
   rias, Caesarea und Sepphoris lebten, die Gemara geordnet
   und schriftlich niedergelegt, woraus der 'Talmud des Landes
   Israel' (= der palästinische Talmud oder 'Talmud Jeruschalmi') entstand, der wahrscheinlich im 5. Jh. n. Chr. abgeschlossen wurde.
   Die Talmudgelehrten in Babylonien, die sog. 'Saboräer',
   haben im 6. Jh. n. Chr. schließlich den babylonischen Talmud
   bearbeitet und herausgegeben, der sich gegenüber dem palästinischen Talmud allgemein durchsetzte. Inhaltlich unterscheidet man im Talmud die Halacha und Haggada. Die Halacha
   (von 'halach' = 'gehen' abgeleitet) hat das Recht zum Thema. Man kann sie praktisch als Religionsgesetz bezeichnen.

Hierzu gehören auch die Talmudworte, die verbindliche Angaben über menschliches Handeln machen. Der nichtgesetzliche
Teil des Talmud wird schließlich als Haggada (von 'higgid'
= 'erzählen' abgeleitet) bezeichnet. Es handelt sich um
erbaulich-belehrende, z.T. volkstümlich-legendarische Aus-
legungen biblischer Stoffe, die nicht das Gesetz betreffen
(vgl. G. Fohrer: Glaube und Leben im Judentum, Heidelberg
1985⁵, S. 39ff).
Ich möchte in diesem Zusammenhang ein immer noch sehr wichtiges theologisches Standardwerk anführen, das zu einzelnen
NT-Stellen viele Parallelen aus der rabbinischen Literatur
aufweist. Mittlerweile sind aber noch weit mehr Parallelen
bekannt geworden, so daß das Werk nicht vollständig ist.
Ferner berücksichtigt es noch nicht die Qumranschriften:
H. L. Strack - P. Billerbeck: Kommentar zum Neuen Testament
aus Talmud und Midrasch; München 1922-1961; 6 Bde.

8) Die Bezeichnung 'Christen', d.h. Anhänger des Christos,
    wurde - folgt man der Apostelgeschichte - ursprünglich von
    hellenistischen Heiden aus Antiochia als Spottname erfun-
    den.

9) Auch hier und im folgenden gilt - wie im vorigen Kapitel -,
    daß man nur Aussagen über das Bild von Jesus machen kann,
    wie es uns durch die Evangelien und das übrige NT überlie-
    fert ist. Wenn also wieder die Rede davon ist, daß Jesus
    dieses oder jenes tat oder sagte, dann ist dies immer als
    eine relative Aussage zu verstehen, die auf die Evangelien
    bezogen ist. Es ist also immer gedanklich zu ergänzen: 'ge-
    mäß den Berichten in den Evangelien'.

10) Ich persönlich teile daher auch nicht die ziemlich spekta-
    kuläre Auffassung von Robert Eisler (Iesus basileus ou ba-
    sileusas; Heidelberg 1929/30, Bd. I+II) und Joel Carmichael
    (Leben und Tod des Jesus von Nazareth; München 1965), der
    an ersteren anknüpft. Beide Autoren sehen in Jesus einen
    jüdischen Bandenführer und Aufständischen gegen die römi-
    sche 'Besatzungsmacht', der mit Hilfe seiner Jüngerschar
    den Jerusalemer Tempel mit Waffengewalt einnehmen wollte,
    mit der Absicht, sich hierdurch zum nationalen jüdischen
    Messiaskönig zu erheben. Diese extreme These erscheint sehr
    konstruiert und entbehrt der fundierten theologischen Be-
    gründung. Hingegen sprechen die Zeugnisse der Evangelien
    deutlich für die Annahme einer mehr ethisch als politisch
    orientierten Wirksamkeit des historischen Jesus und seiner
    Anhängerschar.

11) Der schon im Zusammenhang mit dem Ausschluß der Christen
    aus der Synagoge erwähnte Gamaliel II. war ein Nachkomme
    Hillels und Nachfolger des Rabban Jochanan ben Zakkai am
    Lehrhaus und Synedrium in Jabne. Er hatte viel Umgang mit
    römischen Kriegsleuten, von denen manche sogar bei ihm stu-
    dierten.

12) Der Pharisäer Schimon ben Schetach soll ein Bruder der Kö-
    nigin Salome Alexandra gewesen sein und während ihrer Re-

gierungszeit den Einfluß der pharisäischen Partei im öffentlichen und privaten Leben durchgesetzt haben.

13) Diese hermeneutischen Regeln der Schriftauslegung wurden
zum ersten Mal von Hillel zu sieben Grundsätzen zusammengefaßt. Zu ihnen gehörte der Schluß vom Geringeren auf das
Größere ('Um-wieviel-mehr-Argument'), der Analogieschluß
('Gleich-wie-Argument') und der Schluß vom Allgemeinen auf
das Besondere. Es gab auch eine Regel, nach der eine Bibelstelle durch eine andere zu erklären ist, die in ihrer Nähe
steht. Bei Widersprüchen zwischen zwei Schriftstellen hatte
man einen dritten Vers zu finden, der den einen oder anderen Vers unterstützt und damit den Ausschlag gibt. Die sieben Hillelschen Regeln sind in der Tosefta (Tosefta Sanhe-
drin VII,11) folgendermaßen überliefert (zitiert nach Kippenberg-Wewers, a.a.O.,S.148f):
    "Sieben Worte hat Hillel der Alte vor den Ältesten der
    Familie Pethera vorgetragen: den Schluß vom Geringeren
    auf das Gewichtige und den Schluß mit Hilfe des gleichen
    Ausdrucks und die Erstellung eines Vaters (= Grund-
    satzes) und die ausgleichende Funktion eines Schriftver-
    ses bei zwei sich widersprechenden Schriftversen und den
    Schluß vom Allgemeinen auf das Besondere und vom Beson-
    deren auf das Allgemeine und den Schluß 'wie hervorgeht
    aus einer anderen Schriftstelle' und die Sache, die aus
    ihrem Zusammenhang zu lernen (= folgern) ist. Diese sie-
    ben Regeln hat Hillel der Alte vor den Söhnen Petheras
    vorgetragen."
Beispiele für das rabbinische Verfahren der Schriftauslegung
nach diesen Regeln finden sich auch sehr zahlreich im NT:
Vgl. z.B. nur Mark 12,26f oder Röm 5,15.

14) Das griechische Wort 'geliebter' an dieser Stelle im NT ist
die Übersetzung des hebräischen 'der einzige'. Vgl. C.H.
Turner: 'Ho Hyios mou ho agapetos'; in: Journal of Theolo-
gical Studies 27 (1926). Morna D. Hooker: Jesus and the
Servant; London 1959, S.71.183.

15) Vgl. D.Flusser: Jesus, a.a.O., S.28.

16) Vgl. die Anmerkung zu Matth 3,17 in der Jerusalemer Bibel.

17) So z.B. J.Jeremias: Theologisches Wörterbuch zum NT, V.,
S.699. Kr.Stendahl: The School of St.Matthew; Uppsala 1954,
s.110.144. F.Hahn: Christologische Hoheitstitel; Göttingen
1964, S.340-346.

18) Hier ist wahrscheinlich an einen Halbschlaf zu denken, bei
dem imaginative Visionen durchaus möglich sein sollen. Man
kann also die Verklärungsgeschichte als eine Petrus-Vision
verstehen, was der berühmte Theologe A.v.Harnack auch
tut: A.v.Harnack: Die Verklärungsgeschichte Jesu, der Bericht
des Paulus (1.Kor 15,3ff) und die beiden Christusvisionen
des Petrus; in: Sitzungsberichte der Preußischen Akademie
der Wissenschaften zu Berlin (phil.-hist. Klasse) 1922,
S.62-80.

19) 'Geliebter' ist hier wieder die griechische Übersetzung von
    'einziger' (vgl. Anm. 14).

20) Vgl. z. B. W. Grundmann: Das Evangelium nach Markus, Theolo-
    gischer Handkommentar zum Neuen Testament; Berlin 1977⁷,
    S. 232ff.

21) Vgl. Anm. 18.

22) Es ist sehr gut möglich, daß die Grundform dieses Gleich-
    nisses auf Jesus selbst zurückgeht. Im apokryphen Thomas-
    evangelium (Thom 65; vgl. Anm. 36) ist eine Fassung des
    Gleichnisses überliefert, die der ursprünglichen Fassung
    sehr nahestehen dürfte. Vgl. hierzu: W. Grundmann: a. a. O.,
    S. 320f.

23) Vgl. D. Flusser: Jesus, a. a. O., S. 92ff.

24) Vgl. D. Flusser: a. a. O., S. 140, Anm. 189.

25) Vgl. a. a. O., S. 140, Anm. 194, wo D. Flusser anmerkt:
    "Was sicher zum alten Bericht gehört hat, kann man bei
    Lukas nachlesen. Markus (11, 15-17) erweitert den Bericht
    nach Hörensagen. Ob es also Jesus gelungen ist, einige
    Tische der Händler umzuwerfen, steht nicht fest.
    Matth 21, 12-13 folgt Markus, nur daß er aus dem Versuch
    Jesu, die Händler zu vertreiben, eine vollendete Tatsa-
    che macht. Joh 2, 13-17 verlegt die Begebenheit an den
    Anfang der Tätigkeit Jesu, er verstärkt und übertreibt
    die Szene. Allerdings hat er (2, 19) den Zusammenhang
    zwischen der Tempelreinigung und dem Tempelwort be-
    wahrt."

26) Diese abstruse These wird ausgeführt in dem Buch:
    H. J. Schonfield: Planziel Golgatha. Neue Erkenntnisse der
    Leben-Jesu-Forschung; Aldingen 1969.

27) Vgl. die apokryphen Evangelien: Nazaräerevangelium und
    Ebionäerevangelium in: W. Schneemelcher: Neutestamentliche
    Apokryphen I (Evangelien); Tübingen 1987, S. 128ff.

28) Vgl. D. Flusser in: 'Antijudaismus im Neuen Testament?' Exe-
    getische und systematische Beiträge. Hrg.: W. P. Eckert, N. P.
    Levinson, M. Stöhr; München 1967, S. 67.

29) Für die Echtheit dieses Jesuswortes spricht die Tatsache,
    daß die hier ausgesprochene Messianität von den Evangelien
    nicht in einer Eindeutigkeit überliefert ist, die für die
    frühe Kirche wünschenswert gewesen wäre, so daß sie dieses
    Wort wohl schwerlich erfunden hat. Wie an diesem Wort aus
    Gründen der Eindeutigkeit des Bekenntnisses gebastelt wur-
    de, zeigen die Zusätze: Matth 26, 64: "du hast es gesagt";
    Mark 14, 62: "ich bin es"; Luk 22, 70: "ihr sagt, daß ich es
    bin".

30) Vgl. D.Flusser: Jesus, a.a.O., S.101f.

31) Mit 'Christologie' bezeichnet man die theologische Lehre
vom 'kerygmatischen Christus', die insbesondere von Paulus
entwickelt wurde. Eine gute und knappe Zusammenstellung der
wichtigsten theologischen Deutungen der Paulinischen
Christologie findet man in Hans Conzelmann: Grundriß der
Theologie des Neuen Testaments; Tübingen 1987⁴, S.222ff.
Auch das Johannesevangelium bringt eine eigene Christologie: vgl. a.a.O., S.373ff.

32) Mit 'Schriftgelehrten' sind hier wahrscheinlich wieder
nicht die Pharisäer, sondern die Schriftgelehrten des Tempels gemeint.

33) Hellenistisch geprägter jüdischer Philosoph, der die Dogmen
der jüdischen Religion mit der griechischen Philosophie,
insbesondere mit Platon, den Pythagoräern und dem Stoizismus zu verbinden suchte. Hierzu bildete er seine Lehre vom
Logos als die ewig bei Gott wohnende Vernunftkraft aus. Der
Logos ist für Philo der ewige Gedanke Gottes, der die Welt
geschaffen hat und sie durchdringt und zusammenhält. Der
Logos wird bei ihm sogar zum erstgeborenen Sohn Gottes, der
den Mittler zwischen Gott und Mensch darstellt. Das Johannesevangelium ist stark von diesem Gedankengut geprägt. Die
frühen Kirchenväter haben die philonische Logos-Philosophie
zur christologischen Trinitätslehre ausgebaut. Die Wahrhei-
ten der platonischen und stoischen Philosophie sind nach
Philo bereits im Pentateuch enthalten, die man aus ihm mit
der Methode der allegorischen Bibelauslegung gewinnen kann.

34) Diese 'Opferlamm-Theologie', die ja bekanntlich auch die
vorherrschende christliche Deutung des Kreuzestodes Jesu
geworden ist, wirft allerdings die Frage nach dem Gottesbild auf. Man kann berechtigterweise fragen, ob sich das
christliche Bild eines gnädigen und liebenden Gottes ver-
trägt mit einem Gott, der ein Blutopfer verlangt, um die
Menschheit mit sich auszusöhnen. Immerhin wurde Isaak in
allerletzter Minute durch Gottes gnädiges Eingreifen vor
dem Tode gerettet (Gen 22,11f). Ob Jesus vielleicht bis
zuletzt gehofft hat, Gott würde auch ihn, seinen geliebten
Sohn, zum Schluß doch noch vor dem Tode retten? Vielleicht
sind von hierher die nach meiner Meinung echten letzten
Worte Jesu zu verstehen, mußten sie doch der frühen Kirche
peinlich genug sein, nämlich: "Mein Gott, mein Gott, warum
hast du mich verlassen?" (Mark 15,34), welche Jesus nach
Ps 22,2 am Kreuz hängend kurz vor seinem Tod herausge-
schrien hat, als ihm eben kein rettender Engel erschien wie
seinerzeit dem Abraham?

35) Die Worte 'bis alles geschehen ist', die bei Matthäus an
dieser Stelle eingefügt sind, gehen sehr wahrscheinlich
nicht auf Jesus zurück. Vgl. G.Strecker: Der Weg der Gerechtigkeit. Untersuchung zur Theologie des Matthäus. Göttingen 1966, S.143f.

36) Das Thomasevangelium gehört zu den Funden einer frühgnosti-
schen Bibliothek bei Nag Hammadi in Oberägypten, die 1945 -
durch Zufall, ähnlich wie die Qumranrollen - entdeckt worden sind. Die wichtigsten frühchristlich-gnostischen
Schriften einschließlich bedeutender Texte der koptisch-
gnostischen Schriften von Nag Hammadi finden sich - mit
entsprechendem wissenschaftlichem Apparat - übersetzt in:
Wilhelm Schneemelcher: Neutestamentliche Apokryphen I, Tübingen 1987⁵ (apokryphe Evangelien). Der zweite Band
(1989⁵) enthält die wichtigste apokryphe Literatur zum NT,
die man nicht zu den apokryphen Evangelien rechnet. Dieses
Standardwerk ist die völlige Üerarbeitung von Hennecke-
Schneemelcher: Neutestamentliche Apokryphen I+II, Tübingen
1964.
Das Original des Thomasevangeliums stammt wahrscheinlich
aus der Zeit um 140 n.Chr. Es gibt jedoch Theologen, die
die Ansicht vertreten, im Thomasevangelium seien Überlieferungen enthalten, die älter und ursprünglicher sind als die
der neutestamentlichen Evangelien (z.B. Helmut Koester:
Einführung zu Gospel of Thomas; Nag Hammadi Library, New
York 1977, S.117). Man vgl. auch das lesenswerte Büchlein
'Elaine Pagels: Versuchung durch Erkenntnis. Die gnostischen Evangelien; Frankfurt 1987'. Es veranschaulicht sehr
gut die außerordentliche Vielgestaltigkeit des frühen Christentums, in dem u.a. auch die Rolle der Frau schon wesentlich gleichberechtigter war als im späteren kanonisierten
katholischen Christentum nach den Konzilien.

37) Vgl. S.Pines: The Jewish Christians of the Early Centuries
of Christianity According to a New Source. In: The Israel
Academy of Sience and Humanities Proceedings. Bd.II, Nr.13.
Jerusalem 1966, S.63. Vgl. auch D.Flusser: a.a.O.,S.44f.

38) Vgl. W.G.Kümmel: Einleitung in das Neue Testament; Heidelberg 1976¹⁸, S.17ff.

39) Vgl. Strack-Billerbeck I, S.696-698.

40) Zitiert nach: Babylonischer Talmud, übers. von Lazarus
Goldschmidt, Band 2; Haag 1933.

41) Obgleich dies als Heilmittel gilt.

42) Zitiert nach Kautzsch II, a.a.O.,S.324f.

43) Zitiert nach Maier/Schubert, a.a.O.

44) a.a.O.

45) a.a.O.

46) Zitiert nach Kippenberg-Wewers: a.a.O.,S.113.

47) Die Gebetsriemen sind kleine Kapseln, die die wesentlichen
Worte des Gesetzes enthielten und die von Juden, die die
Gebote Ex 13,9.16; Dtn 6,8; 11,18 buchstäblich befolgten,

am Arm oder an der Stirn angebracht wurden. Bezüglich der
Quasten vgl. Num 15,37-41; Dtn 22,12.

48) Dieser Brief genoß in der Alten Kirche ein sehr hohes Ansehen, da er als ein Schreiben des Apostels Barnabas betrachtet wurde. Heute weiß die neutestamentliche Wissenschaft jedoch, daß dies nicht stimmt. Der Brief stammt aus
dem 2. Jh. n. Chr. (ca.130-132) und ist an die heidenchristlichen Gemeinden in Ägypten und Syrien gerichtet. In der
Hauptsache besteht der Brief aus heftiger antijüdischer
Polemik. Er ermahnt die Christengemeinden, nur ja nicht ins
Judentum zurückzufallen. Vgl. Klaus Wengst (Hrg.): Didache,
Barnabasbrief, Zweiter Klemensbrief, Schrift an Diognet.
Darmstadt 1984, S.103-202.

49) Hierzu werden gezählt: Der 1. Klemensbrief (ca.95/96); die
Ignatianen (ca.110/117); der Polykarpbrief (ca.150); die
Papiasfragmente (120/160); die Zwölfapostellehre (Didache;
eine 'Kirchenordnung'; ca.100/150); 2. Klemensbrief (ca.
135/140); Hirt des Hermas (Apokalypse; ca.140).

50) Justinus Martyr war ein frühchristlicher Philosoph. Er wurde in Rom in der Zeit von 163 bis 167 n.Chr. Märtyrer. Seine Schriften zeigen ihn als Vertreter einer bewußten Synthese zwischen griechischer Philosophie (Platonismus) und
Christentum. So hat er die frühkirchliche 'Logos-
Christologie', in Anlehnung an philonisches Gedankengut
geprägt.

51) Bezüglich des Lebenslaufes von Paulus lassen sich nur einige wenige markante Daten einigermaßen sicher angeben. Das
einzige absolute Datum der Vita Pauli ergibt sich aus der
Erwähnung des Statthalters L.J.Gallio in Apg 18,12. Es handelt sich um einen Bruder Senecas. Aufgrund einer in Delphi
gefundenen Inschrift läßt sich die Amtszeit seines Prokon-
sulats in Achaia auf das Frühjahr 51-52 n.Chr. errechnen.
Alle anderen relativen Datierungen können nur von diesem
Fixpunkt ausgehend nach den unvollständigen und teilweise
recht unpräzisen Angaben in der Apostelgeschichte und in
den Paulusbriefen mit Vorbehalten nach vorn und hinten versucht werden. So kommt die Jerusalemer Bibel zu folgenden
einigermaßen wahrscheinlichen 'Eckdaten':

Kreuzigung Jesu:	um 30
Geburtsjahr Pauli:	unbekannt (wahr-scheinlich um die Jahrhundertwende)
Bekehrung und Berufung:	um 37
1.Missionsreise	zwischen 45 und 49
Apostelkonvent:	48 (49?)
2.Missionsreise:	50-52
3.Missionsreise:	53-58
Paulus als Gefangener in Cäsarea:	58-60
Reise des Paulus nach Rom:	60
Paulus in Rom unter militärischer Bewachung:	61-63
Märtyrertod des Paulus unter Nero:	67

52) Es handelt sich um den ältesten Bericht von der Auferstehung innerhalb des NT.

53) Vorausgesetzt, der Brief stammt wirklich vom Herrenbruder
Jakobus, was in der neutestamentlichen Wissenschaft teilweise bezweifelt wird. Die Jerusalemer Bibel bleibt bei der
traditionellen Zuweisung dieses Briefes an den Bruder Jesu.
Sie schreibt:
  "Der Brief selbst spricht für die herkömmliche Zuweisung. Der Verfasser zeigt eine Kenntnis der jüdischen
  Schriften und eine Vertrautheit mit den Lehren Jesu, die
  zum 'Herrenbruder', dem Haupt der judenchristlichen Gemeinde von Jerusalem, passen. Seine Sprache weist zahlreiche Hebraismen auf, sein Stil verwendet gern die -
  bei den Semiten so beliebte - Form des Parallelismus und
  des Spruches. Dennoch scheint er unmittelbar auf griechisch geschrieben zu haben, und zwar mit einer Eleganz,
  einem Wortreichtum, einem Gespür für Rhetorik ('Diatri-
  be'), die manchmal als für einen Galiläer seltsam und
  überraschend beurteilt wurden. Aber wir wissen kaum, in
  welchem Maße ein Palästinenser des 1.Jahrhunderts in
  griechischer Bildung bewandert sein konnte, und es ist
  nicht ausgeschlossen, daß sich Jakobus von einem hellenistisch gutgebildeten Schüler helfen ließ. "
So nimmt auch G.Kittel an, daß der Jakobusbrief authentisch
ist, also wirklich vom Bruder Jesu verfaßt wurde, und eines
der ältesten Dokumente des NT darstellt. Kittel setzt seine
Abfassungszeit noch vor dem Apostelkonzil (vgl. Apg 15) 48
n.Chr. an. Vgl. G.Kittel: Der geschichtliche Ort des Jakobusbriefes; in: Zeitschrift für die neutestamentliche Wissenschaft und die Kunde der älteren Kirche 41 (1942),
S.71-105; ders.: Der Jakobusbrief und die apostolischen
Väter; a.a.O. 43 (1950/51), S.55-112. Auch P.Sigal vertritt
die Auffassung der Authentizität des Jakobusbriefes (Judentum, S.88). Vgl. auch: F.Mußner: Der Jakobusbrief. Herders
Theologischer Kommentar zum Neuen Testament; Bd.XIII/1,
1975³, S.7f. Vgl. dagegen die Argumentation bei W.G.Kümmel:
Einleitung in das Neue Testament; Heidelberg 1976¹⁸,
S.356ff.

54) Vgl. H.J.Schoeps: Das Judenchristentum; Bern 1964, S.54f.

55) Vgl. auch H.J.Schoeps: Die Theologie des Apostels im Lichte
der jüdischen Religionsgeschichte; Tübingen 1959; Schalom
Ben-Chorin: Paulus; München 1986⁵

56) Es handelt sich um eine feierliche Einleitungsformel.

57) Ein frommer Jude darf kein Mischgewebe (z.B. aus Wolle und
Leinen) tragen (vgl. Lev 19,19; Dtn 22,11).

58) Man befürchtete nämlich, daß der Fremde es an die Juden
zurückverkaufen könnte.

59) Diese Packtasche könnte ja abgenommen und von einem Juden

getragen werden. Daher war auch hier das Mischgewebe verboten.

60) Im Lichte dieser Äonentheologie wird auch der Zusatz
Matth 5,18b: "[...] bis alles geschehen ist" verständlich:
Erst im messianischen Reich wird das Gesetz keine Bedeutung
mehr haben. Vorher bleibt es aber voll 'in Kraft'.

61) Zitiert nach K.Wengst: Didache, Barnabsbrief,...; a.a.O.
S.177ff.

62) Hierdurch erweist sich Jakob für den Autor des Barnabasbriefes als 'Prophet'.

63) Man beachte, daß der Autor dieses antijüdischen Briefes im
Gegensatz zu Gen 48,14 Jakob nur den Ephraim segnen läßt.

64) Die Vollkommenheit besteht offensichtlich darin, daß der
Verfasser alle drei Erzväter für seine These, daß das ältere Judentum dem jüngeren Christentum untergeordnet ist,
meint aufbieten zu können.

65) Eine sehr freie Deutung von Gen 17,4f; vgl. auch Röm 4,11.

66) Vgl. H.J.Schoeps: Das Judenchristentum; S.19ff. 22ff. Die
pseudoklementinische Grundschrift ist wahrscheinlich im
Orient (Syrien) unter Judenchristen in der Zeit von 220 bis
300 n.Chr. entstanden. Kern dieser Grundschrift bilden die
'Kerygmata Petrou', bei denen es sich um systematische
Lehrvorträge handelt, die der biblische Petrus gehalten
haben soll. Hier wird auch von Disputen zwischen Petrus und
Paulus berichtet. Der die Klementinen einleitende Petrus-
brief (Epistula Petri) ist wahrscheinlich ein nur wenig
geändertes Originalschriftstück. In diesen Texten ist nicht
wenig über die ebionitische Theologie und ihr Selbstbewußtsein aufbewahrt, so daß man sie m.E. als Dokumente der
leiblichen Nachkommen von Judenchristen aus der Jerusalemer
Urgemeinde betrachten kann. Vgl. auch: W.Schneemelcher:
Neutestamentliche Apokryphen II; S.439ff.

67) Vgl. H.J. Schoeps: Das Judenchristentum, S.40f.

68) Zitiert nach W.Schneemelcher: Neutestamentliche Apokryphen
II, S.447f; und das folgende Zitat: a.a.O., S.484ff.

69) Bekanntlich hat nach der synoptischen Tradition das öffentliche Auftreten Jesu nur ungefähr ein Jahr gedauert. Nach
dem historisch weit unzuverlässigeren Johannesevangelium
können es ungefähr drei Jahre gewesen sein.

70) Vgl. H.J.Schoeps: a.a.O.; S.53ff.

71) Vgl. G.Uhlhorn: Die Homilien und Rekognitionen des Clemens
Romanus; 1854.

72) H.J.Schoeps meint in a.a.O., S.39, diese einzige Nachricht

außerhalb der ntl. Überlieferung von einem frühzeitlichen
Prätendentenstreit spreche m.E. für eine gewisse historische Substanz des ganzen Berichtes, da doch ein derart
fataler Disput höchstens verschwiegen, auf jeden Fall nicht
freiwillig erfunden worden wäre.

73) Vgl. a.a.O., S.40.

74) Es ist schwer vorstellbar, daß Paulus diesen Mordanschlag
auf Jakobus nach seiner Damaskusvision verübt haben soll.
Die Pseudoklementinen, die historisch wahrscheinlich genauer sind als die Apostelgeschichte, legen eine andere
Chronologie der Tätigkeit des Paulus nahe: Geht man von der
Kreuzigung Jesu im Jahre 33 n.Chr. aus, dann hat im Jahre
40 n.Chr. eine Verfolgung der Urgemeinde im Anschluß an das
Attentat auf Jakobus stattgefunden, an der Saulus-Paulus
entscheidend beteiligt war. Paulus hatte dann seine Bekeh-
rungsvision noch in diesem Jahr, als er die geflohenen Gemeindeglieder bis nach Damaskus verfolgte. Der drei Jahre
später (Gal 1,18) erfolgte kurze Besuch in Jerusalem wäre
dann in das Jahr 43 gefallen (vgl. H.J.Schoeps: Das Judenchristentum; S.42).

75) Vgl. F.Mußner: Der Jakobusbrief; a.a.O.

76) Diese Stelle wird meist als echt angesehen im Gegensatz zu
Ant VIII,3,3, bei der es sich erwiesenermaßen um eine spätere christliche Interpolation handelt (vgl. z.B. D.Flus-
ser: Entdeckungen im Neuen Testament. Bd.1: Jesusworte und
ihre Überlieferung. Neukirchen-Vluyn, 1987; S.216ff).

77) Vgl. H.J. Schoeps: Das Judenchristentum; S.24ff.

78) Vgl. a.a.O., S.31.

79) Vgl. a.a.O., S.57.

80) Eine Taufsekte, die sich auch noch als 'Nazoräer' bezeichnete. Ursprünglich nannten sich auch die syrischen Christen
'Nazoräer'. Die Taufsekte der Mandäer führt sich auf Johannes den Täufer zurück ('Johanneschristen'). Diese gnostische Sekte besteht heute noch aus ca. 5000 Mitgliedern,
die vorwiegend am unteren Euphrat und Tigris leben.

81) Die religiöse Sekte der Manichäer führt sich zurück auf den
persischen Philosophen Mani (216-273). Seine Lehre ist zu-
sammengesetzt aus gnostischen, babylonischen, jüdischen,
christlichen und zarathustrischen Vorstellungen. Sie ist
also sehr synkretistisch. So ist diese Lehre stark duali-
stisch (Licht-Finsternis usw.) und ihre Ethik sehr aske-
tisch (Enthaltsamkeit bezüglich Ernährung, Geschlechtsleben
und Handarbeit (!)). Augustinus (354-430) gehörte den Mani-
chäern eine Zeit lang an, bevor er sie bekämpfte.

82) Im 5.Jh. n.Chr. war die kirchenpolitische Arena entscheidend
geprägt durch dogmatische Kämpfe zwischen den Metropoliten

des oströmischen Reiches. Es ging um das Problem der
Christologie, wie sich in Christus also das Göttliche und
das Menschliche zueinander verhalten. Ohne auf die kompli-
zierten Einzelheiten näher einzugehen, sei hier nur festgehalten, daß es zwei gegnerische große theologische Schulen
gab: die von Alexandria und die von Antiochia. Die erste
betonte die völlige Einheit beider Naturen Christi. Die
Schule von Antiochia vertrat dagegen die Lehre von den beiden getrennten Naturen Christi. Nestorius (ca.381-451), der
Erzbischof von Konstantinopel, löste auf der Seite der an-
tiochenischen Schule stehend den sog. nestorianischen
Streit aus, indem er die Bezeichnung 'Gottesgebärerin' für
Maria ablehnte mit dem (plausiblen) Argument, daß Maria als
Mensch unmöglich Gott gebären könne. Dieser uns heute seltsam anmutende Streit wurde seinerzeit mit einer außerordentlichen Aufregung und Leidenschaft geführt, wobei kirchenpolitische Intrigen eine erhebliche Rolle spielten.
Schließlich führte dieser christologische Streit, der eine
Reihe von Konzilien und Synoden (u.a. die 'Räubersynode')
zur Folge hatte, zur endgültigen Abtrennung der persischen
Kirche von der Reichskirche, indem jene zum 'Nestorianis-
mus' überging. Diese nestorianische Kirche hat sich dann
später über Vorder-, Mittel- und Ostasien bis nach China
ausgebreitet. Die sog. 'Thomas-Christen' Indiens sind auf
diese syrisch-nestorianische Kirche zurückzuführen.

83) Vgl. H. J. Schoeps: Das Judenchristentum; S. 57f.

84) Zitiert nach W. Schneemelcher: Neutestamentliche   Apokryphen
    II, S. 475

85) Hier und im folgenden zitiert nach K. Wengst: Didache,   Bar-
    nabasbrief...; S.145; 175.

86) Vgl. H. J. Schoeps: a. a. O., S. 58.

ZEITTAFEL


```
Ab ca.1350: Beginn der Landnahme der israelitischen Stämme
    13.Jh.: Knechtschaft in Ägypten; Exodus; Mirjamlied
   ca.1200: Landtag zu Sichem; Entstehung der
            Landnahmetradition
   ca.1100: Landnahme abgeschlossen
 12./11.Jh.: Zeit der 'Richter'; Bundesbuch;
            Quellenstücke von J und E
ca.1030-1010: Saul
 ca.1010-970: David; Anfänge der Psalmendichtung
  ca.970-931: Salomo; Jahwistische Quellenschrift J
        930: Reichstrennung:
             Juda (930-587)        Israel (930-722/21)
    930-914: Rehabeam              930-910: Jerobeam I.
    913-911: Abia                  910-909: Nadab
    910-870: Asa                   909-886: Baesa
                                   886-885: Ela
                                   885    : Simri
                                   885-874: Omri
    869-849: Josaphat              874-853: Ahab
    849-842: Joram                 853-852: Ahasja
    841    : Ahasja                852-841: Joram
    841-836: Atalja                841-814: Jehu
    836-797: Joas                  814-798: Joahas
    796-768: Amazja                798-782: Joas
    767-740: Usia (Asarja)         782-753: Jerobeam II.
                                            Entstehung von E
                                   752    : Sacharja
                                   752    : Sallum
                                   751-742: Menachem
    739-736: Jotam                 741-740: Pekachja
    736-716: Ahas                  740-732: Pekach
                                   731-722: Hosea
    715-687: Hiskia
    686-642: Manasse
    641-640: Amon
    639-609: Josia
    609    : Joahas
    608-598: Jojakim
    598    : Jojachin
    597-587: Zedekia

    587-538: Babylonisches Exil
        515: Tempeleinweihung
    ca.445: Nehemia
    ca.397: Esra
        330: Alexander der Große erobert das Persische
             Reich und somit auch Palästina
    301-198: Palästina unter der Herrschaft der Ptolemäer
        198: Palästina kommt unter seleukidische Herrschaft
    175-164: Antiochus IV. Epiphanes:
             Radikale Hellenisierung (Jason, Menelaos)
```

                    167: Tempelschändung; Beginn der Verfolgung
                          des jüdischen Glaubens
                    166: Widerstand unter Mattathias
                    165: Nach seinem Tod leitet sein Bruder
                          Judas der Makkabäer den Widerstand
                    164: Judas erobert den Tempel. Tempelweihe
                    142: Die Syrer erkennen Simon als selbständigen
                          Herrscher und Hohenpriester an
              135-105: Johannes Hyrkan
              104   : Aristobul I.
              103-77: Alexander Jannäus
                77-67: Salome Alexandra;
                          ihr Sohn Hyrkan ist Hoherpriester
                    67: Aristobul II. erhebt sich gegen seinen
                          Bruder Hyrkan; Beginn eines Bürgerkrieges
                    63: Pompeius erobert Jerusalem, ernennt Hyrkan zum
                          Hohenpriester und nimmt Aristobul gefangen.
                          Judäa wird Vasallenfürstentum der Römer
      37 - 4 v.Chr.: Herodes der Große, König von Judäa
      31 - 14 n.Chr.: Augustus
         4 v.Chr.: Aufteilung des Reiches: Archelaos (Judäa,
                          Samaria, Idumäa); Herodes Antipas (Galiläa,
                          Paräa); Philippos, Gemahl der Salome
                          (Tetrarch des Nordostens)
      26 - 36 n.Chr.: Pontius Pilatus ist Statthalter in Judäa
         28/29 n.Chr.: Johannes der Täufer; Jesu Taufe und Beginn
                          seines öffentlichen Auftretens
               30 n.Chr.: Tod Jesu
         ca.37 n.Chr.: Bekehrung des Paulus
               67 n.Chr.: Märtyrertod des Paulus
      66 - 73 n.Chr.: Jüdischer Krieg
               70 n.Chr.: Eroberung Jerusalems und Zerstörung des
                          Tempels durch Titus
               73 n.Chr.: Masada fällt als letzte jüdische Festung in
                          die Hände der Römer
      117-138 n.Chr.: Hadrian
      132-135 n.Chr.: Bar-Kochba-Aufstand
          135 n.Chr.: Wiederaufbau Jerusalems als römische Stadt
                          'Aelia Capitolina' und Vertreibung aller
                          Juden aus der Stadt

GLOSSAR

Anthropologie	Lehre vom Menschen.
Apokalypse	Wörtlich: Enthüllung; Bezeichnung für Schriften, die (angebliche) Offenbarungen über die Zukunft und das Ende der Welt sowie das Jenseits enthalten.
Apokryphen	Wörtlich: verborgen; Bezeichnung für religiöse Schriften, die von einer Religionsgemeinschaft zwar gebilligt, nicht aber in das kanonische Schrifttum (*Kanon) aufgenommen wurden.
Apologie	Verteidigungsschrift.
Berith	Bund, Vertrag.
Blasphemie	Gotteslästerung.
Charisma	Göttliche Gnadengabe; als wunderbar empfundene besondere Befähigung, die einem Menschen Autorität verleiht.
Chiliasmus	Erwartung des Endreiches der tausend Jahre
Christologie	Bezeichnung für alle Lehren, die das Wesen und die Bedeutung der Person Jesu Christi betreffen.
Dekalog	Zehn Gebote.
Deuteronomium	Buch der zweiten Gesetzgebung; Bezeichnung für das 5. Buch Mose.
Ebioniten	Judenchristen des 2. bis 4. Jh.; Nachkommen der Urgemeinde in Transjordanien, die in freiwilliger Armut lebten.
Eschatologie	Lehre von den letzten Dingen; Enderwartung.
Eucharistie	Wörtlich: Danksagung; Feier des Abendmahls als Mittelpunkt des christlichen Gottesdienstes.
Exegese	Die wissenschaftliche Auslegung der Bibel.
Gemara	Die Erläuterungen und Auslegungen der *Mischna; sie bilden zusammen mit dieser den Talmud.

Gnosis	Orientalisch-hellenistische Geistesströmung der ersten Jahrhunderte; sie lehrte über die kirchlichen Dogmen hinaus die Notwendigkeit einer unmittelbaren Geist- und Gotteserfahrung für das Heil des Menschen.
Häresie	Seit den Konzilien des 4./5. Jh. Bezeichnung für Lehren, die von der offiziellen Kirche als ketzerisch verurteilt wurden.
Haggada	Erzählender dichterischer und legendarischer Teil der talmudischen Literatur (Gegensatz: *Halacha).
Halacha	Gesetzlicher Teil des Talmuds.
Hellenismus	Bezeichnung für die Kulturepoche von Alexander d. Großen bis Augustus, die durch eine Verschmelzung des griechischen mit dem orientalischen Wesen bestimmt ist. Das frühe Christentum ist von hellenistischen Vorstellungen stark geprägt.
Hypostase	Verdinglichung eines Begriffes.
Kanon	Abgeleitet von 'kanon' = griech. 'Rohr', 'Maßstab', 'Richtschnur'; Bezeichnung für die Schriften, die eine Religionsgemeinschaft als für sich verbindlich festgelegt hat.
Karäer	Jüdische Sekte des 8. Jh., die nur die Bibel anerkannte, die rabbinische Überlieferung einschließlich des Talmud aber ablehnte; sie entwickelten ein sehr strenges Religionsgesetz.
Kerygma	Verkündigung (des Evangeliums).
Kosmogonie	Lehre von der Weltentstehung.
Logos	Wort, Geist, göttliche Schöpferkraft.
Midrasch	Rabbinische Bibelauslegung; Literaturform der *Haggada.
Mischna	Rabbinische Lehrtradition bis 200 n. Chr.; Teil des Talmuds.
Monotheismus	Bezeichnung für einen Glauben, der die Existenz nur eines einzigen Gottes behauptet.
Nazoräer	Beiname Jesu; in späterer Zeit Selbstbezeichnung judenchristlicher Gruppen in Syrien.

Ordal	Gottesurteil zur Rechtsfindung.
Pantheon	Gesamtheit der Götter eines Volkes.
Paraklet	Beistand, Tröster; Im Joh-Ev. Bezeichnung für den heiligen Geist als Helfer.
Parusie	Wiederkunft Jesu am Ende der Zeiten.
Patristik	Das Schrifttum der Kirchenväter.
Pentateuch	Die 5 Bücher Mose.
Phänomenologie	Lehre von den Erscheinungen.
Pneuma	Göttlicher Geist, der die begnadeten Menschen erfüllt.
Polytheismus	Bezeichnung für einen Glauben, der die Existenz mehrerer Götter behauptet.
Pseudepigraphen	Antike Schriften, die einen Verfassernamen tragen, der nicht dem wirklichen Verfasser der jeweiligen Schrift entspricht und in grauer Vorzeit oder lange vor der der Entstehungszeit der entsprechenden Schrift gelebt hat.
Pseudoklementinen	Judenchristlicher Roman aus dem 3. Jh. n. Chr., der Clemens von Rom (1. Jh. n. Chr.) zugeschrieben wird und nur noch in Überarbeitungen erhalten ist.
Sederfeier	Feier am Vorabend des Passa-Festes.
Septuaginta	Die griechische Übersetzung des AT, die im 3. Jh. v. Chr. in Alexandrien entstand.
Soteriologie	Lehre von der Erlösung.
Synedrium	Bezeichnung des jüdischen Ältestenrats in Jerusalem während der griechisch-römischen Zeit.
Synkretismus	Religionsvermischung.
Synopse	Zusammenschau; Zusammenstellung der drei ersten Evangelien nach Paralleltexten.
Synoptiker	Bezeichnung der drei ersten Evangelien.
Theokratie	Gottesherrschaft; Verfassung, in der Gott als oberster Herrscher gilt und die Priester seine Herrschaft verwalten.
Theophanie	Gotteserscheinung.

NAMENREGISTER

Religionspädagogik in der Blauen Eule